제5개정증보판

자 료 목 록 학

KORMARC: 통합서지용을 중심으로

김 남 석 지음

계명대학교 출판부
2009

Fifth Edition

INTRODUCTION TO CATALOGING

by

NAM SEUK KIM

2009

KEIMYUNG UNIVERSITY PRESS

김남석.
자료목록학 = Introduction to cataloging : KORMARC: 통합서지용을 중심으로 / 김남석 저. — 제5개정증보판. — 대구 : 계명대학교출판부, 2009.
p. cm.

ISBN 978-89-7585-409-5
1. 목록법. I. Introduction to cataloging. II. 서명.

024.3.

머 리 말

자료를 포함한 모든 종류의 다양성은 질서를 필요로 한다. 질서는 형태별이나 내용별, 시대별 등 여러 가지의 구분방법을 사용하고 있다. 목록은 이러한 모든 구분방법으로 정리된 자료를 검색과 이용, 관리를 위한 수단으로 활용되고 있다.

자료목록을 간단히 표현하면 자료의 효율적인 검색을 위한 매개도구라고 할 수 있으며, 이 기능은 다양한 문헌정보활동 가운데서 분류와 더불어 직접적 기능의 효율성을 극대화시키기 위한 기본적 기능을 형성한다. 그러므로 목록은 도서관형성의 시초부터 존재하였고, 학술활동의 발전과 자료생산량의 증가와 더불어 검색의 효율성을 증대시키기 위한 새로운 방법과 기술을 발전시켜 왔다.

한국의 경우 문헌정보학의 연구가 심화되고 도서관 활동이 상당한 수준에 이르렀음에도 불구하고 소장된 자료목록을 위한 이론적인 연구서나 실무지침서가 부족하여 정리에 어려움을 겪어왔다. 필자는 문헌정보학연구자와 현장사서들의 실무에 도움을 주고자 1975년 『도설도서편목』을 저술하였으며, 목록의 이론과 실제를 체계화시켜 보자는 새로운 의도에서 1978년 『목록학』을 저술한 바 있다.

그러나 문헌정보학, 특히 목록학분야는 이론과 방법 및 기술상의 변화 속도가 급격하여 자칫 소홀하면 시대에 뒤질 수밖에 없어진다. 최근 들어 UBC, ISBD, MARC, 온라인목록 등의 전개양상이 괄목할 만한 발전을 거듭하고 이에 따라 AACR, KCR을 비롯한 각국의 목록규칙들이 개정을 거듭하고 있어 현시점에서 이들의 개정이론을 종합하고 체계화시킬 필요성이 있다는데서 본서를 계획하고 개정을 거듭하여 왔다.

필자는 1978년 초판, 1985년 증보판과 1995년 제3증보판을 간행하였다. 본서는 제3증보판이 간행된 후에 개정된 MARC21(2002), KCR 4판(2003), AACR2(2004), KORMARC: 통합서지용(2006) 등의 목록규칙을 포함한 기술규칙의 발전으로 시대적인 감각에 적용할 수 있는 개정이 불가피하게 되었다. 제1장 자료목록의 개념은 그간에 발전된 이론을 새롭게 보완하고, 제2장 자료목록의 발전은 초창기 목록에서부터 최근 그 범위를 확장시키고 있는 국제적인 협력과 표준화 및 기계화 등으로 이론을 확장하였으며, 제3장 표목(접근점)과 기술은 KORMARC: 통합서지용을 중심으로 서술하였고, 제4장 주제명표목은 주제명표목의 이론과 주제명표목표에 대한 종류별에 따른 다양한 예시를 도형을 통해 분석적으로 설명하였다.

필자는 목록과 편목의 제요소에 대해 충분히 논술하고자 하였고, 최신 정보를 토대로 개정과 증보를 시도했으나 필자의 얕은 지식과 능력의 부족으로 완전하지 못한 상태에서 개판을 거듭하면서 시대적인 변화에 부응할 수 있는 자료로 활용되게 하려는 노력을 계속하고 있다.

본서가 이 분야의 연구자들이나 이용자들에게 도움이 되는 부분이 있다면 더 없는 기쁨이 아닐 수 없다.

끝으로 본서의 편찬에 많은 도움을 주신 계명대학교 박준식 교수님, 편집과 교정에 수고한 유인순 선생 및 초판의 도안에 애를 써 주신 계명대학교도서관 박상배 선생님, 재판이 나올 때마다 교정에 수고한 조도희 선생, 그리고 출판에 애써준 계명대학교출판부 관계자 여러분의 노고에 깊은 감사를 드린다.

2009년 1월

김 남 석 識

차 례

제2장 자료목록의 발전

제3장 표목(접근점)과 기술 299

제4장 주제명표목 373

그림 / 표 차례

제1장 자료목록의 개념

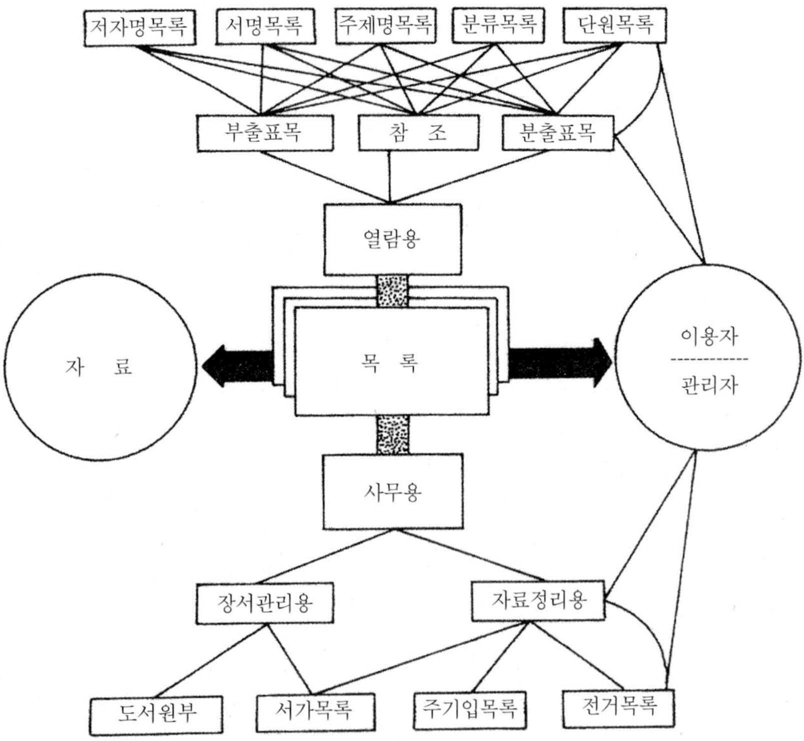

저자명목록
서명목록
주제명목록
분류목록
단원목록
부출표목
참 조
분출표목
열람용
자 료
목 록
이용자
관리자
사무용
장서관리용
자료정리용
도서원부
서가목록
주기입목록
전거목록

1. 목록과 목록학

1.1. 목록의 개념

원래 목록이란 목(目)과 록(錄)의 합성어로 고대 중국에서 비롯된 대단히 복잡한 의미를 가지고 있는 말인데 이는 목과 록 또는 목록이란 단어의 형성과정을 살펴봄으로써 명확해질 수 있다.

목(目)은 사람의 '눈테두리와 눈알(人眼外匡內臚)'의 복합어이다. 인간을 포함한 모든 동물은 두 개의 눈을 가졌으며, 나무나 대나무는 마디가 하나가 아니어서(木的目不止一個, 竹的節不止一個) 복수의 개념을 가지고 있다.[1]

이러한 상형문자는 지사(指事)로 전용(轉用)되어 편목(編目), 범목(凡目), 절목(節目), 서목(書目) 등으로 쓰이기 시작하였는데, 목(目)이 편목(篇目)이란 뜻으로 쓰이기 시작한 것은 BC 26년 한(漢)나라 성제(成帝) 때 유향(劉向)이 비부(秘府) 책을 교수(校讐)하였을 때, 교수가 끝날 때마다 하나의 목록을 만들어(條其篇目) 임금께 바침에서 비롯된 것이다.[2] 따라서 목(目)이라는 단어 자체가 곧 목록(目錄), 서목(書目)을 의미하고 있다.

그러나 록(錄)에는 편목(篇目)과 관련된 뜻은 없는 듯하다. 록(錄)은 원래 록(彔)자로서 쇠금(金)변을 붙여서 金+彔=錄으로 쓰고 있는데 이것은 하.은.주(夏.殷.周)에 방책(方策)이 나올 때 이를 '각(刻)한다'거나 '서(書)한다'로 각목(刻木)의 뜻으로 인용되었다.[3]

그 후 한나라에 이르러 유향이 목(目)과 록(錄)을 결합하여 명사로 쓰기

1) 沈嵎俊, "目錄과 編目," **도서관**, 제29권, 6호 (1974. 6): p. 3.

2) 倪賓坤, **圖書館編目學** (臺北: 中華書局, 民國 60(1971)), p. 2.

3) 倪賓坤, p. 3.

시작했다.[4] 즉 한나라 성제 때 이미 수집된 전적들에 교수작업을 진행하였을 때 유향이 한 책의 교수가 끝날 때마다 하나의 목록을 만들어서 그 대체적인 내용을 기술하고 그릇됨을 밝혀내어 수시로 임금께 바쳤다. 이때부터 목록은 조기편목(條其篇目)과 촬기지의(撮其指意)의 두 가지 뜻으로 쓰였고, 따라서 편목(篇目)과 서록(叙錄)의 복합이 중국에 있어서의 목록의 개념이었다.[5]

우리나라의 목록에 해당하는 서양의 용어는 Catalogue가 있다. Catalogue (catalog)의 어원은 Greece어의 *katalogos*에서 유래된 것으로 전치어의 *kata*는 down, against, back의 의미가 있으며, 자주 다른 단어의 복합어로 사용된다. 한편 *logos*는 pick, choose, reckon up의 의미로 *kata*(근원으로 하다, 필기하다)+*logos*(추출하다, 고르다)로서 catalogue는 내용의 근원적인 것을 추출해낸다는 의미의 기록된 list라고 한다.[6] 그러나 catalogue란 말은 단순한 list이지 중국 재래의 목록과는 개념상 상당한 차이점을 가지고 있다. 오히려 중국 재래의 목록과 유사한 개념을 가진 용어는 한국에서 서지(書誌)[7] 또는 서지학(書誌學)[8]이라고 풀이하여 쓰고 있는 bibliography가 될 것이다.[9]

Bibliography는 Greece어인 bibliographia에서 유래된 말로서 Biblio는 '서적'을, graphy는 '쓰는 것'을 의미하여 초기에는 '책을 쓰는 것'(a writing

---

4) 倪賓坤.

5) 許世瑛, **中國目錄學史** (臺北: 中華出版事業委員會, 民國43(1954)), p. 2.

6) *Oxford English Dictionary.*

7) 개개의 문헌을 명확히 식별하기 위하여 서지사항을 일정한 방식에 따라 기술하고 배열한 문헌목록.

8) 도서를 연구대상으로 하는 학문; 서적에 관한 역사 및 물리적 재료를 과학적으로 연구하는 학문.

9) 朴俊植, "中國目錄學의 發展過程," **東西文化**(계명대학교 동서문화연구소), 제9집 (1976): pp. 258-264.

of books)이라는 뜻을 가지고 있었으나 18세기 말엽에 이르러 '책을 쓰는 것'에서부터 '책에 관해 쓰는 것'(a writing about books)으로 방향이 전환되었던 것이다.[10)]

서양의 bibliography는 연구면에서 볼 때 크게 두 가지 방향으로 나눌 수 있다. 그 하나는 책의 물리적(혹은 형태적)인 면을 중심으로 하여 연구하는 형태서지학(形態書誌學: material bibliography)이고, 다른 하나는 도서를 적절한 체계에 의하여 주제명목록을 작성하거나 도서내용을 위주로 하여 연구하는 원문서지학(原文書誌學: intellectual bibliography)이다.

서양의 목록학은 이상의 두 가지 기본적인 방향으로 발전하였지만 초기에는 중국과 마찬가지로 고간본(古刊本)과 고사본(古寫本)에 대한 충실한 분석기술과 감정을 중시했다. 그러나 19세기 이후부터 문헌의 생산량이 급격히 증대됨에 따라 이를 효과적으로 정리하고 검색하기 위해 문헌을 일정한 체계 하에 정리하는 즉, 저자, 서명, 출판사항 등을 기입하여 이를 일정한 체계로 편성, 배열하는 열거서지학(列擧書誌學: enumerative bibliography)인 서목과 색인 등의 방향으로 발전하게 되었다.[11)] 이러한 사실을 볼 때 서양에서는 중국의 포괄적인 목록학이 아닌 목록의 한 부분 즉, 기록자료에 대한 체계적 list로서의 목록임을 알 수 있다.

우리나라에서는 목록이란 용어를 중국의 것으로부터 그대로 채용하고 있으나 그 의미는 매우 다르게 사용되고 있다. 즉 목록을 기록자료에 대한 list 또는 목록을 작성하는 것(cataloging)으로 사용하고 있다. 이렇게 목록과 편목을 구분치 않고 혼용하며, 때로는 목록만을, 때로는 목록과 편목을 혼합해서 목록이란 말로 쓰고 있다. 따라서 우리나라에서의 용어

---

10) Roy Stokes, *The Function of Bibliography* (Andre Deutsche, 1969), p. 12.
11) 千惠鳳, "書誌學의 體系," **국회도서관보**, 제5권, 1호 (1968. 1): p. 6.

는 중국의 목록이란 용어와는 달리 서양의 목록(catalogue, cataloging)이라는 의미를 그대로 따르고 있다는 말이 된다.

용어상의 이러한 혼란은 일본에서 번역하여 사용한 예를 그대로 전용한 데서 온 결과이거나, 영어의 cataloging을 목록으로 번역한 데서 비롯된 것이라고 생각된다. 그 한 가지 예는 「*Anglo-American Cataloging Rules*」를 영미목록규칙이라고 쓰는 경우가 바로 그것이다. 여기에서 cataloging은 목록이 아닌 편목인 것이다. 중국에서는 이 양자를 분리하여 사용하기 때문에 편목규칙은 있어도 목록규칙은 없다.

이렇게 볼 때 한국에서는 목록학이 하나의 학문으로 성립된 것이 아니라 목록을 만들기 위한 방법 또는 기술로서 발전하였으며, 중국 재래의 포괄적인 목록이 아닌 목록의 한 부분만을 중시하여 사용하고 있는 것이다.

1.2. 목록학의 의의

목록학이란 고대 중국 학술의 한 분과였으며, 자료로서의 완전한 서지목록을 작성하고 가능한 한 그 자료를 활용하여 한 시대 또는 몇 시대에 걸친 학술계승의 계통을 밝힘을 목적으로 하는 것이다.[12]

중국 재래의 목록은 역사적으로 매우 깊은 연원(淵源)을 가지고 있다. 고대 중국 한나라 때 유항(劉向: 류썅), 유흠(劉歆: 류씬) 부자의 「**별록(別錄)**」과 「**칠략(七略)**」을 중국에 있어서 목록의 시초라고 본다면, 중국에서의 목록은 2천여 년의 오랜 역사를 가진 것이 되며 목록학의 시원(始源)도 한나라 때이다. 그러나 목록학이란 용어는 청(淸)나라 건융말년(乾隆末年=

12) 이희승 편, **국어대사전** (서울: 민중서관, 1975).

高宗末年)에 이르러 왕명성(王鳴盛)이 처음 사용한 데서 비롯된다고 볼 수 있다.

그의 저서 「**십칠사상각(十七史商**榷)」에 "目錄之學 學中第一緊要…. (목록지학 학중제일긴요 …)"라 하여 학문적 명칭으로 처음 사용함과 동시에 목록학의 중요성을 논하였으니 이로부터 전문적인 학문으로 발전하게 되었다.

목록학은 그 범위가 매우 넓어 연구분야도 상당히 다양하다. 이들 각 분야는 서로 다른 연구 관점에서 정의를 내리고 있으나 근본적으로는 한 곳으로 귀결되는 요소를 가지고 있다. 먼저 이들 각 분야의 정의[13)]를 살펴보고 이를 종합하여 보기로 한다.

· 목록가의 목록: 많은 서적을 정리, 배열하여 검색에 편의를 도모하는 것으로서 서명, 저자명, 판본, 권수 등을 기록하고 이를 서적의 성질 및 체계에 따라 부류를 나누어 정리하는 목록.

· 역사가의 목록: 여러 학술의 시비와 이동(異同)을 종합적으로 비교연구할 수 있도록 그 연원과 원류를 나누어 각 책마다 전수(傳授)된 주석을 다는 방법을 취한 것으로, 학술과 문장을 분별할 수 있으며 학문의 원류를 분석할 수 있는 목록.

· 장서가의 목록: 구판본(舊板本)과 이본(異本) 등을 감별하고 교수(校讐)하여 정확한 원문을 찾을 수 있도록 한 목록.

· 독서가의 목록: 넓고 많은 학술분야를 유별(類別)하여 모든 학문의 첩경이 되게 하는 목록.

이상에서 정의된 것은 모두 독립적이거나 부분적인 것으로서 목록의

---

13) 梁子涵, **中國歷代書目總錄**, 現代國民基本知識叢書 第1輯 (臺北: 中華文化出版事業委員會, 民國44(1955)), pp. 2-3.

전체를 포괄하지는 않지만, 이를 종합해보면 포괄적인 목록학의 의의가 될 수도 있는 것이다. 이를 귀납적인 방법으로 하여 목록학의 의의를 살펴보면, 목록학은 유례(類例)를 분류, 편목하여 학술의 원류와 본말(本末)을 가리게 하고 서록(叙錄)을 첨부하여 각 책의 요지를 알리며, 판본의 이동(異同)과 우열(優劣)을 기술하여 독자로 하여금 유목(類目)에 의해 학술을 이해할 수 있게 하고, 학문에 따라 서적을 구할 수 있게 해 주는 학문이라고 할 수 있다.

이는 목록학을 매우 광범위한 관점에서 정의한 것이며, 창피득(昌彼得: 창비더)도 "근래에 와서 중국목록학의 연구범위가 서양목록학의 영향을 받아 좁아진 경향이 있으나 책을 어떻게 분류, 편목하는가를 연구, 검토할 뿐 아니라 질을 평가하고 원류를 고증하는 것을 목적으로 삼지 않으면 안된다"[14]고 하여 포괄적인 의미의 목록학을 지향하고 있다.

그러면 우리는 목록학에서 어떠한 것을 얻어낼 수 있는가? 이를 양자함(梁子涵)의 학설[15]로 요약해 보면 다음과 같다.

① 도서이용을 위한 색인작업이 가능하다. 즉 목록을 통하지 않고는 자신이 원하는 주제에 접근하기 어렵다.

② 역사적으로 학문이 발전한 모습을 볼 수 있다.

③ 전적의 유무를 고증할 수 있다. 즉 서적의 유무나 각 시대의 서적존망의 역사, 없어진 서적의 고증, 산일(散佚)된 서적의 저자와 시대를 아는데 좋은 자료가 된다.

④ 정사에 기록된 서적의 부족함을 보완할 수 있다.

---

14) 昌彼得, "中國目錄學의 源流," 沈隅俊 譯, **도서관**, 제30권, 8호 (1975. 9.): p. 7.

15) 梁子涵, "中國書誌: 目錄學과 歷代總目錄," 金得洙 譯, **국회도서관보**, vol. 7, no. 8 (1970. 11/21合): pp. 30-37.

⑤ 서적의 진위를 식별할 수 있다.

⑥ 산일된 서적을 찾아내는 데 좋은 자료가 된다.

⑦ 서명, 저자, 권질(卷帙) 및 부수를 알아낼 수 있다.

⑧ 양서(良書)를 선택할 수 있도록 해 준다.

⑨ 서적의 조루(雕鏤)와 교감을 연구할 수 있다.

목록학은 원래 광범위한 영역을 가지고 있으나 한국에서는 이를 도입, 적용하는 과정에서 서양서지학의 영향을 받아 목록학의 한 부분인 편목(編目)에 특히 중점을 두고 연구, 발전시켜 왔다. 따라서 이 책에서 논의되는 목록에 대한 이론과 방법은 한국에서 쓰이고 있는 편목(篇目: list)과 편목(編目: cataloging)을 중심으로 하여 논의하기로 한다.

2. 자료목록의 의의

2.1. 자료목록의 정의

목록의 일반적인 의미는 "수장 및 출품된 물건의 품목을 정리하여 기록한 것으로 품명의 질서 있는 나열"[16]이라고 한다. 이러한 의미에서 인간이 최초로 기록의 근거로 남긴 동굴의 벽화는 동물의 형상이나 생활상을 그림으로 표현한 단순한 명사적인 기록이었으며, 또한 패각(貝殼), 소석(小石), 패대(貝帶: wampum) 등은 의미를 부여한 색이나 양에 의한 명사의 나열이라는 점에서 기록 자체가 목록적인 의미를 지니고 있다. 그러나 오늘날 사용되고 있는 목록의 근거는 BC 2300년경 에블라(Ebla)의 점토판(粘土版: clay tablet), BC 250년경 Callimachus[17]의 「*Pinakes*」,[18] BC

16) 이희승 편.

17) Callimachus 혹은 Kallimachos(BC. 306년경-240년경)는 Greece의 학자이며 시인

6년 유흠(劉歆: 류씬)의 「**칠략(七略)**[19]」 등을 들 수 있는데 이들은 기록자료를 위한 초기 목록의 근거가 되는 표본[20]으로 재산관리를 위한 목록이었다. 이렇게 재산관리를 위한 목록은 기록수단의 발전에 의한 정보의 기하급수적인 양적 증대로 생산된 정보의 유통과 조직, 그리고 검색을 위한 목록으로 발전되게 되었다.

인쇄술의 발명으로 나타난 정보의 양적인 팽창은 문헌정보를 체계적으로 수집하고 조직하기 위한 목록의 서지기술을 발전시켰다. 초기의 목록은 한 도서관의 재고관리를 위해 작성되었으나 오늘날에는 도서관군의 검색을 위한 서지통정의 도구로 발전하였다. 또한 목록은 자료조직 및 검색을 위한 학문연구의 보조학으로 발전되어 정보의 수집과 봉사를 주된 기능으로 하고 있는 자료기관의 필수적인 자료조직 수단으로 자리잡게 되었다.

다음과 같이 자료에 나타난 목록의 정의를 살펴보았다.

「*ALA Glossary of Library Terms*」[21]

목록(catalog)은 도서, 지도 등의 목록으로서 어떤 일정한 계획에 따라 배열된 것. 단 서지와는 구별되는 것으로 도서관 또는 도서관군의 소장 자료에 대해서 기록하고 기술하고 색인한 것이다.

으로 역사산문도 썼다고 한다. 그는 Egypt의 Alexandria도서관에 봉직하면서 도서를 정리하고 도서목록을 작성하였다.

18) *Pinakes*는 Callimachus의 대표적인 작품이다. “Here his most famous work was the Pinakes("Tablets") in 120 books, an elaborate catalogue of the Alexandrian Library.”(*Britanica*, vol. 14: p. 660).

19) 劉向이 BC 26년에 편한 「**別錄**」을 그의 아들 劉歆이 7개의 略으로 구분하여 「**七略**」을 BC 6년에 편찬하였다.

20) Paul S. Dunkin, *Cataloging in U.S.A.* (Chicago: ALA., 1969), p. 1.

21) ALA., *ALA Glossary of Library Terms* (Chicago: ALA., 1943), p. 24.

George Schneider[22]

목록은 서지와 구별되는 것으로, 목록은 도서관의 장서와 밀접히 관계된 서지로서 도서관인의 입장에서는 수집된 문헌의 검색과 그 소재위치를 지시해 주는 참고자료이다. 이에 반해 서지는 도서의 형태, 판, 장정 등에 관해 연구하는 한 수단이다.

「*Harrod's Librarians' Glossary*」[23]

목록은 기준이 일정한 논리에 의해 배열된 도서, 지도 혹은 기타 자료 등의 list이다. 하나의 도서관을 토대로 한 도서관군의 소장자료를 기록(record), 기술(descriptive), 색인(index)한 것, 단 list는 서지와는 구별된다.

「**문헌정보학용어사전**」[24]

목록은… '도서관에서는 자료목록의 약칭으로 사용된다. 좁은 의미는 특정 집서나 도서관의 소장자료를 전거목록의 통제를 통해서 일정한 구성방침에 따라 기술하고 작성한 기입의 총칭, 대개는 자관의 소장목록을 지칭하는 말이다.'

「**한국목록규칙**, 제4판」[25]

(1) 특정 도서관이나 다수의 도서관이 소장하고 있는 자료의 저록을 일정한 체계 아래 조직한 것. (2) 넓은 의미에서 특정한 목적으로 작성된 자료 일람표. (3) MARC 레코드 파일

---

22) George Schneider, *Theory and History of Bibliography*, trans. by Raph Robert Shaw (Columbia Univ. Press, 1936), pp. 50-52.

23) *Harrod's Librarians' glossary*, compiled by Ray Prytheroh (8th ed. England: Gower Publishing Company Limited., 1995), pp. 101-111.

24) **문헌정보학용어사전**, 사공 철 등편 (서울: 한국도서관협회, 1996), p. 126.

25) **韓國目錄規則**, 韓國圖書館協會 目錄委員會 編 (第4版. 서울: 동 협회, 2003), p. 463.

岩淵泰郎[26)]

목록은 소장자료의 단순한 기록이 아니고, 소장자료의 서지, 색인, 사서(辭書)가 되지 않으면 안 된다.

Cutter는 목록의 탐색, 집중, 선택 등 3개영역으로 구분하여 8가지의 구체적인 목록의 목적을 열거하고 있다.[27)]

(1) 다음과 같은 사항으로 도서를 검색하고자 하는 이용자를 돕고자 하는 것으로

ⓐ 알려진 저자 ⓑ 알려진 서명 ⓒ 알려진 주제

(2) 도서관의 소장용 도서를 보여주기 위하여

ⓓ 주어진 저자에 의해 ⓔ 주어진 주제로 ⓕ 주어진 문헌의 유형으로

(3) 도서의 선택을 돕기 위한 것으로

ⓖ 저작의 판에 관해서(서지적으로) ⓗ 저작의 특성에 관해서(문학상 또는 논제상)

ICCP에서 채택한 목록의 목적[28)]:

(1) 목록은 도서관이 특정 도서를 보유하고 있는지 확인하는 효과적인 도구이어야만 한다.

ⓐ 저자와 표제 또는 ⓑ 만일 저자가 책에 표시되어 있지 않다면

---

26) 岩淵泰郎 編, **和漢書目錄のつくり方** (東京: 日本圖書館協會, 1970), p. 9

27) Charles A. Cutter, *Rules for a Dictionary Catalog* (4th ed., rewritten, Washington, D.C.: Government Printing Office, 1904), reprinted in *Foundations of Cataloging: a Source Book*, edited by Michael Carpenter and Elaine Svenonius (Littleton, Colo.: Libraries Unlimited, 1985), p. 67.

28) Elaine Svenonius, *The Intellectual Foundation of Information Organization* (Cambridge: MIT Press, 2000), pp. 15-16.

표제만으로 또는 ⓒ 저자나 표제가 확인하는 데 부적절하거나 불충분하면, 표제를 적절히 대치할 만한 것으로

(2) ⓐ 특정 저자의 저작 그리고 ⓑ 특정 저작의 특정 판이 도서관에 소장되어 있는지

1997년 IFLA 후원하의 연구그룹의 서지적 목적[29]:

(1) 검색: 이용자가 언급한 탐색 기준에 상응하는 개체를 찾는 것

(2) 식별: 개체를 확인하는 것

(3) 선정: 이용자의 요구에 적합한 개체를 선택하는 것

(4) 획득, 습득: 기술된 개체에 접근을 획득하거나 습득하는 것

본서에서는 서지레코드의 기능상 요건(FRBR)인 탐색(find), 식별(identify), 선정(select), 확보(obtain)를 참작하여 목록을 집중, 탐색, 선택, 식별로 구분하여 그 의미를 종합하였다.

(1) 목록은 특정한 목적으로 일정한 논리적 배열에 의해 작성된 소장자료의 리스트이다(집중성). "목록은 그 도서관이 소장한 기록"[30]으로, 또한 "목록은 도서, 지도, 동전, 우표, 기록자료 혹은 수집된 기타 매개물의 알파벳순, 주제순에 의해 정리된 기록"[31]이라는 의미에서 목록은 단순한 품명의 나열이나 사정에 따라 적당하게 조직되는 것이 아니고, 특정한 목적을 수행하기 위해 정해진 목록규칙에 따라 일관성 있게 논리적으로

29) Svenonius, pp. 16-17.

30) Susan Grey Akers, *Simple Library Cataloging*, completely revised and rewritten by Arthur Curley and Jana Varlejs (6th ed. N. J.: The Scarecrow Press, Inc., 1977), p. 1.

31) Bohdan S. Wynar, *Introduction to Cataloging and Classification* (5th ed. Colorado: Libraries Unlimited, Inc., 1976), p. 2.

조직된 소장자료를 집합되게 해야 한다.

(2) 목록은 소장자료 및 이용 가능한 모든 자료의 탐색도구이고, 소재 위치를 지시해 주는 도구이다(탐색이나 검색성). 소장자료에 대한 질서 있는 나열은 색인이란 말과 동일한 의미[32]를 갖는다. 도서관의 목록은 '기입(記入: 著錄: entry)[33]의 집합'[34]으로 자료를 '탐색하는 관건(關鍵)'[35]이 되어야 한다. 그래서 목록은 탐색요건이 되는 모든 기입의 집합을 통한 색인의 역할을 할 수 있게 조직되어야 하고, 목록을 통해서 탐색된 자료와 이용자를 연결시켜 주는 수단인 소재기호로 정보접근을 용이하게 해야 한다.

(3) 목록은 소장자료 및 이용 가능한 각 자료의 정보를 제공해 주는 서지(書誌)와 사서(辭書)이다(선택성). 목록은 그 자료의 저자와 서명사항, 출판물의 내용, 판, 발행, 형태적 특징, 다른 저작과의 관계 등에 대한 기록으로 이용자가 서가의 자료를 접하지 않고도 목록을 통하여 자기가 필요로 하는 자료의 서지적인 사항과 자료의 특징과 내용 등을 확인하고 선택할 수 있게 한다는 의미에서 서지와는 구별된다. 목록기입에는 자료의 서지, 내용의 주제와 분류기호, 각종 주기, 그리고 청구기호에 대한 정보까지 제공해 줌으로써 이용하고자 하는 모든 대상에게 각 자료에 대한 사전적인 역할을 할 수 있게 하므로 필요한 자료를 선택하는

---

32) 目錄과 索引과의 구분: 目錄 = 標目 + 記述 + 所在指示
索引 = 索引語 + 所在指示

33) 記入(entry): 도서목록에서 기입은 하나의 저술을 표현하는 데 각 사항을 기술하고 있는 일건의 기록이다(木寺淸一, **洋書目錄法概說** (東京: 明治書院, 1965), p. 54); 목록 또는 list는 책에 대한 기록이다(ALA, *Glossary of Library Terms*, p. 52); 또한 저작에 대한 기록이란 뜻에서 著錄이라고도 한다.

34) 木寺淸一, p. 54.

35) Dorthey M. Norris, *A History of Cataloging and Cataloging Methods* (London: 1939)를 任鐘淳, **圖書館學概論** (서울: 韓國圖書館協會, 1969), p. 178을 인용.

도구가 되게 한다.

2.2. 자료목록의 기능

목록은 의사소통의 기기로서 도서관이나 도서관군의 기록자료에 관한 정보를 검색하고, 이용할 수 있도록 해 주는 것이다. 도서관 및 정보봉사기관에서 주로 이용되고 있는 문헌에 대한 검색체계를 도식하면 다음과 같다.

목록시스템:
- 저자명목록
- 서명목록
- 주제명목록
- 분류목록
- 종합목록 등

색인시스템:
- 저자색인
- 서명색인
- 주제명색인
- 기사색인
- 인용색인 등

서지시스템:
- 주제서지
- 전국서지
- 지역서지
- 신간서지
- 회고서지
- 특수서지 등

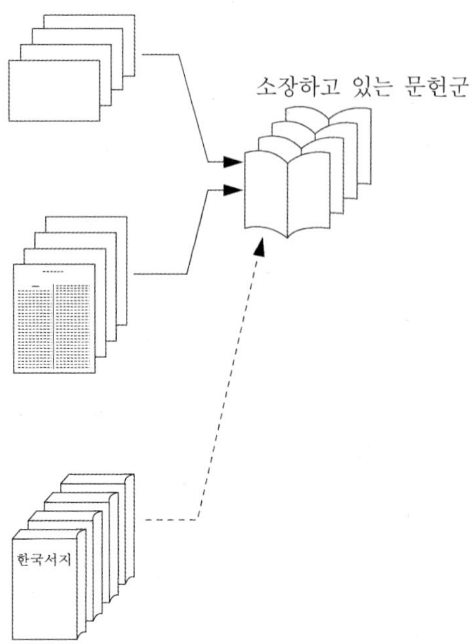

1-1. 자료검색시스템

목록시스템은 도서관이 수집, 정리, 보관하고 있는 자료의 저자, 서명, 주제명, 분류기호 등을 표목(검색어)으로 목록하여 검색되게 한 것이다.[36] 또한 목록에는 식별사항으로 발행정보, 형태사항(서지적인 특성), 주기 등의 기술사항을 함께 기재한다. 이렇게 목록은 특정 서지기관과 협력기관의 소장자료에 대한 저록의 집합이라는 점에서 서지와 구별된다.

색인시스템은 일반적으로 자료의 내용에 수록된 인명, 지명 등 명사적인 어(語)나 구(句)를 '찾아보기'로 권말에 붙어 있는 색인을 의미하지만 넓은 의미로는 단행본, 총서, 연속간행물 등에 게재되어 있는 논문, 기사, 보고서 등의 저자, 제명, 권호 등에 관한 사항을 일정한 순서로 조직화함으로써 쉽게 찾아 볼 수 있도록 체계화한 것을 포함한다.

서지시스템은 도서관의 소장자료에 한정하지 않고 특정주제, 특정시기, 특정지역 등의 제한된 범위에 관한 자료의 기록을 포괄적으로 모아 필요한 부분을 선별하여 질서 있게 체계화시킨 리스트로 상세한 서지사항이나 서지적 내력을 확인하는 데 유용한 도구이다.

상기한 바와 같이 정보를 위한 검색체계에는 자료를 검색하기 위한 목록시스템과 자료의 내용에 포함된 주제어로 검색할 수 있게 한 색인시스템, 그리고 다양한 형태로 된 모든 종류의 정보를 주제와 같은 특정 영역별로 검색할 수 있게 한 서지시스템을 함께 검색도구로 구축하여 이용자의 검색영역을 보다 다양하게 확장하고 있다.

---

36) L. Jolley, *The Principles of Cataloging* (New York: Philosophical Library Inc., 1960), pp. 2-3.

Shera의 목록기능[37)]

① 출판물에 관계한 저자, 역자, 발행자 등으로부터

② 서명으로부터

③ 출판형식에 의한 사전, 서지, 인명록 등으로부터

④ 시간적인 측면을 고려한 발행년으로부터

⑤ 지명으로부터

⑥ 언어적인 측면에서 원저 혹은 번역서로부터

⑦ 물리적인 측면에서 제본과 장정 등으로부터

⑧ 주제적인 측면에서 분류나 주제명으로부터

Cutter의 목록기능[38)]

보통검색기능: ① 저자명. ② 서명. ③ 주제명으로부터
저자와 관련된 저작을 모으는 기능: ④ 특정저자의 저작에 관해서
주제와 분류기호로 문헌을 모으는 기능: ⑤ 특정주제에 관해서
주제의 형식표목으로부터의 검색기능: ⑥ 문학상, 형식상으로 나타난 특정 종류의 어떤 문헌소장에 관하여
물리적인 기술이나 내용을 나타내는 식별기능: ⑦ 저작의 판에 관해서 ⑧ 저작의 특성에 관해서

---

37) Jesse H. Shera, *Libraries and the Organization of Knowledge* (Lockwood: 1966), p. 183.

38) Charles A. Cutter, *Rules for a Printed Dictionary Catalogue*, pt. 2.

Mann의 목록기능[39)]

① 도서관에 있는 각각의 저작을 이용자들이 검색할 저자, 번역자, 편자, 삽도자(도해자), 주석자, 총서명 또는 다른 인명, 단체명으로 기술해야 한다.

② 한 저자가 쓴 모든 저작들은 저자기입순으로 배열함으로써 동일한 저자명으로 모든 작품을 함께 검색할 수 있고, 이용자에게 그 작가의 작품 중 특수한 저작의 색출을 가능하게 하며, 도서관에 소장된 작가의 전체작품 수를 알게 해 주어야 한다.

③ 도서관에 있는 한 작품을 기록하고 그 작품 중에 있는 한 부분까지도 기록함으로써 그것을 다루고 있는 주제까지도 찾을 수 있도록 해야 한다.

④ 주제명기입으로 배열함으로써 같은 주제나 서로 관련된 주제는 함께 찾을 수 있게 해야 한다.

⑤ 필요한 것은 서명으로도 찾을 수 있게 해야 한다.

⑥ 이용자를 목록의 한 기입에서 다른 기입으로 안내할 수 있도록 상호 참조방법이 사용되어야 한다.

⑦ 각각의 도서에 대한 서명, 발행사항, 형태사항 등에 대해 기술하고 필요에 따라 주기사항도 기술해야 한다.

⑧ 도서를 배열하거나 또는 찾는 데 필요한 청구기호가 기록되어야 한다.

---

39) Margaret Mann, *Introduction to Cataloging and the Classification of Book* (2nd ed. Chicago: ALA., 1943), p. 100.

임종순의 목록기능[40)]

① 특정한 저작이 검색될 수 있을 것

② 특정한 저자에 의한 도서군 및 그들의 특정판이 검색될 수 있을 것

③ 특정한 주제에 관한 도서군이 검색될 수 있을 것

④ 실물에 접하지 않고 중요한 서지적 및 내용적인 특징이 식별될 수 있을 것

⑤ 참조가 충분히 되어 있을 것

⑥ 각 기입의 배열이 정확할 것

⑦ 각 기입에는 도서의 소재위치가 명시될 것

ICCP의 목록기능[41)]

1959년 런던에서 개최된 ICCP(International Conference on Cataloging Principles) 예비회의에서 2가지의 목록기능이 거론되었다.

① 저자와 서명에 의한 문헌의 소재를 알려주는 기능: 출판된 자료로부터 기재된 저자명과 서명에 의한 특정자료의 위치를 나타낸다.

② 저자의 관련 문헌을 함께 검색되게 하는 기능: 한 저자의 전체저작, 한 저자의 전체판과 번역에 관한 여러 가지 기입을 모은 것이다.

이와 같은 예비모임의 결과에 의해서 1961년 파리에서 개최된 ICCP 본회의에서는 다음과 같이 이를 보다 구체화시키고 있다.

목록은 다음 사실을 확인하기 위한 유효한 도구가 되어야 한다.

---

40) 任鐘淳, p. 178.

41) IFLA, *International Conference on Cataloging Principles: report* (Paris: IFLA., 1961).

ICCP의 2.1조. 한 도서관에 소장하고 있는 특정도서에 관해서

① 저자와 서명에 의해

② 저자가 도서에 표시되어 있지 않을 때는 서명만에 의해

③ 저자나 서명이 식별상 불분명하거나 불충분할 경우는 적당한 서명의 대차물에 의해, 지정된 특정도서가 소장되어 있는가.

ICCP의 2.2.조

① 그 도서관에는 특정저자의 어떤 저작이 있는가

② 특정저작의 어떤 판이 소장되어 있는가를 알려주는 데 있다.

본서에서는 목록의 기능을 다음과 같이 크게 4가지로 집약하고 실제 목록에 기재되는 기술사항과 목록기능과를 연결시켜 상술하였다.

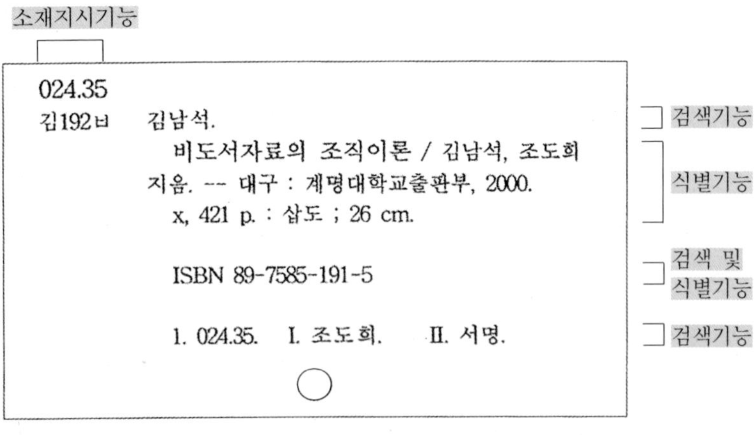

1-2. 목록기입의 기능별 표시

020 ɓɓ$a8975851915 $c₩17,000.................검색 및 식별기능
090 ɓɓ$a024.35$b김192ㅂ............................소재지시기능
100 1ɓ$a김남석 ....검색기능
245 10$a비도서자료의 조직이론 /$d김남석,$e조도희 지음....
....검색 및 식별기능
260 ɓɓ$a대구 :$b계명대학교출판부,$c2000 ....식별기능
300 ɓɓ$ax, 421 p. :$b삽도 ;$c26 cm ....식별기능
700 1ɓ$a조도희 ....검색기능

245의 서명은 제1지시기호 1에 의해 자동부표목된다.

(1) 검색기능(檢索機能): 검색기능은 목록의 가장 중심 되는 기능으로 자료의 소장 및 이용여부를 확인하기 위한 것이다. 검색의 수단인 저자, 서명, 주제(분류기호), 기타(ISBN) 그리고 그 자료의 서지적인 요소를 검색어(표목)로 하여 소장자료나 협력관의 자료 검색을 가능하게 해야 한다. 검색을 위한 목록의 체계는 분류기호를 표목으로 한 분류목록 또는 주제어나 구(句)를 표목으로 한 주제명목록(단원목록 포함), 저자명을 표목으로 한 저자명목록, 자료의 표제를 표목으로 한 서명목록, 그리고 국제표준도서번호나 자료기관의 제어번호 등이 있는가 하면 표목 간의

구 분	검색을 위한 표목사항	배열기준	목록 종류	목록체계
저자명	개인명, 단체명, 회의명 등	저자명순	저자명목록	사전체목록 또는 분할목록
서 명	서명, 통일서명, 대등서명, 별서명, 부서명, 편제, 총서명, 내용서명 등	서명순	서명목록	
주제명	주제명, 단원명 등	주제명순	주제명목록	
분류기호	분류번호, 수입순번호 등	분류기호순	분류목록	
표준번호	ISBN, LC Card No. 등	번호순		

간의 연결을 위한 참조가 있다. 이들 목록을 사전체목록이나 분할목록으로 편성하여 한 자료가 가진 부분적인 사실만으로도 자료를 검색할 수 있게 해야 한다. 앞의 표는 검색표목과 배열, 그리고 관계된 목록의 종류를 나타낸 것이다.

(2) 식별기능(識別機能): 한 문헌의 서지와 내용 등의 기술로 다른 문헌과 식별되게 하는 기능이다. 식별을 위한 기재사항은 표목을 제외한 표제와 책임표시사항에서부터 주기와 국제표준도서번호에 이르는 모든 기술사항이 포함된다. 이렇게 표제나 저자, 판차, 발행 등에 의한 식별뿐 아니라 형태사항으로 면수, 기타형태사항, 장정, 인쇄, 크기, 딸림자료 등 서지에 관한 특징, 그리고 국제표준도서번호(ISBN)까지 기술해 줌으로써 유사한 자료를 식별되게 하여 기존자료와 새로운 자료와의 상이 여부를 확인할 수 있게 한다.

(3) 소재지시기능(所在指示機能): 소재지시기능은 검색된 자료의 소장위치를 제시해 주는 기능이다. 도서관에 입수된 자료는 정리과정을 통해 주어진 배가번호에 따라 배열되는데 이 배가기호를 도서관에서는 청구기호 또는 청구기호라고 한다. 청구기호를 목록에 기재하여 검색된 자료와 이용자를 연결되게 한다. 도서관에서 주로 사용하고 있는 청구기호는 분류번호와 도서기호로 구성되지만 이 외에 자료의 형태나 해당 도서관의 성격에 따라 수입순번호나 등록번호, 함가번호, 별치기호 등을 그대로 청구기호로 이용하는 다양한 방법이 있다.

(4) 사서적 기능(辭書的機能): 목록은 이용자가 자료에 직접 접하지 않고도 그 자료의 내용, 형식, 발행, 형태적 특성 등 제반사항에 대한 정보를 확인할 수 있는 각 자료에 대한 사전적인 역할을 해야 한다. 목록에는

분류기호와 주제명으로 자료가 담고 있는 내용과 형식에 대한 정보, 표제와 책임표시사항으로 표제와 저작자에 대한 정보, 판차사항으로 판의 개정에 관한 정보, 발행사항으로 출판, 인쇄, 배포 등에 관한 정보, 형태사항으로 자료의 서지적인 정보, 그리고 주기사항으로 자료의 특성과 내용 등의 정보를 제공하고 있다.

이와 같은 목록의 다양한 기능을 수행하기 위해서는 하나의 자료에도 여러 종류의 목록을 작성해야 하며 도서관의 목적, 이용자의 수준, 직원의 인적자원, 예산 등을 고려하여 목록기술사항의 포함범위와 내용을 선택해야 한다. 그러나 선택되는 목록사항에는 상기한 목록의 기능인 자료검색의 편의성, 자료간의 식별성, 자료와 이용자간의 연결성, 자료자체에 대한 정보성 등이 포함될 수 있는 기본원칙이 변하지 않아야 한다.

2.3. 자료목록의 기본적 구비조건

목록은 이용자의 자료검색을 위한 도구이지만 도서관인에게는 자료정리와 목록관리, 그리고 참고봉사를 수행하는 작업도구(working tool)이다. 목록은 이용자와 도서관인이 공히 각자의 목적을 달성할 수 있도록 조직되고 유지, 관리되어야 한다. 목록이 상기한 기능을 발휘하기 위해 갖추어야 할 조건에 관한 이론을 살펴보았다.

Mann의 목록의 기본적인 조건[42)]

① 목록은 신축성이 있어야 한다. 자료기관에 입수되는 자료의 목록이 계속적으로 첨가될 수 있게 해야 한다.

42) Mann, p. 101.

② 목록은 최신성을 유지해야 한다. 자료기관에 입수되는 최신자료가 목록으로 검색할 수 있도록 해야 한다.

③ 같은 기입(記入)들이 주어진 목록은 동일한 곳에 배가되어야 한다. 동일 인명의 신착 도서를 위한 기입은 기존의 동일 인명으로 기입된 다른 목록과 함께 배열되게 해야 한다.

④ 제적도서에 대한 목록은 제거가 가능해야 한다. 장서가 제적되었을 때 제적자료의 목록이 함께 제거될 수 있어야 한다.

⑤ 기입된 사항의 정정이 가능해야 한다. 신용어와 구용어, 주제명, 분류표, 청구기호 등에 대한 변경이나 수정의 사유가 발생하였을 때 기입된 목록사항을 쉽게 정정할 수 있어야 한다.

⑥ 목록은 이용자와 직원의 양자에게 공히 편리해야 한다. 목록은 이용자의 자료검색을 위한 도구, 직원의 자료조직과 참고봉사를 위한 사무용도구로 공히 편리하게 활용될 수 있어야 한다.

⑦ 목록은 도서관 이외의 장소에서 참고할 수 있어야 한다. 목록은 이용자나 사무자가 시간과 장소에 구애 받지 않고 사용될 수 있어야 한다.

Wynar의 목록의 구비조건[43)]

① 목록은 유연성이 유지되어야 한다.

② 목록은 검색이 용이해야 하고, 신속성이 유지되어야 한다.

③ 목록은 경제적이어야 한다.

④ 목록은 휴대할 수 있도록 간결해야 한다.

43) Wynar, pp. 4-5.

Bakewell의 목록의 기본적인 조건[44)]

① 기입의 순서에 따라 삽입, 제거, 기재사항의 변경이 용이할 수 있는 유연성이 있어야 한다.

② 도서관인과 이용자가 공히 검색하는 데 용이해야 한다.

③ 누구든지 사용이 간편해야 한다.

④ 안내될 수 있는 안내카드(guide card) 등이 가제될 수 있는 공간이 있어야 한다.

⑤ 작성 및 유지가 간편하고, 경제성이 있어야 한다.

⑥ 집중적인 목록작업을 선택할 때 인쇄카드와 단위(unit)목록방식에 대응될 수 있어야 한다.

⑦ 간결해야 한다.

⑧ 쉽게 복사할 수 있어야 한다.

⑨ 휴대할 수 있어야 한다.

고노노리아키(小野則秋)[45)]의 목록의 기본적인 조건

① 모든 이용자에게 봉사할 수 있는 목록 (봉사성)

② 보편성이 있고 장래에 발전성을 가진 목록 (발전성)

③ 원리상 통일성을 지닌 목록 (통일성)

이상에서 제시된 목록의 구비조건을 종합하여 목록이 구비해야 할 조건을 다음과 같이 6가지로 생각해 보았다.

---

44) K. G. B. Bakewell, *A Manual of Cataloging Practice* (Pergamon Press, 1972), p. 149.

45) 小野則秋, **圖書目錄の作り方** (京都: 蘭書房, 1952), p. 3.

① 목록은 유연성이 있어야 한다. 새로운 자료에 대한 기입의 삽입, 제적도서의 목록 제거, 기재사항의 변경에 따른 기입의 정정이 용이해야 한다.

② 목록은 검색성이 있어야 한다. 목록은 동일한 기입을 집합되게 하고, 유사한 기입을 분리되게 해야 하며, 다양한 검색어나 검색도구를 통해 이용자나 도서관인이 시간과 공간을 초월하여 신속하고 간편하게 정확한 정보를 검색하고 참고할 수 있도록 해야 한다.

③ 목록은 정보성과 최신성이 유지되어야 한다. 목록의 기술사항으로 각 자료의 내용, 서지 등 필요한 정보를 확인 할 수 있게 하고, 자료의 발행이나 입수와 동시에 검색될 수 있어야 하며, 발행이나 입수 예정자료의 목록까지도 제공할 수 있어야 한다.

④ 목록은 경제성이 있어야 한다. 목록은 조직에서부터 이용 및 유지에 이르는 모든 과정이 시간이나 인력의 낭비를 최소화하고, 검색의 편의성을 최대화함으로써 최소의 경비로 최대의 효과를 발휘할 수 있게 해야 한다.

⑤ 목록은 새로운 정보유통환경에 대응할 수 있어야 한다. 목록은 기록수단의 발달과 이용자의 다양한 정보요구에 대처할 수 있어야 하고, 정보의 유통과 통정을 위한 기계적인 환경변화에 쉽게 적응될 수 있어야 한다.

⑥ 목록은 원리상 통일성이 있어야 한다. 목록은 도서관과 도서관군의 상호협력을 위한 서지통정의 도구가 되기 때문에 규칙에 따라 일관성 있게 작성되어야 한다. 국가 및 국제적인 상호 협력을 위한 서지통정의 도구로 호환성이 있어야 한다.

3. 자료목록의 종류

3.1. 형태에 의한 종류

형태에 의한 종류는 목록의 외형적인 형태를 기준으로 구분한 것이다. 지금까지 자료기관에서 사용된 목록의 형태는 카드형, 책자형, 가제형, COM형, 온라인형 등을 들 수 있다.

1) 카드형목록(Card catalog)

카드형목록은 "낱장의 카드를 만들어 서랍에 보관하는 목록"[46]이다. 이는 도서관에 입수된 개개의 자료에 대한 기입을 일정한 크기의 카드로 작성하여 목록함에 삽입 편성하는 방법이다.

최초로 카드를 목록에 활용한 사람은 파리과학아카데미에서 출판물 색인 작업을 할 때 일정한 크기의 카드를 사용한 Abbe Rozier라고 한다. 이는 색인의 서문에서 서지정보의 기록처리에 카드가 편리하다는 것을 내용에 적고 있어[47] 색인작성에 카드를 이용하였음을 알 수 있다. 장서의 목록작성에 카드를 사용한 예는 1791년에 프랑스의 혁명정부가 국유화한 왕실도서관, 수도원도서관, 학교도서관, 귀족들의 개인문고 등에 소장된 자료의 목록을 국가종합목록으로 작성하기 위해 카드로 목록을 작성할 것을 지시한 French Code이다. 이는 각 도서관에서 작성된 카드목록을 국립중앙도서관에서 수합하여 국가적인 종합목록을 작성하고자 한 범국가적인 카드형목록의 시초이다. 1820년에는 런던전신기사협회(Society of Telegraph Engineer)도서관에서 열람용목록에 카드를 사용하였고, 1827년

---

46) Akers, p. 318.

47) 澁川雅俊, **目錄の歷史** (東京: 勁草書房, 1985), p. 185.

부터는 대영박물관에서 10 × 4 inch카드를 사무용목록으로 사용하였으며, 파리국립도서관에서도 1828년 이전부터 사용하였다고 한다. 이때 사용된 카드는 지질이 떨어지고, 목록기술은 카드의 상부에 수입순번호를 기재하고, 서명, 저자명을 포함해서 발행지, 발행자, 인쇄자, 크기, 삽도 등을 나열식으로 기록하였다.

미국에서는 1835년부터 하바드대학도서관에서 최초로 카드 목록을 사용하였으나[48] 널리 보급되지 못하였고, 1850년경부터 사무용과 열람용으로 보급이 확대되었다.[49] 그리고 Cutter의 사전체목록이 발표된 1876년경에는 목록의 집중작업과 배포방법, 표준화의 관점에서 카드에 대한 논의가 활발히 전개되었다.

카드형목록은 목록이 구비해야 할 제 조건을 비교적 많이 충족시킬 수 있다는 장점으로 온라인목록이 나타날 때까지 세계적인 표준 목록형태가 되었다.

카드형목록의 특징

① 하나하나가 독립되어 있으므로 신축성이 있다.

② 새로 기입된 카드의 삽입이 용이하므로 항상 최신성을 유지할 수 있다.

③ 카드는 각각 움직일 수 있는 단위로 같은 종류의 기입을 한 곳에 모을 수 있다.

④ 카드는 언제나 빼낼 수 있기 때문에 제적도서의 목록 제거가 용이하다.

⑤ 카드는 기재사항의 수정, 그리고 새로운 카드로 그 대체가 용이하다.

---

48) 中村初雄, **圖書館資料組織論** (東京: 理想社, 1972), p. 22.

49) 澁川雅俊, p. 186.

⑥ 카드목록은 이용범위가 매우 제한되어 있어 동시에 여러 사람이 이용할 수 없다.

⑦ 카드목록은 휴대가 불가능하다.

(1) 표준카드(international standard card)

도서관의 목록용 카드는 국제적으로 통일된 규격으로 7.5 × 12.5 cm (3 × 5 inch) 카드를 표준카드로 사용하였다. 카드가 표준화되기까지는 각 도서관에서 다양한 크기의 카드를 임의로 제작하여 사용하였다.[50] 그러나 도서관 상호간의 협력증진과 정보자료제공의 요구에 대한 보다 원활한 서지통정을 위해서는 카드의 국제적인 표준화가 불가피하였다. 국제적으로 통일되게 사용된 7.5 × 12.5 cm (3 × 5 inch)의 표준카드[51]는 당시 미국에서 사용된 우편엽서의 규격이다.

표준카드는 Dewey에 의해 제정된 것으로 1886년 「*Library Notes*」에 게재한 "Condensed Rules for a Card Catalog"에서 카드의 기입에 대한 해석을 발표하였는데 그 일부가 카드의 규격에 관한 것이었다. Dewey는 여기에서 "Sample cards illustrating the catalog rules"라는 조항을 만들어 다음과 같은 카드의 기입 예를 제시하였다.

---

50) 1827년경에 대영박물관도서관(British Museum Library)에서는 4 × 10 inch, 1857년경 미국의 C. C. Jewett가 보스톤공공도서관(Boston Public Library)에서 사용한 15 × 20 cm, 그리고 7.5 × 10 cm 크기의 Crooks카드, Vienna과학클럽의 서지위원회에서 사용한 3.5 × 14 cm와 코니스버그도서관(Konigsberg Library)에서 사용한 15 × 19.5 cm 크기의 카드 등이 있었다.

51) Minnie Stewart Rhodes James, "The Progress of the Modern card catalog principle," *The Catalog and Cataloging*, selected by Arthur Ray Rowland (The Shoes String Press, 1969), p. 58; 中村初雄, p. 22.

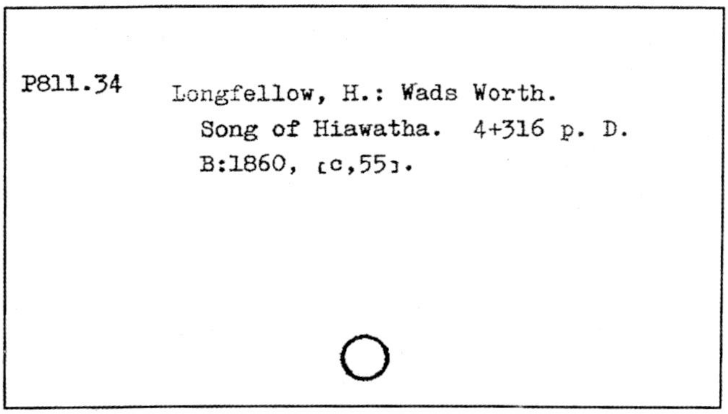
P811.34 Longfellow, H.: Wads Worth.
Song of Hiawatha. 4+316 p. D.
B:1860, [c,55].

1-3. Dewey의 목록카드 기입 예

우리나라에 카드목록을 처음 도입한 것은 일본인이었다. 일본에서 카드목록은 1888년에서 1890년 사이 미국과 영국에서 도서관에 관한 연수교육을 받고 돌아온 田中稲城에 의해서 1.5 × 5 inch 목록용 카드가 전해진 것이 최초라고 한다.[52] 우리나라에서는 1923년 11월 30일 조선총독부도서관의 설립을 위한 준비단계에서 자료정리에 사용된 카드목록을 최초의 사용시점으로 생각할 수 있다.[53] 이때 사용된 카드의 규격은 사무용은 5 × 12.5 cm, 열람용은 7.5 × 12.5 cm의 크기로 사무용과 열람용을 구별하여 두 가지로 사용하였다.[54]

52) 志村尙夫, **目錄學序說** (東京: 學術圖書株式會社, 1978), p. 48.
53) **朝鮮年鑑**, 昭和二十年度 (京城: 京城日報社, 昭和十九年), p. 189.
54) 국립중앙도서관 목록Sample 참조

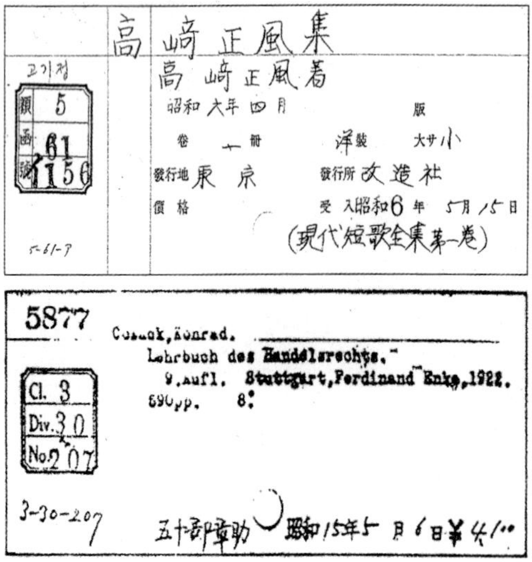

1-4. 최초 국립중앙도서관의 카드목록

그리고 1947년 박봉석 편으로 발행된 「**동서편목법(東書編目法)**」에서 표준카드로 7.5 × 12.5 cm 크기를 규칙의 예로 제시하고[55] 있다.

카드의 표준화[56]는 카드의 제작과 보관용기의 제작 등에 편리성과 경비절감의 효과를 가져왔고, 국제적으로 통일성 있는 편목작업을 가능하게 하였다. 특히 1900년 LC의 인쇄카드배포를 가능하게 함으로써 국가적인 종합목록과 분담목록, 그리고 상호협력 등 도서관의 정보봉사 범위를 국제적으로 확대하게 하였다. 한편 이로 인해 LC의 인쇄카드를 사용하는 도서관뿐 아니라 세계적인 표준카드로 그 사용이 확산되게 하였다.

---

55) 朴奉石 編, **東書編目法**: 講義用草案 (프린트판. 서울: 4280), p. 7.

56) 표준카드용지의 두께는 통일된 것은 없지만 내구성과 실용성을 고려하여 열람용은 대체로 1,000매에 34.3 cm 이상, 사무용은 경비의 절약을 위해 1,000매에 21.4 cm 이상을 사용하는 것이 적절하다.

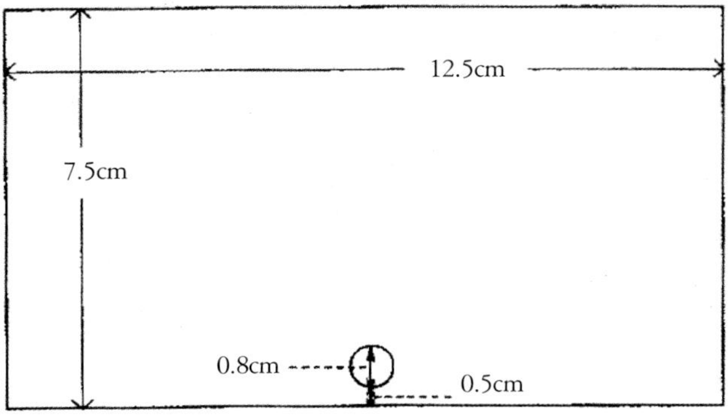

1-5. 국제표준카드

(2) 기선(基線: indentions)[57]

기선은 표준카드에서 기술사항의 기재위치를 나타낸 말이다. 국제적으로 작성, 보급되고 있는 인쇄카드의 목록형식은 각 기술사항의 기재위치를 일정하게 통일하고 있다. 그리고 각 자료기관에서 작성하는 목록에서도 인쇄카드의 기술사항에 대한 기선을 준용하여 인쇄카드와 자관에서 작성하는 카드목록의 기선을 통일하고 있다.

기선은 스페이스(space)나 센티미터(cm)로 그 위치를 정하고 있는데, 타자기나 컴퓨터로 목록하는 경우는 스페이스로 기선을 설정하고, 수기로 목록하는 경우는 센티미터로 기선을 설정하였다. 기선은 규칙에 따라 약간씩의 차이가 있지만[58] 대체적으로 통일되게 사용하는 기선은 제1기선, 제2기선, 제3기선, 그리고 기본기입선으로 구분하여 제1기선은 카드면의

57) 김남석, "Card目錄作成에 있어서 基線設定을 위한 試圖," **圖書館學論集**(韓國圖書館·情報學會), 제4집(1977): pp. 61-90.

58) 朴奉石 編, **東書編目法** (4280), p. 7: 표준카드(7.5 × 12.5 cm)의 기선을 카드왼쪽난간으로부터 제1기선은 2 cm, 제2기선은 3 cm, 기본기입선은 상단 난간으로부터 1.5 cm, 기본기입 제2선은 2.5 cm로 설정하고 있다.

좌측 난간으로부터 9 space나 약 2.5-3 cm, 제2기선은 제1기선에서 3 space나 약 1 cm, 제3기선은 제2기선에서 3 space나 약 1 cm, 그리고 기본기입선은 카드면의 상단난간으로부터 약 1.5 cm의 기준으로 통용되고 있다.

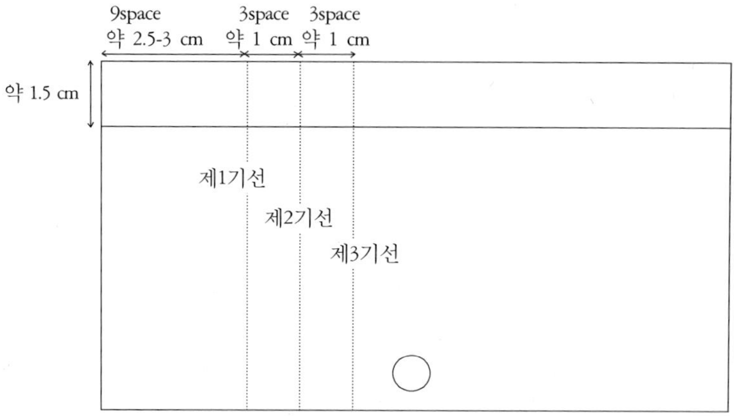

1-6. 목록카드의 기선

기선에 따른 기술사항의 기재위치는 규칙에 따라 차이가 있다. 다음은 2단식(A1, K3)과 3단식(JCR)의 기재사항을 표로 비교한 것이다.

구분	2단식	3단식
제1기선	저자명 및 서명기본기입의 시작(A1) 서명줄머리잡기의 시작(K3) 제2기선에서 시작한 사항의 계속(A1)	저자 및 서명기본기입의 시작
제2기선	서명저작자사항, 형태사항, 주기사항, 부기입지시사항의 시작(A1;K3) 서명줄머리잡기의 계속(K3)	형태사항의 시작과 계속 내용주기의 시작과 계속 일반주기의 시작과 계속 부기입지시의 시작과 계속
제3기선	저자명기본기입의 계속(A1)	기본기입사항의 계속 발행사항의 시작과 계속 형태사항의 시작과 계속

(3) 인쇄카드(printed card)

인쇄에 의한 목록카드의 작성은 등사법과 식자인쇄의 두 가지로 대별할 수 있다. 등사법은 등사원지에 목록을 작성하여 필요한 매수를 복사하고, 복사된 목록의 상단에 표목을 타자하거나 수서하여 목록을 작성하는 방법이다. 이 방법은 수기로 목록을 작성하는 것보다 소요경비가 적게 든다는 장점이 있어서 컴퓨터에 의한 목록이 도입될 때까지 대학도서관과 공공도서관에서 주로 사용되었다. 카드목록의 작성을 위한 등사원지와 자동소형등사기(multi-stamp), 알콜등사기, 전동카드복사기 등 필요한 매수를 쉽게 복사할 수 있는 다양한 종류의 도구가 개발, 이용되었다.

식자인쇄에 의한 방법은 활판, 제록스인쇄, 컴퓨터식자 등을 생각할 수 있다. 식자인쇄에 의한 방법으로 1900년 미국국회도서관에서 배포를 시작[59]한 인쇄카드(LC card)가 그 효시가 되었다.

인쇄카드의 가장 대표적인 것은 LC Card와 Wilson Card이다. LC Card는

Wellman, Paul Iselin, 1898-
Walls of Jericho. Lippincott 1947
423p

"Jericho, Kansas, is the scene as well as one of the leading characters of this . . . novel. From the time David Constable comes to Jericho in 1901 to his final vindication, the town motivates his every action. Here is the story of a friendship broken by a scheming wife and the political turmoil that followed its rupture, here is the story of a love born of youthful admiration dragged through the most cruel scandal, triumphing in the courtroom." Literary Guild

1 Kansas — Fiction I Title Fic

10-5-51 (W) The H. W. Wilson Company

1-7. Wilson인쇄카드

59) Dunkin, p. 2.

1965년 고등교육법(Higher Education Act)의 통과로 미국 이외의 지역에서 발간되는 간행물에 대한 목록을 인쇄하여 국내외에 배포할 정도로 확장되었으나 MARC에 의한 목록작성으로 1981년 1월부터 카드형태의 목록 배포를 중단하고 MARC Tape를 생산 보급하였다. Wilson Card는 H. W. Wilson Company가 1938년부터 인쇄카드를 만들어 33,000여 도서관에 배포[60]하다가 1975년 3월에 중단하였다.[61] 이외에 각 국의 중심되는 도서관에서 자국 내의 출판물을 대상으로 협력도서관에 인쇄카드를 배포하거나 상호협력을 위한 방법으로 협력기관끼리 인쇄카드를 작성하기도 하였으며, 규모가 큰 도서관에서는 자체의 목록작성을 위한 인쇄시설을 갖추고 인쇄카드를 생산하기도 하였다. 한국에서는 국립중앙도서관에서 인쇄카드를 견본으로 작성하여 배포하였고, 국회도서관에서는 자관의 목록을 인쇄카드로 작성하기도 하였다.

인쇄카드는 많은 장점을 가지고 있지만 인쇄시설비와 운용을 위한 인력 등은 도서관에서 쉽게 해결할 수 없는 요건이기 때문에 국가대표도서관이나 기업형태의 시설에서 가능하였다. 그러나 인쇄목록은 컴퓨터에 의한 MARC개발로 보다 쉽게 저렴한 경비로 생산하는 과정이 있었으나 온라인 목록으로 대치되었다.

60) Akers, p. 300.

61) Akers, pp. 154-157.

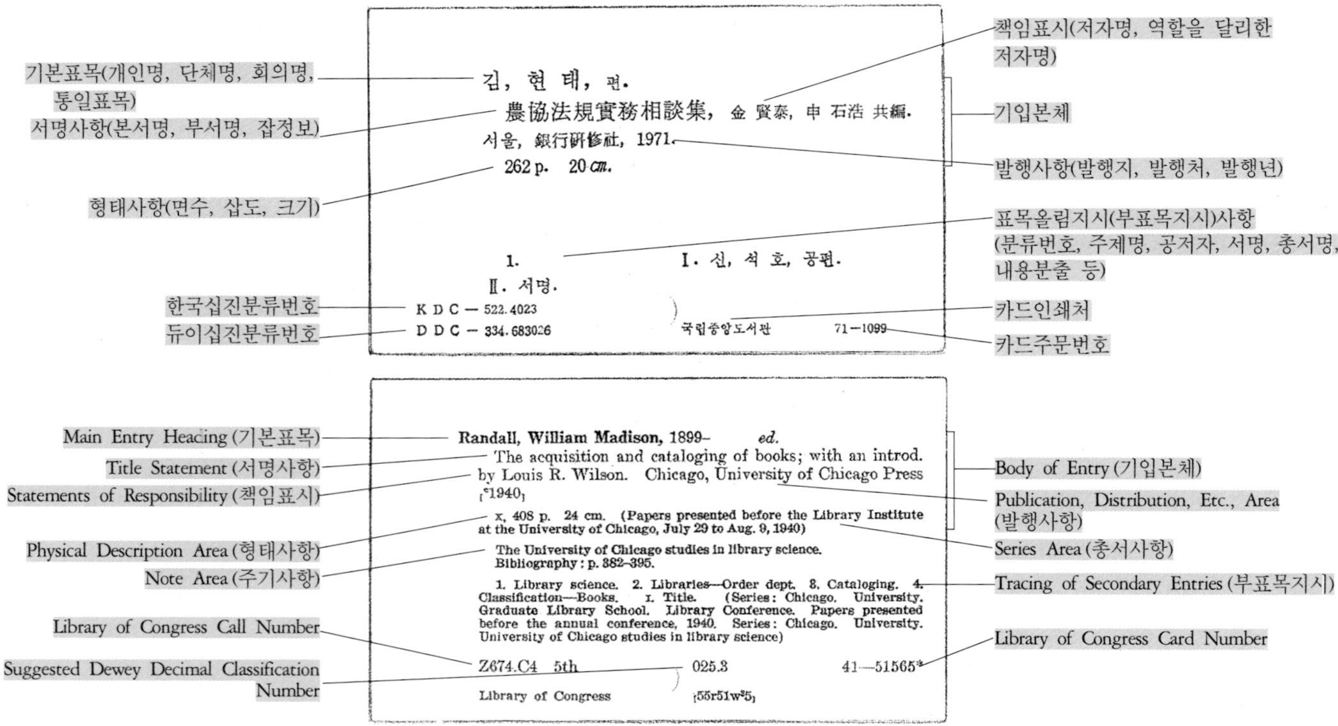

1-8. 국립중앙도서관과 LC의 인쇄카드 예

2) **책자형목록**(book form catalog, book catalog)

책자형목록은 일명 도서형목록이라고도 하는데 이는 도서관이나 도서관군의 소장자료 목록을 책자형(단행본)으로 제작, 발행한 것이다. 책자형목록은 한 면에 여러 개의 저록을 수록, 편찬하기 때문에 장서목록이나 종합목록으로 주로 이용되었다.

책자형목록은 초기 재산목록시대(inventory list period)부터 발전되어 온 것으로 Alexandria도서관의 Callimachus가 편찬한 「*Pinakes*」까지 그 역사가 거슬러 올라간다.[62] 특히 인쇄술의 발명에 따른 출판물의 증대는 인쇄로 된 책자형목록을 양산하게 하였다. 1674년 Thomas Hide는 저자명과 무저자명도서의 요어서명(catch title)을 알파벳순으로 배열한 「*Bodleian Library Catalogue*」라는 책자형목록을 편찬하였다.

책자형목록은 근대적인 카드목록이 도서관목록으로 정착되는 1800년대 후반까지 도서관의 주된 목록형태로 이용되었다.[63] 현재까지도 온라인목록의 보조목록, 장서목록, 출판목록, 연속간행물목록, 주제명목록, 신착도서목록과 비교적 장서의 변동이 적은 고서목록 등에 활용되고 있다.

국가적인 규모의 책자형목록은 프랑스의 「**국립도서관장서인쇄목록**」,[64] 영국의 「**대영박물관인쇄목록**」,[65] 미국의 「*National Union Catalog*」[66]

---

62) Lois Mai Chan, **目錄と分類**(Cataloging and Classification: an introduction), 上田修一 等譯 (東京: 勁草書房, 1987), p. 3.

63) Wynar, p. 11

64) *Catalogue general des livres imprimes de La Bibliotheque Nationale*은 1900년부터 1974년까지 220권이 발행되었다.

65) K. C. Harrison, *The Library and the Community* (3rd completely revised ed. London: Andre Deutsch, 1977), p. 42: 영국 British Library의 Bibliographic Service Division에서 *British National Bibliography*를 1950년부터 주간으로 발간하고, 이를 다시

등이 있다. 한국에서는 국립중앙도서관의 종합목록계획에 참여한 전국의 도서관을 대상으로 「**외국도서종합목록**」[67]을 1970년부터 책자형목록으로 발간하였다.

책자형목록은 목록에 필요한 서지사항을 상세하게 기술하고 있기 때문에 구저작물(舊著作物)의 조사와 서지적인 확인, 그리고 도서관의 수서정보를 위한 중요한 도구로 활용되고 있다.

책자형목록은 초기에는 수기로 작성하였으나 1960년대 옵셋인쇄기의 발달로 기계화되기 시작하였고, 현재는 컴퓨터에 의한 방법으로 생산되고 있다.

책자형목록의 장점

① 한 면에 많은 기입을 수록할 수 있어 보기에 편리하다.
② 휴대가 간편하고, 필요한 장소에서 임의로 열람할 수 있다.
③ 비치하는 공간의 소요가 작아 경제적이다.
④ 여러 곳에서 많은 사람이 동시에 이용할 수 있다.

책자형목록의 단점

① 새로운 기입을 중간에 삽입할 수 없어 최신성 유지가 어렵다.

계간, 년간, 5년간으로 누적판을 발행하고, *General Catalogue of Printed Books*를 1959년에서 1966년까지 263권으로 발행하였다.

66) 의회도서관인쇄카드목록인 *A Catalog of Book Reprinted by Library of Congress Printed Cards*가 1942년부터 1946까지 167권으로 월간, 계간, 연간으로 발행되다가 *National union Catalog*로 명칭을 변경하여 발행하였다.

67) 국립중앙도서관, **외국도서종합목록** (서울: 국립중앙도서관, 1995): 1970년부터 1995년까지 매년 1회(1권)씩 총26권을 발간하였다.

② 한 번 제작하는 데 많은 경비가 소요된다.

특히 컴퓨터에 의한 입력과 출력, 그리고 배열의 자동화 및 인쇄기술의 발전은 과거 책자형목록이 가진 속보성의 결여와 비경제적이라는 단점을 최소화하여 이용자의 요구를 충족할 수 있는 다양한 기능과 형태의 목록으로 이용되고 있다.

3) 가제식목록(loose-leaf catalog)

가제식목록은 책자형과 비슷한 장부형식으로 각 장을 분리시켜 제거와 추가를 자유롭게 한 목록이다. 가제식목록은 책자형의 장점인 휴대가 가능하고, 단점인 신축성과 최신성의 결여, 그리고 과다한 제작 경비 등을 보완하기 위해 목록의 각 장을 임의로 수정 교체할 수 있게 하였다. 그러나 자료의 입수가 빈번한 도서관에서는 목록의 삽입이나 제거에 한 면에 수록된 목록을 재작성해야 한다는 한계가 있기 때문에 크게 보급되지는 못하였지만 책자형목록을 대신해서 한동안 일부 자료기관의 목록 작성에 사용되었다.

가제식목록은 초기 영국의 도서관계에서 주로 많이 사용되었다.[68] 1800년대 후반에 네덜란드의 Leiden대학도서관에서 사용한 다발목록(sheaf catalog)[69]은 약100매의 카드를 2권의 다발철(sheaf holder)에 배열한 일종의 가제식목록이다. 근대적인 형태의 다발목록은 로마의 S. Staderini와 플로렌스[70]의 M. Sacconiricci에 의해 1891년에 작성된 Sacconiricci의

68) Wynar, p. 12.

69) 志村尙夫, pp. 54-56.

70) 플로렌스(Florence): 르네상스의 중심이 되었던 중부 이태리의 도시, 현재의 피

목록이 있다. 그리고 1892년 D. Brown에 의해 고안된 '조절할 수 있는 목록의 홀더(adjustable catalogue-holder)'라고 불려지는 가제식목록은 카드를 파일할 수 있는 가제식카버에 쉽게 삽입할 수 있게 한 것이다.

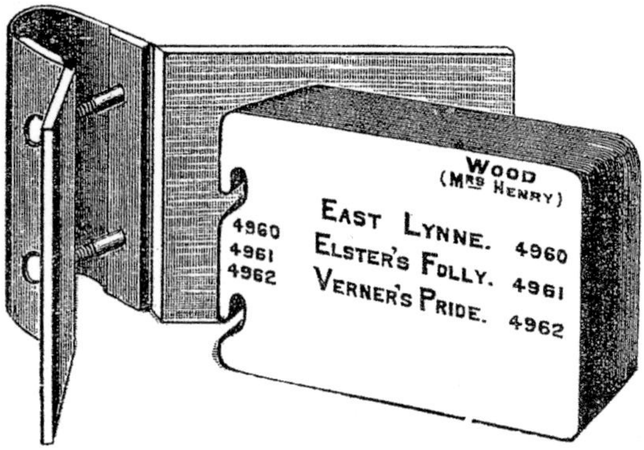

1-9. Brown의 다발목록(sheaf catalog)

가제되는 낱장의 크기는 도서관에 따라 다양하게 사용되었으나 일반적으로 사용된 규격은 4 × 7 $\frac{1}{4}$ inch(10.2 × 19.7 cm)[71]의 것으로 500매에서 600매를 1조로 하였다.

영국의 리버풀시립도서관의 다발목록은 최근까지 사용되었다고 한다. 최근에는 일정기간 동안 입수되는 신착도서목록(library bulletin of accessions)과 이미 간행된 목록과 색인에 그 이후 출판이나 입수된 자료를 누적해 가는 누가목록(cumulated book catalog) 등에 제한적으로 활용되고

렌체(Firenze).

71) James Douglas Stewart, *The Sheaf Catalogue* (Libraco Limited, 1909), pp. 6-7을 志村尙夫, p. 54.에서 재인용.

있지만, 한국에서는 도서관 이외의 일반회사에서 기장방식이나 개정이 빈번한 법령집 등에 활용되고 있다.

4) COM목록

COM은 computer-output-microfilm or microfiche의 약칭으로 컴퓨터에 기록된 디지털(digital)출력형태를 아날로그(analogue)기호로 변경시켜 마이크로화상으로 마이크로필름(microfilm)이나 마이크로피시(microfiche)에 출력한 것이다.[72] 즉 COM은 text나 그림으로 읽을 수 있는 인쇄 정보를 기계로 읽을 수 있도록 마이크로필름이나 마이크로피시에 데이터를 전환하는 과정을 서술한 머리글자이다. COM은 모델에 따라 문자, 숫자, 도면 등을 글자모양이나 크기를 임의로 조정하여 프린트할 수 있으며, 그 자체를 고속인쇄의 원본으로도 사용할 수 있다.[73] COM목록은 목록을 마이크로화상으로 마이크로필름이나 마이크로피시에 수록하여 기계로 읽을 수 있게 한 것이다.

COM목록은 1960년대 중반부터 서지정보의 수록재로 나타나기 시작[74]한 마이크로피시와 울트라피시(ultrafiche)에 의한 목록으로, 마이크로피시의 경우 보통 105 × 148.5 mm의 피시(fiche) 1장에 2,000매 정도의 카드목록을 수록하고 판독기(microfiche reader)로 검색할 수 있고, 울트라피시는 마이크로피시의 몇 배를 더 수록할 수 있다. 목록이 수록된 마이

---

72) 디지털출력형태를 아날로그기호로 변경시켜 microfilm에 micro화하는 데는 1초에 25,000자 내지 100,000자의 속도로 출력할 수 있다.

73) Susan Artandi, **情報科學과 콤퓨터**(*An Introduction to Computers in Information Science*, 2nd ed.), 李淳子 譯 (서울: 한국도서관협회, 1980), p. 94.

74) Richard W. Boss and Deanna B. Marcum, "The Library Catalog: COM and On-line Options," *Library Technology Reports*, vol. 16, no. 5 (Sept.-Oct. 1980): p. 452.

크로피시는 각 장의 상단에 수록된 목록의 범위가 육안으로 읽을 수 있도록 표시되어 있기 때문에 이용자가 필요한 정보가 수록된 피시를 선택하여 판독기를 통해 검색하는 것을 용이하게 하였다.

COM목록의 장점

① 새로운 자료의 목록을 삽입하고, 분실된 자료의 입력과 제거가 자유롭기 때문에 항상 최신성을 유지할 수 있다.
② 목록의 배열이 기계에 의하므로 정확하다.
③ 목록의 정정이 수시로 가능하다.
④ 컴퓨터에 의해 생산되므로 생산속도가 빠르고,[75] 경제적인 비용으로 무한정 재생산이 가능하다.
⑤ microfiche의 한 면에 많은 양의 목록이 수록되므로 분실을 쉽게 발견할 수 있다.
⑥ 이용의 범위를 무한히 확대할 수 있어 많은 사람이 동시에 목록을 이용할 수 있다.

COM목록의 단점

① 판독기(microfilm reader)를 통해서만 읽을 수 있기 때문에 이용에 한계가 있다.
② 목록이용을 위해서는 판독기 조작에 대한 지식을 필요로 한다.
③ 화상에 의한 판독으로 장시간 이용할 때 피로가 빨리 온다.
COM목록의 발전으로 도서관의 봉사범위를 한층 더 확대할 수 있게

75) COM의 생산속도가 프린터에 의한 인쇄 속도보다 25-50배나 빠르다 (Gordon B. Davis, *Computer Data Processing* (2nd ed. Tokyo: McGraw Hill, 1973), p. 388).

되었으며, 이 목록이 가진 많은 장점 때문에 한동안 카드목록을 COM목록으로 대치하기도 하였다. 캐나다의 토론토대학교도서관, 미국의 Los Angeles County공공도서관은 COM목록을 사용한 대표적인 도서관이었다. 그러나 온라인목록의 발전으로 계속 사용되지 못하고 단기간으로 끝났다. 한국에서는 COM목록 단계를 거치지 않고 카드목록에서 온라인목록으로 연결되었다.

5) 온라인목록

온라인목록은 컴퓨터의 정보처리기구와 목록데이터를 회선으로 연결하여 각 관의 CRT단말기를 통해 필요한 정보를 기계가독형태로 직접 축적하고 출력하여 이용할 수 있도록 한 목록이다.[76] 이 시스템은 중앙에 센터가 있고 이것과 연결된 지역처리 센터가 있으며, 다음에 단말관이라는 3단계의 조직으로 이루어진다. 컴퓨터를 이용한 MARC tape의 출현은 서지기록을 컴퓨터의 데이터베이스(data base)에 입력하여 온라인방식으로 단말기를 통해 신속하고 정확하게 시간과 장소에 구애받지 않고 필요한 정보를 검색할 수 있게 하였다. 온라인목록은 각 도서관에서 정보망의 서지정보를 CRT단말기를 통해 직접 입력하고 출력함으로써 모든 도서관의 정보를 누구나 쉽게 공동으로 이용할 수 있게 하였다. 지금까지는 주로 OCLC와 같은 공동편목시스템에서 목록데이터의 입력 및 관리를 위한 시스템으로 사용되어 왔으나 최근에는 온라인목록을 이용자가 직접 검색하게 하는 공동목록으로 채택하는 봉사기능으로 확대되었다.[77]

---

76) J. R. Matthews, *Public Access to On-line Catalogs* (2nd ed. New York: Neal-Schuman, 1985), p. 497.

77) 정영미, **도서관정보전산화론** (서울: 구미무역, 1982), pp. 107-108.

현재 미국에서 조직된 전국적인 규모의 온라인목록으로는 OCLC,[78] WLN,[79] RLIN,[80] BLCMP,[81] SWALCAP,[82] UTLAS[83]… 등이 있다.

온라인목록의 특성

① 서지정보를 기계가독형으로 컴퓨터 내에 축적한다.

② 데이터를 단말기를 통해 온라인으로 이용한다.

③ 리스트나 COM으로 출력하여 카드형태나 책자형 등으로 이용이 가능하다.

④ 저자, 서명, 저자+서명, 주제, 소재번호, 발행처, LC Card No., ISBN 등 서지정보의 접근방법이 다양하다.

⑤ 접근을 위한 조작이 복잡하다.

온라인목록은 전통적인 카드형이나 책자형목록의 기능뿐 아니라 검색의 대상이 된 단어나 인명의 일부분을 사용하여 필요한 정보를 탐색할 수 있고, 또한 대화적으로 주어진 단어나 데이터의 요소들을 조합하여 필요한 정보를 검색할 수도 있다.

온라인목록의 장점

① 다양한 검색 포인트(access point)가 제공된다.

② 목록기입의 추가나 목록기술의 정정이 즉시 가능하다.

---

78) OCLC: On-lineComputer Library Center, Incorporated.

79) WLN: Washington Library Network.

80) RLIN: Research Library Information Network.

81) BLCMP: Birmingham Libraries Cooperative Mechnisation Project.

82) SWALCAP: South-west Academic Libraries Cooperative Automation Project.

83) UTLAS: University of Toronto Library Automation Systems

③ 협력기관 간에 공동작성과 그 유지가 가능하다.

④ 다양한 형식으로 출력할 수 있다.

⑤ 수서나 대출 시 각종 파일과 통합할 수 있다.

온라인목록의 단점

① 서지데이터베이스의 작성과 유지에 비용이 소요된다.

② 단말기의 수에 따라 이용이 제한된다.

③ 이용할 때마다 비용을 필요로 한다.

④ 시스템의 고장으로 일순간에 데이터베이스의 일부나 전부가 소멸될 수도 있다.[84)]

온라인목록은 많은 단점이 있지만 지금까지 사용되고 있는 다른 형태의 목록에 비해 목록의 기능을 한 차원 상승시킨 세대를 달리한 목록이다. 온라인목록에 각종 파일을 통합한 온라인서지정보시스템은 도서관이 추구하는 이상적인 서지통정을 실현할 수 있게 하였다.

온라인서지정보시스템에 의하여 온라인열람목록인 OPAC을 실현할 수 있게 되었다. OPAC은 On-line Public Access Catalog의 약자로 이용자가 네트워크된 컴퓨터 단말기로 온라인서지정보시스템에 의해 입력된 도서관의 목록을 개별적으로 직접 탐색할 수 있게 한 것으로[85)] OPAC은 온라인목록시스템의 한 모듈화한 검색시스템으로 자료에 대한 서지정보 및 위치정보, 대출사항 등을 온라인으로 제공해주는 자동목록시스템이

---

84) **圖書館情報學**ハンドブック, 同 編集委員會 編 (東京: 丸善株式會社, 1988), pp. 443-444.

85) **문헌정보학용어사전**, 사공 철 등편 (서울: 한국도서관협회, 1996), p. 259.

다.[86] 인터넷에서 가장 확실하고 풍부한 학술정보를 얻을 수 있는 곳은 전 세계 도서관의 OPAC으로 이용자는 자관 이외의 소장자료도 OPAC을 통하여 서지정보를 확인할 수 있으며, 원문까지 입수할 수 있는 전자저널로도 연결된다. 국내에서는 현재 200개 이상의 자료기관에서 단행본, 연속간행물, 학위논문, 연구보고서 등을 온라인목록으로 제공[87]하고 있기 때문에 이용자는 OPAC을 통하여 이들 자료를 문자순별, 지역별, 분야별 등으로 다양하게 검색할 수 있다. 외국도서관의 온라인목록은 국내도서관의 OPAC을 통해 연결시켜주고 있다.

리더	namƀ22ƀaƀ4500
Control #	001 91023895
POS. REG. #	002 MO
최종처리일시	005 19990330142630
형태기술필드	007 ta
부호화정보필드	008 990330s1998ƀƀƀƀtgkaƀƀƀƀƀƀƀƀƀ 001aƀƀkorƀƀ
ISBN	020 ƀƀ$a8975850722$g93020
자관청구기호	090 ƀƀ$a024.3$b김19ㅈ
기본표목—개인명	100 1ƀ$a김남석,$d1938-
표제와 책임표시사항	245 10$a資料目錄學 =$xIntroduction to cataloging /$d金南碩 著
판사항	250 ƀƀ$a第三增補版
발행사항	260 ƀƀ$a대구 :$b계명대학교출판부,$c1998
형데사항	300 ƀƀ$axii, 393 p. :$b삽도 ;$c22 cm.

86) *Harrod's Librarians' Glossary*, compiled by Ray Prytherch (8th ed. England: Gower Publishing Company Limited, 1995), p. 465.

87) **학술정보조사법**, 남권희… 등저 (대구: 정림사, 1999), p. 423.

일반주기	500 ꞗꞗ$a목록연표, 색인이 있음
부출표목—서명	740 ꞗꞗ$aIntroduction to cataloging

<온라인 목록정보>

CD-ROM(Compact disk read-only memory)목록은 네트워크 환경에서 특정영역이나 특정기관에 대한 온라인목록을 CD-ROM에 수록하여 백업(back up)용이나 검색도구로 활용하게 한 것이다. 이는 대량의 목록정보를 안정적으로 수록 저장하고, 컴퓨터를 통한 다양한 접근점을 제공하기 때문에 거리나 시간에 구애받지 않고 자료검색을 가능하게 하는 장점을 가지고 있다. 그러나 한 번 수록된 목록정보를 변경할 수 없기 때문에 내용을 추가하기 위해서는 재생산해야 한다. 따라서 재생산까지의 최신성이 떨어지고, 이용기관에서는 업그레이드된 CD-ROM의 계속적인 입수를 위한 예산확보를 필요로 한다.

3.2. 편성에 의한 종류

목록은 이용자가 필요한 자료를 가장 편리한 방법으로 검색할 수 있도록 편성해야 한다. 이는 자료기관에서 어떻게 목록을 편성하느냐에 따라 목록기능의 충족범위가 결정되기 때문이다. 목록의 편성요건인 검색을 위한 필요 요소들을 요약해 보았다.

① 저자, 서명, 내용 등은 잘 알고 있으나 그 자료의 이용여부를 알고자 할 때

② 저자는 알고 있으나 서명을 알지 못할 때

③ 서명은 알고 있으나 저자를 알지 못할 때

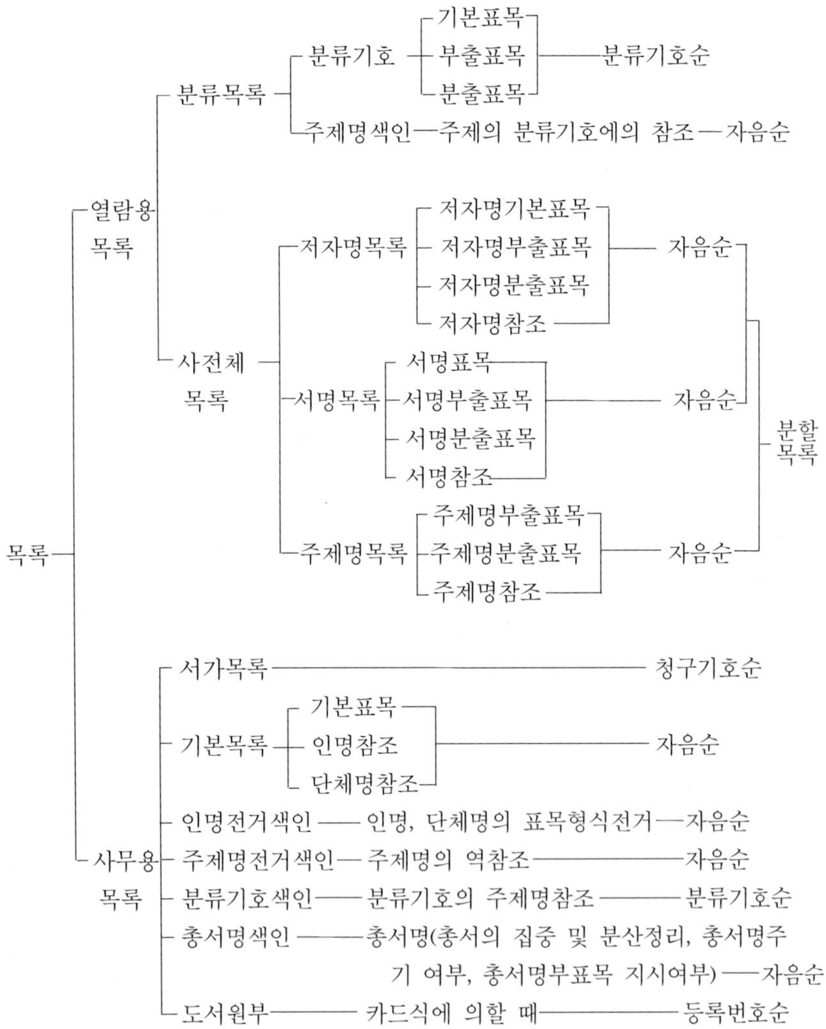
목록
열람용 목록
분류목록
분류기호
기본표목
부출표목
분출표목
분류기호순
주제명색인
주제의 분류기호에의 참조
자음순
사전체 목록
저자명목록
저자명기본표목
저자명부출표목
저자명분출표목
저자명참조
자음순
서명목록
서명표목
서명부출표목
서명분출표목
서명참조
자음순
주제명목록
주제명부출표목
주제명분출표목
주제명참조
자음순
분할 목록
사무용 목록
서가목록
청구기호순
기본목록
기본표목
인명참조
단체명참조
자음순
인명전거색인
인명, 단체명의 표목형식전거
자음순
주제명전거색인
주제명의 역참조
자음순
분류기호색인
분류기호의 주제명참조
분류기호순
총서명색인
총서명(총서의 집중 및 분산정리, 총서명주기 여부, 총서명부표목 지시여부)
자음순
도서원부
카드식에 의할 때
등록번호순

1-10. 목록의 체계

④ 저자, 서명은 알지 못하고, 주제를 알고 있거나 특정주제에 관한 문헌의 소장유무를 알고자 할 때

⑤ 저자, 서명, 특정주제보다도 일정 연구분야 및 조사사항에 대하여 체계적으로 어떤 문헌이 있는가를 알고자 할 때

⑥ 저자, 서명, 특정주제보다도 열람목적은 없으나 막연히 흥미 있는 자료를 찾을 경우 등이다.

이상의 요소를 충족하기 위해서는 ① ⑤ ⑥은 분류목록, ① ②는 저자명목록, ① ③은 서명목록, ④는 주제명목록 등이 작성되어야 한다. 그러나 자료기관의 규모나 봉사범위에 따라서는 이들 중 일부를 선택하거나, 필요한 목록을 세분하여 확장하거나 추가할 수도 있다. 이때는 반드시 장래성과 유용성이 고려된 목록으로 결정해야 한다. 앞의 그림은 지금까지 도서관목록으로 작성되고 있는 편성에 의한 목록체계를 도식한 것이다.

1) 저자명목록(author catalog)

저자명목록은 한 저작의 저자명을 표목(검색어)으로 편성한 목록이다. 목록에서 저자명은 저자, 공저자, 역자, 편자, 삽도자, 화가, 작곡자… 등의 역할로 저작의 내용에 책임이 있는 개인명, 단체명, 회의명[88] 등이 포함된다. 저자명목록은 이들 저자명을 통하여 원하는 자료를 검색할 수 있도록 각각 표목하고 이를 가나다순이나 알파벳순으로 편성한 것이다.

저자명목록은 저자명을 기본기입으로 채택하고 있는 AACR1과 KORMARC의 경우는 저자명기본표목, 저자명부출표목, 저자명분출표목, 저자명참조 등 4가지로 작성되고, 서명줄머리잡기로 기술되는 KCR3의

88) 회의명은 AACR1이나 KCR2에서는 단체명에 포함되어 있었으나 MARC에서는 회의명을 111필드에 별도의 표목으로 처리하고 있다.

경우는 저자명부출표목, 저자명분출표목, 저자명참조 등 3가지로 작성된다.

① 저자명기본표목(100, 110, 111): 기본기입된 저자명을 표목으로 검색되게 한 목록이다(AACR1과 KORMARC). 그러나 서명줄머리잡기로 기술되는 경우는 모든 표목이 부출이나 분출표목으로 작성된다.

② 저자명부출표목(600, 610, 611, 700, 710, 711): 기본표목되지 않은 공저자, 편자, 역자… 등 저작에 책임이 있는 다른 저자명을 부출하고, 부출표목된 저자명으로 검색되게 한 것이다.

③ 저자명분출표목(600, 610, 611, 700, 710, 711): 총서, 전집, 합집 등 자료의 내용에 포함되어 있는 저작의 저자명을 표목으로 분출하고, 분출표목된 저자명으로 검색되게 한 것이다.

④ 저자명참조: 저자명이 익명이나 약명 등 본명 이외의 이름으로 명명되고 있는 저자명을 표목된 저자명으로 연결시켜 주는 저자명'보라'참조나 '도 보라'참조이다.

저자명목록은 표목의 대상에 따라 개인명, 단체명, 그리고 회의명 등 세가지 경우로 생각할 수 있다. 개인저자는 어떤 저작의 지적 혹은 예술적 내용에 대해 주된 책임을 가지고 있는 인명[89]을 말한다. 인명목록은 그 저작의 참여도에 따라 개인명기본표목(100), 개인명부출표목(700), 개인명분출표목(700), 개인명참조 등의 표목으로 작성된다.

기본표목—개인명(100)

```
090 ␢␢$a813.6$b김66o
100 1␢$a김원우
245 10$a일인극 가족 :$b장편소설 /$d김원우....
```

89) *AACR2R*, p. 620.

090 ƀƀ$a310.1$bS648s3

100 1ƀ$a**Smith, George Milton**

245 11$a(A) Simplified guide to statistics for...

245필드의 서명은 제1지시기호 '1'에 의해 자동 부출표목된다.

부출표목—개인명(700)

090 ƀƀ$a373.3$b유832ㅅ

100 1ƀ$a유태영

245 10$a視聽覺敎育 =$xAudiovisual education.... /$d유태영,$e호재숙

700 1ƀ$a**호재숙**

090 ƀƀ$a220.9$bB154h

100 1ƀ$aBailey, Albert Edward

245 10$aHistory of the Hebrew common.... /$dby Albert Edward Bailey and Charles Foster Kent

700 1ƀ$a**Kent, Charles Foster**

245필드의 서명은 제1지시기호 '1'에 의해 자동부출표목되고, 기본표목되지 않은 저작자는 700필드로 저자명부표목되는 경우이다.

090 ƀƀ$a813.6$b김25u

100 1ƀ$a김동리

245 10$aUlhwa :$bcthe shaman :$ba novel of Korea and three stories /$dKim Tongni

700 1ƀ$a**Kim, Tongni**

부출표목—개인명(서명줄머리잡기; 700)

090 ƀƀ$a843$bK92Kㄱ

245 00$a마지막 일기 /$dJ. Krishnamurti 著 ;$e김동리 역

700 1ƀ$aKrishnamurti, J.

700 1ƀ$a**김동리**

090 ƀƀ$a813.6$b김25ㄱ
245 00$a끝없는 지상의 사랑을 위하여 /$d김동리 등저
700 1ƀ$a**김동리**

090 ƀƀ$a813.6$b김25ㄲ
245 00$a까치소리 :$b第六創作集 /$d金東里 著
700 1b$a**김동리**

서명줄머리잡기인 경우 245필드에 '$d'로 기재된 저자명은 700필드로 부표목한다.

분출표목—개인명(700)

090 ƀƀ$a813.6$b현222
245 00$a現代韓國新作全集
260 ƀƀ$a서울 :$b을유문화사,$c1990
505 0ƀ$a제1권. 목소리 / 김의정 -- …
700 12$a**김의정**.$t목소리.$n제1권

505필드에 식별기호 '$t'와 '$d'로 내용주기된 사항은 700필드로 수록된 내용표제와 함께 분출표목한다.

참조—인명

100 1ƀ$a조지훈
500 1ƀ$a**조동탁**

<저자명(인명)목록>

인명목록은 기본표목, 부출표목, 분출표목, 참조를 통합하여 인명의 문자순(가나다순이나 알파벳순)으로 목록이 배열되기 때문에 동일 인명에 대한 모든 저작을 한 곳에서 검색할 수 있다.

단체가 저작한 자료는 단체명을 표목으로 검색되게 한다. 단체저자는 어떤 특정의 명칭을 가지고, 하나의 실체로서 활동하는 조직 또는 개인의

집단으로 정의하고 있다.90) 단체저자의 개념은 단체를 저자로 인정한다는 파리원칙이 승인된 이래 저자의 중요한 부분으로 인정되고 있다. 단체명목록은 단체명기본표목(110), 단체명부출표목(710), 단체명분출표목(710), 단체명참조 등의 표목으로 작성된다.

기본표목—단체명(110)

090 ƀƀ$a373.4$b계34ㅎ
110 ƀƀ$a**계명대학교**.$b**학생생활연구소**
245 10$a학습최대화가이드 /$d계명대학교 학생생활연구소

110필드는 상.하위표목으로 구분하여 식별기호 '$a'로 상위표목, '$b'로 하위표목을 기재한다.

부출표목—단체명(710)

090 ƀƀ$a713.1$b국63
245 00$a국어새사전 /$d국어국문학회 편
710 ƀƀ$a**국어국문학회**

서명줄머리잡기의 경우 245필드에 '$d'로 입력된 단체명은 710필드로 부표목한다.

참조—단체명

110 ƀƀ$a유네스코
410 ƀƀ$a**국제연합교육과학문화기구**

410필드는 KORMARC-전거통제용의 보라참조에 의한 단체명참조기입이다.

<저자명(단체명)목록>

90) *AACR2R*, p. 617.

단체명목록은 단체명으로 작성되는 표목이 문자순으로 배열되기 때문에 동일 단체에서 발행되는 모든 자료가 한 곳에서 검색된다.

회의명목록은 회의의 결과물로 저작된 자료로 회의명을 표목으로 기재하고, 표목된 회의명으로 검색되게 한 것이다. 회의명은 각종 회의와 전시회, 축제와 같은 특수행사가 포함된다. 회의명목록은 회의명기본표목(111), 회의명부출표목(711), 회의명분출표목(711), 회의명참조 등의 표목으로 작성된다.

기본표목—회의명(111)

090 ƀƀ$a378$b고27ㄱ
111 ƀƀ$a**고등교육국제세미나**$d(1979 :$c**계명대학교**)
245 10$a고등교육의 탁월성 추구 :$b고등교육국제세미나, 1979년 10월 10-14일 /$d신일희 편
500 ƀƀ$a회의명(영어): International Seminar on Higher Education
711 ƀƀ$a**International Seminar on Higher Education**$d(**1979** :$c**Keimyung univ.**)

111필드의 회의명기본표목과 711필드의 회의명부표목은 식별기호 '$a'로 회의명, '$n'으로 회차, '$d'로 회기, '$c'로 회의장소 등으로 작성 표목한다.

부출표목—회의명(서명줄머리잡기; 711)

090 ƀƀ$a378$b고27ㄱ
245 00$a고등교육의 탁월성 추구 :$b고등교육국제세미나, 1979년 10월 10-14일 /$d신일희 편
500 ƀƀ$a회의명(영어): International Seminar on Higher Education
711 ƀƀ$a**고등교육국제세미나**$d(1979 :$c**계명대학교**)

711 ƀƀ$aInternational Seminar on Higher Education$d (1979 :$cKeimyung univ.)

서명줄머리잡기일 때 245필드에 식별기호 '$c'로 기재된 회의명은 711필드로 회의명부표목한다.

<회의명목록>

회의명목록은 회의명을 표목으로 목록을 배열 편성하기 때문에 동일한 회의명으로 발행한 모든 자료가 한 곳에서 회차순으로 검색된다.

저자명목록의 배열원칙

① 인명표목은 저자의 성(姓)→이름→서명이나 기본기입[91]→권호순

② 단체명표목은 단체명의 문자→서명이나 기본기입[92]→권호순

③ 회의명표목은 회의명의 문자→회차→회기→장소→서명이나 기본기입[93]순

④ 저자명표목에 부기된 역, 평, 편, 공저 등의 역할어는 배열에서 무시된다.

2) 서명목록(title catalog)

서명목록은 저작의 서명(표제)을 표목으로 편성한 목록이다. 서명은

91) 기본기입된 개인명표목이 동일할 때는 다음의 기술사항인 서명순으로 배열하고, 부표목된 개인명부표목이 동일할 때는 다음의 기술사항인 기본기입의 문자순으로 배열한다.

92) 기본기입으로 기재된 단체명표목이 동일할 때는 다음의 서명순으로 배열하고, 부표목으로 기재된 단체명이 동일할 때는 다음의 기술사항인 기본기입순으로 배열한다.

93) 기본기입된 회의명표목이 동일할 때는 다음의 서명순으로 배열하고, 부표목된 회의명이 동일할 때는 다음의 배열을 기본기입순으로 한다.

규칙에 따라 포함되는 범위에 차이가 있는데 AACR2R에서는 "통상 자료에 표시되어 있는 자료 또는 그 중에 포함된 저작을 명명한 어, 구, 문자, 또는 문자군"[94]이라 정의하고, 「**문헌정보학용어사전**」에서는 "그 자료의 식별에 필요한 명칭이 되는 문자, 어, 구 또는 일련의 어구… 좁은 의미의 서명만이 아니라 그 자료의 표제면에 기재되어 있는 저자명이나 편자명, 역자명 등과 판차를 포함한 표제를 서명이라고도 한다"[95]라고 정의하고 있다. 본서에서는 본서명을 비롯한 부서명, 별서명, 대등서명, 총서명, 통일서명, 권차표제 등 표목의 대상이 될 수 있는 모든 서명을 포함하였다.

서명목록의 종류

① 통일서명기본표목(130): 무저자명 저서(고전)로 하나의 저작이 여러 가지 서명으로 명명되고 있을 때 통일서명을 기본기입으로 표목하고 검색될 수 있게 한 것이다.
② 서명줄머리잡기표목(245): 4인 이상의 저서, 무저자명 저서, 연속간행물, 사전, 그리고 총집 등의 일반서명을 줄머리잡기로 표목하고 검색되게 한 것이다.
③ 서명부출표목(246, 730, 740, 76X-78X): 본서명(저자명기본기입 때), 별서명, 대등서명, 총서명, 원서명이나 번역서명, 부서명, 편제 등의 서명을 부출표목으로 검색되게 한 것이다.
④ 서명분출표목(730, 740, 76X-78X): 총서, 전집 등의 내용에 포함되어 있는 저작의 서명을 부표목으로 검색되게 한 것이다.
⑤ 서명참조: 하나의 서명에서 기재된 표목과 관계된 다른 서명과를

94) *AACR2R*, p. 623.
95) **도서관용어사전**, 사공 철 등편 (서울: 한국도서관협회, 1996), p. 196.

연결시켜 주는 서명'보라'참조나 '도 보라'참조이다.

이 외에도 서명과 서명관련필드

축약표제(210)

등록표제(222)

통일표제(240)

목록작성기관에서 번역한 표제(242)

집서의 통일표제(243)

여러 형태의 표제(246)

변경전 표제나 표제변동(247)

연관저록(76X-78X)

서명줄머리잡기(KCR3)로 기술되는 경우의 모든 서명은 부표목형식으로 작성된다.

서명줄머리잡기—서명(245 제1지시기호 0)

090 ȸȸ$a334.14$bV215A2 4인 이상의 저서
245 00$a**Values and policy in American society** /$dby Russel E. Dayliff... [and others]
250 ȸȸ$a2nd ed.

090 ȸȸ$a713.1$b국63 사전
245 00$a**국어사전** /$d국어국문학회 편
260 ȸȸ$a서울 :$b동아출판사,$c...

090 ȸȸ$a059.1$b합225 연속간행물
245 00$a**合同年鑑**
260 ȸȸ$a서울 :$b合同通信社,$c1959-

090 ƀƀ$a842$bM689
245 00$aModern drama
....
362 0ƀ$aV. 1-   : 1966-

서명줄머리잡기의 경우 245필드의 서명은 제1지시기호를 '0'으로 지시한 표목이다.

기본표목—통일서명(130)

090 ƀƀ$a813$b춘92o
130 ƀ0$a[춘향전]
245 10$a獄中花 /$d신태원 편
....

130은 무저자명 고전으로 수 개의 서명으로 표현되고 있을 때 그 대표되는 서명으로 기본표목한 것이다.

참조—주제명

130 ƀ0$a춘향전
450 ƀƀ$a성춘향

「KORMARC—전거통제용」의 보라참조에 의한 서명참조기입이다.

180 ƀƀ$a개벽(開闢)
580 ƀƀ$a혜성(雜誌)

「KORMARC—전거통제용」의 도보라참조에 의한 서명참조기입이다.

분출표목—서명(740)

090 ƀƀ$a813.6$b현222
245 00$a韓國現代新作全集
505 0ƀ$a제1권. 목소리 / 김의정 -- ...
700 12$a김의정.$t목소리.$n제1권

505필드로 주기된 내용서명을 740필드로 권차와 함께 분출표목한 경우이다.

부출표목—서명(245 제1지시기호 1)

090 ƀƀ$a024.3$b김211ㄷ

100 1ƀ$a김남석

245 10$a**圖說圖書編目** /$d金南碩 著

245필드의 식별기호 '$a'의 서명을 제1지시기호 '1'로 자동 부표목한 것이다.

부출표목—서명(서명줄머리잡기; 245 제1지시기호 0)

090 ƀƀ$a024.3$b김211ㄷ

245 00$a**圖說圖書編目** /$d金南碩 著

245필드에 서명줄머리잡기로 기재되는 본서명은 제1지시기호 '0'으로 표목되게 하였다.

<서명목록>

3) 주제명목록(Subject catalog)

주제명(subject heading)은 자료의 수록 내용과 구성에 대한 형식을 알기 쉽고 표준화된 낱말 또는 낱말군으로 나타낸 것이다.[96] 모든 자료는 반드시 주제가 있으며 어떤 것은 주제가 둘 또는 그 이상이 있을 수도 있다.[97] 주제명은 장서의 내용에 대한 일종의 색인으로서 단어에 따라 알파벳순으로 배열한 주제명목록과 문헌분류법에 따라 분류기호순으로 배열한 분류목록으로 나누어진다.[98] 주제명목록은 주제명을 표목으로 편성한 목록으로, 특정분야에 관련된 자료와 연구를 위한 문헌을 조사할 때 가장 효과적으로 이용될 수 있도록 조직된 목록이다.

---

96) 주제명에 대한 상세한 사항은 본서의 제4장을 참조 바람

97) 張一世, **學校圖書館運營指針**, p. 117.

98) *DDC* (20th ed. New York: Forest Press, 1989), vol. 1: p. xxv.

주제명목록의 작성은 표준적으로 작성된 기존의 주제명표목표나 시소러스를 이용하는 방법과 자료기관에서 자작한 주제명전거목록을 이용하는 방법으로 생각할 수 있다.

주제명목록의 종류

① 주제명부출표목(6XX): 한 자료의 주제명으로 작성된 부출표목으로 검색되게 한 것이다.

② 주제명분출표목(6XX): 내용주기 된 각 저작의 주제명으로 작성된 분출표목으로 검색되게 한 것이다.

③ 주제명참조: 한 주제명에서 관계된 다른 주제명표목으로 연결시켜 주는 주제명'보라'참조나 '도 보라'참조이다.

주제명이 부표목될 때는 저자, 서명 등 다른 표목과 구분되게 하기 위하여 ① 주제명표목을 적색으로 기재하거나 흑색일 때는 하선(underline)을 하고, ② 로마체문자일 때는 모두 대문자로 기재하며, ③ 주제명표목의 말미에 마침표(종지부)를 찍지 않는다.

부출표목—주제명(6XX)

```
090 ⅆⅆ$a843$bC699h
100 1ⅆ$aCollier, John
245 10$aHis monkey wife, [or], Married...
650 ⅆ4$aFiction                        <출력> Fiction

090 ⅆⅆ$a813.6$b손55o
100 1ⅆ$a손소희
```

245 10$a逆流 /$d孫素熙...
650 ƀ4$a**한국**$x**소설**　　　　　　<출력> **한국--소설**

090 ƀƀ$a808.1$b영67
245 00$a永遠한 世界名詩集
650 ƀ4$a**한국**$x**시**　　　　　　<출력> **한국--시**

650필드는 일반주제명부표목을 위한 것이다.

참조—주제명

150 ƀƀ$a조류
450 ƀƀ$a**새**

「KORMARC: 전거통제용」의 주제명보라참조이다.

<주제명목록>

주제명목록의 특징

① 동일 주제명으로 된 자료의 목록을 함께 집합되게 한다.

② 동일주제의 모든 소장자료를 한 곳에서 동시에 검색할 수 있다.

③ 주제명목록은 저자명, 서명목록과 혼합하여 사전체목록으로 편성할 수도 있고, 또는 주제명목록만 독립해서 분할목록으로 편성할 수 있다.

④ 참조목록으로 관련된 주제명을 연결시킬 수 있다.

주제명—부출표목

090 ƀƀ$a517.7$b한17ㄷ
110 ƀƀ$a한국.$b내무부
245 10$a都市公害 :$b理論과 實際 ...

650 ｂ4$a공해

주제명—'보라'참조

150 ｂｂ$a공해(公害)

450 ｂｂ$a산업공해

「KORMARC: 전거통제용」에서 150필드는 표목-주제어이고, 450필드는 주제명보라참조이다.

주제명—'도 보라'참조

110 ｂｂ$a공해

550 ｂｂwha공장폐수

550 ｂｂwha지반침수

550 ｂｂwha소음

550 ｂｂwha대기오염

「KORMARC: 전거통제용」에서 110필드는 단체명표목이고, 550필드는 주제명도보라참조이다.

주제명—이용자 일반주기용 참조

150 ｂｂ$a사전

680 ｂｂ$i다음 주제명도 있습니다$a인명사전.$a지명사전.$a백과사전

680 ｂｂ$i각 국어, 각 주제의 사전은 해당 국어, 주제의 사전을 보시오$a영어–사전.$a교육학–사전

150 ｂｂ$a시–시집

680 ｂｂ$i개인의 잡품집은 저자명목록의 각 시인명을 보시오$a신동집.$a조병화

「KORMARC: 전거통제용」에서 150필드는 표목-주제어이고, 680필드는 이용자용일반주기참조이다.

<주제명참조>

4) 단원목록(unit catalog)[99]

단원목록은 주제명에 익숙하지 못한 초·중등학생들에게 주제명을 대신하여 교재의 내용으로 구분된 단원명을 표목으로 목록을 작성하여 학습하고 있는 단원명과 관계된 도서관의 자료를 바로 검색할 수 있게 한 목록이다. 단원목록은 초등학교도서관에서 사용하는 일종의 주제명 목록이다. 단원의 명칭은 학교에서 개설되는 전 과정의 단원명을 함축성 있는 단어나 단어군으로 단원명표목표를 작성하여 통일된 목록이 작성되게 해야 한다.

단원목록은 아직도 통일된 목록양식이나 표준 되는 단원명표목표(주제명)가 없기 때문에 단원목록을 작성하는 도서관에서는 임의로 자작하여 사용하고 있다. 현재까지 주로 사용되고 있는 목록형태는 카드형과 책자형이 대부분이었지만 MARC에 의한 단원목록작성은 지금까지 과제로 남아 있었던 학교도서관의 자료이용을 활성화할 수 있는 새로운 방법으로 등장하였다.

이렇게 단원목록은 주제명목록의 일환으로 작성되는 것이기 때문에 기술사항과 형식은 목록규칙에 의해 통일성 있게 작성되어야 하고, 목록이 새로움을 유지할 수 있도록 성장하는 목록이 되게 해야 하며, 형태별에 따른 모든 자료의 검색이 가능할 수 있도록 통합된 목록으로 발전되게 해야 한다.

---

99) 金南碩, "圖書館敎育," **敎育課程運營의 效率化** (서울: 대한교육연합회, 1986), pp. 465-476.

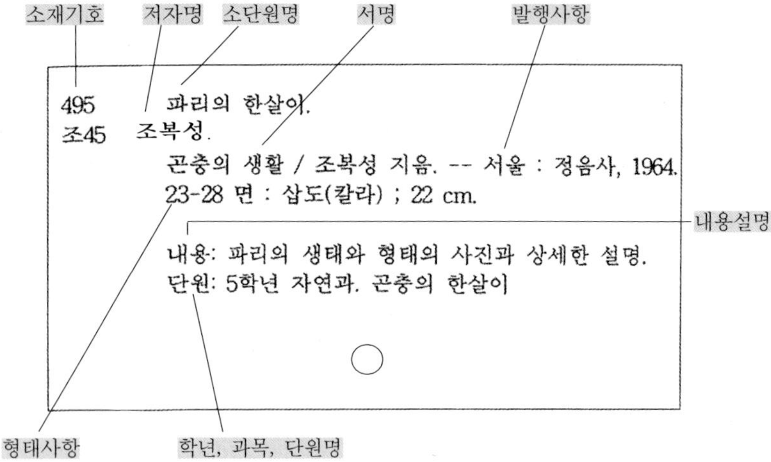

카드형목록은 주기입된 카드목록에 통일화된 단원명을 주제명 대신 단원명부표목으로 작성한다.

090 ƀƀ$a495$b조45
100 1ƀ$a조복성
245 10$a곤충의 생활 /$d조복성
250 ƀƀ$a서울 :$b정음사,$c1964
300 ƀƀ$a23-28면 :$b삽도 ;$c22 cm
520 ƀƀ$b파리의 생태와 형태의 사진과 상세한 설명
521 ƀƀ$a5학년 자연과
650 ƀ4$a**파리의 한살이**

KORMARC에서는 단원명을 650필드에 일반주제명으로 기재한다.

990 삼월의 하늘.

방19 민주주의 영웅들, 방기환 지음.

서울, 정문사, 1963.

pp.93~99.

내용 :

1. 삼일정신과 삼일운동 이야기.
2. 유관순 누나의 이야기.

(춘천교대 부속국민학교)

학 년	4 학 년	과 목	자 연		
단 원	4. 풍롯불 피우기	소단원	4. 산 소		
청구번호	편 저 자	서 명(참고내용)	발 행 소	페이지	
430-김5	김 성 균	어린이 화학(과학의 재미)	문 천 사	8~9	
420-최1	최 기 천	빛·열·소리의 마술(산소란?)	수 범 사	88~89	
400-동6	동아출판사 국민교재부	어린이자연세계(산소의 이용)	동아출판사	96	
400-동6	동아출판사 국민교재부	어린이자연세계(잘타는산소)	동아출판사	176	

4. 산 소 — 계속				
420-어3	어문각편집부	재미있는 실험관찰(산소 속에서 타는 쇠)	어 문 각	66~69
참400-이7	이 정 찬	자연학습도감(산소 만드는 법)	삼화출판사	108~109
참400-이7	이 정 찬	자연학습도감(산소의 성질)	삼화출판사	108~109

(부산교대 부속국민학교)

1-11. 단원목록(카드)

과목: 사회생활 제6학년 2학기					
단원	학습자료				
	도서자료				비도서자료
	청구번호	저, 편자	서명	해당페이지	
2. 세계의 여러 나라	980-어37ㅅ	어문각	재미있는 세계여행 1-6권	전	〈슬라이드〉 • 사막지방의
	980-어37ㅌ	〃	재미있는 탐험이야기 1-6권	〃	어린이생활 23매 천연색
	990-삼96-3	삼화출판	소년소녀 세계전기전집 3권	pp. 145-310 (리빙스턴)	• 여러 나라의 유명한 고적
	990-삼96-5	〃	소년소녀 세계전기전집 5권	pp. 237-282 (아문젠)	23매, 흑백
	990-학67-4	학원사	콜럼버스(세계위인문고 4권)	전	• 열대지방의 어린이 생활
	990-학67-5	〃	마젤란(세계위인문고 5권)	〃	23매, 천연색 • 한대지방의
	990-학67-14	〃	리빙스턴(세계위인문고 14권)	〃	어린이 생활 23매, 천연색
	980-학67-2	학원장학회	스탠리의 아프리카 탐험(소년소녀 세계탐험 모험전집, 2권)	〃	• 세계의 사람들 (유럽) 23매, 흑백
	980-학67-4	〃	중앙아시아 대탐험 (소년소녀탐험 모험전집, 4권)	〃	
	900-어37-1	어문각	재미있는 역사이야기 1권	pp. 32-35 (슈바이처, 아문젠, 스코트)	
	980-김19	김기동	미국여행기	전	
	980-예66	예용해	탐험이야기	〃	
	500-어37-2	어문각	재미있는 발명 · 발견 이야기 2권	pp. 37-43 (남극탐험)	
	500-어37-4	〃	재미있는 발명 · 발견 이야기 4권	pp. 81-87 (북극탐험)	

(사회)과 예습과제　　　　　　　　　제4학년 단원 【4. 우리나라의 고적과 명승지】				
월	주	소단원	과　　제	참 고 자 료
6	2	2.서울 의 고적	1. 서울의 땅 모양을 조사하자 ○서울을 둘러싼 산 ○서울을 뚫고 흐르는 강 2. 서울의 발달해 온 역사적 사실을 조사하자. ○삼국시대 ○고려시대 ○조선시대 ○일제시대 ○오늘날 3. 오늘날 수도로서의 서울의 모습을 조사하자. ○서울의 인구와 면적 ○관공서 및 중요기관 4. 서울에 있는 고적을 조사해 보자. ○서울의 성곽 ○서울의 궁궐 ○기타 대표적 유적	911-박98 : 박홍민 이야기 국사②(pp.8~17) 911-박98 : 박홍민 이야기 국사⑭(pp.201~221) 980-어37 : 어문각편 재미있는 세계여행② 911-어37 : 어문각편. 재미있는 역사 이야기(부록) 911-어95 : 어홍섭 신라문화사 경주 참 980-문16 : 문교부 사회부도 참 980-문16 : 문교부 사생부도 참 911-정37 : 정문사 편. 사생 사전 911-최57 : 최순우 이조문화사 서울 참 030-아22 : 아동백과사전 편 아동백과(국사편)

(부산교대 부속국민학교 예)

1-12. 단원목록(책자형)

책자형단원목록은 교과서의 단원명을 그대로 사용하고, 단원의 순서대로 편성한 것이 주종을 이룬다. 책자형목록은 해당 단원에 필요한 참고도서나 비도서자료 등에 대한 소재기호, 서명, 저자명, 발행사항, 형태사항 등이 기술된다. 책자형목록은 교사나 학생들이 어디에서나 필요한대로 이용할 수 있다는 장점이 있지만, 한 번 작성된 목록은 새로운 자료를 삽입할 수 있는 신축성이 없어 최신성을 유지할 수 없고, 제작에 많은 경비가 소요된다는 등의 많은 단점으로 일회성인 경우가 많다.

MARC에 의한 단원목록 작성은 지금까지 카드형목록이나 책자형목록이 가진 단점을 해소하여 유연성과 최신성을 유지할 수 있게 하였으며, 학생이 PC로 필요한 단원의 자료를 어디에서나 시간에 구애 받지 않고 검색할 수 있다는 점에서 학교도서관의 자료 이용을 보다 활성화할 수 있게 하였고, 필요한 경우 수시로 수정 보완된 단원목록을 책자자료로 출력하여 활용할 수도 있다는 많은 장점이 있다.

단원목록의 배열방법

① 학년별 교과진도의 순서에 의한 배열
② 교과별 내에서 다시 단원명의 자모순에 의한 배열
③ 학년별로 구분하고, 전 교과의 단원명을 혼합하여 자모순으로 배열
④ 전체단원명을 혼합하여 자모순으로 배열

5) 사전체목록(dictionary catalog)

사전체목록은 1876년 Cutter가 창안[100]한 것으로 기본표목이나 부표목 된 저자명, 서명, 주제명, 참조 등 문자로 된 표목을 혼합하여 사전의 단어배열과 동일한 방법으로 편성한 목록이다. 사전체목록은 각종 표목이 혼합배열 되기 때문에 동일한 표목의 저자, 서명, 주제명이 함께 검색될 수 있다는 장점 때문에 대부분의 도서관에서 목록의 편성방법으로 활용하고 있다.

사전체목록은 한 자료에 대한 동일한 명칭의 표목이 중복되지 않게 표목의 생략에 대한 원칙이 있어야 한다.

---

100) Charles Ammi Cutter, *Rules for Printed Dictionary Catalogue* (Washington: Govt. Printing Office, 1976).

① 저자명표목과 서명표목이 동일한 것은 서명표목을 생략

② 저자명표목과 주제명표목이 동일한 것은 주제명표목을 생략

③ 서명표목과 주제명표목이 동일한 것은 주제명표목을 생략

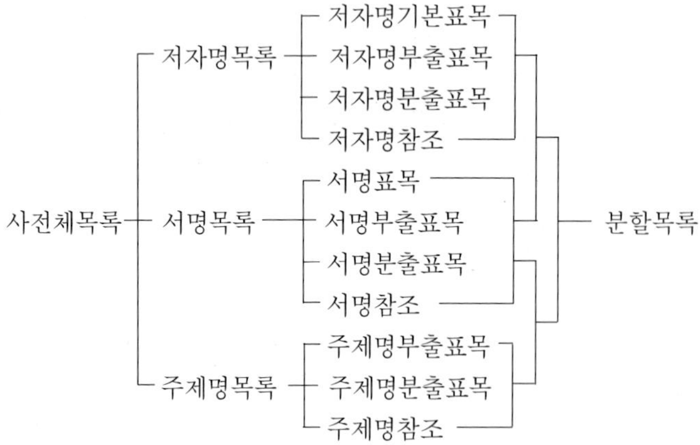

1-13. 사전체목록체계

사전체목록의 장점

① 동일한 표목(서명, 저자명, 주제명 등 문자로 된 표목을 혼합)을 한 곳에서 일괄할 수 있다.[101)]

② 한 자료의 동일한 표목의 생략으로 작성되어야 할 목록의 수가 줄어들므로 인력이 절약된다.

③ 목록량이 적기 때문에 보관 공간이 절약된다.

101) 표목의 종류나 기입방법에 상관없이 동일한 표목이 한 곳에 함께 배열되기 때문에 자료기관이 소장한 동일한 표제의 모든 자료를 함께 열람할 수 있다.

사전체목록의 단점

① 많은 종류의 표목이 혼합편성되므로 검색에 어려움이 있다.

② 전후의 표목에 대한 연관성이 결여되어 있다.

한국에서는 주제명표목표의 미비와 정리자의 표목표 사용 미숙 등으로 대부분의 도서관에서 저자명과 서명, 참조를 혼합한 사전체목록으로 편성하고, 주제명목록은 분류목록으로 대치하고 있다.

090 ɓɓ$a024.49$bA512s 단체명표목—기본표목
110 ɓɓ$a**American Library Association**
245 10$aSubject index to poetry for children and ...

090 ɓɓ$a809.1$bE56 서명표목—서명줄머리잡기
245 00$a**Encyclopedia poetry and poetics** /$ded.
by Alexander S. Priminger, Frank...

090 ɓɓ$a283$bK84c 통일서명표목—기본표목
130 ɓ0$a**Koran.**$k**English.**$k**Selections**
245 11$a(The) Essence of Quran /$dcompiled...
090 ɓɓ$a020.95$bJ141 서명표목—부출
100 1ɓ$aJackson, William Vernon
245 10$a**Library guide to Brazilian studies** /$d...

090 ɓɓ$a024.9$bH529a 주제명표목—부출
100 1ɓ$aHepworth, Philip
245 10$aArchives and manuscrips in libraries...
650 ɓ4$a**Manuscrips**

090 ɓɓ$a025$bM522e 인명표목—기본표목

100 1ƀ$aMelinat, Carl Herman,$d1912-
245 10$aEducational media in libraries /$dby...

사전체목록 알파벳순
American Library Association 단체명표목—기본표목
Encyclopedia poetry and poetics 서명표목—서명줄머리잡기
Koran. English. Selections 통일서명표목—기본표목
Library guide to Brazilian studies 서명표목—부출
Manuscrips 주제명표목—부출
Melinat, Carl Herman,$d1912- 인명표목—기본표목

090 ƀƀ$a373.4$b계34ㅎ 단체명표목—부출
245 00$a학습최대화가이드 /$d계명대학교 학생생활연구소
710 ƀƀ$a**계명대학교.**$b**학생생활연구소**

090 ƀƀ$a813.6$b계66ㅁ 서명표목—서명줄머리잡기
245 00$a**馬夫** /$d桂容默 著

090 ƀƀ$a801$b김51ㅁ 주제명표목—부출
245 00$a文學이야기 /$d金相善 著
650 ƀ4$a**문학**

090 ƀƀ$a223.55$b불73ㅎ 통일서명표목—부출
245 00$a한글화엄경 /$d經典重刊事業會 編
650 ƀ4$a**불전.**$x**화엄경.**$x**한국어**

090 ƀƀ$a808$b세14 서명표목—서명줄머리잡기
245 00$a**세계베스트셀러선집**
260 ƀƀ$a서울 :$b휘문출판사,$c1965

090 bb$a024.32$b장69ㅎ 인명표목—부출
245 00$a韓國目錄規則解說 /$d張一世 著
700 1b$a장일세

서명줄머리잡기에서 650필드는 일반주제명, 700필드는 인명, 710필드는 단체명을 각각 부표목 입력한다.

사전체목록 가나다순
계명대학교. 학생생활연구소 단체명표목—부출
마부 서명표목—서명줄머리잡기
문학 주제명표목—부출
불전. 화엄경. 한국어 통일서명표목—부출
세계베스트셀러선집 서명표목—서명줄머리잡기
장일세 인명표목—부출

사전체목록의 배열

① 동일한 인명에 대한 각종 표목은 저자명, 서명, 주제명순

② 같은 용어로서 그 의미가 다를 때는 인명, 지명, 주제명순

③ 표목이 동일할 때는 표목 다음의 기술사항순

④ 영어는 단어순(word by word)으로 배열

6) 분할목록(divided catalog)

분할목록은 사전체목록에 대칭 되는 용어로 저자명목록, 서명목록, 주제명목록의 3종류를 각각 편성한 3분할목록과 2개로 편성한 2분할목록으로 생각할 수 있다.

① 2분할[102]: 문자로 표목된 3가지의 목록을 자료기관의 이용목적에

102) 2분할은 상기한 방법 이외에

따라 다음과 같이 두 개로 구분하여 편성한 것이다.

주제명목록 -- 서명목록 + 저자명목록

주제명목록 + 서명목록 -- 저자명목록

② 3분할: 문자로 된 3가지의 목록을 혼합하지 않고 다음과 같이 각각을 독립해서 편성한 것이다.

저자명목록 -- 서명목록 -- 주제명목록

분할목록은 저자명목록, 서명목록, 주제명목록이 각각 편성되거나 두 개가 혼합편성 되기 때문에 배열이 용이하고, 이용자의 검색목적에 따라 선택이용이 편리하다는 장점이 있다. 특히 분류목록의 접근에 익숙하지 못한 초등학교 학생에게는 단원명이나 주제명에 의한 독립된 편성으로 보다 쉽게 단원과 관계된 자료를 검색할 수 있다는 점에서 활용할 만한 목록이다.

분할목록은 일찍이 일본국회도서관을 중심으로 활용되기 시작하여 한 동안 일본전국의 도서관목록으로 파급되었다. 한국에서는 주제명표목표의 미비로 분류목록을 주제명목록으로 대치하고 있다. 그러나 주제명에 익숙하지 못한 학생들을 위해 단원명을 중심한 단원명을 표목표로 표준화하여 학교도서관의 자료이용을 활성화할 필요가 있다. 이때 단원목록은 분할목록으로 편성하여 단원명에 의한 검색으로 자료 접근을 용이하게 할 수 있게 해야 한다.

---

① 서명목록 : 주제명목록+저자명목록
② 주제명목록 : 서명목록+저자명목록
③ 저자명목록 : 주제명목록+서명목록으로 구분할 수 있다.

090 ɓɓ$a910$b증54ㄷ
100 1ɓ$a증선지
245 10$a東洋의 歷史 /$d曾先之 著 ;$e李秀平 譯
650 ɓ4$a**동양사**

090 ɓɓ$a911$b김54ㄱ
100 1ɓ$a김성칠
245 10$a국사통론 /$d김성칠 저
650 ɓ4$a**한국**$x**역사**

090 ɓɓ$a911$b안67ㅅ
100 1ɓ$a안승주
245 10$a新韓國史 /$d安承周 著
650 ɓ4$a**한국**$x**역사**

090 ɓɓ$a911$b이18ㄱ
100 1ɓ$a이기백
245 10$a國史新論 /$d李基白 著
650 ɓ4$a**한국**$x**역사**

650필드는 일반주제명부표목이고, 표목된 주제명이 동일할 때는 2차배열을 기본기입순으로 한다.

주제명목록 배열	
주제명표목	2차배열(동일표목)
동양사	
한국--역사	김성칠
한국--역사	안승주
한국--역사	이기백

090 ɓɓ$a813$b김25ㄷ 저자명기본표목

100 1ƀ$a김동인
245 10$a단편집 /$d金東仁 著

090 ƀƀ$a813$b김25ㅇ 저자명기본표목
100 1ƀ$a김동인
245 10$a운현궁의 봄 /$d金東仁 著

090 ƀƀ$a810.81$b이15ㅇ 저자명기본표목
100 1ƀ$a이광수
245 10$a李光洙全集

090 ƀƀ$a377.042$bW893hEㅎ 저자명부출표목
100 1ƀ$aWoodring, Paul
245 10$a美國의 高等敎育 /$dPaul Woodring 著 ;$e洪雄善 譯
700 1ƀ$a홍웅선

090 ƀƀ$a810.8$b신92 저자명분출표목
245 00$a新韓國文學全集
710 1ƀ$a이효석,$n제11권

표목된 인명의 문자순으로 1차배열하고, 100필드로 기본표목된 저자명이 동일할 때는 2차배열을 서명순으로 배열한다.

저자명목록 배열

저자명표목	2차배열(동일표목)
김동인	단편집
김동인	운현궁의 봄
이광수	李光洙全集
홍웅선	Woodring, Paul
이효석, 제11권	新韓國文學全集

7) 분류목록(classified catalog)

분류목록은 지식을 논리적으로 체계화시킨 분류번호를 표목으로 작성한 목록이다. 지식분류에 이용되는 분류기호는 자료의 내용에 따른 주제를 논리적인 분류체계에 의하여 숫자순이나 특정기호순으로 조직하고 있기 때문에 분류목록은 일종의 주제명목록이다.

분류목록
- 저자명, 서명기입의 배열
- 분류기호순 배열 — 기본표목 / 부출표목 / 분출표목
- 주제명색인(주제명→분류기호)

1-14. 분류목록체계

분류목록은 지식을 체계화한 표목이란 점에서 주제명목록과 동일시되고, 분류기호순배열이란 점에서 서가목록과 동일시되고 있다. 그러나 분류목록과 주제명목록은 다같이 주제에 의해서 자료가 검색된다는 점에서는 일치하나, 주제명목록은 표목된 문자에 의해 배열되기 때문에 앞뒤 주제명 간에 연관성이 결여되어 있다는 단점이 있지만, 분류목록은 분류체계에 따른 숫자순 배열이기 때문에 앞뒤의 주제가 연관되어 있어 이용자가 한 곳에서 원하는 주제뿐 아니라 관련된 주제까지 함께 검색할 수 있다는 장점이 있다.

분류목록	주제명목록(배열)	분류목록	주제명목록(배열)
811	한국문학 (ㅎ)	377.5	초급대학 (ㅊ)
820	중국문학 (ㅈ)	377.6	종합대학 (ㅈ)
830	일본문학 (ㅇ)	377.68	대 학 원 (ㄷ)

또한 분류목록과 서가목록은 분류기호에 의한 배열이라는 점에서는 동일하지만 서가목록의 2차 배열은 도서기호이지만 분류목록은 기본기입이나 서명에 의한 배열이라는 점과 두 개 이상의 분류기호를 가진 경우 서가목록은 그 중 하나의 분류번호에 의한 배열이지만 분류목록은 두 개 이상의 표목으로 배열된다는 점에서 차이가 있다.

Robert Burgess는 분류목록에 의해서 성취될 수 있는 것으로 다음과 같이 7가지를 제시하고 있다.

① 목록이 분류표를 기초로 하여 작성되었기 때문에 주제의 논리적인 배열이다.

② 문헌의 전 분야가 논리적 순서로 전후에 배열되어 있기 때문에 이용자가 인접한 주제까지 개관할 수 있다.

③ 어떤 책이 서가 상에 함께 하고 있는가를 나타낸다.

④ 한 부분의 소장된 장서의 양을 보여 준다.

⑤ 특정 부분 또는 주제를 필요에 따라 책 또는 소책자로 분리, 인쇄할 수 있다.

⑥ 주제의 문자순 배열과 논리적인 배열이 한 목록 내에 결합되어 있다.

⑦ 작성과 배열이 용이하다. 인쇄카드를 사용하는 경우 카드에 주어진 분류기호를 표목 위치에 기재하고, 배열한다.

분류목록의 장점

① 숫자는 국제적으로 통일된 언어라는 점에서 분류목록은 국제적인 체계이다.

② 논리적인 상관관계에 의한 배열을 통하여 언어의 장벽을 감소시킬 수 있다.

③ 일정분야에 있어 특별 분류체계의 보충이 용이하다.

④ 목록에 지시된 부분의 재생산을 통한 서지의 편집이 용이하다.

⑤ 지식 자체에 분류와 서지를 연결시킬 수 있다.

분류목록의 단점

① 검색에 앞서 분류표의 조직을 이해해야 한다.

② 주제명을 통한 분류기호를 확인하고, 분류목록을 검색해야 하는 이중적인 검색과정을 거쳐야 한다.

150 ƀƀ$a도서관학
680 ƀƀ$i도서관학은 분류번호 020을 보라

「KORMARC: 전거통제용」에서 150필드는 주제어표목이고, 680필드는 이용자용 일반주기의 참조이다.

<주제명참조목록>

090 ƀƀ$a268$bL973p
100 1ƀ$aLutter
245 10$aOn education :$cincluding a ...

090 ƀƀ$a370$b도16ㄱ
100 1ƀ$a도광순
245 10$a教育原理 /$d都光淳 著

090 ƀƀ$a370$b오44ㄱ
100 1ƀ$a오병문

245 10$a教育原理 /$d吳炳文 著

090 ƀƀ$a370$b정64uƀ 090 ƀƀ$a060
100 1ƀ$a정연태
245 10$aUNESCO /$dUNICEF자원의 과학...

090 ƀƀ$a370$bB894e
100 1ƀ$aBruner, J. S.
245 10$a教育革命 /$dby J. S. Bruner

090 ƀƀ$a370$bH339g
110 ƀƀ$aHarvard Committee, report of.
245 11$a(The) Graduate study of education ...

동일한 분류표목 내에서는 2차 배열을 기본기입된 문자순으로 한다. 090필드의 청구기호에 포함된 분류번호는 자동 부표목된다.

<분류부출표목>

부표목되는 분류기호는 문자로 된 다른 표목과의 구별을 위해 주제명 표목의 기재방법으로 기술하고 있다.[103)]

3.3. 용도에 의한 종류

용도에 의한 종류는 목록의 이용목적에 따라 사무용목록과 열람용목

---

103) 분류표목의 기재방법은 주제명부출표목과 같이 ① 붉은 색으로 기재하거나, ② 검은 색으로 기재할 때는 하선을 하고, ③ 표목어의 끝에 종지부를 찍지 않는다.
카드목록에서 분류표목의 기재는 목록규칙에 따라 ① 문자로 된 부표목과 함께 기재하는 방법, ② 분류번호만을 별도로 표목의 위치를 정하여 기재하는 방법으로 생각할 수 있다. 분류표목을 별도로 기재하는 예는 카드의 상단 우측 ⅓선상에 분류기호의 중앙이 오도록 기재한다.

록으로 대별된다. 이들 각각의 목록은 자료기관의 규모, 자료의 성격, 목록의 편성방법 등에 따라 다양한 종류의 목록들이 작성될 수 있다.

1) 사무용목록(official catalog)

사무용목록은 사서의 장서조직, 목록의 편성과 관리를 위한 통일성 있는 목록작성의 도구로 활용되는 목록이다. 사무용목록은 사무적인 필요에 의해 자료기관에서 임의로 작성하기 때문에 그 종류가 다양하고, 동일한 종류의 목록이라도 목록작성자나 이용목적에 따라 기술사항과 형식에서 반드시 일치하지는 않는다. 다음은 일반적으로 작성되고 있는 사무용목록의 종류를 표로 나타낸 것이다.

사무용목록
- 필수목록
  - **도서원부**: 등록번호순
  - **서가목록**: 청구기호순
- 보조목록
  - **기본기입순목록**: 기본기입의 문자순
  - **인명전거색인**: 인명의 문자순
  - **주제명전거색인**: 주제명의 문자순
  - **분류기호색인**: 분류와 연관된 주제명의 문자순
  - **총서명색인**: 총서명의 문자순

1-15. 사무용목록체계

상기한 종류 중에서 필수적으로 작성되어야 하는 도서원부와 서가목록 이외는 사무자가 필요에 따라 일부를 임의로 선택하거나 추가하기도 한다. 그러나 온라인목록 하에서는 관계된 패키지를 직접 이용할 수도 있다.

사무용목록의 기능

(1) 회계상의 기록: 소장자료의 원장(原帳)으로 등록번호, 수입일자, 수

입처, 수증(구입, 기증 등), 가격 그리고 제적의 근거 등 수입과 재산관리를 위한 원장의 기능을 한다.

(2) 자료의 선택: 자료의 선정과 발주에 앞서 자료의 적합성과 균형 있는 장서구성, 그리고 중복소장여부를 확인하기 위한 복본조사의 기능을 한다.

(3) 자료의 정리: 입수된 자료를 정리할 때 기존자료나 관계된 자료에 대한 목록의 확인과 통일된 목록을 위한 도구로서의 기능을 한다.

(4) 자료의 점검: 자료의 재고번호(청구기호)로 목록을 편성하여 소장자료의 관리를 위한 장서점검의 기능을 한다.

(5) 자료의 조직: 새로 입수된 자료의 분류기호와 도서기호 등 청구기호의 결정을 위해 기존자료 및 관계된 자료의 청구기호를 확인할 수 있는 참고도구의 기능을 한다.

상기한 기능을 수행하기 위해서 (1)은 장서대장인 도서원부, (2)는 기본기입을 문자순으로 배열한 기본표목순목록, (4)(5)는 청구기호순 배열에 의한 서가목록(배가목록), (3)은 표목으로 기재 된 개인명, 단체명, 통일서명(무저자명고전의 통일표제), 종전(宗典), 서명(무저자명도서), 총서명 등의 기술사항을 통일하기 위한 전거목록이 작성되어야 한다.

(1) 도서원부(accession record)

도서원부는 도서가 입수된 등록번호순으로 작성한 등록대장 또는 도서대장이다. 원부는 자료기관에 소장된 장서의 양을 알려주고, 자료의 원적으로 필요한 정보를 제공해 주는 도서관에서 가장 중요한 기록부이며, 제일 처음 작성되는 목록이다. 그래서 도서원부는 주어진 기재항목을 규격화하여 회계 상의 증빙자료로서 기능을 다할 수 있도록 정확하게 작성해야 한다.

도서원부의 기재는

(1) 등록번호: 한 책 한 번호를 원칙으로 한다. 전집일 경우 권차에 상관없이 수입순에 의하고, 제적된 자료가 재수입된 경우에도 제적된 번호를 재사용하지 않는다. 번호의 기계적인 날인(numbering machine, 컴퓨터 등)으로 원부와 자료의 번호가 일치되게 하고 쉽게 지워지거나 정정할 수 없도록 해야 한다.

(2) 수입일자: 검수가 끝나고 입수가 결정된 날짜로 하고, 잡지는 합본되어 보관책임이 결정된 날짜로 한다.

(3) 저자명: 저자는 대표저자나 처음저자를 표제지 문자로 기재하고, 2인 이상은 '외', '등'을 부기한다. 번역서는 원저자와 역자를, 그리고 단체명은 식별이 가능한 범위 내에서 간략히 기재한다.

(4) 서명: 단행본은 본서명과 판차를 함께 기재하고, 전집이나 총서는 전집명과 총서명, 그리고 권차(편차)와 권차표제(편제) 등을 기재한다.

(5) 발행사항: 발행지는 생략하고, 발행사(자)는 간략히 기재한다. 발행년은 판권지의 최종발행년을 기재한다.

(6) 연락처: 수입처의 주소 및 전화번호 등 수입에 관련된 연락처를 기재한다.

(7) 수증: 구입, 기증, 편입, 기탁 등을 기재한다.

(8) 가격: 자료에 표시된 정가를 기재한다. 고서(古書)나 헌책일 경우는 실제 구입가격을 기재하고, 기증도서는 입수 당시 시가로 환산하여 기재한다.

(9) 수입처: 납품자, 서점명, 기증자명, 전화번호 등 수입처의 확인에

도 서 원 부

제　　호　　　　　　　　　　　　　　　　　　　　　　　　경북대학교도서관

등록번호	분류기호	저자명	서　　명	수입종별	수입처	가격	검수	비고

					물품출납공무원	물품운용관	물품관리관	결재
수서		19 년 월 일	위 물품의 출급을 승인함 19 년 월 일 ㉐					
정리		19 년 월 일	위 물품을 정히 입고함 19 년 월 일 ㉐					출납
장서		19 년 월 일						

도 서 명 세 서

관장		과장		담당자	

수입처 및 주소	

년　월　일　발행

발행번호		
등록번호	자	지
합계	책	원

등록번호	저자명	서명	권수 판차	출판사항	가격	청구기호	비고
				㊒　㊐			
※ 차면에 계속							

계명대학교 중앙서관(양식 A)

도 서 원 부

No

누계	0		1		2		3		4		총계
	5		6		7		8		9		

수입 년월일	등록 번호	분류 및 도서기호	지은이 이름	책이름	출판한 곳	출판년	크기	수입 종류	수입한 곳	가격		비고
										단가	누계	

1-16. 도서원부의 예

필요한 사항을 기재한다.

(10) 청구기호: 자료의 배가기호로 사용된 청구기호나 함가번호를 기재한다.

(11) 비고: 자료의 형태에 따른 관리상 특수성에 관한 사항, 딸림자료의 별치에 관한 사항, 그리고 제적된 자료의 제적번호[104] 등을 기재한다.

(12) 기타: 위에 제시된 사항 이외에도 도서관에 따라 입고(入庫) 확인, 류별통계, 그리고 회계처리상 필요한 증빙서 번호 등을 기재한다.

도서원부의 형태는 카드형, 책자형, 가제형, 그리고 온라인형 등으로 생각할 수 있는데 자료기관에서는 원부의 작성과 이용방법에 따라 형태를 선택해야 한다. 원부를 컴퓨터로 작성할 때는 목록작성과 연계시켜 기술사항을 함께 활용할 수 있도록 해야 한다.

(2) 기본기입목록(main catalog)

기본기입목록은 사무용기본목록(official main catalog), 주기입목록(main catalog), 그리고 기본목록 등으로도 명명된다. 이 목록은 기본기입원칙으로 정리하는 자료기관에서 한 자료에 대한 기술사항의 완전한 정보를 제공하고, 부표목과 사무사항을 함께 기재하여 목록관리와 장서관리의 기본 자료로 활용한다.

기본기입목록의 기능

① 수서와 자료조직을 위한 도구: 중복 자료 확인을 위한 복본조사,

104) 제적번호는 자료의 제적부에 기재된 일련번호를 적색으로 기재한다.

자료조직을 위한 청구기호의 확인

② 목록의 표준화와 통일화를 위한 도구: 목록기술사항에 대한 제 기입의 확인, 정정 및 추가, 연속간행물의 표제변경에 따른 목록의 표준화와 통일화 등의 근거자료 제시

③ 재산관리를 위한 도구: 등록번호, 수입일자, 수입처, 수증(구입, 기증 등), 가격 등의 재산관리적인 요소의 제시, 연속간행물의 소장관리

④ 목록관리를 위한 도구: 부표목사항에 대한 목록의 작성지시, 기술사항의 정정(기록의 추가 및 삭제) 및 삽입, 제적자료의 목록제거 등의 근거자료 제시

기본기입목록은 저자명기본기입원칙에 의해 기재 되는 개인명, 단체명, 회의명, 통일서명이 그 대상이 된다.

구 분	KCR2/AACR1	K3	KORMARC(Tag)
저자명기본기입	개인명 단체명 통일서명		개인명(100) 단체명(110) 회의명(111) 통일서명(130)
서명기본기입	서명(본서명)		
서명줄머리잡기		서명(본서명)	서명(245)

KCR2나 AACR1에서는 서명을 기본기입으로 기재하였으나 KORMARC에서는 서명을 기술사항으로 기재하게 하였다. KCR3는 목록기술형식을 서명줄머리잡기로 기재하고, 모든 표목은 부표목으로 목록하였다.

기본기입—개인명(100)

049 0ｂ$l12573$l18695$c2

090 ƀƀ$a801$b김51ㅁ
100 1ƀ$a**김상선**
245 10$a文學이야기 /$d金相善 著
260 ƀƀ$a서울 :$b先進文化社,$c1973
300 ƀƀ$a357 p. ;$c21 cm

기본기입—단체명(110)

090 ƀƀ$a911.84$b경51ㄱ
110 ƀƀ$a**경산군(경상북도)**
245 10$a경산군지 /$d同 편찬위원회 편
260 ƀƀ$a경산군 :$b同 편찬위원회,$c1971
300 ƀƀ$a444 p. :$b그림(사진) ;$c26 cm

기본기입—회의명(111)

090 ƀƀ$a378.1$b전165ㅅ
111 ƀƀ$a**전국사회교육지도자세미나**$n(제3회 :$d1978 :$c대구)
245 10$a產業社會와 青少年.成人教育 :$b第3回全國社會教育指導者세미나報告書 /$d金南碩 編
260 ƀƀ$a[대구] :$b한국사회교육협의회,$c1978
300 ƀƀ$a111 p. :$b사진 ;$c23 cm

기본기입—통일서명(130)

049 0ƀ$l19678
090 ƀƀ$a813$b춘92ㅇ
130 ƀ0$a**춘향전**
245 10$a獄中花 /$d申泰元 編
260 ƀƀ$a서울 :$b世昌書館,$c1952
300 ƀƀ$a190 p. ;$c19 cm

700 1ƀ$a신태원

통일서명이 기본표목될 때 저자명은 700필드로 부표목한다.

서명줄머리잡기(245)

049 0ƀ$l54231
090 ƀƀ$a330.9$b경74ㄱ2
245 00$a經濟史 /$d崔文煥...[等著]
250 ƀƀ$a再版
260 ƀƀ$a서울 :$b博英社,$c檀紀 4294[1961]
300 ƀƀ$a515 p. ;$c20 cm
700 1ƀ$a최문환

245필드에 기재 된 저자명은 700필드로 부표목한다.

<기본표목>

기본기입목록은 기입본체(entry body) 이외에 ① 사무사항으로 해당 자료의 등록번호와 권차 및 복본표시, 수입선, 가격 등을 간략히 기재하여 소장에 대한 확인, 분실에 따른 변상, 자료점검, 제적 등의 근거자료로 활용하고, ② 목록관리사항으로 열람용목록 작성에 대한 근거로 기본기입 이외의 저자명, 서명, 주제명, 분류기호, 총서명 등 부차적으로 만들어야 할 부표목사항을 기재하여 기술사항의 정정 및 추가 그리고 제적에 따른 목록 제거 등의 근거자료로 활용한다(상세한 것은 기술사항 참조).

기본기입목록의 배열순서

① 기본표목의 문자순

② 기본표목순 → 표제와 책임표시사항의 문자순

③ 기본표목순 → 표제와 책임표시사항의 문자순 → 그 다음의 기재사항순

(3) 서가목록(shelf list)

서가목록은 일명 함가목록이라고도 하는데, 이는 자료가 서가나 보관함에 배열된 순서와 동일하게 편성한 목록이다. 서가목록은 자료기관에서 자료의 배열을 위해 부여한 청구기호순으로 배열된다.

서가목록의 용도

① 자료의 손, 망실 또는 파본 등 장서관리를 위한 장서점검

② 도서기호의 결정

③ 도서관자료의 유무와 복본조사

④ 균형 있는 장서구성을 위한 수서자료

⑤ 제한된 범위의 분류목록 기능

⑥ 도서원부를 대신한 자료의 출처, 수입일자, 가격 등의 근거

⑦ 특정주제에 관한 서지 또는 독서 list의 기초자료

⑧ 보험을 위한 참고기록

⑨ 분류를 위한 분야별 자료의 확인

⑩ 자료의 제적에 따른 목록폐기의 근거

규모가 큰 도서관은 서가목록 이외에 기본기입목록이 작성되나 대부분의 중소도서관은 서가목록이 유일한 사무용목록이 되기도 한다. 이때 서가목록은 도서관의 자료조직과 장서관리를 위한 참고도구로 활용될

수 있도록 재산관리를 위한 사무사항과 목록관리를 위한 부표목사항 등을 상세히 기록하여 기본기입목록의 기능을 함께 하도록 해야 한다. 그러나 기본기입목록을 별도로 작성하는 경우는 서가목록에는 기본기입목록에 기재된 일반주기, 내용주기, 부표목지시 등과 사무적인 사항을 생략하기도 한다.

090 ƀƀ$a025.3$b환51ㄷ
100 1ƀ$a환산소이랑
245 10$a圖書目錄便覽 /$d丸山昭二郎,$e井上哲世 共著

090 ƀƀ$a025.3$bB491i2
100 1ƀ$aBoll, John J.
245 10$aIntroduction to cataloging /$dJohn J. Boll. — $a2nd ed.

090 ƀƀ$a025.3$bB491i
100 1ƀ$aBoll, John J.
245 10$aIntroduction to cataloging /$dJohn J. Boll

090 ƀƀ$a025.33$b한17ㅈ
110 ƀƀ$a한국도서관협회
245 10$a主題標目表 /$d韓國圖書館協會 編

090 ƀƀ$a025.4$b정849ㅁ
100 1ƀ$a정필모
245 10$a文獻分類法 /$d鄭駜謨 著

090 ƀƀ$a025.4$b정849ㅎ
100 1ƀ$a정필모
245 10$a韓國文獻記號法 /$d鄭駜謨 著

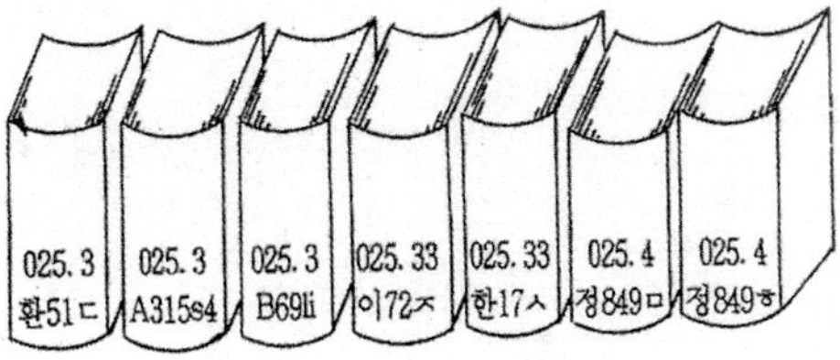

1-17. 서가목록의 배열

서가목록은 청구기호순(090)에 의해 배열되기 때문에 한 도서관에 동일한 청구기호를 가진 2개의 자료가 있어서는 안 된다.

서가목록의 배열

① 별치기호가 있는 경우는 별치기호순

② 청구기호상의 분류기호순→도서기호순[105)]→판차순[106)]→권차순[107)]

(4) 전거목록(authority list or file)

전거목록은 통일성 있는 자료조직을 위해 표목으로 선정된 저자명(개인명, 단체명, 회의명), 무저자명도서 그리고 고전 등의 기입형식 및 기술사항에 대한 근거와 출처 확인을 위한 사무용목록이다. 전거목록은 하나의 사실이 2개 이상의 명칭으로 표시되고 있을 때 표목을 통일해서 목록을 작성해야 하기 때문에 관계된 최초의 자료가 목록될 때 주로 작성된다. 최근 온라인목

---

105) 도서기호를 저자번호로 작성하는 경우는 저자 성의 문자순, 동일문자에서는 저자번호순으로 배열한다.

106) 동일 자료에서 판차가 있는 것은 신판을 앞에 배열하여 이용자가 신판을 먼저 접하게 하기도 한다.

107) 권차순은 권을 먼저 배열하고, 동일권 내에서는 복본순으로 배열한다.

록의 발전과 정보망의 구축에 의한 분담목록, 종합목록 등 목록체계의 변화는 전거목록의 중요성에 대한 새로운 논란이 제기되고 있다.

전거목록은 사용목적에 따라 다양하게 작성될 수 있지만 중요한 몇 가지를 중심으로 다음과 같이 생각해 보았다.

▪ **인명전거목록**(name authority list or file)

한 저자가 개성, 개명, 또는 익명 등에 의해 2개 이상의 이름을 사용하고 있을 때 통일성 있는 목록작성을 위해 그 중 하나의 이름으로 표목하고, 표목되지 않은 인명을 표목된 인명으로 안내될 수 있도록 한 사무용 목록이다.

인명전거목록의 기재사항과 형식[108]

① 인명전거의 표목은 목록에 기재된 표목으로 한다.

② 서명은 도서관에서 목록된 처음 자료의 서명으로 저자를 확인하는 데 사용한다.

③ 자료의 연도가 판권년일 경우는 'copyright'의 표시인 'c'를 부기한다.

④ 전거목록은 정리자가 서지와 인명사항의 근거를 확인하는 데 지장이 없는 범위에서 간략히 약자로 표시한다.

⑤ 참고자료의 인명과 전거표목의 인명이 일치하지 않거나 또는 연도가 서로 다를 때는 그 다른 형을 ()로 묶어 참고자료의 약칭 다음에 기재한다.

⑥ 다른 형의 인명에서 참조해 왔을 때는 '보라'참조 표시인 'x'나 '도보라'참조 표시인 'xx'와 함께 기재한다(카드목록에서).

---

108) Akers, p. 114. 인명전거의 목록방법은 카드목록으로 그 예를 제시하였다.

온라인목록에서는 사무자가 열람용목록을 쉽게 이용할 수 있기 때문에 전거목록을 별도로 작성하지 않고 열람용목록을 전거파일로 대용하기도 한다.

인명전거목록의 필요성

① 인명이 다양하여 여러 가지로 쓰일 수 있을 정도로 복잡할 때

② 다른 형으로부터 참조를 내어 준 것으로 기록될 것의 개수의 다양

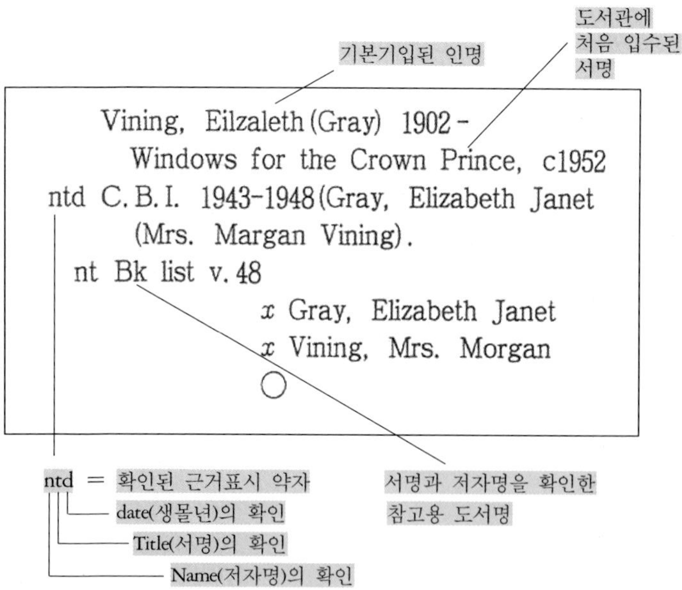

008/09 a [채택표목레코드]
100 1b$aVining, Elizabeth(Gray),$d1902-
400 1b$aGray, Elizabeth Janet,$d1902-
<출력> Gray, Elizabeth Janet, 1902-
다음으로 검색하시오: Vining, Elizabeth(Gray), 1902-

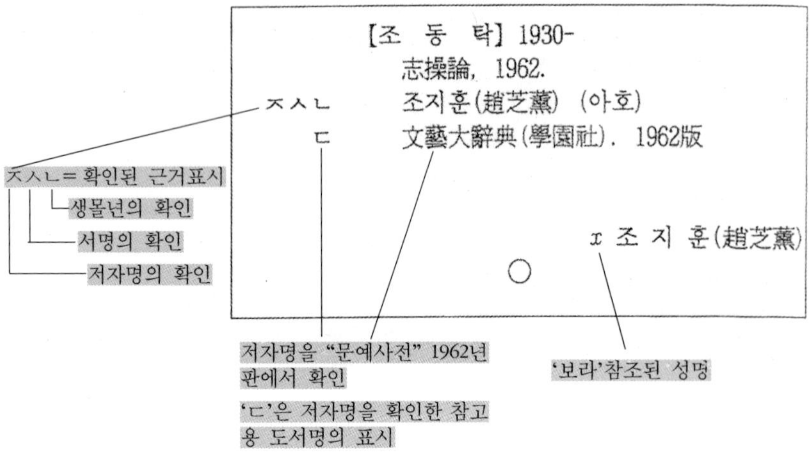

008/09 a 채택된 표목레코드

100 1b$a조지훈 =$h(趙芝薰),$d1930-

400 1b$a조동탁,$d1930-

<출력> 조동탁, 1930-

다음으로 검색하시오: 조지훈 = (趙芝薰), 1930-

1-18. 인명전거

▪ **주제명전거목록**(subject authority list or file)

주제명전거는 통일성 있는 주제명목록의 작성을 위해 채택된 주제명표목과 이에 관련된 주제명을 확인하기 위한 일종의 주제명 참고용 리스트이다. 주제명전거목록은 주제명표목과 주제명참조로 구성된다.

주제명표목표를 쓰지 않는 도서관[109]에서는 인쇄된 표목표에 체크하

---

109) 특정영역의 주제를 취급하는 연구도서관이나 특수도서관을 위한 주제명표목표가 없는 경우, 또한 기존의 표목표가 적합하지 않아 채택하지 않은 경우이다.

는 대신 전거 리스트를 그대로 사용하여 새로운 표목의 추가, 변경 그리고 폐기 등을 기재하여야 한다. 이때는 새로운 주제명이 표목으로 채택될 때마다 이와 관련된 참조표목을 전거목록으로 작성해서 다음에 동일한 주제명이 통일성 있게 표목으로 채택될 수 있도록 해야 한다.

150 ꝥꝥ$a도서(圖書)
450 ꝥꝥ$a서적(書籍)
450 ꝥꝥ$a서책(書冊)
450 ꝥꝥ$a책(冊)
550 ꝥꝥwha서지학(書誌學)
550 ꝥꝥwha인쇄
550 ꝥꝥwha출판

<주제명전거[110]>

150 ꝥꝥ$a서적(書籍)	150 ꝥꝥ$a서지학(書誌學)
450 ꝥꝥ$a도서(圖書)	550 ꝥꝥwa도서(圖書)

150 ꝥꝥ$aAeronautics, Commercial	
150 ꝥꝥ$aAviators	
550 ꝥꝥwaaAir mail service	450 ꝥꝥ$aAir pilots
550 ꝥꝥwaaAir lines	

<주제전거의 참조>

110) 채용된 주제명 아래에 이미 채용하고 있는 '에서 보라'참조와 '에서도 보라'참조를 기록하여 둔다. 참조가 증가되면 그때마다 추가로 기록해 나간다.

주제명전거목록의 장점[111)]

① 표목표 이외에서 채택한 주제명을 기록해 넣는 수고를 덜 수 있다.

② 표목표의 신판발행으로 구판의 체크표시를 옮겨 기록할 필요가 없다.

③ 새로운 주제명 추가에 대한 배열이 용이하다.

④ 항상 새로움을 유지할 수 있다.

▪ **총서명전거목록**(series autority list or file)

총서명은 성격이나 중요도에 따라 본표제로 기재되는 경우와 총서주기로 기재되는 경우, 총서주기된 총서명을 그대로 부표목하는 경우, 다르게 부표목하는 경우, 주기로만 출력하는 경우, 기술을 생략하는 경우 등으로 생각할 수 있다.

총서명전거목록은 총서로 발행되는 자료를 정리할 때 총서명기술의 명확한 근거를 제시하기 위한 사무용 목록이다. 총서명전거목록은 총서명의 서명줄머리잡기에 관한 사항, 총서주기와 부표목 작성 여부 그리고 총서명의 일반주기와 생략 등에 관한 상세한 사항을 기재한다.

180 ɓɓ$x세계문학전집
680 ɓɓ$i東西版 世界文學全集(東西文化社)은 세계문학
  전집을 본표제로 입력한다.

180 ɓɓ$x교사양성총서
680 ɓɓ$i교사양성총서(대한예수교총회교육부)는 총서
  주기하고, 부출한다.

---

111) Akers, p. 141.

180 ɓɓ$x대학전서. 경제학강의(박영사)
680 ɓɓ$i大學全書 經濟學講義(박영사)는 총서주기하고, 대학전서와 경제학강의는 각각 부출한다.$a대학전서$a경제학강의

180 ɓɓ$xCode No. RES-TF-68-3(한국행전문제연구소)
680 ɓɓ$iCode No. RES-TF-68-3(한국행정문제연구소)는 단행본으로 목록하고, 총서명으로 주기하지 않는다.

<총서명전거>

2) 열람용목록(public catalog)

열람용목록은 이용자를 위한 목록이다. 열람용목록의 종류는 도서관의 봉사기능에 따라 목록체계와 조직에 약간씩 차이가 있지만 일반적으로 다음과 같이 2가지로 대별된다.

① 자료자체의 서지적 사항으로 작성되는 목록: 자료의 저자명, 서명, 총서명 등으로 특정 자료를 검색하기 위한 저자명목록과 서명목록이 포함된다.

② 주제로 작성되는 목록: 자료기관에 소장되어 있는 일군의 자료를 한 곳에서 검색할 수 있도록 자료의 내용이나 형식으로 나타낸 주제명을 문자로 표목한 주제명목록(단원목록) 그리고 주제를 숫자로 표목한 분류목록이다.

열람용목록에 대한 개별적인 논의는 편성에 의한 목록의 종류에서 상술되었으므로 여기에서는 생략한다.

열람용목록은 문자로 표목된 저자명목록, 서명목록, 주제명목록을 혼합 편성한 사전체목록과 이들 목록을 각각 배열한 분할목록으로 편성된

다. 한국에서는 주제명목록을 작성하는 경우가 많지 않기 때문에 대부분의 도서관에서 저자명목록과 서명목록을 혼합하여 사전체목록으로 편성하고, 분할목록으로 주제명목록 대신 분류목록을 편성하고 있다.

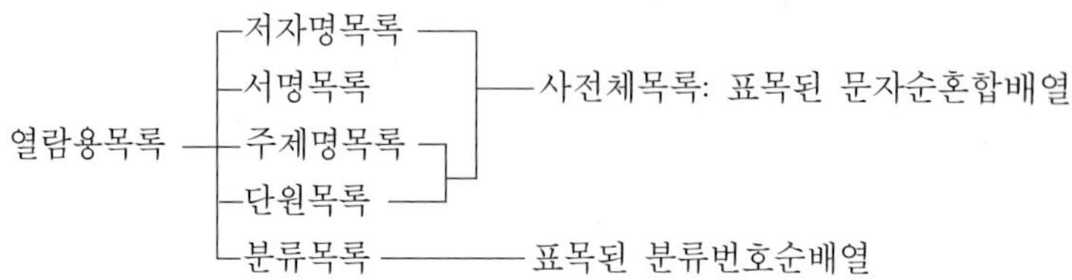

1-19. 열람용목록체계

3.4. 종합목록(union catalog; central catalog)

1) 종합목록의 의의

종합목록은 총합목록, 합동목록, 연합목록으로도 명명된다. 제2차 세계대전 이후 출판물의 급증에 따른 정보의 양적 팽창과 봉사범위의 확대 등으로 인한 도서관환경의 변화는 공동수서, 중앙집중식목록이나 분담목록, 상호협력체계의 구축 등 도서관의 협동적인 노력을 불가피하게 하였고, 협력을 위한 도구로 종합목록의 필요성이 대두되었다. 그 결과 많은 종합목록이 작성되었는데 특히 UNESCO의 국제적인 서지통정을 위한 활동은 종합목록의 발전을 크게 신장시켰다. 이렇게 종합목록은 사회적 변화의 욕구를 충족하기 위한 도서관간의 상호협력의 대표적인 수단이다.

종합목록의 편성은 특정기관에서 협력관의 자료에 대한 목록을 작성하여 관계된 기관에 제공하는 중앙집중식편성(cooperative cataloging)방법과 협력기관에서 자관의 자료에 대한 목록을 센터에 입력하여 편성한 분담목록(shared cataloging)방식으로 생각할 수 있다.

이렇게 종합목록은 상호이용을 목적으로 단위도서관의 장서에 대한 목록을 두 개 이상의 도서관군으로 통합하여 하나의 목록체계로 종합편성하고, 종합목록을 통해 이용자가 협력기관이 소장하고 있는 자료검색과 이용을 용이하게 한 것이다.

종합목록의 정의

「*ALA Glossary of Library Terms*」

종합목록은 여러 도서관의 협력으로 이루어진 모든 분야의 도서를 포함하거나 주제나 자료의 형태에 따라 제한된 전장서 또는 선정된 장서의 저자나 주제명목록이다.[112)]

「圖書館ハンドブック」

종합목록은 2개관 이상의 전장서 또는 선택된 장서의 기입이 하나의 목록조직하에 기록되며, 각 기입에서는 그 소장관명이 나타난 것이다.[113)]

「도서관정보관리편람」

상호이용을 목적으로 2개 이상의 장서나 도서관에서 소장하고 있는 자료를 하나의 목록조직에 따라 편성하고 합동으로 간행하여 각종 자료의 소재를 파악할 수 있게 하는 목록….[114)]

---

112) ALA., *Glossary of Library Terms* (Chicago: ALA., 1973), p. 145. 참조.

113) 日本圖書館協會 編, **圖書館**ハンドブック (增訂版. 東京: 日本圖書館協會, 1965), p. 445.

「문헌정보학용어사전」[115)]

① 특정 도서관 또는 여러 도서관의 목록을 종합하여 발행한 목록으로서 자료의 소재를 안내하는 목록, ② 인쇄 및 기계가독형을 망라한 특정분야나 주제의 도서관장서에 대한 종합적인 기록

「*Harrod's Librarians' Glossary*」[116)]

도서관 및 도서관군의 소재위치가 표시되어 있는 다양한 부분의 재고목록이다. 종합목록은 전체 장서나 장서의 일부에 대한 저자 혹은 주제명목록으로 자료의 주제나 형태에 의해 제한되기도 한다.

상기한 정의를 요약하면 종합목록은 ① 자료의 공동이용을 목적으로 하고, ② 2개 이상의 도서관간의 협력으로 구성되어야 하고, ③ 협력의 필요에 따라 자료의 형태나 범위 등에 대한 대상이 결정되어야 하고, ④ 통일된 정리기법으로 작성되어야 하며, ⑤ 목록에는 소장관명과 청구기호가 표시되어야 한다.

종합목록의 목적

① 자료의 공동이용을 위한 도서관간의 상호대차제도를 확립하고, 도서관군에 소속한 전체의 봉사체제를 구축하게 한다.
② 도서관자료의 공동수서계획에 따른 분담구입으로 도서관자료를 폭넓게 구성하는 데 기여한다.

---

114) 한국도서관협회, **도서관정보관리편람** (서울: 한국도서관협회, 1994), p. 446.
115) **문헌정보학용어사전**, 사공 철 …등편 (서울: 한국도서관협회, 1996), p. 335.
116) *Harrod's librarians' glossary*, compiled by Ray Prytheroh (8th ed. England: Gower Publishing Company Limited., 1995), p. 658.

③ 협력 도서관간의 분담목록을 통한 통일된 목록조직에 기여한다.

이러한 목적을 달성하기 위한 종합목록의 편성은 도서관의 자료수집과 조직, 봉사기능의 최대화를 위한 도서관목록의 완성을 기하는 것이고, 범국가적이고, 세계적인 서지통정을 위한 도구와 수단이 되게 한다.

2) 종합목록의 종류

종합목록은 이용목적, 범위, 편성방법 등에 따라 다양하게 구분할 수 있으나 여기에서는 현재 편성되어 있는 종합목록을 중심으로 몇 가지 유형에 따른 종류를 생각해 보았다.

(1) 지역별

종합목록에 참여하는 도서관의 범위가 지역적인 것으로 지역의 범위에 따라 국제종합목록, 국가종합목록, 지역종합목록으로 구분할 수 있다.

국제종합목록: 이는 동일한 목적으로 운영되고 있는 각 국 도서관이 상호협력하기 위해 소장목록을 국제적으로 통합하여 종합목록을 편성한 것이다. 국제적으로 조직된 도서관 정보망의 소장자료에 대한 종합목록이 포함된다.

국가종합목록(national union catalog): 이는 한 국가 내의 모든 도서관 목록을 국가중심도서관이나 대표할 수 있는 도서관에 모아 편성한 종합목록이다. 국가종합목록은 국제적인 서지통정과 국가정보망 구축을 위한 필수적인 수단이다. 대표적인 것으로는 1901년부터 미국국회도서관에서 협동목록을 통하여 파일을 작성하고, 1953년에 초판이 발행된

「*National Union Catalog*」를 들 수 있다. 이 협동목록은 1903년 이래 Boston Public Library, New York Public Library, Harvard University Library, John Crerar Library 등의 도서관이 참여하여 종합목록을 발행한 이래 미국전체를 대상으로 하는 국가종합목록으로 발전되었다.117) 한국에서는 1969년 12월 17일 국립중앙도서관에서 종합목록작성 실무자회의를 갖고 종합목록편찬협정을 마련하였다. 이 협정에 찬동한 전국의 46개 학술도서관이 참여하여 「**외국도서종합목록**, 1970」을 발간하기 시작하여 1995년까지 연간으로 총 26권을 발간하였다.118)

지역종합목록(regional union catalog): 이는 일정 지역에 위치한 도서관간의 협력을 위해 지역 내에 위치한 도서관의 소장자료목록을 종합목록으로 편성한 것이다. 인접한 도서관간의 협력이라는 점에서 적은 비용으로 자료접근과 상호대차, 분담구입 등의 협력이 비교적 용이하다는 장점이 있으나 국가종합목록에 비해 제공할 수 있는 정보의 양에 한계가 있다는 단점이 있다. 지역종합목록의 예로 1949년 미국의 중부지역에 위치한 도서관들이 Chicago에 본부를 두고 발족한 MILC(Midwest Inter-library Center)를 들 수 있다.

오늘과 같은 발달된 통신시설과 정보전달매체의 이용은 이러한 지역성을 쉽게 극복할 수 있다는 점에서 지역종합목록보다는 국가종합목록의 구축이 불가피해지고 있다.

---

117) 구자영, "도서관 상호협력," **도서관**, 162 (1971. 11), p. 5.

118) 국립중앙도서관, **외국도서종합목록**, 1970-1995 (서울: 국립중앙도서관, 1971-1996).

(2) 관종별

동일한 목적과 성격을 가진 관종끼리 상호협력을 목적으로 협력관의 도서관 목록을 종합편성한 것이다.

· 공공도서관 종합목록 · 학교도서관 종합목록
· 대학도서관 종합목록 · 특수도서관 종합목록

(3) 주제별

도서관이 소장하고 있는 자료 중 상호협력이 필요한 한정된 몇 가지 주제별 자료에 대한 종합목록을 작성하는 것이다.

· 인문과학 종합목록 · 한국학 종합목록
· 사회과학 종합목록 · 의학 종합목록
· 자연과학 종합목록 · 국문학 종합목록 등
· 도서관학 종합목록

주제별종합목록은 협력기관의 공통관심영역인 특정분야의 자료를 종합목록으로 편성하거나, 전체적인 종합목록의 작성을 위한 예비단계로서 협력이 가장 용이한 분야의 자료를 대상으로 종합목록을 편성한 것이다.

(4) 형태별

도서관이 소장하고 있는 자료 중 형태별에 따른 특정자료를 대상으로 종합목록을 편성한 것이다.

· 도서(단행본)
· 연속간행물(신문, 잡지 등)
· 비도서자료

· 소책자, 파일자료
· 지도
· 악보, 음악자료, 음반
· 고서, 고문서
· 회화, 미술자료
· 필름자료
· 컴퓨터파일자료 등

(5) 편성별

종합목록은 유형별로 협력관의 필요에 따라 선택하여 편성할 수 있다. 편성별에 의한 종합목록은 목록의 종류별, 언어별 그리고 형태별의 세 가지 유형에 속한 방법을 선택 적용하여 종합목록을 편성한 것이다. 예를 들면 한국인에 대한 저자명목록을 온라인형으로 작성하는 경우 상기한 3가지 편성모형이 모두 함께 적용될 수 있다.

목록의 종류별	언 어 별	형 태 별
· 저자순 종합목록 · 서명순 종합목록 · 주제명순 종합목록 · 분류순 종합목록	· 한국어 종합목록 · 영어 종합목록 · 각국 언어별 종합목록	· 카드형 종합목록 · 책자형 종합목록 · COM형 종합목록 · 온라인형 종합목록 · CD형 종합목록

3) 종합목록의 기능

종합목록의 기능은 서지정보의 기능, 장서구성을 위한 기능, 그리고 목록표준화 등으로 대별할 수 있다.

(1) 서지정보의 기능

서지정보원: 종합목록은 도서관군이 소장한 장서목록의 집합체로 개개의 자료에 대한 서지정보원이다. 국가단위의 종합목록은 한 국가를

대표할 수 있는 국가중심도서관이 주관하고, 이 기관을 통하여 자국내와 국제간의 서지정보 공급, 독자와 연구조사자의 지도 및 교육 등 서지정보원으로서의 기능을 발휘하게 한다. 종합목록은 이용자가 알고자하는 자료의 접근을 최대화하고, 관심 있는 주제영역의 자료에 대한 전체적인 윤곽을 파악하게 하며, 자료기관의 장서구성을 위한 도구로 활용되게 하여 정보자료의 국제적인 유통을 기하게 한다.

소재지시원: 종합목록은 도서관군의 자료에 대한 소장유무와 소장처를 확인하는 데 우선적으로 이용되기 때문에 종합목록에서 소재지시원은 이용자와 자료를 연결하는 중요한 매개 기능을 가진다. 종합목록의 소재기호는 통일된 형식으로 소장기관명[119]과 자료의 청구기호로 구성된다. 이러한 소재기호를 통해서 이용자들이 각 관의 보조목록을 검색하지 않고도 종합목록을 통해 소장관의 자료와 바로 연결되게 한다.

상호대차 및 공동이용: 종합목록은 도서관군의 자료를 공동이용하기 위한 도구이다. 상호대차 및 공동이용은 도서관간의 자료대출에 의해 이용자에게 전달되는 간접 이용방법, 협력체에 속한 이용자가 협력기관의 모든 자료를 직접 이용할 수 있는 직접 이용방법, 그리고 자료의 중요도에 따라 양자를 혼합한 이용방법 등이 있다. 국가간의 상호대차는 각 국가에 상호대차 및 공동이용 센터(국가중심도서관이나 대표도서관 포함)를 설치하고, 이 센터를 통해 국가간의 자료이용과, 자국 내의 상호대차 및 공동이용을 주도하게 하며, 또한 필요로 하는 서지정보의 확인작업을 위해 서지정보조사센터로서의 기능을 감당하게 한다.

---

119) 소속기관명을 식별이 가능한 범위에서 최대로 간소화한 약어로 통일화된 것으로 표시한다.

(2) 장서구성을 위한 기능

자료의 협동구입: 도서관과 같은 정보기관은 이용자를 충족시킬 수 있는 모든 정보자료의 입수가 필수적인 요소이기는 하지만 한 도서관의 제한된 예산과 인력으로는 기하급수적으로 생산되고 있는 정보자료의 완전한 입수가 불가능한 실정이다. 특히 협력관 간의 중복된 자료구입은 예산과 인력낭비일뿐 아니라 장서구성의 한계로 이용자의 요구를 충족시킬 수 없을 것이다. 이러한 문제의 해결을 위한 하나의 방안이 도서관군에 의한 자료의 협동구입이다. 이는 각 관이 자료의 구입을 지역별이나 주제별 그리고 자료의 형태별 등으로 분담하고, 협력관 간의 자료의 중복구성을 피하고 동일한 예산으로 많은 종류의 정보자료를 소장하게 하는 것이다. 종합목록은 이러한 협동구입을 실현하기 위한 도구로서 중요한 기능을 가진다.

협동구입체제의 예는 1942년 미국 Farmington에서 개최된 회합[120]에서 그 설립이 요구되어, 1948년에 발족을 본 Farmington Plan을 들 수 있다. 그리고 한국에서는 IMF로 인한 외환위기를 극복하기 위한 방안으로 대구 및 인근 지역의 대학도서관들이 외국잡지의 공동구입을 부분적으로 시도하고 있다.

장서협동보관: 도서관자료의 양적인 증가는 보관을 위한 공간적인 문제를 제기하고 있다. 공동보관은 가치를 상실한 자료나 고전적인 것으로 이용빈도가 낮은 자료를 협력관이 공동으로 별치보관함으로써 도서관의 공간문제를 해결하기 위한 것이다. 공동보관은 협력도서관의 중복 보관을 최소화하기 위해 ① 자료를 각 도서관이 분담하여 보관하는 방법과

120) Executive Committee of Libraries Council of the LC(의회도서관 도서관인 협의회 행정위원회)를 말한다.

② 협력도서관들이 공동으로 서고를 마련하여 보관하는 방법, ③ 부피를 최소화하기 위한 방안으로 마이크로필름(microfilm)이나 마이크로피시(microfiche), 그리고 CD-ROM에 축소 수록하여 집중 보관하는 방법 등으로 생각할 수 있다. 이러한 협동보관에는 반드시 종합목록작성이 선행되어 협동보관된 자료의 공동 이용을 위한 도구가 되게 해야 한다.

협동보관의 예는 1942년 하버드대학 총장 Charles Eliot의 제안으로 발족된 NEDL(New England Deposit Library)와 1949년 Chicago에 본부를 둔 MILC(Midwest Inter-library Center) 등이 있다.

(3) 목록의 표준화를 위한 기능

목록의 표준화: 종합목록의 작성에는 먼저 소속된 도서관군의 목록규칙이 통일되어야 하기 때문에 종합목록의 편찬은 목록기술의 발전과 직결된다. 특히 국제적인 서지통정의 실현은 국가종합목록의 작성이 선행되어야 하기 때문에 국제적인 호환성을 위한 국가단위의 목록규칙이 제정되어야 한다. IFLA의 ISBD는 국제적인 서지통정의 수단으로 작성된 목록기술의 국제적인 표준화를 위한 서지기술규칙이다.

종합목록의 작성에는

① 목록규칙이 표준화되어야 한다. 협력하고 있는 각 도서관의 목록이 함께 편성될 수 있도록 하기 위해서는 통일된 규칙으로 목록되어야 한다.

② 사용되는 약어나 부호(구두점)가 통일되어야 한다. 종합목록에 포함되는 각 도서관 자료에 대한 고유한 부호와 약어는 이용자가 쉽게 이해될 수 있는 부호로 일관성 있게 표시되어야 한다.

③ 목록기술의 표준화가 선행되어야 한다. 협력관 내의 소장자료인 인쇄자료(도서, 연속간행물), 비도서자료(음반, 필름, CD-ROM, e-Book 등)

에 따라 목록의 형태, 기재형식, 기재방법과 수단 등이 표준화 된 형식으로 목록되어 종합목록의 편성을 용이하게 해야 한다.

협동목록: 종합목록의 작성에는 중심되는 도서관에서 자료를 목록하여 협력기관에 제공하는 집중목록방식과 협력관에서 자관의 목록을 각각 작성하여 종합목록으로 편성한 분담목록방법이 있다.

집중목록(centralized cataloging)은 목록을 센터에서 작성하여 배포하는 것이다. 이는 어느 특정 도서관이나 센터로 하여금 편목작업을 맡아 수행하게 하고, 이를 소속도서관이 함께 이용할 수 있도록 한 것이다. 집중목록은 각 도서관의 중복되는 편목작업으로 소요되는 시간과 인적, 물적 자원을 크게 절약할 뿐 아니라 편목의 일관성을 기할 수 있다는 등 많은 장점이 있다. 집중목록은 인쇄카드서비스로 시작하여 현재는 MARC tape로 보급되고 있는 LC의 목록서비스가 그 좋은 예이다.

분담목록(shared cataloging)은 개별 도서관이 자관에 입수되는 자료에 대한 오리지널 목록작업을 수행하여 목록사항을 종합목록으로 입력하는 것이다. 이는 편목작업을 분담하고, 협력관의 자료에 대한 중복정리를 피할 수 있기 때문에 인력과 시간적인 면에서 경제적이고, 온라인으로 편목정보를 신속히 교환할 수 있다는 점에서 종합목록작성에 많이 활용된다.

이렇게 협동목록은 협력에 참여한 많은 도서관이 함께 종합목록작성에 참여해야 하기 때문에 통일성 있는 목록규칙화가 반드시 선행되어야 한다. OCLC와 같은 협력체에서는 협력도서관내에 입수되는 모든 자료의 정보를 컴퓨터로 센터에 입력하고, 입력된 자료는 센터에서 분류, 편목되어 다시 소장관에 보내어 협력을 통한 자료정리와 동시에 협력관의 종합목록이 작성되게 하고 있다.

종합목록의 작성은 목록기술의 발전과 표준화에 직접적인 관련을 가지고 있을 뿐 아니라 종합목록은 목록기술의 국제적인 표준화로 그 목적을 성취할 수 있다. 종합목록은 도서관의 봉사를 위한 궁극적인 수단이고, 자국 내는 물론 국제간의 서지통정을 통한 정보봉사를 확대하기 위한 도구이다. 종합목록을 통해서 각 도서관은 세계적인 정보망의 조직원으로 소속된 지역사회나 기관의 정보센터로서 역할을 감당할 수 있을 것이다.

제2장 자료목록의 발전

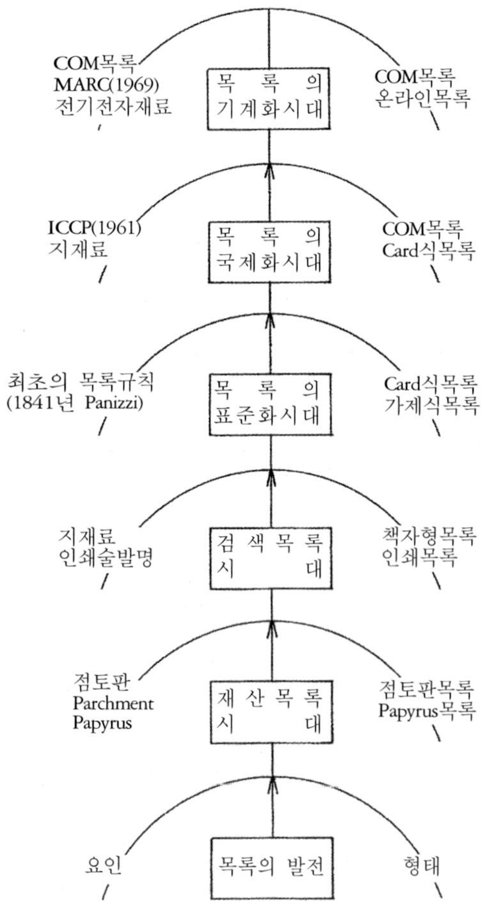
COM목록
MARC(1969)
전기전자재료
목 록 의 기계화시대
COM목록
온라인목록
ICCP(1961)
지재료
목 록 의 국제화시대
COM목록
Card식목록
최초의 목록규칙
(1841년 Panizzi)
목 록 의 표준화시대
Card식목록
가제식목록
지재료
인쇄술발명
검 색 목 록 시 대
책자형목록
인쇄목록
점토판
Parchment
Papyrus
재 산 목 록 시 대
점토판목록
Papyrus목록
요인
목록의 발전
형태

1. 목록발전의 시대구분

인류가 소유하고 있는 가장 오래된 고대의 기관들 중에는 반드시 도서관적인 흔적이 포함되어 있다. 이 기관들에서 전해지고 있는 사실 중에서 본서에서 다루고자 하는 목록이나 편목방법의 역사를 추정한다는 것은 역사 속에서 도서관의 발생에 대한 근원을 추적하는 것과 같이 불확실한 것이다. 지금까지 알려진 목록의 시작도 기록상 어떤 형태로 나타날 때까지는 별로 관심을 두지 않고 있는 개인이나 기관에서 필요에 따라 제작된 자연 발생적인 것에서부터 시작되었다고 보아야 한다. 그래서 목록의 발전과정에 대해서도 많은 학자들이 조금씩 다르게 주장하고 있고, 그 시대 구분이나 전개방법에서도 차이를 보이고 있다.

다음은 목록의 대표적인 시대구분이론을 요약한 것이다.

Norris는 목록의 변천을 4단계로 구분하였다.[1)]

제1단계. 기원전(BC)－기원후 1100년: 단순한 사상의 표시를 위한 기록의 시대이고, 문헌자료가 없거나 있어도 모순되어 기록이나 목록이 비형식적인 시대이며, 또한 자료자체가 목록인 시대로 조사나 그 해명이 명확치 못한 고대목록이 포함되는 시대이다.

제2단계. 1100년－1400년: 중세 수도원도서관의 목록이 주류를 이루었던 시대이다. 필사자료를 위한 목록시대로 참고문헌과 실제적인 목록에 대한 자료가 불분명하여 객관적인 판단이 어려운 목록시대이다.

제3단계. 1400년－1700년: 단과대학에 있는 학술단체의 자료 목록시대로 Bodleian도서관목록(Bodleian Library Catalogue)이 대표적인 예가 된

---

1) Dorothy May Norris, *A History of Cataloging and Cataloging Methods, 1100-1850* (Grafton & Co., 1939), p. vii.

시대이다.

제4단계. 1700년 이후: 현대의 목록이 나타나기 이전 시대인 1841년 대영박물관의 목록이 출간된 초두(初頭)까지인 현대목록의 태동기이다.

E. R. Hanson과 J. E. Daily는 목록과 목록법의 발전과정을 3단계로 구분하였다.2)

제1단계. 재산목록시대: Callimachus의 「*Pinakes*」(BC 250년경)에서 AD 1600년경까지의 주로 재산관리를 위해 목록을 작성한 시대이고, 점토판에 의한 목록과 필사자료에 대한 목록시대이다.

제2단계. 검색목록시대: Bodleian도서관목록인 1600년경에서 1900년경까지 초기의 재산목록에서 일보 진전된 목록시대이다. 이 시대의 목록은 검색을 보다 중요시하여 만들어졌고, 인쇄물에 대한 목록이 주종을 이룬 시대이다.

제3단계. 자주성(sovereignty)과 재평가(scrutiny) 시대: 20세기 전반에서 시작된 전통적인 목록법의 발전과 후반에서 일기 시작한 목록법의 재평가와 재생을 위한 시대이고, 목록의 국제화와 기계화를 위한 태동기이다.

이들의 시대구분에 대한 특색을 보면 Norris는 연대를 구분 대상으로 기원전에서 현대목록이 나타나기 이전까지 4단계로, Hanson과 Daily는 목록의 기능을 중심으로 목록의 실체가 증명된 BC 250년경에서 1900년까지 3단계로 구분하였다.

본서에서는 목록의 시대구분을 목록사에서 최초의 근거로 인정되고

---

2) *Encyclopedia of Library and Information Science*, edited by Allen Kent and H. Lancour (New York: Marcel Dekker, 1969), 4: pp. 242-305.

있는 「**피나케스** (*Pinakes*)」, 목록발전에 크게 영향을 미친 인쇄술의 발명, 목록의 규칙화, 국제적인 원칙결정, MARC으로 인한 기계화 등을 중심으로 다음과 같이 5가지 단계로 구분하였다.

제1단계. 재산목록시대: 기원전에서 1450년까지 점토판, Papyrus, 대나무, 목판, 양피지 등의 기록재에 의한 자료와 종이재의 필사자료를 포함하고, 궁전도서관과 사원도서관의 목록이 주종을 이룬 시대로 목록을 소장 자료의 재산 관리를 위한 목적으로 작성한 목록시대이다.

제2단계. 검색목록시대: 1450년에서 1840년까지의 시대를 포함시켰다. 1450년 독일 Gutenberg의 인쇄술 발명으로 인쇄 자료가 주종을 이룬 시대로 비교적 장서량이 많은 학술단체의 도서관과 공공도서관의 목록이 대표적인 것이다. 이 시대의 목록은 자료의 검색을 위한 도구로 활용하기 위한 목적으로 작성한 목록시대이다.

제3단계. 목록의 표준화시대: 1841년에서 1960년까지의 시대를 포함시켰다. 1841년 Panizzi가 대영박물관장서목록을 위해 세계최초로 목록규칙을 제정 발표한 것을 기점으로 세계 각지에서 개인, 단체, 국가별 목록규칙이 작성되어 규칙에 따른 목록이 작성된 목록시대이다.

제4단계. 목록의 국제화시대: 1961년에서 1968년까지의 시대를 포함시켰다. 1961년 프랑스 파리에서 개최된 국제목록원칙회의는 목록의 국제적인 통일을 위해 목록법에 대한 원칙을 결정하였다. 이 원칙에 따라 세계 각국의 목록규칙이 국제적으로 통일된 목록규칙으로 개정되어 목록이 진행된 시기이다.

제5단계. 목록의 기계화시대: 1969년에서 현재까지의 시대를 포함시켰다. 1968년 10월부터 미국국회도서관에서 MARC II Format이 결정되어 1969년 3월부터 정식으로 MARC tape가 배포되고, 1974년 IFLA에서 목록의 자동화에 부응할 수 있는 국제표준서지기술(ISBD)을 제정하였다. MARC과 ISBD에 의해 각 국의 목록규칙이 개정되고, 국가 대표 MARC이 개발되어 목록의 기계화로 진행되는 시기이다.

상기한 목록의 발전단계를 중심으로 고대에서 현대에 이르는 시대별 목록발전의 특색과 역사적인 배경을 상술하였다.

2. 재산목록시대

재산목록시대는 기원전에서부터 1450년까지의 자료목록을 포함한다. 이 시대에는 책이 재산적인 가치로 소유자나 기관의 권위와 부의 상징물이었다. 따라서 목록은 재산적 가치로 소장한 자료를 관리하기 위해 작성된 재산목록이었다. 다음은 근거를 확인할 수 있는 대표적인 몇 개의 목록을 중심으로 살펴보았다.

2.1. 점토판(粘土板: clay tablet)목록

시리아의 알레포(Aleppo) 서남쪽 33마일 지점에 있는 구릉지 마르티크 텔(Tell Maridikh)[3]이 1964년부터 이탈리아의 고고학자 마띠아(Paolo Matthiae)에 의해 발굴이 시작되어 세상에 나타나게 된 에블라(Ebla) 왕궁 도서관의 점토판을 들 수 있다. 에블라는 BC 2600-BC 2240년경에 이 지역의 제국 중 영향력을 크게 행사하였던 국가[4]로 상업과 예술, 문자(학

3) Tell은 mound로 廢址丘라 번역되는 구릉과 같은 작은 野山으로서 고대문명의 유적이 여러 층을 이루면서 쌓여 있는 경우가 많다.

4) *The New Encyclopaedia Britannica* (15th ed. Chicago: Encyclopedia Britannica Inc., 1988), v. 4: p. 344.

문)에 많은 관심을 보였다. 1975년 왕궁의 입구 한 방을 발굴하여 약 1,000매의 점토판을 발견하였고, 다른 한 방에서는 14,000매의 점토판이 서가가 불타는 바람에 그대로 내려 앉아 파손됨이 없이 싸여 있었던 것을 발굴하였다. 이렇게 점토판이 서가에 보존되고 있었던 점으로 보아 왕국의 도서관이었음을 확인할 수 있었다. 이 점토판 중에는 약 3,000항목의 에블라어와 수메리아어 관계를 나타낸 100개로 된 점토판사전과 정부의 공문서, 화물인환증, 서기학교의 교과나 시험문제, 성서의 인명과 지명을 연상시키는 이름[5)]이 천년 후에 쓰여진 구약성경의 내용과 비슷한 기록이 있었다.[6)] 이 도서관에 목록이 있었는지는 확실히 알 수 없지만 점토판이 방에 따라 주제별로 모여 있었다는 점에서 목록이 있었을 가능성을 배제할 수 없다는 사실이다. 앞으로 점토판이 해독되면 목록에 근거를 확인할 수 있을 것으로 기대되고 있다.

바그다드의 남방 약 100마일 떨어진 곳의 Nippur(현재의 네팔)유적이 미국인 J. P. Peters와 H. V. Hilprecht에 의해 1888년에 발굴이 시작되었고, 1900년경에는 이 유적지의 지하 사원도서관(monastic library)에서 20,000매가 넘는 점토판이 발굴되었다.[7)] 이 도서관은 메소포타미아(Mesopotamia)의 종교 중심지인 Nippur신전 내에 설치된 신전도서관으로 신을 칭송하는 찬미가, 기도문, 공문서 등을 포함한 성서의 노아홍수에 관해 수록된 많은 점토판이 발굴되었다. 이 점토판에서 최초의 목록에 대한 근거를 확인할 수 있었다. 이 점토판은 BC 2000년경의 것으로 내용은 수메리아인

5) 다윗, 에서, 사울, 아브라함, 이스라엘, 시나이, 가자, 심지어는 예루살렘과 유사한 이름이 나왔다.

6) 박준식, "고대도서관사의 재조명: 메소포타미아 지역을 중심으로," **도서관**, 제41권, 5호 (1986. 9): pp. 17-18.

7) 佐藤政孝, **圖書館發達史** (東京: みずうみ書房, 1986), p. 33.

(Sumerian)이 설형문자(楔形文字)로 기록한 것인데, 이들 기록 속에는 62개의 책이름이 기록되어 있었고 24개 가량의 문학작품 제명(title)도 발견되었다.[8] 이들 점토판은 주제에 따라 배열하고, 또한 기본적인 형태의 목록을 통해 이용되었다는 근거도 확인할 수 있었다.[9] 이 점토판은 발굴이 계속되고 있을 뿐 아니라 이미 발굴된 것에 대한 해독이 계속되고 있어 앞으로 더 많은 내용의 목록 sample이 나타날 것으로 기대된다.

이후 역사상에서 확인된 것은 1853년에 영국의 부영사 Hormuzd Rassam에 의해 발굴[10]된 아수루바니팔(Ashurbanipal)도서관이다. BC 7세기의 아시리아 니네베에 Ashurbanipal(BC?-BC 625)[11]왕궁의 몇 개 독립된 방으로부터 25,000개에 달하는 방대한 점토판문서가 발견되었다. 이것이 Ashurbanipal도서관이다. 이 도서관은 BC 705년경에 사망한 사르곤2세(Sargon II)의 통치 하에서 왕실도서관으로 발전시켜, 계속 확장을 거듭하여 그의 종손자인 Ashurbanipal왕이 수도를 니네베로 옮겨 서기들에게 영토 내의 전 지역으로부터 점토판을 모아 복사하게 명하여 고대의 가장 위대한 도서관을 만들었다.[12] 이 도서관에는 30,000개 이상의 점토판장서가 소장되어 있었는데[13] 점토판은 소장한 방에 따라 몇 개의 주제로

---

8) Ruth French Strout, ed., *The Development of the Cataloging Codes in Toward a Better Cataloging Code* (Chicago: Graduate School, Univ. of Chicago, 1956), pp. 5-6.

9) Harris, p. 27.

10) Rassam은 영국의 고고학자 Sir Austin Henry Layard(1817-1894)의 발굴 작업을 이어받아 1853년에 발굴하였다.

11) 아시리아의 말기의 대왕으로 전쟁을 통한 잔악상으로 명성이 높았다. 그러나 한편으로는 서물(書物)을 수집하는 데 열심이었다고 한다.

12) Leslie W. Dunlap, *Reading in Library History* (New York: Bowker, 1972), pp. 11-12.

13) Harris, p. 28.

나누어 배열되어 있었고, 한 방에는 아시리아(Assyria)와 속국 왕들의 기록과 역사에 관한 문헌, 왕의 지시사항, 속국에 파견된 총독에게 보낸 서신 등이 있었고, 다른 한 방에는 지리에 관한 자료, 각지의 생산품에 대한 목록이 있었으며, 어떤 방에서는 법률과 판결문이 있고, 또 다른 방에서는 상거래에 관한 기록, 계약서, 증서, 청구서 등과 같은 자료가 있었고, 어떤 방에서는 전설과 신화, 아시리아의 종교적 기초 등에 관한 문헌, 즉 홍수설화, 신의 이름목록, 신들의 다양한 업적과 속성을 기술한 목록, 신들에 보내는 찬가 등이 있었고, 또 다른 방에는 과학과 유사과학…, 천문학과 점성학, 생물학, 수학, 박물학사, 의학에 관한 저서가 있었다.[14] 이렇게 20,000점 이상의 점토판이 서고 내에 흙으로 만든 항아리에 넣어서 선반 위에 차례로 보관되었는데 각 점토판에는 그것이 보관된 항아리, 선반, 방을 나타내는 인식표(identification tag)가 있었고, 각 방문 근처 벽에는 그 방에 보존되어 있는 저작의 리스트가 적혀 있었다. 이 리스트는 그 방에 수장되어 있는 내용물의 서가목록이었다. 더욱이 목록의 순서에 관한 주제명목록 또는 기술서지 같은 것이 각 방의 문 근처에 놓여 있는 점토판에서 발견되기도 하였다.[15] 이 점토판에는 왕의 소장표시(紋章), 저작의 제목, 점토판의 번호, 행수, 색인어(주요세목), 중요장과 절의 표시, 소재표시, 분류기호 등을 알려주는 사항 등이 기재되어 있는 것을 발견할 수 있었다.[16] 이렇게 오늘날 도서관에서 사용하고 있는 분류, 목록, 서지 등의 원형이 될 만한 개념을 이미 도입하고 있었다는 점에

---

14) Elmer D. Johnson, *A History of Libraries in the Western World* (New York: Scarecrow Press, 1963), p. 24.

15) Harris, p. 28.

16) Harris, p. 28.

서 아시리아의 연구자들 간에는 Ashurbanipal도서관에 목록이 존재하고 있었다는 것이 정설로 되어 있다.[17)]

2.2. 피나케스(*Pinakes*)

「*Pinakes*」는 Alexandria도서관의 장서목록이다. Alexandria도서관은 기원전 3세기경 알렉산드로스대왕의 7인의 친위부장의 한 사람인 프톨레마이오스(Ptolemaios, BC 367?-BC 283)가 창설한 도서관으로 당시 가장 좋은 그리스문헌 전체를 수집하여 주석을 다는 것이 도서관의 최우선 목표였다.[18)] 이 도서관은 약50만권의 두루마리를 소장한 학문 활동의 최고전당이었다. 그러나 기원전 47년 로마의 정복자 시이저(Caesar)에 의해 부분적으로 파괴되었고, 서기 391년경 그리스도의 대사교 데오빌로(Theophilus)에 의해 심하게 파손되었다.[19)] 이 도서관의 장서가 완전히 불태워진 사건은 암로우 이븐 알라가 Alexandria를 정복했을 때였다.[20)] 이렇게 Alexandria도서관은 처음 설립된 이후 900년을 지속하였다.

---

17) J. W. Clark, *The Care of Books: an Essay on the Development of Libraries and Their Fittings from the Earliest Times to the End of the Eighteenth Century* (Cambridge University Press, 1909), p. 4.

18) 정필모, 오동근, **도서관문화사** (서울: 구미무역, 1991), p. 29.

19) Sidney L. Jackson, *Libraries and Librarianship in the West: A Brief History* (New York: McGraw-Hill Co., 1974), p. 17

20) 암로우 이븐 알라가 알렉산드리아를 정복하였을 때 그는 도서관을 어떻게 처리하면 좋겠느냐고 칼리프 오마르(Khalifa Umar)에게 물었다. 그의 대답은 "만약 그 책들이 알라의 서적과 일치한다면 없어도 상관없습니다. 왜냐하면 알라의 책은 얼마든지 있기 때문입니다. 만약 알라의 것과 일치하지 않는다면 그것들을 보관할 필요가 없습니다." 그들은 책을 태워 공중목욕탕을 데웠다고 하고 이 책을 다 태우기까지 6개월이나 걸렸다고 한다.(Clifford Stoll, **허풍떠는 인터넷**, 한경훈 역 (서울: 세종서적, 1996), p. 304).

Alexandria도서관에 수집된 방대한 양의 서적은 이용을 위한 필요성이 대두되었고 Callimachus의 목록인 「*Pinakes*」는 이러한 필요성의 충족을 위해 자연스럽게 결집된 생산물이라 생각된다.

「*Pinakes*」는 목록사에서 그 근거를 가장 명확히 하고 있는 것이지만 불행하게도 그 단편만 남아있기 때문에 전체적인 것을 알 수 없어 권자본의 형태인지 책자형인지조차도 확인할 수 없다. Papyrus에 수록된 「*Pinakes*」는 Callimachus가 BC 250?년경에 편찬하였다[21)]는 Alexandria도서관의 장서목록으로 일명 Panax라고도 한다.

Pinakes의 어원은 Greece어 Pinax의 복수형으로 Pinax는 일 매의 점토판 즉 한 점의 점토판을 의미한다. Pinakes는 Pinax의 복수형으로 점토판의 집합을 의미한다. Pinakes는 점토판의 자료를 보관하고 있는 서고의 벽면에 설치된 서장(書場)에 자료를 모아 놓은 상태를 표시하는 말[22)]이라고도 한다. 당시 Alexandria도서관이 수집한 자료가 주로 이집트에서 생산된 파피루스에 기록한 것인데도 이 낱말을 쓴 것은 Pinakes("Tablets")란 말이 본래 오래된 점토판 자료에서 목록의 의미로 사용된 것임을 추측하게도 한다. 이러한 어원으로 Alexandria도서관 이전에도 목록이 존재하고 있었음을 예측하게도 하고, 「*Pinakes*」의 의미도 점토판이 아닌 파피루스에 의한 것으로 "서사의 상부에 붙은 게시판으로 서가 위에 놓인 자료의 안내판의 의미"를 가진 것이라고 해석하기도 한다. 이것이 후에 목록

---

21) 이에 대한 반론도 있다. Callimachus이전에 도서관을 설립한 Ptolem Sotar의 아들인 Ptolemy Philadelphus가 두 개의 목록을 편찬하였다는 설이 있으나 실증할 만한 근거는 없다. 또한 Callimachus자신이 이 목록을 편찬하지 않고 그의 조수 Hermippus에 의해 BC220년에 작성되었다는 이론도 있다.

22) E. A. Parsons, *Alexandrian Library: Glory of Hellenic World, Its Rise, Antiquities, and Destructions* (London: Cleaver-Hume Press, 1952), p. 468.

또는 리스트의 의미로 쓰이게 되었다는 것이다. 이외도 미국의 Witty는 「*Pinakes*」라는 본래의 명칭은 "학문의 각 분야에서 걸출(傑出)한 사람과 이에 병행한 이들의 저작물 일람표 120권본"[23]이라고 하고, 다른 학자들은 "그리스 고전 전기목록 전 120권," "모든 문화면에서 걸출한 사람과 그들의 저작일람"[24]이라고 명명하기도 한다.

Callimachus(혹은 Kallimachos, BC 305?-BC 240?)[25]는 이집트의 Alexandria 도서관에서 약 20년(BC 260-BC 240) 동안 관장으로 봉직하면서 도서관의 다른 학자들과 같이 자료를 수집하여 그것에 주석과 교정을 가하는 등 자료정리와 목록작성 및 문학사 연구에 힘썼고, 시문학 비평가로서 도서관을 찾는 학도들의 지도자로도 활동한 Alexandria도서관에서 가장 중요한 인물이다.[26] Callimachus는 「*Pinakes*」라고 불리는 독특한 목록법으로 당시 도서관의 분류목록을 만들었는데[27] 이것이 이후 도서관 목록형식

---

23) Francs J. Witty, "The Pinakes of Callimachus," *Library Quarterly*, vol. 28, no. 2 (1958)를 *Encyclopedia of Library and Information Science*, vol. 3, p. 246에서: 당시에는 서명이나 표제지가 없었음). "Tables of all those who were eminent in any kind of literature and their writings in 120 books" (R. Pfeiffer, *History of Classical Scholarship, from the beginnings to the end of the Hellenic age* (Oxford: Clarendon Press, 1971, p. 128): Pinakes의 남아 있는 부분의 incipit에는 "Tables and resister of dramatic poets, Chronologically arranged from earliest times" (R. Irwin, "Callimachos: Studies in the History of Libraries, IX," *Library Association Record*, vol. 58, no. 5 (May 1956): pp. 168-173).

24) Johnson, p. 54: "Tables of those who were outstanding in every phase of culture, and their writings."

25) Callimachus는 그리스의 Cyrene출신의 시인이었다. 그는 문학사에서 문법학자, 도서관사에서는 문헌학자(W. A. Smith, *A Dictionary of Greek and Roman Biography and Mythology* (New York: AMS Press, 1971), p. 128)로서 업적을 평가받고 있지만 언어학자뿐 아니라 고전학자로도 알려져 있다.

26) 澁川稚俊, p. 37.

27) 佐藤政孝, p. 42.

의 효시가 되었다.

「*Pinakes*」는 Alexandria도서관의 장서 중 기원전 3세기중엽 그리스고전의 저술가와 그들의 저작을 수록한 리스트이고, 당시 50만권[28]으로 추정되는 장서의 유지관리 및 이용의 편리를 위해서 자료를 8개의 주제(추정)로 구분하여 정리한 Alexandria도서관장서의 분류목록이다. 또는 「*Pinakes*」는 권자본 120권으로 된 목록으로 당시의 작품을 수록한 서명목록이고, 작품자체의 간결한 분석과 저자의 전기사전을 겸한 분류목록이라고도 표현하고 있다. 그러나 「*Pinakes*」에 수록된 장서량은 아직 밝혀지지 않았다. 이 장서목록은 Callimachus가 직접 작성하였다는 점에서 그를 분류자요 목록자라고 일컫는다.

「*Pinakes*」는 각 저작의 내역, 그 저작의 본문행수, 그리고 그리스문헌의 평전, 서지개요를 기재하고 있어 이것이 도서관의 장서목록으로 작성되었는지 단순히 열거되어 있는 전 문헌의 서목인지 확실하지는 않지만 분명한 것은 평범한 서목 이상의 것이라는 데는 이견이 없다.

이 목록의 구분에 대해서는 견해를 달리하고 있는데[29] 다음은 Norris[30]가 말하는 8개부분의 주제내용이다.

① 시인(Epic writers)

② 희곡작가(Dramatic writers)

---

28) Alexandria도서관은 백년 동안 번영하였기 때문에 서가에는 약 700,000개 이상의 자료가 소장되어 있었다고 한다(Harris, p. 57).

29) Witty는 8개의 분류구분을 수사학, 역사, 법률, 철학, 잡서, 의학, 서사시, 비극 등으로 하고 (F. J. Witty, "The Pinakes of Callimachos," *Library Quarterly*, vol. 28, no. 1 (April 1958): pp. 132-136), 또 다른 자료에서는 시문학 6부문, 산문 5부문, 잡문 1부문으로 12부문(部門) (Joris Vorstius, Siegfried Joost, **圖書館史要說**, 藤野幸雄 譯 (東京: 日外株式會社, 1980), p. 7)

30) Norris, p. 4.

③ 법률서의 저자(Writers on law)

④ 철학자(Philosophical writers)

⑤ 역사학자(Historical writers)

⑥ 변론작품(辯論作品: Oratorical works)

⑦ 수사학작품(Rhetorical works)

⑧ 잡서(Miscellaneous works)

이 목록의 배열은 분류순으로 동일 분류 내에서는 세구분하여 저자명의 알파벳순이나 연대순으로 정리하였다.

「*Pinakes*」는 자료의 각 장 두루마리(papyrus roll) 위에 레이블로 짧은 제목을 기록하였다고도 한다. 그러나 당시는 서명이나 표제지가 없었기 때문에 자료의 제목은 책머리에 수록된 시(詩)가 제일 중요한 것으로 서명을 대신하기도 하였다. 이렇게 내용과 저자를 분리하지 못하고 있었기 때문에 목록작성에도 여러 가지 문제점이 많았을 것이다.

이 목록은 후에 그리스, 로마시대 도서관 목록체계의 원형이 되었다.

2.3. Pergamon도서관목록

Pergamon도서관은 소아시아의 아탈로스(Attalus)왕조[31]의 수도 페르가몬(Pergamon)에 Alexandria도서관의 웅대함에 자극을 받아 이에 버금가는 도서관을 만들 계획으로 설립한 것이다. Pergamon은 지역명 Bergama(베르가마)[32]로 신약시대에는 Pergamor(베르가모)라 명명하였고 Pergamor

31) 아탈로스왕조는 기원전 3세기 중기부터 약1세기 사이에 소아시아의 북방에서 번영한 단명한 왕조였지만 수도 페르가몬을 중심으로 그리스문명을 전파한 것으로 유명하다.

왕국의 수도였다. Pergamon문화유적으로 대표할 만한 것 중 하나가 Pergamon도서관이다. 이 도서관은 당시 Alexandria도서관과 함께 세계 2대 도서관으로 알려졌다. 이 도서관은 Pergamon왕 아탈로스 1세(Attalus I: ?-BC 197)에 의해 설립되었고, 도서수집광이었던 유메네스 2세(Eumenes II: BC 197-BC 159)왕의 후원으로 크게 팽창했다. 당시 그리스의 저명한 학자, 시인, 예술가를 초청하여 문헌수집에 힘쓰는 한편 도서관 내에는 대규모 서사실을 설치하여 다수의 서사생으로 하여금 자료를 필사하게 하였다. 유메네스 2세는 Alexandria도서관 사서인 비잔티움의 아리스토파네스를 초청하는 일로 이집트로부터 비난을 받을 정도로 도서관에 관심을 보였다. 한편 이집트의 Alexandria에서는 Pergamon도서관의 커짐을 막기 위해 당시 서사재료인 파피루스의 Pergamon에 대한 수출을 중지하였다. 도서수집에 타격을 받던 Pergamon에서는 파피루스를 대체할 양피지를 서사용지로 개발하였다.[33)]

양피지는 어린양과 송아지의 가죽을 털과 기름을 빼고 펴서 늘린 다음 표백, 건조하여 필사자료로 사용되었다. Pergamon사람들이 만든 양피지를 그곳의 지명을 따서 Pergamen(베르가멘)이라 불렀는데 이 Pergamen이란 말은 라틴어의 Pergamene(베르가메네)를 거쳐 영어의 Parchment(파아치먼트: 양피지)가 되었다고 한다.

이러한 노력의 결과로 Pergamon도서관의 전성기에는 20만권을 소장하였고, 이로 인해 그리스문명의 일대 중심지가 되었다. 이러한 맥락에서

---

32) 페르가몬은 현재 터키의 이즈미르에서 북쪽으로 100km 지점의 Bergama(베르가마)라는 소도시명이다. 당시 이곳은 그리스와 동방제국과의 요로였다.

33) 양피지는 BC190년경에 이집트의 토레미 5세(Ptolemy V)와 Pergamon의 유메네스 2세(Eumenes II) 사이에서 도서수집에 대한 경쟁의 결과로 만들어진 소산물이다 (*The New Encyclopedia Britannica*, vol. 26: p. 460).

본다면 Pergamon도서관에서도 상당한 수준의 목록이 있었을 것으로 예측되지만 실체를 확인할 수는 없다. 이 도서관의 목록은 BC 160년경 로마 원로원의 한 사람인 Crates[34]가 작성한 것으로 추측되고 있다.[35]

Pergamon도서관은 Alexandria와의 '도서관전쟁'[36]으로 BC 133년 로마 장군의 점령에 의해 20만권의 장서가 Cleopatra에게 기증되고, Alexandria 도서관장서의 일부로 이동되는 것으로 끝이 났다.[37]

Alexandria도서관과 Pergamon도서관 이후의 도서관사는 로마의 도서관으로 이어진다. 로마시대의 목록사는 Callimachus의 목록을 인용한 분류목록과 저자명기입에 의한 서명중심의 리스트였다. 5세기 북방 야만인의 침입과 6세기 로마제국의 몰락으로 수세기 동안 암흑시대가 있었으나 수도사들에 의해서 많은 수도원도서관의 자료가 보존될 수 있었고, 정리되기도 하였다. 이 시대의 목록은 주로 수도원도서관이 소장한 장서 자체의 재산관리를 목적으로 만들어진 것이다. 그러나 「*Pinakes*」 이후 1000년 이상 동안 「*Pinakes*」목록에 필적할 정도의 목록이 편찬되지는 못하였고[38] 「*Pinakes*」 이후에 만들어진 목록들은 모두가 「*Pinakes*」목록의 영향을 받고 있었다.

---

34) Crates는 과학자이고, Homer scholar로 인정받고 있었으며, 도서관원으로 봉사하고 있었다.

35) Harris, p. 61.

36) '도서관전쟁'은 BC1세기 때 Alexandria도서관이 화재로 크게 손상을 입은 일이 있었는데 이때 클레오파트라여왕이 크게 상심하였고 이를 본 로마장군 마르쿠스 안토니우스가 군대를 동원하여 버가모도서관의 장서를 Alexandria로 옮겨왔다.

37) *The New Encyclopaedia Britannica*, vol. 22: p. 969.

38) 澁川稚俊, p. 49.

2.4. 칠략(七略)

「**칠략(七略)**」은 전한(前漢) 성제(成帝) 하평(河平) 3년(BC 26) 유향(劉向: 류쌍) 등이 전국적으로 수집한 군서(群書)를 교정하기 시작한 유향열자목록(劉向列子目錄)을 그의 아들인 유흠(劉歆: 류씬)이 애제 건평원년(哀帝建平元年: BC 6)에 완성한 전국적인 장서목록이며 중국최초의 목록이다. 칠략은 당시 모든 서적을 교수(校讎)하여 육류(六類)로 나누고, 그 앞에 집략(輯略)을 두었다. 략(略) 아래에는 다시 종(種), 그 아래에 가(家)로 세분하여 총 33,090권을 수록한 분류목록이다.

유향(劉向: 류쌍)과 유흠(劉歆: 류씬)은 부자(父子)가 목록학자였으며,[39] 유향(劉向: 류쌍)이 죽은 후 유흠(劉歆: 류씬)이 여러 사람의 도움을 얻어 「**칠략**」이라는 목록을 완성하였다. 유향(劉向: 류쌍)은 육예(六藝), 제자(諸子), 시부(詩賦)를 교수하고, 임굉(任宏: 런훙)은 병서(兵書), 윤함(尹咸: 인쌘)은 수술(數術), 이주국(李柱國: 리주궈)은 방기(方技)를 교수하였다. 이들이 「**칠략**」을 엮은 중요한 목적은 변장학술(辨章學術)과 고경원류(考鏡源流)에 있었다. 이 「**칠략**」은 당대(唐代) 이후 산일(散佚)되어 오늘날은 그 전모를 볼 수 없으나 한나라 명제(明帝) 때 반고(班固)가 「**한서예문지(漢書藝文志)**」를 엮으면서 「**칠략**」에 근거하였다는 데서 「**칠략**」의 체계를 엿볼 수 있을 뿐이다.[40] 「**한서예문지(漢書藝文志)**」에 의해 추정된 「**칠략**」의 대체적인 특징은 다음과 같다.

「**칠략**」의 분류편목은 주제에 따라 분류하였는데 동일류에서는 대개 서적을 시대의 선후에 따라 배열하였고, 사상의 유파(類派)나 체제에 따

---

39) 倉石武四郞 述, **目錄學** (東京: 汲古書院, 1979), p. 5.
40) 倪寶坤, **圖書館編目學** (臺北: 中華書局, 民國60(1971)), pp. 7-8.

라 세분하였다. 그의 장점은 호견(互見: 一書可入二類)과 별출(別出: 一書中有一篇可入他類)의 방법이 사용된 것으로 보아 상당히 발달된 형태임을 알 수 있다.[41)]

이상의 분석으로 보아 아버지인 유향(劉向: 류썅)이 만든 별록(別錄)은 후대에 해제와 제요(提要)의 근원이 되었으며 아들 유흠(劉歆: 류씬)이 만든 「**칠략**」은 분류편목의 종지(宗旨)가 되었다고 한다.

2.5. 수도원도서관의 목록

중세초기는 6세기 로마제국의 멸망으로 개인장서를 비롯한 수도원도서관 그리고 왕실도서관의 파괴와 소산(消散) 등이 있었고, 이로 인해 학문의 감소가 있었던 시기이다. 이러한 현상은 10세기까지 계속되어 이 기간 동안에 소개할 만한 도서관이나 목록은 거의 전무한 시대로 특징지어지기도 한다. 그래서 이 시대에 남아 있었던 도서관은 필사자료로 된 소수의 장서를 보관한 몇 개의 수도원도서관에 불과하였다.

당시 교회와 수도원도서관이 도서관발전에 기여한 것은 양피지에 의한 권자본의 보급과 고전문헌의 보호계승을 통한 그리스와 로마의 고전을 근세에까지 전한 것이라 하겠다. 그러나 이와는 반대로 그리스도교 폭도들이 로마제국의 문화유산인 도서관 특히 Alexandria도서관을 결정적으로 파괴하고, 장서를 소실시켜 역사적인 정보재를 없앤 것은 인류발전을 저해한 중대한 사건이었다.

중세초기에 대표가 될만한 수도원도서관의 목록을 열거하면

·Monte Cassino수도원도서관을 들 수 있다. Monte Cassino수도원은

41) 姚名達, pp. 54-60.

Beneticto[42]가 창립한 성베네딕트파수도원이다. 이 도서관은 Monte Cassino수도원 내에 설치된 중세전반을 대표한 수도원도서관이다. 수도원은 유럽의 학문연구에 중심적 존재로서 발전시켜야 한다는 목표 아래 초기의 기본적인 장서에 사본을 가한 당시 이탈리아에서 제일 충실한 도서관의 하나였다. Monte Cassino수도원은 9세기에 들어와서 사라센 폭도의 습격을 받아 도서관장서가 소실되었다.

이 수도원도서관에서 만들어진 Cassino사본과 채색화로 만들어진 책은 독특한 제법으로서 귀중한 도서로 진귀본으로 취급되고 있다.

· 이 시대에 학문의 중요성을 강요하고 학자적인 본보기를 보여준 성직자의 한 사람이 Cassiodorus였다. Flarius Magnus Aurelius Cassiodorus (AD ca485-AD ca585)는 6세기 중엽 공직에서 은퇴한 후 540년경 이탈리아의 남쪽 Benevento의 Vivarium에 수도원을 창설하고, 그 속에 신학교를 설립하여 신학교육에 힘을 썼다. 그는 수도원에 도서관을 설치하여 성서와 성전 등 그리스도교 관계 도서와 그리스, 로마의 선성(先聖)들의 저작, 동방제국의 저작물, 고전적 문학서, 역사, 지리, 음악, 농업 등에 관한 저작의 수집은 물론 이교도의 저작물까지 수집에 적극적이었다. Cassiodorus는 필사의 필요성을 "수도사가 주의 말씀을 필사하는 데 따라

42) Beneticto는 로마의 양가의 자식으로 태어나 로마의 학교에서 신학교육을 받은 후 몇 년 동안 속세를 떠나 산중에 은거하여 수업생활을 하였다. 드디어 이를 중심한 제자가 모여 529년에 중부 이탈리아의 몽테카지노에 대규모 수도원을 설립하여 수도승 육성에 노력하였다. Beneticto는 수도승의 일과를 엄하게 정하였다. 그것은 예배에 대한 부지런한 행위, 자활을 위한 노동, 성전의 독서 등 3가지 행위를 내용으로 하였다. Beneticto는 8세기에서 9세기에 걸쳐 전 유럽에 퍼진 교파로 전성기에는 수천의 교회를 그의 지배 하에 두었다. 그 일파에서 법왕, 사교가 다수 탄생되어 제일 유력한 회파의 하나로 인정받았다.

사탄은 그만큼 많은 상처를 입으리라"고 하고, 수도원에 대규모의 서사실을 만들어 수도승과 서사생으로 하여금 학문전반에 관한 책을 서사하게 하였다. 이렇게 필사를 통해서 학문에 관한 존경과 가치 있는 생각을 위한 주석의 안내서를 공급하였다.

이들 수도원은 암흑기에 책의 보존과 생산에 있어 초기의 매개자가 되어왔고, 극히 제한적이기는 하나 재산관리를 위한 목록의 근거를 가지고 있었다.

· Gregorius I(ca540-640)가 로마의 St. Clements교회에 기증한 책의 목록을 들 수 있다. 이 목록은 AD8세기부터 소지해 온 당시의 자료를 교회의 현간 방에 서문과 기도자명과 함께 대리석판 위에 조각한 것으로 기도자들에게는 책의 소재를 알려주는 필수적인 도구였다.

· 프랑크왕국의 Charlemagne대제 치하에 궁정학교의 설립과 그의 경영으로 유명한 York의 Alcuin(ca713-804)에 의해 편찬된 목록이다. 8세기에 Alcuin은 Gaul과 함께 로마에 초대되어 갔다가 돌아오면서 많은 책을 가지고 왔다. Alcuin은 그의 생애의 대부분을 York에서 보냈는데 780년에는 수도원도서관의 책임자가 되었다. 782년 Charlemagne대제가 Continent에 설립한 학교의 책임을 맡기 위해 영국으로 떠났고, 그는 다시 Tours의 St. Martin수도원의 원장이 되었다. 이곳에서 York도서관의 자료목록을 편찬하였다고 한다. Alcuin은 시를 중시하는 시대에 편목의 중요성을 인식시키는데 기여한 목록자이다. 이 목록은 시를 주로 한 목록을 저자들과 자료에 대한 서지를 중심으로 편찬된 유일한 형식의 목록이다.

· 「*De Trinitate*」는 St. Augustine이 저작한 목록이다. 이 목록은 황제 Louis the Pious(814-840)가 수도원과 대성당들이 소유한 모든 책의 목록을 작성하도록 명령한 것에 의해 책의 마지막 면지에 옮겨 적은 작품들의 리스트로 편찬된 것이다.

이렇게 중세초기의 목록은 재산적인 가치로 수집된 자료의 보존과 관리를 위한 것으로 소유자의 직접적인 요구에 의해서 작성된 소유물의 리스트였다. 그래서 자료에 대한 정리는 전체의 학문적인 체계에 의하지 않고 주로 작품의 종교성에 의해 성서와 종교작품이 맨 먼저 위치하고 세속적이고 비종교적인 작품이 마지막에 놓였다.

교황 Gregorius I와 Alcuin 이후 얼마간은 목록의 공백시대를 맞이하게 되었다. 이 때는 수도원이 계속적으로 공격을 받아 불태워졌고, 따라서 그 동안 어렵게 수집된 몇 권의 책들도 거의 분실되거나 소실되었다. 이러한 상태는 871년 Alfred대제가 왕위에 오를 때까지 계속되었다. Alfred대제에 의해 지식을 존중하는 부활의 시기를 맞았으나, 900년 그의 죽음으로 다시 혼란기를 겪어오다가 Norman의 정복 하에 다시 학자들에 관한 관심이 일기 시작하였다. 이때 Lanfrance는 Canterbury를 위해 대륙에서 많은 책을 가져와 필사자들에게 복본을 만들게 했다. 이러한 노력의 결과로 많은 종교건물이 나타났고, 수도원의 기초로서 책의 수집이 시작되었다. 이렇게 하여 중세 수도원도서관이 서사실로부터 분리되어 독자적인 기능을 발휘하게 된 것은 중세말기 이후로 보고 있다.

최초의 형식을 갖춘 도서관은 당시 가장 많은 수도원을 가진 Benedictine이었다. 850년부터 1200년까지의 시대는 Byzantine의 학문과 문예에 주목할 만한 기간으로 많은 중요한 저작자가 배출된 시기이다. 이 시대의 저작은 근원적인 것보다는 개요나 백과사전적인 것들이 많았다.

·이 시대의 대표적인 목록으로는 「**미리오비브론**(*Myriobiblion* 또는 *Bibliotheca*)」을 들 수 있다. 이 목록은 동 로마제국의 수도인 Constantinople의 대주교 Photius(혹은 Photios, 820년경-891년경)에 의해 A.D. ca842-A.D.848년에 그의 대표저서로 편찬된 자료목록이다. 이 목록은 지금은 남아 있지 않은 당시의 작가들의 작품 약 280개를 전술(前述)한 Callimachus의 「*Pinakes*」와 유사한 방법인 서지사항과 약간의 전기사항, 그리고 서평에 가까운 주석을 포함해서 흥미있게 요약한 초기적인 목록이다. 이 목록 중에는 많은 신학서가 포함되어 있고, 또한 그리스의 역사와 문학, 그리고 약간의 예술서와 과학서 등 주로 학술서를 포함하고 있다.

·또 하나의 연구대상이 된 목록은 10세기 독일남부 Lorsch에 있는 「**Upper Rhineland수도원도서관의 목록**」을 들 수 있다. 현재 Vatican수도원도서관에 소장되어있는 이 목록은 보다 형식을 갖춘 목록으로 63개의 유별로 구분하여 590책의 사본을 수록하고 있다. 분류법은 주제별에 의하였고, 편성방법은 복음서, 예배의식의 작품, 교리적인 그리고 교부의 작품, 성자의 생애 등 예배서를 우선으로 목록하고, 마지막에 그리스 고전, 속어 등 몇 명의 고전작가를 포함한 시를 목록하였다. 이 목록의 형식은 중세초기의 전형적인 스타일이다.

이렇게 9세기에서 11세기 사이에는 놀라울 정도의 목록 활동이 있었다. 현존하고 있는 중세목록을 8세기경에서부터 조사한 바에 의하면 Berker는 8세기 3개 목록, 9세기 24개 목록, 10세기 17개 목록, 11세기

30개 목록, 12세기 62개 목록을 논하였고, Gottlieb는 9세기 24개 목록, 10세기 17개 목록, 11세기 30개 목록, 12세기 136개 목록을 들고 있다.[43] 초기 수도원과 대주교도서관목록의 시대는 단순히 목록방법과 그 형식을 나타내는 시대로 나타낼 만한 질서나 순서가 없이 제명을 기재한 조잡한 리스트였다. 그러나 이들 목록을 통해 중세의 목록은 재산목록으로 비교적 규모가 큰 장서를 가진 도서관을 중심으로 목록기법이 점차 발전하게 된다.

사본의 목록은 광의의 주제에 의해 분류 정리되었는데 사용된 일반적인 순서는

종교적인 작품	비종교적인 작품
Archives	Grammar
Scriptural text and commentaries	Rhetoric
Constitutions	Logic
Council and synodal Proceedings	Arithmatic
Homilities and epistles of the fathers	Geometry
Lectionaries	Music
Legends of martyrdom	Astronomy

상기순서와 같이 종교적인 작품을 먼저하고 비종교적인 작품을 뒷부분에 배열하였다. 2차 배열은 수입순이나 크기에 의하였다.

11세기 이후에도 수도원들의 도서관에 대한 관심은 지대하였다. 각 교단마다 경쟁적으로 도서를 수집하고 학문에 전념하여 다른 교단의 수

43) T. Gottlieb, *Uber Mittelalterliche Bibliotheken* (Graz: Akademische Druck, 1955), 520 p. (Reprint of the 1890 edition).

도원에 뒤떨어지지 않은 도서관 건립을 권장하였다. 이로 인해 어느 교단이나 공통적으로 수도원에는 필수적인 시설로 도서관과 서사실을 두고 있었다. 이렇게 도서관의 발전으로 목록이 크게 성행하게 되었으며, 이 시대의 목록은 주로 재고목록으로서의 성격을 나타내고 있었기 때문에 대부분이 저작자나 표제나 행을 표시한 정도의 서가목록이었다. 당시 목록의 특징은 수입도서 일람표 정도의 장서목록으로 양피지를 서사재료로 사용한 것이다. 그 배열은 대개 수입별이나 몇 개의 유별에 따라 연대순으로 하였으며, 보통 알파벳순으로는 배열되어 있지 않았다. 이 시대에 나타난 대표적인 목록으로는 다음과 같은 것들이 있다.

·「Durham**대성당수도원도서관**」의 목록은 1162년 최초의 목록이 작성된 이후 계속해서 1391년, 1395년, 그리고 1416년까지 4개의 목록이 편찬되었다. 영국 북부 Durham대성당수도원(Durham Cathedral Priory)은 11세기 말에 창립된 Benedicto회파의 수도원이다. 이 수도원은 Benedicto 회파의 전통에 따라 많은 사본을 제작 소장하게 되었고, 또한 7세기에 창립된 Lindesfarn수도원으로부터 이관된 사본을 포함하고 있었다.

4개의 목록 중 1162년 최초의 목록을 중심으로 살펴보았다. 1162년의 목록은 전체 352책의 사본자료가 3족지(leaf)로 된 양피지에 기록한 목록이다. 목록의 기술형식은 2개의 단(段: column)에 요철(paragraph)형의 기술형식으로 서지사항을 기술하였다. 이 기술형식은 다른 중세 목록에서 볼 수 없는 특수한 것이었다. 당시 많은 목록은 기입방식으로 한 점 한 점을 완전히 행을 나누어 기술하고 있는데, 이 목록의 편성 방법은 주제별에 의하였고, 배열은 신학, 영국사, 고전, 과학, 성무(聖務)일과서, 성시편으로 신학 관계서를 최초에 그리고 속서를 목록의 후반부에 기록하였다.

·「Glastonbury**수도원의 도서관목록**」은 영국의 Glastonbury수도원도서관의 장서목록으로 1247년에 작성된 것이다. 이 목록의 특징은 저자명을 중심으로 기입하였고, 저자가 불명일 때는 주제에 의한 형식표목을 기입하여 리스트하였다. 이는 도서관의 재고목록이면서 한편으로는 이용자의 요구를 고려한 목록이라는 점에서 검색목록을 제기한 목록이기도 한다.

이 목록에 사용된 주제와 형식표목은 다음과 같다.

도서관(Bibliotheca)	격정(Passionalia)
설교(Homilies)	성인의 생활(Lives of the Saints)
교령(Decretals)	법령(Rules)
서간(Epistles)	물리학(Physics)
역사(History)	논리학(Logic)
문법(Grammar)	싼타마리아의 서(Libri de Sancti Maria)

·「Registrum Librorum Angliae**종합목록**」[44]은 1250년부터 1296년에 걸쳐 영국에서 160개의 수도원도서관을 가지고 있는 Franciscan회파의 수도사 85명이 편찬한 일종의 종합목록이라는 점에서 중세목록 중 그 중요성을 인정받고 있는 목록이다.

이 목록은 크게 2부분으로 제1부는 183개의 수도원을 8개의 준관구로 나누고, 각각의 수도원명을 아라비아숫자 1에서 167까지, 그 사이에 로마숫자 I에서 XXVII까지를 추가 삽입한 고유번호를 주었다.[45] 183개 중에

44) 이 목록의 명칭은 'Registrum Anglie de libris doctorum et auctorum vetenum'이라는 목록으로 일명 'Registrum Librorum Angliae'라고도 한다.

45) 永嶺重敏, "中世の總合目錄とフランシスコ會: Registrum Catalogus," **圖書館界**, vol. 33, no. 5 (Jan. 1983): pp. 201-203.

는 Franciscan회파 외의 수도원도 포함되어 있었다.

1-19 London준관구의 수도원
19-36 Salisbury준관구의 수도원
37-63 Oxford준관구의 수도원
64-88 Cambridge준관구의 수도원
89-110 Bristol준관구의 수도원
(XIII-XXVII Bath--Farleigh Priory)

....

제2부는 94명의 저술가 저작을 수록하고 있다.[46] 목록의 편성방법은 저자명의 표목하에 저자 및 저작의 소장관의 번호를 기재하고 있다. 다음은 소장표시의 예이다.

Opera Seneca

De Beneficiis	163, 99, 82, 92, 109
De Clementia	163, 99, 82, 119, 109, 7
Tragedia	82

이 목록은 최초의 종합목록으로 영국 전역에 산재한 수도원도서관이 소장하고 있는 중요한 자료를 선별해서 함께 목록에 수록하기 위한 계획이다. 자료에 관한 사항은 간단히 소장일람의 형식으로 작성하였으나 끝내 완성을 보지는 못하였다. 그러나 이 목록이 가지는 중요성은 지금까

46) 어떤 자료에서는 183개의 소도원도서관에 있는 80인 이상의 저작을 수록하고 있다고 한다. (Thomas Kelly, **公共圖書館**, 原田勝, 常盤繁 譯 (東京大學出版部, 1983), p. 11).

지 하나의 도서관 소장목록의 개념을 탈피하여 교파에 소속한 전체 도서관의 소장목록을 시도하였다는 점이다. 이는 당시로서는 획기적인 발상이었고, 현재까지도 목록사에서 그 중요성을 인정받고 있다.

· Registrum 이후 발전된 종합목록은 「*Catalogus Scriptorum Ecclesia*」를 들 수 있다. 이 목록은 최근의 연구에서 14세기 Franciscan회파의 수도사 Henricusde Kierkestede에 의해 편찬되었음이 밝혀졌다.[47] 그러므로 이 목록의 작성 연도는 종래 1410년경에서 Henricusde가 수도사(carmarius)로 있었던 시기인 1350-1375년경으로 본다. Franciscan회파의 수도원에서는 학문을 중시하고 수도원의 장서를 수집하여 상호대차도 행하였다고 전해지고 있다. 이 목록은 191개의 수도원에 소장되어 있는 성직자 674명의 저작을 수록하고 있다. 목록에는 Registrum에 비해 수도원수와 사본의 수가 많이 수록되어 있지만 각 도서관의 번호부여는 Registrum을 답습하고 있다. 이 목록의 구성은 서문, 수록대상이 된 수도원도서관의 명단, 저자의 알파벳순 목록 및 그 저작과 소장관, 성서주석자의 목록으로 되어 있다. 목록의 편성은 Pinakes와 유사한 것으로 별달리 나타낼만한 특징은 없다.

· 14세기 대표적인 목록의 하나로 「Dover**의 목록**」을 들 수 있다. 이 목록은 영국 Dover에 있는 성마틴수도원(St. Martin's Priory)도서관의 목록으로 1389년에 동 수도원 참사(參事)인 John Wytefeld가 편찬한 「*The Catalog of the Saint Martin's Priory*」이다. 이 목록에는 총 450책의 사본물이 수록되어 있는데 이들 책에 합본되어 있는 1,636개의 사본을 각각 목록기술의 대상에

47) 永嶺重敏, p. 206: 지금까지는 Bury St. Edmunds의 수도사인 John Boston이 목록의 편찬자로 알려져 왔다.

포함시키고 있다. 목록의 배가는 배가기호에 따라 3가지로 배열하였는데, 첫째는 도서관인의 목록으로 소위 서가목록이다. 서가목록의 편성은 A-I까지 주제를 부여하여 서가에 알파벳순으로 배열하였다.[48)]

A: 성서, 성서주석	H: 논리학, 철학, 수사학
B: 격언집, 스콜라철학	의학, 연대기(역사), 물어
C-E: 설교집, 교의연구	I: 시, 어학, 사전학
F-G: 교회학, 시민법	

둘째는 각 권호의 리스트 속에 저작이 열거되게 한 것이다. 이는 첫째의 서사목록과 같은 형식에 부가하여 각 사본물의 내용형식을 취한 것이다. 이 기술법은 각 사본에 포함된 내용을 기술한 것으로 성Martin수도원도서관의 특징의 하나이기도 하다.

셋째는 권 호로 된 서명의 목록 위치를 고려한 알파벳순 색인으로 이루어져 있다. 이 목록은 성Martin수도원도서관이 소장하고 있는 전체 사본장서의 서명색인에 해당된다. 이와 같이 색인이 첨부된 목록은 중세목록에서 찾아볼 수 없는 방식이었다. 중세목록이 검색을 위한 것보다는 재산목록의 성격이 짙다는 것을 생각한다면 색인의 첨부는 중요한 특징의 하나가 아닐 수 없다.

이외에 1313-1331년에 주제명으로 제작한 Canterbury의 「Christchurch **목록**」, 1327년 주제에 저자목록을 가미한 「Exeter**대성당도서관의 목록**」, 1396년 서가의 위치에 따라 정리한 「Meaux**의 대수도원도서관의 목록**」

48) 澁川稚俊, p. 78.

등이 있다. 이렇게 14세기의 목록은 서가상 그 위치를 고정시키고, 폭넓은 주제에 의해서 정리한 일종의 재고목록의 성격이 강했다.

2.6. 15세기의 목록

이 시대 목록의 대표적인 것들은 1410년에서 1412년 사이에 작성된 유용한 분류목록의 하나인 「Amplonius Ratinck de Berka**의 개인도서관목록**」, 1418년 전통적인 주제에 의해서 정리된 Cambridge의 「Peterhouse**도서관목록**」, 1424년의 「Cambridge**대학도서관목록**」, 1481년 주제에 의해서 정리된 「Vatican**도서관목록**」, 1491-1497년에 걸쳐 소재목록과 알파벳순목록으로 작성된 Canterbury의 「St. Augustine**수도원도서관목록**」 등을 들 수 있다.

· 「St. Augustine**수도원도서관목록**」은 활자인쇄기술이 발명되고 작성된 목록이란 점과 중세에서 근세로 전환하는 시기의 목록이란 점에서 그 의의가 크다. 이 목록은 등록대장, 알파벳순색인, 목록의 본체로 편성되어 있다. 등록대장은 오늘날 사용되고 있는 도서원부나 등록대장과는 여러 가지 점에서 차이가 있지만 기능적으로 목록에 수록되어 있는 자료의 소재를 알려준다는 의미에서는 유사성이 있다. 색인은 목록의 본체에 수록되어 있는 사본의 서명색인으로 되어 있고, 목록본체는 분류목록으로 중세의 목록법에 의하고 있으나 다른 점이 있다면 참조기입을 하고 있는 것이다. 그래서 이 목록은 중세도서관의 목록을 완전히 포함하고 있는 목록이라 할 수 있다.

특히 15세기는 도서와 도서관의 역사상 가장 중요한 변화가 있었다. 그 하나는 서사에 있어서 새로운 방법의 개발이고, 또 하나는 인쇄술의 발명이었다. 활자에 의한 인쇄기술은 자료생산, 서지, 자료유통 등에 많은 변화를 가져왔고, 특히 도서관의 기능에 변화를 가져왔다. 활자인쇄기술이 발전되므로 서사방법에 비해 저작의 생산성이 높아지고, 용지와 기록매체 등 원재료의 개량으로 안정된 가격에 의한 자료생산이 가능해지게 되었다. 또한 인쇄본의 급속한 보급은 사본 생산에 타격을 주어 생산을 중단하게 만들었다. 사본물에 의존하였던 도서관에도 인쇄본의 대량생산과 유통으로 장서 수집을 확대하게 되었고, 도서관의 장서량의 증가는 시설확장은 물론 도서관 운용을 재편하게 하였다.

목록의 특징은 활판인쇄술에 의해서 서지와 목록을 작성한 것이다. 이 목록법은 재산관리를 위한 것뿐 아니라 서고관리의 측면도 함께 하는 기법으로 전개되었다. 1450년 독일의 Johannes Gutenberg가 인쇄방법과 기계를 발명하게 됨으로써 그때까지 왕족, 귀족, 수도원 등 특수층의 소유물적인 재산목록 성격을 가진 사본목록에서 급격히 증가되고 보급되는 인쇄도서의 유통에 의한 정보제공 위주의 인쇄목록으로 전환이 시작된 것이다. 이렇게 지금까지 폐쇄적이고 전통적인 재산관리의 의미에서 대량화되는 도서관장서와 다양화되는 도서의 내용, 장정, 크기 등으로 서지적인 조직이 통일될 수 있는 방향으로 구체화되어 갔다.

3. 검색목록시대

16세기 중엽 종교개혁시대는 많은 도서가 이단(異端)으로 비난을 받아 수도원과 대성당 그리고 교회의 도서관이 파괴되고 장서가 산일되었다. 그러나 이와 같은 파괴활동에도 몇몇 도서관과 개인수집가의 노력으로 소수이기는 하나 자료가 수집되게 되었고 이렇게 수집된 개인장서는 후에 대도서관이나 국가도서관 설립의 기초가 되어 도서관의 명맥을 이어지게 하였다.

Gutenberg의 인쇄술 발명으로 Mainz읍은 인쇄술이 성행한 대표적인 도시가 되었다. 그러나 1462년 사교관구(司敎管區)를 둘러싼 분쟁의 결과로 이곳의 인쇄산업은 붕괴되었고, 이로 인해 공장에서 훈련된 인쇄인들은 유럽 각지로 흩어져 인쇄업을 보급하게 되었다. 1471년경에는 독일, 오스트리아, 스위스, 화란 등 13개 도시에, 1480년경에는 유럽제국의 주요도시에, 1500년경에는 지방도시에까지 확산[49]되어 1,700대 이상의 인쇄기가 300개 이상의 도시에서 가동되고 있었다. 생산된 인쇄물은 40,000종류 이상, 매수로는 15,000,000매 이상에 달했다고 한다. 이러한 인쇄술의 보급은 도서의 대량생산시대를 열었고, 학술기관인 대학의 발전과 도서관의 증가는 지금까지 그 명맥을 이어온 수도원도서관으로부터 대학이나 개인장서로 확산되었다.

이 시대의 특징은 인쇄물의 증가로 인한 고전적인 서지조직의 붕괴, 생산된 서적의 보급을 위한 서적상들의 역할증대, 서적의 일반화에 따른 독서인구의 증가, 지배층의 권위를 위한 서적의 재산적 희소가치의 상실 등을 들 수 있다.

이로 인해 목록도 양적인 증대와 시대적인 변화에 따라 자료의 수집과

---

49) L. Febvre and J. J. Martin, *The Coming of the Book: The Impace of Printing*, trans. by D. Gerard, ed. by G. Nowel-Smith and D. Wooton (London: NLB., 1976), pp. 167-197.

이용, 보존을 위해 계통적이고 조직적인 방향으로 발전하게 되어, 재산목록인 주제, 서가에 의한 배열에서 자료의 검색을 위한 저자색인의 이용으로, 검색 중시의 목록으로 전환된 것이다.

이 시대의 대표적인 서지와 목록을 열거해 보면

3.1. Tritheim의 서지

Johannes Tritheim(또는 Trithemius 1462-1516)은 프러시아의 Sponheim에 있는 Benedicto수도회의 수도원 원장으로 Sponheim에 도서관을 설립하고, 1494년에 「*The Liber de Scriptoribus Ecclesiasticis*」[50]라는 서지를 편찬하였다. 이 서지는 성서에 관한 저작들이 주로 열거되어 있으며 가톨릭성직자 약 1,000명의 저작 7,000점에 대한 자료의 알파벳순 색인을 가진, 연대순에 의한 인쇄본 서지이다.[51] 서명 중의 'ecclesiastic'은 성직자라는 의미이지만 주제는 종교, 신학관계에 한정하지 않고 대수학(de arithmatica), 음악론(de musica), 유크리트기하학(in geometria Euclidis) 등이 수록되어 있다.

서지의 기술내용은 저자의 약전과 저작의 간단한 리스트로, 서지의 본체와 색인으로 구성되어 있는데 본문은 저자의 연대순으로 배열하고, 권두에 저자의 세례명(christian name)을 알파벳순색인으로 첨부하였다.

이 서지는 중세목록의 특징인 문헌해제의 형식과는 달리 아주 정교한 기법으로 검색목록의 개념을 실천하고 있어 Tritheim를 근세 조직서지(systematic bibliography)의 창시자로 불리게 했다.[52]

---

50) 澁川稚俊, p. 106, 108.

51) *The New Encyclopaedia Britannica*, v. 20: p. 641.

52) J. Thrithemius, *Liber de Scriptoribus Ecclesiasticis*, Basilea, Sept. 1494를 澁川稚俊, 109에서 재인용.

이 서지에 나타난 특징은 첫째 부출기입의 개념을 처음으로 도입하여 검색을 이중으로 가능하게 하였고, 둘째는 서지의 체제에 관한 원리를 확립하여 목록으로 주제와 관련된 저작을 함께 한 점 등 크게 두 가지로 생각할 수 있다.

16세기 대표적인 목록학자는 Gesner, Treflerus, Maunsell의 3계보를 들고 있다.

3.2. Gesner의 세계서지

Konrad(Conrad) Gesner(1516-1565)는 스위스 물리학자로 「*Bibliotheca Universalis sive Catalogus Omnium Scriptorum*」이라는 서지를 발간하였다. 이를 축약해서 「*Bibliotheca Universalis*」 즉 「**세계서지**」로 번역하고 있다. Gesner는 이 서지를 통해 전술한 Tritheim이 창시한 조직서지(systematic bibliography)의 기법을 완성하고 서지를 과학적으로 발전시킨 사람으로 서지의 아버지로 불려지게 되었다.

이 서지는 당시로서는 최대의 자료 리스트로서 어느 도서관의 장서목록도 이를 추종할 수 없는 규모의 자료 리스트로 수년에 걸쳐 2편으로 발간한 것이다.

제1편은 1545년에 발간한 것으로 서지의 구성은 본체를 저자명의 Christian name을 알파벳순으로 배열하고, 권두에 Christian name 이외의 부분으로 검색할 수 있도록 참조리스트를 두었다. 서지는 저자에 대한 국제적인 인명사전으로서 저자명을 알파벳순으로 기재하고, 주제명색인을 포함하고 있으며 각 저자에 대한 간단한 전기와 이들의 저작에 대한 해제를 수록하고 있다. 내용은 3,000명의 저자명과 15,000종의 저작이

수록되어 있으며, Latin, Greek, Hebrew의 저자명목록을 포괄하고 있다.

제2편은 제1편의 자매편으로 「**총람**(*Pandectarum* 또는 *Pandectarum sive Partitionum Universalium*)」이라는 명칭으로 1548-1549년에 발간된 서지이다. Gesner는 Bibliotheca에 수록된 자료를 21개의 주제구분으로 편성하여 각 부분별로 저서를 모아 출간할 것을 계획하고, 1548년에 19개의 주제부문에 대해 「*Pandectae*」라는 명칭으로 발간하고, 1549년에 21번째의 신학부문을 「*Partitiones*」라는 명칭으로 발간하였으나 20번째의 의학부문은 출간하지 못하였다.

이 서지의 본체는 분류에 의해 편성하고, 세 구분된 주제명의 알파벳순 색인이 붙어 있다. 서지에 나타난 표목의 수는 대충 2,500개에 달했고, 기술내용은 저자의 약력과 도서의 기술로 전술한 Tritheim의 서지에서와 당시 다른 서지에서 볼 수 없는 기법으로 전개하였다. 서지기법은 수록된 자료가 언제, 어디서, 누구에 의해 리스트되었는가 하는 출전, 인쇄본은 언제, 어디서, 누구에 의해서 간행되었는지 또는 자료의 면수, 크기까지 밝혔다. 그리고 사본은 소장도서관을 확인시켜주고 있다.[53)]

이 서지의 작성과정에서 나타난 제안은 첫째 자료의 소재를 표시함으로써 목록의 기능을 원활하게 한 점이다. 즉 자료의 서가기호를 부여함으로 목록사용을 편리하게 하였다. 둘째는 도서의 크기에 따라 소형본(小型本)은 'P', 통상형본은 'M'이라는 기호를 표시하였다.

이 서지의 목록 접근은

· 서가순 배열에 의한 도서의 색인

· 저자명의 전치기입에 의한 알파벳순 색인

53) R. Blum, *Bibliographia: An Inquiry into its Definition and Designation*, trans. by M. V. Rovette (Chicago: ALA., 1980), p. 15.

· 소재기호순에 의한 색인 등을 들 수 있다.

Gesner는 「*Bibliotheca Universalis*」를 발행한 이후 「*Epitome Bibliotheca Unibersalis*」라는 서명으로 1545년에 발간한 제1편의 보유판을 1551, 1555, 1557, 1583년에 각각 출판하였다.

3.3. Treflerus의 목록법 manual

Florianus(Florian) Treflerus는 Benedictor회파의 수도사로 1560년 독일 Augsburg에서 「*Methodus*」라는 목록법을 위한 편람을 간행하였다. 이 편람은 목록과 색인의 논리적인 조직에 관해 다음과 같이 5가지를 제안[54]하고 있다.

· 저자의 알파벳순 리스트

· 서가상의 자료 배열순 리스트

· 목록에 수록되어 있는 전체문헌의 분류순 리스트

· 목록에 수록되어 있는 전체문헌의 주제별 알파벳순 리스트

· 파본이나 이용 빈도가 낮은 장서로부터 별치되어 있는 자료 리스트

Treflerus가 제안한 목록은 저자, 주제로 검색이 가능하게 하고 주제는 체계적으로나, 어순으로 접근이 가능한 조건으로 구성되어야 한다는 것이다. 이와 같은 목록의 구성은 목록법에 관한 제안으로 서가목록(press-mark)을 만드는 것이다. 서가기호는 자료의 서가상의 위치를 결정하고 각 책에 고유의 내외적 요소가 서가기호결정에 기준이 되어야 한다고 주장하고 있다. 그는 서가기호는 자료의 내용(주제), 형태상의 특성(크기와 제본, 색상)에 의해 분석하고 이를 혼합시켜 서가기호를 부여할

54) 澁川稚俊, p. 120.

것을 제안하고 있다. 이 서가기호는 오늘날 청구기호의 원전으로 인식되고 있다.

자료의 크기를 대(大), 중(中), 소(小)로 나누어 대는 I(ingens), 중은 M(mediocris), 소는 P(parvus)의 알파벳문자를 부여하여 이 기호를 서가기호 구성의 최초기호로 하고, 두 번째 기호는 제본된 자료의 표지색상을 백(白), 적(赤), 흑(黑)으로 나누고 백은 A(albinus), 적은 R(rubeus), 흑은 N(nigricans)으로 3구분하였다. 그리고 최후의 기호는 시민법은 A, 교회법은 B, 철학은 L, 시가는 O … 등과 같이 자료의 서가상 분류구분을 알파벳문자로 부여하였다.

서가기호의 구성 예:

IRO → I: 대형　R: 적색표지　O: 시가

이 편람의 목록 접근은

· 저자명기입에 의한 도서의 알파벳순 목록
· 서가상 도서의 배열순에 의한 분류목록
· 도서관의 전체 도서내용의 주제순 색인 등을 들 수 있다.

3.4. Maunsell의 영어판간본목록

영국의 서적상 Andrew Maunsell이 1595년에 「*The First Part of the Catalogue of English Printed Books*」라는 목록을 편찬하였다. 이를 약칭으로 「*Catalogue of English Printed Books*」라고도 한다. 이는 일종의 출판물목록을 도입한 선구적인 의의를 가진 목록이다. 이 시대의 도서제조업자나 서적상들은 도서관이나 장서가들에게 새로운 도서의 정보를 제공해 주는 매개자로 학자도 포함되어 있었는데 Maunsell도 그 중의 한 사람이다.

목록의 내용은 영국인의 저작, 영국에서 출판된 도서, 영어로 번역된 도서, 영국에 대해서 쓴 도서 등을 대상으로 한 전국서지의 요건을 갖춘 목록이다. 이 목록은 3부로 나누어 제1부는 그리스도교 관계서지, 제2부는 과학, 기술관계서지, 제3부는 제1, 2부에 속하지 않은 인문, 사회관계 서지를 발간할 계획이었으나 제3부는 발간하지 못하였다.

목록의 편찬기법은 저자와 주제어를 혼합한 알파벳순으로 편성하였으며 배열어가 된 저자명은 전술한 서지들에서와는 달리 성(surname)을 기재하였다. 서지의 기술은 저자, 서명뿐 아니라 번역자, 인쇄자, 서적상, 발행자, 발행년, 크기 등이 포함되어 있어 본격적인 서지작성기법이 적용된 목록이다.

이 목록의 특징은

· 저자의 성을 전치시켜 성 아래 하선을 하고 이것으로 배열한 점
· 서명 중의 주제와 역자로부터 기입한 점
· 무저자명도서는 서명이나 주제로 기입한 점
· 참조방법을 용이하게 기본기입에 채용한 점 등을 들 수 있다.

이 목록은 이후 영국에서 발행된 많은 유사한 종류의 판매목록 작성에 영향을 끼쳤다.

3.5. 표제지(標題紙)

목록의 역사에서 중요한 사실은 16세기부터 서양에서 나타나기 시작한 표제지이다. 표제지는 활판인쇄술의 보급으로 증가된 인쇄물의 검색목록작성에 중요한 계기가 되었다. 표제지가 없었던 시대는 기입의 일관성 문제로 식별에 어려움이 있었으나 표제지의 출현으로 이러한 난제를

해결할 수 있었을 뿐 아니라 현재와 같은 목록작성의 표준화에도 기여할 수 있게 되었다.

인쇄술이 발명되기 이전 수사재료인 양피지, 독피지(犢皮紙), 종이 등이 고가였기 때문에 1매를 표제지로 활용하기는 어려운 실정이었다. 그래서 오늘날 표제지에 포함되는 사항을 사본의 본문이 시작되는 최초면 즉 본문의 앞 몇 행으로 기재하였다. 이것은 시작의 뜻을 가진 Incipit, Cy Commence 등과 유사한 언어(낱말)로 시작하고 다음에 자료에 관한 기술과 저자의 이름을 추가했다.[55] 그래서 Incipit에 시작하는 몇 행은 본문과 구별되게 하기 위하여 붉은 색으로 수사하기도 하였다. 이것이 표제지의 역할을 했다. 물론 사본을 제본하였을 때는 표지 위나 책등에 간단한 서명을 기재한 부전지를 붙이거나 스탬프형식으로 찍었다. 사본 중에는 독립된 표제지를 가진 것도 있는데 제일 오래된 것으로는 9세기경 프랑스의 「*Codex*[56] *Aureus*」라는 이름으로 알려진 황금본 성서사본이다. 그 외의 것은 15세기 이탈리아에서 제작된 것이 많다. 이들은 중앙에 서명을 기입하고 그 주위를 우아하게 장식한 것으로 실용적인 의미에서보다는 공예적인 요소를 더 많이 지니고 있었다.

인쇄술이 발명될 당시의 인쇄자들은 간본의 모형(model)을 수사본에서와 같이 본문을 흑색 잉크로 인쇄하고 본문의 제1면 윗난(上欄)에 몇 행을

55) 河合忠信, "「Title Page」 雜考," **仙田正雄教授古稀紀念 圖書資料論集** (天理: 仙田正雄教授古稀紀念, 1970), p. 60.

56) Codex: Latin어 Caudex 혹은 trunk of a tree(나무의 줄기)에서 온 말이다. 고대 로마시대 특히 초기의 Codex의 형태는 나무나 상아의 얇은 판을 둘로 접은 기록판이었다. 이러한 뜻에서 Codex는 사본을 말하는 것으로 현재의 도서형식으로 된 책자본을 말한다. (Emer D. Johnson, *A History of Libraries in the Western World* (New York: The Scarecrow Press, 1965), p. 16).

공란으로 두고 인쇄가 끝난 다음 소위 Incipit에 시작되는 기록을 수사본에서와 같이 붉은 색으로 수사했다. 이것이 후에는 수사하는 대신 붉은 색으로 인쇄했다.

제본된 책은 본문에 대한 오손을 막기 위해 백지를 두고 두 번째 장에 본문을 인쇄했다. 후에 이 백지 위에 자료의 서명과 저자명을 간단히 기재하여 판매자와 구입자에게 책을 소개하는 것을 보다 편리하게 하였다. 이렇게 나타난 간략표제(label title)는 15세기말 전 유럽으로 보급되었고, 간략표제에는 점차로 인쇄자명, 간년, 간행지명 등의 상세한 사항이 가해졌다. 이렇게 표제지의 형식을 갖춘 도서가 나타나게 되었는데 1463년 Mainz의 Johann Fust와 Peter Schoeffer가 인쇄한 「**교황** Pius 2**세의 대교서**(大敎書: *Papal Bull of Pius II*)」와 1470년 케룬의 Arnold the Hoernen이 인쇄한 Rolewinck의 설교본인 「**속인설화**(**俗人說話**: *Sermoad Papulen*)」가 최초로 표제지의 형식을 취한 것이라고 한다.[57] 그러나 Andrew Osborn은 1476년 E. Ratdolt가 「*Calendaric*」라는 달력을 인쇄했을 때 동일 면(面) 위에 서명과 출판사항을 인쇄한 것을 표제지의 최초의 것으로 보고 있다. 1485년경부터 파리의 출판자는 간략표제 아래 공백을 이용하여 출판자마크, 출판자명, 출판자주소를 인쇄하였고, 1500년에는 라이프찌히(Leipzig)에서 W. Stökel이 표제(Titel), 저작자(Verfasser), 발행지(Druckort), 발행자(Verlager), 발행년(Erscheinungsjahr) 등이 수록된 표제지를 갖춘 도서를 제작했다.[58] 이렇게 해서 1500년에 간행된 도서에는 오늘날에 가까운 표제지가 나타나게 되었다.

---

57) Roy Stokes, **西洋の物語**, 高野影 譯 (東京: 雄松堂書店, 1977), p. 29.

58) Karl Löffler, *Einführung in die Kalalogkunde* (2, Aufl. Anton Hiersemann, 1956), pp. 29-30.

이때의 표제지는 불완전한 것으로 서명은 라틴어를 주로 사용하였고, 라틴어 이외의 언어는 라틴어로 번역하여 인쇄하였다. 현대적인 의미의 표제지가 지니고 있는 저자명, 서명, 인쇄사항 등 서지적으로 필요한 보다 완전한 사항이 표시된 표제지가 나타난 것은 18세기에 들어와서이다.

표제지의 출현은 검색목록(finding list)시대의 도서정리와 그 내용에 급속한 변화를 가져오게 하였고 현대와 같은 기계목록의 시대적인 발전에 새로운 기술의 통일을 가져오게 하였다.

3.6. Bodleian도서관의 목록

Bodleian도서관은 현재 Oxford대학도서관의 전신으로 Sir Thomas Bodley(1544-1612)[59]의 도서관 재건에 대한 기여의 보답으로 붙여진 이름이다. 1598년 2월 23일 Bodley는 Oxford대학 부총장에게 1549년에 완전히 파괴된 대학도서관의 수리와 책의 수집을 약속하는 내용을 편지로 제안하였고, Bodley는 공직에서 은퇴한 후 그가 그때까지 얻은 재산과 경험을 도서수집에 전념하여 약 20,000권의 장서로 1602년에 Oxford대학에 Bodleian도서관이 개관되게 되었고, 최초의 도서관인으로 Thomas James가 임명되었다.

Bodley의 도서수집에 대한 노력은 1610년 영국출판협회(Stationers'

---

59) Sir Thomas Bodley(1544-1612)는 12살 때 신교도인 부친을 따라 Geneva로 이주했다가 Marry여왕의 사망을 기회로 영국에 다시 돌아왔다. 1576년 Oxford대학을 나와 유럽을 여행하고 역사와 정치연구에 특별한 관심을 보였다. 1585년 Elizabeth여왕의 안내관(Gentlemen usher)이 되고 얼마 있지 않아 덴마크대사가 되었으며, 1588년에는 United Provinces의 대사가 되었다. 공직에서 물러난 후 도서관의 건설에 전념하였고 특히 자신이 배우고 가르친 바 있는 Oxford대학도서관을 위해 많은 양의 장서를 수집하고 이를 정리하였다.

Company)에 가맹하고 있는 출판사가 발행한 출판물을 Bodleian도서관에 기증하는 협정을 체결한 것이다. 이 협정은 오늘날 납본제도의 단서로서 Bodleian도서관이 획득한 하나의 권리이고, 지금도 영국의 납본도서관의 하나로 되어있다. 그리고 이 도서관의 재건에 찬동하는 많은 사람들의 도서기증으로 장서수가 급격히 증가하게 되었고, 이로 인해 목록편찬의 필요를 자극하게 되었다. 여기에 Bodley의 열람봉사에 대한 관심은 폐쇄적인 Oxford도서관을 대학생에 한해 무료로 매일 5시간씩 문을 열어줄 정도로 열성적이었다.

이 도서관은 7개의 목록을 발간하였는데 ① 1602년에서 1604년까지 Bodley와 James가 편찬한 「**최초의 수고목록**(手稿目錄)」, ② 1605년에 James가 편찬한 최초의 인쇄책자목록인 「*Catalogus Librorum Bibliothecae*」, ③ 1612에서 1613까지 James가 편찬한 수고(手稿)에 의한 최초의 저자명목록, ④ 1620년에 Bodley와 James가 편찬한 두 번째의 인쇄책자목록 「*Catalogus Universalis Librorum*」, ⑤ 1635년 「*Catalogus Universalis Librorum*」의 보유판, ⑥ 1674년 Thomas Hyde가 편찬한 사본목록인 「*Catalogus Impressorum Librorum Bibliothecae Bodleianae*」, ⑦ 1697년에 발간된 사본목록인 「*Catalog Librorum Manuscriptorum*」을 들 수 있다.

최초 Bodleian도서관의 목록은 Bodley와 James간에 편성에 약간의 이견이 있었다. Bodley는 장서점검의 편리와 자료 구입 때 중복조사의 효과를 위해 교과(敎科)의 분류목록 하에 저자명의 완전한 알파벳순배열을 생각하였고, James는 서고관리(stock control)의 관점에서 자료의 4교과의 각 구분에 다시 도서의 크기에 따른 수입순으로 서가상에 배열되어 있는 순서대로 편성한 서가목록을 생각하고 있었다. 최종합의는 서가목록에 저자색인을 완전형으로 부가하는 방법으로 작성하게 되었다.

1605년 Bodleian도서관의 최초의 인쇄책자목록은 최초 수고목록의 편성법에 의한 서가목록에 기초한 분류목록형식으로 간행되었다. 그러나 이후에는 저자명목록을 중심으로 목록법을 전개시켰다. 그래서 1612년 이후에 발간된 목록에서는 Bodley와 James간의 견해에 차이가 없이 저자명목록으로 간행하였다. James는 1620년 「*Catalogus Universalis Librorum*」의 서문에서 도서를 정확히 분류한다는 것이 곤란하고, 한 저자의 많은 저작을 그 내용에 따라 세분하면 그 저자의 저작이 함께 집합되지 않기 때문에 분류목록에서 저자명목록으로 변경한 것에 대한 그의 견해를 밝히고 있다.

다음은 이들 목록 중 대표적인 목록을 상술하였다.

(1) 1605년 6월에 발간된 최초인쇄책자목록은 간본과 수사본을 포함한 유럽 최초의 일반적인 인쇄목록이다. 이 목록은 Bodley의 기획과 지시 아래 James가 편찬한 공동의 작품으로 약2,000개의 간본과 사본의 서명이 수록되어 있고, 부록 230면을 포함해서 425면이나 되는 서가목록이다. 이 목록은 학문적인 이론을 근거로 ① 논리학, ② 의학, ③ 법학, ④ 예술 등 4개로 구분하고, 동일 구분 내에서는 저자명을 알파벳순으로 편성하여 해설을 포함하고 있다. 이렇게 작성된 목록은 Walse의 왕에게 헌사되었다.

이 목록의 특징은

① 기입을 표제지의 전사로 끝내지 않고 종종 그 범위를 다채롭게 하였다.

② 익명의 작품은 가장 인상적인 표제어나 표제의 처음단어 아래에 기입하였다.

③ 표제에 사용된 저자의 성이나 그 이름이 머리글자로만 사용된 것은 익명과 동일하게 취급하였다.

④ 저자명부터 기재하고 성은 뒤에 기재하였다.

⑤ 판에 관한 사항은 무시하였다.

(2) 1620년의 Bodleian도서관목록은 최초로 저자명과 서명을 알파벳순으로 정리한 목록이고, 최초로 일반을 위한 도서관목록으로 개인이나 공공기관에 판매되었다.[60] 이 목록은 인쇄본과 수사본을 포함해서 16,000개의 서명이 수록된 529면으로 된 목록이고, Walse왕에게 보내는 헌사가 수록되어 있다.

이 목록의 특징은

① 저자의 이름을 서명과 구별되게 이탤릭체나 대문자로 인쇄하였다.

② 세례명(christian name)에 의한 저자명을 기재하였다.

③ 무저자명 저작은 서명의 처음 문자나 서명을 잘 나타낸 문자인 주제어가 있을 때는 요어(catch word) 아래 기입했다.

④ 다수저자에 의한 도서는 각각의 저자명 아래 기입하였다.

⑤ 참조목록을 만들었다.

(3) 1674년에 발간된 Bodleian도서관목록은 1659년부터 1701까지 도서관인으로 재직한 Thomas Hyde에 의해 편찬되었다. 이 목록은 두 부분으로 나누어 간행되었는데 첫째 부분은 478면, 둘째 부분은 272면으로 1605년판에 비해 많은 장점을 가진 목록으로 일반인의 이용을 위해 직접 또는 서점을 통해 판매되었다. 이 목록은 저자명에 의한 기본기입(main entry)

---

60) 이 목록의 가격은 매년 차이가 있었는데 1621년 개인에게는 2s.8d. 서적상에게는 2s.6d였고, 1624년에는 ￡12.1s.10d, 1625년에는 ￡10, 1628년에는 ￡4.11s.6d였다.

의 개념을 명확히 하고, 서문에서 최초로 세부적인 목록작성 지침을 기술하고 있다.61)

① 저자명이 있는 작품은 저자의 성 아래 기입한다.

② 저자명은 이탤릭체나 대문자로 세례명부터 기재한다.

③ 저자명이 이름(forename)만의 경우는 그것을 표목으로 한다.

④ 저작이 공저인 경우는 중요한 저자명 아래 기입하고 그 외의 저자명은 참조한다.

⑤ 번역서는 원저자명으로 기입하고 번역자를 참조한다.

⑥ 전기, 기타 인물의 연구는 그 저자를 기입하고 피전자는 참조한다.

⑦ 무저자명 저작은 그 주제를 표시하는 어구의 라틴어 하에 기입한다.

⑧ 익명의 저작은 본명으로 하고 본명이 불분명할 때는 익명으로 표목한다.

⑨ 사전이나 성서는 그 특징을 표시하는 단어를 표목으로 한다. 성서는 BIBLE, 사전은 LEXICON을 표목으로 한다.

⑩ 주제명표목을 위해서 라틴어형을 사용한다.

이 목록의 현대 목록에의 접근은

① 저자명을 성부터 기입

② 통일표목의 사용

③ 문헌단위의 집중시도

④ 무저자명도서의 형식과 표목의 기입

---

61) Carolyn O. Frost, "The Bodleian catalogs of 1674 and 1738: An Examination in the Light of Modern Cataloging Theory," *Library Quarterly*, vol. 46, no. 3 (1976): p. 248.

⑤ 기본기입개념을 명확히 한 것 등을 들 수 있다.

Bodleian도서관의 목록기술은 사본의 경우는 중세의 다른 목록의 기술법과 유사하지만 간본의 기술은 별개의 형식으로 저자명, 표제, 발행지, 발행년, 판형, 서가기호(press-mark) 등을 기술한 저자명목록을 채용한 기입법이라는 새로운 기법으로 전개하였다.

Bodleian도서관의 목록은 16세기 가장 대표적인 목록으로 중세의 재산목록에서 검색을 위한 열람목록으로 전환하는데 선구적인 역할을 한 목록이고, Dewey의 십진분류법의 창안에 크게 영향을 미치었으며, 이후 대영박물관 장서목록, 영국, 그리고 유럽의 여러 장서목록 작성에 큰 영향을 끼쳤다. 그리고 오늘날 서양목록에서 채용되고 있는 저자명기본기입의 근원이 되기도 하였다.

3.7. Naudé와 Dury의 제안

1) Naudé의 제안

Gabriel Naudé(1600-1653)는 17세기 프랑스에서 활동한 도서관학자이며, 저명한 애서가이다. 파리대학에서 의학을 전공했으나 평생을 도서관사서로 활동하였다. 그는 Gardinal Mazarin도서관을 비롯한 유럽의 사설도서관의 도서관인으로서 훌륭한 경력을 가진 인물로 그가 경영하는 도서관을 통해 선각자적인 지도력을 발휘하였다. Naudé는 프랑스에서 1627년에 도서관 사상과 운영의 일반적인 원리를 체계적으로 논의한 「*Advis pour dresser une bibliotheque*(도서관설립법)」[62)]을 저술하였는데 이 책이 도서관

62) Gabriel Naudé, *Advis pour dresser une bibliotheque* (2nd ed. Paris: Rolet Le Duc, 1644), 164 p. 영문으로는 Instructions concerning erecting of a library이다.

역사상 최초의 이론서로 그 후 유럽대륙과 영국, 미국의 도서관계와 학자들에게 많은 영향을 끼쳤다. 이런 영향으로 Naudé는 도서관이론의 사실상 창시자로 알려져 있다. 이 책은 도서관학이 인류의 역사 속에서 발전하여 온 과정, 도서관 설립의 동기, 운영방법, 문헌수집과 축적, 정리기술, 설비, 비품 등 도서관설립과 운영 전반에 대한 것을 논하고 있다. 특히 도서관설립과 운영법에 관한 제안에서는 체계적인 자료 정리를 논하였고, 또한 모든 지식을 학자들에게 공개할 것을 역설하고 있다.[63] 자료의 공개에 대한 그의 사상은 전 인류의 문화재 보존은 당연히 모든 사람을 위한 시설이 되어야 하기 때문에 개인의 도서 소유로 인한 이용의 불편이 없도록 하기 위해 사립도서관의 설립을 억제해야 한다고 주장했다.

Naudé는 체계적인 자료정리를 위해 분류법[64]을 만들고, 검색도구로서 목록의 중요성을 강조하였으며, 주제명목록의 비치를 권장하였다. 그리고 이용방법으로 개가제, 관외대출, 정보봉사 등을 역설하였다. 이 중 목록에 관한 부분을 소개하면 다음과 같다.

① 새롭게 도서관을 설립할 때는 우선 다른 도서관의 것을 참조하는 것이 최초에 생각해야 할 방책이다. 이 경우 기존의 도서관이 참고가 되는지 어떤지를 결정하는 것이 제일의 것이다. 그 도서관이 목록을 가지고 있는지, 또한 그 도서관이 바르게 운영되고 있는지를 알고, 그 목록을 입수하면 그 도서관이 무엇을 소장하고 있는 지를 안다. 이러한 일은 대단히 중요하다. 그것을 알면 그 도서관이 어떤 점에서 참고가 되는지를

63) *The New Encyclopaedia Britanica*, v. 22: p. 971

64) Naudé는 분류를 12개로 구분하였다. ① 신학, ② 의학, ③ 서지학, ④ 연대학, ⑤ 지리학, ⑥ 역사학, ⑦ 군사학, ⑧ 법률학, ⑨ 종교, ⑩ 철학, ⑪ 정치학, ⑫ 문학 (*The New Encyclopaedia Britanica* (15th ed. Chicago: Encyclopaedia Britanica, Inc., 1988), v. 22: p. 561).

확실히 안다.

② 목록에는 그 도서관에 어떤 자료가 있고, 그것은 언제 어디에서 출판되었는가. 어떤 형태, 크기 등이 확실히 기재되어 있지 않으면 안 된다.

③ 새로운 도서관에는 될 수 있는 한 많은 다른 도서관의 목록을 입수해서 독자가 요구하는 도서가 혹시 그 도서관에 없어도 그것이 다른 도서관에 소장되어 있는가를 조사해서 독자에게 전하는 방법도 있다.

이상과 같이 목록에 관해 3가지를 제안하고 있는 것을 보면 그는 당시 목록에 관한 기능을 충분히 이해하고 있었음을 알 수 있고, 도서관은 목록이 반드시 비치되어야 한다는 필연성을 제시하고 있으며, 한 걸음 더 나아가 자관의 목록으로 만족하지 않고 이용자의 요구를 보다 폭 넓게 수용하기 위해 타관의 자료 소장에 대한 정보까지 제공하는 목록의 이용 확대를 제안하고 있다.

이렇게 Naudé는 목록이 서지통정의 중요한 도구로서 도서관에 반드시 비치해야 하는 기본적인 사항임을 분명히 하고 있다.

2) Dury의 제안

John Dury(Durie: 1596-1680)는 Naudé와 거의 동시대 사람으로 Naudé의 사상을 최초로 계승 발전시킨 사람이다. 그는 프랑스와 영국에서 수학했고, 독일에서 목사가 되었으나 영국에서 저명한 개인문고 도서관원으로 활동하였다. Dury는 1649년 영국왕실 소속 '기념패보존관 및 도서관'의 관리자가 되었고, 1650년 영국왕실도서관(Royal Library)의 도서관장 대리로 취임해서 그 해 도서관운영법에 관한 저서 「*Reformed Library Keeper* (진보적 도서관장)」을 발표했다. 이 저서에서 Dury는 도서관도 종래의 인습에서 벗어나 장서 이용을 대중에게 개방하고, 대중의 아낌과 지지를 받는 도서관이 되어야 한다. 책은 사람들의 인격을 높이고 학문을 깊게 하는 도구이며, 사서는 단지 책을 지키고 나르는 사람이 아니라 학문의 안내자요, 문화의 전달자요, 이용자와 책의 중개자이다. 왕실도서관도 국민에게 개방하는 것이 마땅하다고 역설하였다. 그는 도서관의 자료조직에 대한 것도 논술하고 있다. 목록에 관해 제안한 것을 간추려 보면 다음과 같다.

제1의 제안은 매년 계속 증가되는 장서에 대한 목록의 유지방법으로 수고목록을 작성하여 그 증가를 맞추어 나가는 것은 당연한 일이지만 그것을 적어도 3년마다 인쇄책자목록을 보유판으로 간행해야 한다. 이 제안은 목록정보의 신속한 제공을 위해 분명하고도 중요한 것이다. 그러나 그 시대에 있어서는 수고목록이나 인쇄책자목록으로 이를 충족하기에는 여러 가지 제약요건이 많았다. 특히 목록의 유지는 시간과 경비가 많이 들고, 방법에도 문제가 있었다. 카드목록 출현의 배경에는 이와 같은 제약요건을 해결하기 위한 하나의 방안에도 그 영향을 끼쳤다고 하겠다. 그러한 카드목록의 출현은 Dury의 이와 같은 제안이 있고도 250년 후에 나타났다.

제2의 제안은 목록의 대상이 되는 자료의 범위를 한정하는 것이다. 활자인쇄가 시작되어서 200년이 지났다. 그로 인해 자료의 종류가 다양하게 발행되었고, 출판물의 내용도 영속성을 가진 것에서부터 일시적인 것에 이르기까지 수록 범위가 확대되었다. 이러한 양적인 팽창에 대비하여 목록의 유지에 관한 문제를 해소하는 방법으로 Dury는 선택적 목록작업(selective cataloguing)을 제안하였다. 이 제안은 오늘날 목록작업에 영향을 미칠 뿐 아니라 자료의 수집에도 많은 영향을 미치고 있다. 그 당시 출판물의 증가는 목록작업을 원활히 하는 데 영향을 미칠 정도가 되기도 하였지만 이러한 생각은 그로부터 훨씬 후에 미국국회도서관이 제정한 제한목록작업(limited cataloguing)에도 나타나고 있다.

3.8. 18세기의 목록

1500년에서 1800년까지 300년 동안은 도서관을 포함한 도서의 세계에 있어서는 그 진전이 어느 때보다도 둔한 시대이고, 인쇄술이 가져온 급속한 변화에 적응한 이래 도서관의 기능, 봉사, 그리고 도서관의 수적인 증가에 이르는 모든 사항이 크게 둔한 시기이다.

18세기 출판물의 특색은 백과사전적인 저술활동이 많았다. 1728년 Ephraim Chambers의 2권으로 된 「*Cyclopedia*(백과사전)」, 1705년 파리에서 발간된 30권으로 된 「*Encyclopedia*(백과사전)」, 1771년 영국에서 발간된 「*Encyclopedia Britannica*(대영백과사전)」 등이 현대적인 형식의 알파벳순으로 편찬, 출판된 것들이다.

16-17세기가 선구적인 목록을 시도한 시대라면 18세기는 목록발전에 기초를 다지는 목록의 정착시대로 전후시대에 비해서 비교적 특색이 결여된 목록시대이다.[65] 이 시대의 대표적인 목록사상은 독일에서 이용자를 위한 도서관의 서지와 목록, 상호대차 등에 관한 이론의 전개이다. 도서관학자 Leibniz[66]는 Wolfenbuttel도서관 사서로 재직하면서 저자명의

---

65) 志村尙夫, pp. 90-91.

66) Gottfried Wilhelm Leibniz(1646-1716)는 독일의 철학자, 신학자, 외교관으로 유명하다. 수년 동안 프랑스 왕실도서관(French Royal Library)에서 일해 왔고, 왕실도서관의 사서 겸 추밀고문관이 되어 1669년 Hanover로 돌아왔다. 수년 후 그는 Wolfenbuttel도서관의 사서가 되었다. 그는 장서의 구성은 일반적인 도서의 확보도 중요하지만 이에 못지않게 학술연구 중심의 장서가 되지 않으면 안 된다고 주장하고 또한 도서관의 가치를 장서수, 제본상태, 장서의 질과 이용도 등으로 평가하고 있다.

알파벳순 목록 이외에 주제별 목록 또는 색인, 출판날짜에 의한 연대순색인 등을 권장하고 있었다.[67]

이 시대의 대표적인 목록으로 French Code를 들 수 있다.

· French Code는 목록의 역사에서 목록규칙 표준화의 필요성을 가장 명확히 해 준 예의 하나이다. French Code는 프랑스혁명에 의해 나타난 목록에 관한 소산물이다. 프랑스혁명 중인 1789년 헌법제정의회는 수도원을 포함한 종교관계 제 기관의 국유화를 결정하고, 이들 기관이 소유하고 있는 시설, 비품 등의 재산에 대한 등록을 명령함에 따라 수도원 등이 소유한 서적도 국유재산으로 그 지역의 행정당국에 등록해야만 하였다. 이 명령에 의해 장서를 행정당국에 등록하기 위한 목록작성의 「지시서(*Instruction pour Proceder a'la confection du Catalogue*)」가 French Code이다. 이 지시서는 서지정보의 목록절차, 목록기술법, 서지편성법에 관한 수속과 그 순서가 기록되어 있다. 등록을 위한 목록작업은 프랑스 내의 많은 수도원들이 각자가 작성해야 하기 때문에 목록의 기록에서부터 처리에 이르기까지 상세하고 구체적인 지시가 필요하였다.

French Code에 의한 목록정보는 각 수도원에서 작성한 목록을 각 지역의 행정당국이 모아 파리로 보내어 수집한 것이다. French Code에서는 등록된 목록을 프랑스의 종합목록으로 발전시키기 위해 한 곳에 모으는 데는 지금까지 사용한 시트형에 의한 목록으로는 통일적인 편성이 곤란함을 인식하고, 목록정보를 작성하는 용지를 쪽지(card)로 할 것을 정하였다. 목록의 기술은 도서 1점에 관한 사항을 1매의 카드에 기록하여 집합

67) Johnson, p. 76.

된 목록정보의 조직과 처리를 편리하게 하고, 이것들을 함께 종합하여 배열하는 방법을 택하였다. French Code가 최초로 카드를 사용한 것은 아니지만 대량의 목록정보 조직과 처리를 위해 카드를 사용한 것은 최초의 예라 할 수 있다.

지시서 내용의 요약:

(1) 목록의 절차

① 목록기술은 서가상 자료가 진열되어 있는 순서, 즉 최상의 서가 좌단의 것에서부터 순서적으로 최하 우단에 이르기까지 목록하는 일

② 기술이 끝난 자료는 두꺼운 종이를 부치고, 서가상부에 고정하여 자료의 이동과 산일을 막는 일

③ 그 두꺼운 종이에는 서가의 최상 좌단에서부터 순차적으로 최하 우단까지 자료의 1점마다 1번호를 부여하는 일

(2) 목록기술법

① 목록기술에는 자료의 1점마다 1매의 카드를 사용하는 일

② 최초로 자료에 배가순 번호를 기입하는 일. 그것은 서가의 최상 좌단의 것에서부터 순차적으로 최하 우단에까지 같은 방법으로 번호를 부여한다.

③ 다음에 표제지상의 서명, 저자명, 발행지, 인쇄인 또한 발행사, 발행년, 형태적 특징에 대한 주기를 그 순서대로 기술하는 일

④ 저자명은 성에 하선(underline)을 하는 일

⑤ 무저자명의 저작에는 서명 중에서 요어(key word)를 선택하고, 그 어(語) 또는 어구(語句)에 하선(underline)을 하는 일

(3) 목록편성법

① 하선(underline)이 있는 어 또는 어구의 카드를 알파벳순으로 배열하는 일

② 그 카드를 파리의 루이도서관(Bibliotheque Rio: 후에 프랑스국립도서관이 됨)에 송부하는 일

③ 송부처, 즉 각종의 장서를 소유하고 있는 수도원, 이것과 유사한 기관에서는 파리에 보낸 자료목록을 리스트형으로 남겨두는 일

프랑스혁명정부의 수도원 등의 장서에 대한 국유화는 국립중앙도서관을 중심으로 국립도서관 설치와 불란서종합목록 편찬계획으로 발전하였다. 이렇게 종합목록 작성용으로 French Code에 의해 수집된 카드목록은 300만매에 달했다고 한다. French Code는 목록규칙이라기보다는 프랑스 국내의 종합목록작성을 위한 작업지침(manual)으로서 지시였기 때문에 규칙적인 측면에서는 최초의 것으로 볼 수 없지만 목록작업의 공동화라고 하는 새로운 측면을 목록법의 요건으로 제시하였다는 점에서 높이 평가되고 있다.

이 시대에 새로 시도된 목록으로는 하버드대학도서관의 「*Harvard Catalog* 1790년판」을 특별히 들 수 있다. 이 목록은 주제를 64개 부문으로 나누어 제1의 배열기준으로 하고 각각의 주제 아래에 제2의 배열을 알파벳순으로 배열한 목록이다.[68] 이 목록은 알파벳순분류목록(alphabetico-classed catalogue)의 구성을 그 특색으로 하고 있다. 이 배열방법은 1809년 Baltimore시의 도서관목록으로 채택되었고 후에 계속 보급되었다.

---

68) Jim Ranz, *The Printed Books Catalogue in American Libraries, 1723-1900* (Chicago: ALA., 1964), p. 25.

4. 근대도서관의 목록[69)]

4.1. Panizzi[70)]와 목록규칙

현대적인 목록규칙은 1841년 Panizzi의 대영박물관도서관[71)]목록규칙에서 비롯되고, 또한 세계 최초의 목록규칙이라는 점에서 도서관목록규칙의 효시가 되고 있다.

Panizzi가 목록규칙을 발행하기 이전의 대영박물관의 목록을 먼저 살펴

---

69) 근대도서관의 목록은 주로 책자형인쇄목록의 시대였고, 또한 목록작성을 위한 방법의 규칙화시대였다.

70) Anthony Panizzi의 본명은 Antonio Genescio Maria Panizzi이다. Pinizzi는 1797년 9월 16일에 이탈리아의 북쪽 Modena의 Duchy에 있는 작은 마을인 Brescello에서 출생하여, Parma대학을 졸업한 후 고향에서 변호사가 되어 법률가로 활동하였다. 당시 Duchy는 Austria의 지배 하에 있었기 때문에 국가와 자유를 위해 투쟁하는 비밀사회단체 일원으로 활동하다 1822년부터 정치범으로 외국에 망명하여 Switzerland에서 한 동안 생활하다가 1823년 영국으로 가서 1828-1837년까지 Liverpool에서 이탈리아어 교수로 생활하였다. 그리고 1828년에는 London대학의 이탈리아어과 교수가 되었으나 학생수의 감소와 보수관계로 교수를 포기하고, 1831년 대영박물관(British Museum) 간본부의 보조사서로 입관하였다. 당시 대영박물관은 1753년 의회법에 의해 설립되어 Panizzi가 직원으로 임명된 1831년까지 박물관의 표본, 책, 필사본 등의 제 자료를 잡다하게 수집하고 있었다. 그리고 1837년 간본부장(keeper of the Department of Printed Books), 1856년에는 관장(Principal Librarian)으로 임명되었고, 1866년 자신의 건강문제로 은퇴하여 1879년 4월 8일 London에서 사망하였다.
Arundell Esdaile는 "그는 British Museum의 역사에서 가장 창조적인 힘을 나타낸 인물이다"고 말하고, Albert Predeek는 "그는 도서관계에서 알려진 가장 위대한 입법자이다"고 말하였으며, Edward Miller는 그의 전기에서 "그는 지금까지 알려진 가장 위대한 도서관인 중의 도서관인이다"라고 칭송하고 있다.

71) 대영박물관은 왕실도서관의 장서를 중심으로 1753년에 설립되어 귀족의 개인장서, 박물, 고고자료 등을 구입 또는 기증으로 흡수 병합하여 영국의 박물관 겸 국립도서관으로서 크게 성장하였다. 도서관은 1773년 9월에 박물관과 분리되어 국립대출도서관(National Lending Library) 등 다른 국립의 도서관관련기관과 병합하여 오늘에는 영국도서관(British Library)으로 불리고 있다.

보면, 대영박물관의 최초 목록편찬계획은 1773년부터 시작하여 1785년까지 완성한 수고목록을 들 수 있다. 이 목록은 당시 소장하고 있는 사본과 간본의 1/3을 수록하고 있다. 간본의 2/3는 1787년에 2절판(folio)으로 된 2책의 인쇄책자목록으로 간행되었다. 최초의 인쇄목록은 Bodleian도서관의 1674년 목록과 같은 저자명목록이지만 저자명의 표기 즉 저자명표목을 라틴어로 하지 않고 영어로 기재하였다. 기술법도 Bodleian도서관의 기법과 대부분 동일하지만 이 목록은 분류부호(press-mark)가 기재되어 있지 않다는 차이가 있다. 장서의 급증에 따른 두 번째 목록편찬작업이 1807년부터 시작되어 1813년부터 1819년에 걸쳐 7책의 인쇄책자목록을 간행하였고, 1826년부터는 분류목록의 편찬을 단행하였으나 거액의 경비와 시간에 쫓겨 완성을 보지 못하였다. 1753년 도서관이 설립된 이래 저작권법에 의한 납본과 장서의 구입과 기증으로 단기간에 많은 장서가 증가되었다. 그간 1813-1819년에 간행된 목록을 기초한 증가된 자료의 사무용목록을 작성하고 있었지만 자료의 급증으로 목록유지 자체가 위기에 직면하고 있었다. 이때 Panizzi가 대영박물관 간본부에 근무하게 되었다.

이렇게 대영박물관에는 1826년부터 Thomas Hartwell Horne에 의해 분류목록이 2/3(163점)까지 진행되고 있었는데 1834년에 'The battle of rules'라는 목록규칙에 대한 논쟁으로 목록작성이 중단되게 되었다. 이는 분류목록을 지지하는 Horne을 중심한 E. Edwards, J. Millard와 저자명목록을 지지하는 Panizzi를 중심한 Sir H. Ellis 등과의 논쟁으로 결과는 Panizzi의 저자명목록이 받아들여졌다.

Panizzi는 1836년에 현행의 기본원칙에 대한 장문의 의견서를 상신하였으나 새로운 목록편찬 작업은 인간관계로 인해 Panizzi에게 맡겨지지 않았다. 그러나 1837년 간본부장이 된 Panizzi는 Thomas Watts, Edward Edwards, J. Winter Jones, John H. Parry 등과 새로운 목록규칙제정을 위한 위원회를 구성하고,[72] 1839년 79개조의 목록규칙을 이사회에 상정하여 1844년까지 전체의 장서목록을 완성한다는 것을 조건으로 인정을 받았다.

1841년 7월 앞부분에 91개안으로 된 목록규칙이 첨부된 장서목록 A부 제1권이 최초로 간행되었다. 1839년 79개조의 목록규칙은 이사회에 상정을 위한 초안으로 수서에 의한 것이고, 1841년에 장서목록 서두에 수록된 91조의 목록규칙은 장서목록작성과정에서 수정된 최초의 인쇄된 목록규칙이다. 장서목록은 관내의 여러 가지 사정으로 예정기일 내에 계획된 전부를 완성시키기는 불가능하였다.[73]

이 목록규칙의 정식명칭은 '목록편성규칙(Rules for the Compilation of Catalogue)'이나 속칭 'Panizzi의 91개 규칙(Ninety one Rules)'이라 명명한 것이 일반화되어 불리고 있다.

이 목록규칙의 특색은

① 저자명기본기입을 원칙으로 하고 서명기본기입을 가할 수 있는 목록이다.

② 최초의 조직적인 규칙으로 이후 목록법의 원리가 되었다.

③ 참조지시와 각 요소의 기술 순서 등을 다루고 있다.

④ 알파벳순으로 된 목록규칙이다.

⑤ 단체명을 기본기입으로 인정하고, 성서에 관한 통일표목을 인정하

---

72) Henry B. Wheatley, *How to Catalogue a Library* (2nd ed. London: Elliot Stork, 1889), chapter II에서 (영인본)

73) 丸山昭二郞, 井上哲也 共編, **洋書目錄** (東京: 日本圖協, 1970), p. 218.

고 있다.

⑥ 학술단체(academics), 연속간행물, 사전류, 출판 등을 인식하고 형식 표목을 사용하였다.

⑦ 무저자명 저작은 최초로 서명 중의 초어를 기입하였다.

⑧ 기입을 일정 크기의 쪽지(slip)에 기재하는 것을 정했다.

이 목록규칙은 저자명기본기입원칙을 일관되게 적용한 알파벳순목록(저자, 서명목록)과 주제명색인에 의한 목록제도의 구상에 많은 영향을 미치고 있다. 특히 미국의 Jewett와 Cutter목록규칙, 그리고 구미의 목록법 원리와 편성 규칙에 직접적으로 영향을 미쳐 영미목록규칙 발전의 모태가 되었다.

4.2. Jewett와 목록규칙

Charles Coffin Jewett(1816-1868)[74)]에 의해 목록규칙이 나타나기까지 미국의 목록사항을 보면 19세기 중엽까지 미국에는 모두 2,892개의 도서관이 있었는데 그 가운데 많은 도서관이 목록을 편찬간행하고 있었다. 인쇄

74) Charles Coffin Jewett는 1816년 8월 12일 Maine의 Lebanon에서 New England의 목사인 Paul Jewett의 아들로 태어났다. 1831년 Dartmouth College에 들어갔으나 곧 아버지의 모교인 Brown University로 전학하여 1835년에 졸업하고, Massachusetts에 있는 Uxbridge Academy에서 교훈자(preceptor)로 봉사했다. 그는 일찍 책과 서지에 흥미를 나타내어 Brown대학의 학생일 때 그의 동료인 William Lawton Brown과 함께 학생단체에 소속되어 수집된 책을 분류, 목록하여 정리하였다. 1837년 가을에 Andover Seminary에 들어가 사서 Oliver Alden Taylor가 「Catalogue of the Library of the Theological Seminary」라는 책을 저술하고 출판하는 일을 도운 결과로 Seminary의 대리사서(Acting librarian)로 임명되었다. 졸업 후 그는 Massachusetts의 Wrentham에 있는 Day's Academy의 장이 되었으나 수개월 후인 1841년 당시 25세의 나이로 Brown대학도서관의 최초의 전담사서(관장)가 되었다.

책자목록으로 최초의 것은 1723년 하버드대학도서관의 목록이다. 이 목록은 1605년에 편찬된 Bodleian도서관목록과 유사한 편성방법으로 3,562개의 자료를 분류 구분으로 하고, 분류 구분 이하는 저자명의 알파벳순배열로 편성한 분류목록이다. 그리고 1876년 미국독립100주년이 되는 해에는 전 미국에 1,010개나 되는 목록이 편찬 간행되었다고 한다. 이들 목록의 편성방법은 분류목록이 많았으나 19세기에 들어와서 사전체목록의 출현을 보게 되는 변화를 가져왔다. 이때의 사전체목록은 초보적인 것으로 저자와 서명을 혼합한 정도가 주종을 이루었고, 현대적인 기법의 사전체목록은 1876년 이후로 Cutter가 이의 선도적 역할을 하였다. 초기 미국에서는 저자, 서명이 목록기술의 기본 데이터로 기재되었다. 그러나 출판사항과 형태사항을 포함한 경우와 포함하지 않은 경우로 되어 있는 것으로 보아 표준적인 기술법이 있은 것 같지는 않다. Jewett의 등장은 미국목록의 표준화를 발전시키는 데 기여하였다.

1841년 공포된 대영박물관의 목록규칙에 영향을 받아 Jewett는 1843년에 「*A Catalogue of the Library of Brown University, in Providence, Rhode Island, with an Index of Subject*(Brown대학도서관장서목록)」를 알파벳순 저자명목록으로 간행하였다.[75] 이 목록이 1852년 프린트판으로 발행된 「*On the Construction Catalogues of Libraries*(도서관목록의 구성)」이라는 보고서가 구상의 기초가 되었다. 내용의 개요는 ① 전관의 장서를 분류 배열에 의하지 않고 알파벳순에 의해 배열한 목록이라는 점, ② 알파벳순 주제명색인을 중심으로 했다는 점이다. 이 규칙은 목록의 기술과 저자의 식별에 관심을 가지고 검색목록의 성격과 서지적인 참고도구에 관한 양자의 역할을 생

75) Eric J. Hunter, *Cataloging: A Guidebook* (Connecticut: Linnet Books & Clive Bingley, 1975), p. 55.

각했다. Jewett는 그간의 업적을 인정받아 1848년에는 Smithsonian협회[76]의 중견으로 추대되어 같은 해에 설립한 Smithsonian협회도서관의 관장으로 발탁되었다. 1850년 8월 16일 협회의 장관으로 있는 J. Henry교수의 주재로 당시 미국의 저명한 6명의 도서관장들[77]을 회원으로 미국의 공공도서관종합목록과 통일 목록규칙에 관해 토의할 수 있는 기회를 갖게 되었다. Jewett는 이곳에서 새로운 목록방침과 구체적인 규칙의 초안준비에 관한 그의 견해를 회원에게 설명하기 위해 구체적인 계획을 상정시키었다.[78] 여기에서 전 미국의 종합목록 작성에 관한 의견이 일치되었고, 실행수단으로 협동목록작업의 진행을 위한 통일, 목록기술에 관한 표준적인 규칙의 작성이 시도되었다. Jewett는 1851년 미합중국 공공도서관의 종합목록을 위한 표준화와 앞으로의 구상을 목표로 한 「*A Plan for Stereo Typing Catalogues by Separate Title, and for Forming a General Stereotyped Catalogue of Public Libraries in the United States*」를 발표하였다. 이 구상은 2부로 되어 있는데 그는 규칙의 서문에서 Smithsonian협회도서관이 미국의 국립중앙도서관으로 납본제도의 도서관이 되고, 전 미국의 협동목록 작업의 중심이 되어 종합목록을 실현하는 것이 최선의 의의이고, 또한 Panizzi의 91개 규칙의 이념에 공감하고 알파벳순목록의 지지자로서 주제의 알파벳순

76) 스미소니안협회(Smithsonian Institution)는 영국귀족의 사생아였던 James Smithsonian의 유증(遺贈)에 의하여 미국정부가 1846년에 설립하였다. 1866년이 도서관은 의회도서관에 기탁되었다. 협회의 설립 당시에는 일부 사람들이 이것을 국립도서관으로 하고 싶다는 운동을 추진하고 있었다.

77) Jewett가 의견을 구한 당시 미국의 저명한 미국의 도서관장은 E. Everett, J. G. Gogswell, C. Folson, S. F. Haven, E. E. Hale, G. Livermore 등이다.

78) Charles C. Jewett, *On the Construction of Catalogues of Libraries, and Their Publication by Means of Separate, Stereotyped Title: with Rules and Examples* (2nd ed. Washington, D.C.: Smithsonian Institution, 1853), pp. iv-xii)을 志村尙夫, p. 97. 참조.

색인을 부가하는 방법의 채용을 밝히고 있다.

Jewett규칙의 초판은 연판(stereo판)인쇄의 과정으로 소수의 한정판을 관계자에게만 배포하였다. 그래서 실질적으로 일반에게 발표되어 알려진 규칙은 초판이 아니고 제2판이다.

제1부의 「Smithsonian**목록의 조직** (*Smithsonian Catalogue System*)」은 12개의 주제로 되어있다. 이 저작에 가치를 더하고 있는 것은 목록계획, Smithsonian목록의 의의, 협동목록작업의 방법에 대해 논하고 있는 부분이다. 전문에서 목록규칙의 존재가치를 표현하고 있는데 이것이 Jewett가 구상하는 전 미국의 공공도서관 장서목록을 연판[79]으로 인쇄한 종합목록 작성계획이다. 협동목록작업의 중심장이 되고 있는 제1부 제3장 '종합목록계획의 제언(Application of the Plan to the Formation of a General Catalogue)'은 다음과 같이 6개항으로 되어 있다.

제1항 Smithsonian협회가 목록계획을 행한다.

제2항 각 도서관은 Smithsonian협회의 지시로 이의 규칙에 따라 목록화를 진행한다.

제3항 Smithsonian협회는 연판인쇄의 모든 비용을 부담한다.

제4항 연판으로 인쇄된 서명(title)은 Smithsonian협회에 종합하여 배열한다.

제5항 각 도서관은 협회의 목록처리에 의해 기입된 서명을 독자적인 계획에 따라 소유할 권리를 가지며 기입된 목록의 배포비용은 협회에서 부담한다.

---

79) 연판기술은 1829년 프랑스의 리용(Lyon)에서 지형기법으로 개발해서 최신 인쇄기법으로 세계에 화제가 되고 있었던 것으로 Jewett가 이러한 인쇄기법을 목록에 도입함으로써 목록평가를 높이는 데 주목할 만한 요인이 되기도 하였다.

제6항 Smithsonian협회는 배열되어 있는 목록을 인쇄, 발행하고, 회원 도서관을 포함한 종합목록을 신속히 진행한다.

제2부 「**목록작성의 규칙** (*Rules for Preparing Catalogues*)」은 39개 조문으로 구성되어 있다. 이 규칙은 저자명목록의 편성을 목적으로 제1부 기술법(12개조), 제2부 기입법(19개조), 제3부 배열법(8개조)으로 되어 있다.

1－12조 표제에 관해서	32－37조 배열
13－29조 표목	38조 지도, 음악 등
30－31조 상호참조	39조 예외사항

이 규칙은 Panizzi의 이념을 기초로 단체저자의 개념을 확충했고(22조), 무저자명도서는 서명의 두문자를 기입했다(39조)는 특성이 목록사상 오래도록 중요한 영향력을 미치고 있다.

규칙의 구성방법과 목록법의 양자를 보면 표제지의 서명과 발행사항을 가능한 범위에서 정확하고 상세히 기재하고, 규칙 중에 표목에 관한 조문이 기술되어 있으며, 기술에 관한 사항이 부분적으로 취급되어 있다는 점에서 Panizzi의 규칙보다는 진전된 것으로 보고 있다.

Jewett가 발표한 종합목록의 구상은 당시로서는 획기적인 계획이었고, 이해하기 힘든 선견이 있는 진보적인 목록체계였다. J. Petter는 "Jewett는 Cutter와 함께 근대도서관 관리의 아버지(father of our modern library method)"라고 격찬하고 있다.

Jewett의 구상 중 국립도서관의 계획은 Henry장관과 의견의 일치를 보았으나 그 외 종합목록사업계획은 실현 가능성이 없는 주장이라는 의견차이로 1853년에 해임되었다.

그러나 이 계획은 전자계산기의 도입 등 과학기술의 발달로 인해 1930년대에 들어와서 미국의 도서관계에 그의 구상이 계승되어 협동목록에 대한 실현을 보게 되었다.

이 규칙의 특징은

① 미국에서 최초로 발간된 공개규칙이다.

② 표목을 서명의 상단에 놓아 표목과 기술사항을 분리해서 행을 달리한 최초의 것이다.

③ 목록의 기술과 저자의 식별에 관심을 두었다.

④ 표목에 있어서 저자의 원리를 단체에까지 확대하였다.

⑤ 검색목록의 성격과 서지적인 참고도구로서 양자의 역할을 생각했다.

⑥ 알파벳순 주제색인을 중심으로 전 장서를 알파벳순에 의해 배열하였다.

⑦ 도서관군을 위한 종합목록을 시도한 범국가적인 규칙이다.

Jewett의 목록규칙은 Panizzi의 대영박물관 도서관만을 위한 목록규칙과는 달리 도서관망의 조직과 정보유통을 생각한 공동목록규칙으로 목록의 집중화와 상호협력을 제의한 규칙이다. 당시로서는 환영받지 못했으나 상호 협력체제의 구상을 위한 선구적인 역할은 근대적인 목록발전에 크게 기여하였다.

4.3. Cutter와 목록규칙

Charles Ammi Cutter(1837-1903)[80]가 도서관분야의 역사에 본격적으로

80) Charles Ammi Cutter는 1837년 3월 14일 미국 Boston에서 출생하여 Massachusetts의 West Cambridge에서 할아버지와 고모와 함께 살면서 강한 Unitarian종교의 분위기에서 자랐다. Harvard College를 위한 준비기관인

등장한 것은 1869년 1월 1일 Abbot의 추천으로 Boston Athenaeum도서관장에 취임하여 1894년 퇴임할 때까지 34년 동안의 기간이지만, 은퇴한 후에도 그의 여생을 「*Rules for a Dictionary Catalogue*」의 개정과 1901년부터 1903년 9월 6일 New Hampshire에서 죽을 때까지 ALA의 목록규칙제정위원으로 중심적인 역할을 감당하였다.

Cutter의 생애를 빛낸 업적은 ① 1874-1882년에 작성한 「*Boston Athenaeum Catalogue* (Boston Athenaeum도서관 장서목록)」, ② 1876년에 발표한 Cutter의 「*Rules for a Printed Dictionary Catalogue* (사전체목록편찬규칙)」,[81] ③ 1880년 저자번호의 초판 배포와 1887년 저자번호 「*Two-figure Author Table*」, 1896년 「*Cutter-Sanborn Three-Figure Author Table*」의 발간, 후에 발전시켜 발간한 1901년의 Cutter자신이 「*Two-Figure Author Table*」을 3 figure table로 발행한 것, ④ 1891-1893년에 도서관잡지 「*Library Journal*」에 연재로 발표한 Cutter의 「*EC: Expansive Classification* (전개분류법)」[82] 등이다.

Hopkins Classical School에서 교육을 받았고, 1849년부터 1851년까지 사서로 봉사한 바 있는 숙모 Charlotte Cutter에 의해서 West Cambridge마을 도서관에서 10년 동안 일하였다. 1851년 가을 Harvard College에 입학하였고, 불란서문학, 과학 그리고 특별히 수학에 흥미가 있었다. Harvard대학도서관에서 1857년부터 1860년까지 학생보조원으로 일했고, 그리고 졸업과 동시에 정식도서관직원으로 채용되었다. 그는 1860년부터 1868년까지 근무하면서 당시 유능한 목록자로 알려진 상급자 Ezra Abbot(1819-1884)와 하급자 J. Winsor 등으로부터 많은 도움을 받았다. 이 기간 동안 1866-1868년까지 공공도서관의 시간제 목록자로도 일한 바 있다. 1869년 1월 1일 Boston Athenaeum도서관의 관장으로 취임하여 1894년 퇴임하였다. 1887년-1889년 ALA의 회장에 취임하여 미국뿐 아니라 국제적으로 많은 활동을 하였다.

81) Charles A. Cutter, "Rules for a Printed Dictionary Catalogue," In U. S. Bureau of Education, Public Libraries in the United States of America, *Their History, Condition, and Management, Part II* (Washington: Govt. Printing Office, 1876).

82) Charles A. Cutter, *Expansive Classification*, Part I: *The First Six Classifications* (Boston: C. A. Cutter, 1891-1893)로 발표.

이를 통칭하여 Cutter의 4대 업적이라고 한다.

「Boston Athenaeum**도서관 장서목록**」[83)]은 Cutter의 최초 업적으로 1869년에 사전체목록의 편찬 계획을 착수하고, 1874년부터 발행을 시작하여 1883년에 완성한 전체가 5권 3,400면에 달하는 방대한 장서목록이다. Cutter가 목록을 편찬하기로 한 결정에는 상당한 어려움이 있어 그가 처음 목록을 완성하기까지는 14년이나 걸렸다.

이 장서목록의 특성은

① 주제명기입과 참조기입을 사용함으로써 유사한 주제명이 서로 연결되게 하였다.

② 배열순위는 동일 체계 내에서 개인저자명, 지명, 주제명, 서명의 순으로 하였다.

③ 서지기술을 상세히 하고 정확하게 하였다.

④ 주제명, 지명, 저자명, 서명의 각 기입에 관한 분출기입과 주제명 참조를 통해서 이용의 다양화를 기했다.

1874년에 발행된 제1권은 편찬과정에서 Jewett가 구상한 규칙을 이론으로 받아들였고 「Poole**색인**」도 참조하였다. Cutter는 이 목록작성 과정을 통해 근대 사전체목록의 원형(original form)에 창의적인 의욕과 비범한 재능을 발휘하게 되었다.

저자기호표(Author Table)는 도서관에서 목록을 작성할 때 도서기호상의 간략한 저자표시를 위해 저자명을 아라비아숫자로 대치되게 한 것이

83) 1850년 당시 Athenaeum도서관의 장서는 5만권으로 그 질적인 면에서와 양적인 면에서 우수한 교양도서관(propriety library)이었다. 1850년을 전후한 전 미국의 공공도서관의 총장서는 약 45만 책 정도였는데 그 중 Athenaeum도서관의 장서가 5만 책이었다.

다. Cutter는 1878년 숫자로만 저자명을 표시할 수 있도록 한 「*Two-figure Author Table*(Cutter십진저자기호표)」를 처음으로 창안 발표하였고, 이어서 1880년에는 저자명 중성의 두문자(頭文字)를 알파벳순으로 배열하고 이의 순차에 따라 아라비아숫자 2자리로 전개한 「*Cutter two Figure Author Table*」을 편찬하였다.

이 기호표는 다시 1896년 Kate G. Sanborn에 의해 3자리숫자로 증보된 「*Cutter's Cutter-Sanborn Three Figure Author Table*」로 발행되었고, 1969년에는 Swanson-Swift에 의해 완전히 알파벳순으로 재편성 발행되었다.

이렇게 Cutter의 저자기호표는 시대에 따라 계속 개정된 가장 대표적인 것으로 세계적으로 널리 사용되고 있으며 또한 각 국 저자기호표 작성의 효시가 되었다.

「**사전체목록편찬규칙**(*Rules for a Printed Dictionary Catalogue*…)」은 1876년[84] 미국 공공도서관에 관한 특별보고서로서 미국 교육국에서 발표된 규칙이다. 이 규칙은 Boston Athenaeum도서관 장서목록의 제1권이 발행된 2년 후에 발표된 것으로 장서목록의 편찬 중에 거의 그 윤곽이 구상된 것이다. 1876년은 미합중국의 건국 100주년기념행사로 만국박람회가 Philadelphia에서 개최되었다. 이때 미합중국 교육국 행사의 하나로 도서관의 이론, 역사, 현황에 관한 보고서를 작성하였는데 이 규칙은 그 중의 하나로 수록된 것이다.

---

84) 미국에 있어 1876년은 건국 100주년이 되는 해인 동시에 도서관역사상으로도 중요한 한 해이다. 1876년 도서관계의 활동은 ① ALA 설립, ② Library Journal 창간, ③ Dewey십진분류표 발표, ④ Cutter 사전체목록편찬규칙 발표 등이 있었고, 이때를 기점으로 1880년에는 Cutter의 Athenaum분류법 발표, 1881년 전개분류법(Expansive Classification)으로 정비발표, 1897년 국회도서관분류법, 1910년 Cutter의 저자기호법 발표 등 많은 업적이 속출하였다.

이 규칙은 기술목록법, 주제명표목, 그리고 파일을 망라하는 규칙으로 구성되어 있다. 이는 저자, 서명 등의 알파벳순목록체계에 주제명기입(subject entry)을 포함시켜 하나의 체계로 배열하고 있는 것이 특색이다. Cutter는 하버드대학도서관의 상급자 Abbot의 알파벳순분류목록(alphabetical classed catalogue) 작성에 관한 경험을 중시하고, 여기에 사용된 주제에 관한 구분과 그 배열방법을 사전체목록의 편성에 중요한 착상으로 활용하였다.

이 규칙의 기본적인 원칙은

① 이용자의 편의성에 관한 원칙이다. 이용자의 입장에서 언제나 목록이 용이하게 제공될 수 있는 것이어야 한다.

② 주제는 잘 표현한 말로 선정되어야 한다. 주제명의 언어와 용어는 쉽게 이해되고 활용될 수 있는 어나 구로 선정되어야 한다.

③ 이미 있는 저자의 특정 도서를 검색하기 위하여 하나로 모아진 저작군에 접근되게 해야 한다. 저자명에 의한 목록의 배열로 특정 저자의 저작이 한 곳에서 검색되게 해야 한다.

이 규칙의 구성은 주제명표목표, 주제명참조를 간략하게 취급하였고, 완전기입(full entry), 중정도기입(medium entry), 간략기입(short entry) 등으로 3구분하고 있어 도서관의 규모에 따라 조정할 수 있도록 유연성이 주어져 있다.

이 규칙의 특징은

① 일반적으로 인식된 미국 최초의 목록규칙이다.

② 전체를 사전체목록으로 다루고자 시도한 사전체목록의 원전이다.

③ 주제명으로 도서를 탐색할 수 있게 주제명을 구체적인 특수기입으로 한 규칙이다.

④ 이용자의 편의를 강조한 규칙이다.

⑤ 참조에 의한 목록의 효율성을 높이고 있다.

「**사전체목록편찬규칙**」의 1876년 초판은 205조로 책자형 목록용으로 간행되었지만 1889년에 간행된 제2판부터는 카드목록을 대상으로 하는 규칙으로 개정되었다. 이 규칙은 Athenaeum도서관에서 실용에 적용하면서 정정 추가하여 계속 판을 거듭하였고, 1904년 최후 4판에는 369조에까지 이르렀다. 이렇게 실제 사용에 의해 개정을 거듭한 것은 Cutter의 규칙이 최초의 것이며, 지금까지 사전체목록으로서 그 목적 달성에 가장 명확하게 기술된 규정이다. 그리고 저자명, 서명, 주제명 목록을 위한 규칙이 수록되어 있으며 또한 각 규칙에 대한 사용방법이 설명되어 있다.

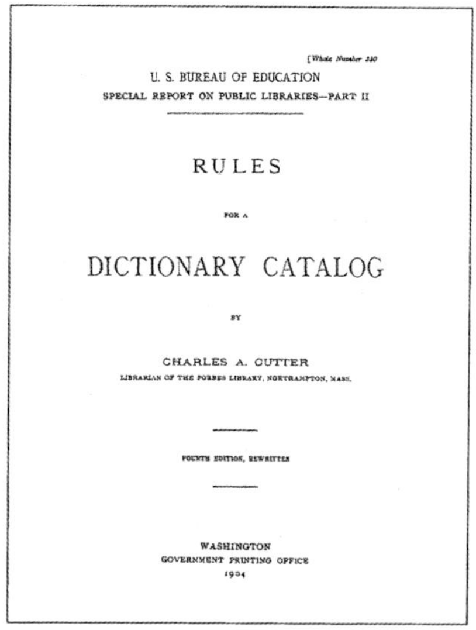
[Whole Number 340

U. S. BUREAU OF EDUCATION

SPECIAL REPORT ON PUBLIC LIBRARIES—PART II

RULES

FOR A

DICTIONARY CATALOG

BY

CHARLES A. CUTTER

LIBRARIAN OF THE FORBES LIBRARY, NORTHAMPTON, MASS.

FOURTH EDITION, REWRITTEN

WASHINGTON

GOVERNMENT PRINTING OFFICE

1904

2-1. 사전체목록편찬규칙 표제지

이 당시는 미국에서 Cutter의 사전체목록규칙을 비롯한 Jewett의 알파벳순목록, Abbot의 알파벳순목록, Pool색인의 주제명 배열 등과 함께 알파벳순목록과 주제명기입의 조류가 미국 전역에 확산되고 있었다. 특히 Cutter의 목록규칙은 최초의 사진체목록규칙으로서 지금까지 가장 널리 사용되고 있는 많은 목록규칙과 함께 사전체목록편성의 원전으로서 크게 영향을 미치고 있다.

4.4. Dewey와 목록

Melville L. K. Dewey(1851-1932)[85]는 십진분류법의 창시자로서 도서관 자료의 분류사에 지대한 업적을 남겼고, 1876년에는 미국도서관협회(ALA)의 창설위원으로 활동하였으며, 표준카드 제정 등의 목록분야에도 괄목할 만한 영향을 미쳤다.

Dewey는 1851년 12월 10일 New York주 Adams Center에서 출생하여 1874년 Massachusetts주 Hampshire에 있는 Amherst대학을 졸업했다. 그는 재학 중 도서관에 근무하면서 장서 구성의 무질서와 불합리함을 보고 이를 위한 연구를 계속한 결과 숫자로 된 십진분류법을 창안하여 1873년 동 대학도서관에 채용되게 하였다. 1874년에는 동 대학을 졸업하고 도서관장이 되었다. 1876년 십진분류법 초안을 보완하여 「*A Classification and Subject Index for Cataloging and Arranging the Books and Pamphlet of a Library* (도서관의 도서, 팜플렛의 목록편성 작업을 위한 분류 및 주제색인)」이라는 책을 익명으로 발표하였다. 이것이 Dewey십진분류법의 초판이다. 초판이 발행된 후 개판을 거듭하여 2003년에는 22판이 개요표, 본표, 색인 등으로까지 확대되었다.

1887년에는 그가 도서관장으로 있던 Columbia대학에 도서관학교(The School of Library Economy)를 창설하여 1890년부터 전문적으로 교육받은 사서를 배출하기 시작하였다. Dewey는 분류법에 못지않게 목록에도 괄목할 업적을 남기고 있다. 1886년에는 Albany School의 교재로 간행한 잡지 「*Library Notes*」에 도서목록을 위한 표준카드를 발표했고, 1888년에는 「*Library School Rules* (도서관학교목록규칙)」을 간행하여 표목, 기술, 청

85) Dewey의 정식명은 Melville Louis Kossuth Dewey이다.

구기호에 관한 그의 견해를 서술하고 있다. 이 규칙은 개정을 거듭하여 1899년에 4판이 발행되었는데 그 구성은 카드목록규칙(card catalog rules), 신착도서목록규칙(accession book rules), 그리고 서가목록규칙(shelf list rules)으로 되어 있다.

Dewey가 목록의 발전에 미친 영향을 보면 ① 현재의 3 × 5 인치 표준카드의 제창과 보급, 카드목록작성을 목적으로 한 미국 내 공통목록규칙의 제정으로 협동목록작성을 가능하게 했다.[86] ② 미국국회도서관의 인쇄카드봉사의 발전을 위한 필요성의 역설하였고, ③ 영국과 미국의 공동목록규칙을 제정할 것을 제안하고 추진한 것[87] 등으로 목록규칙의 통일화와 국제화에 크게 기여하였다.

5. 현대도서관의 목록

5.1. Lubetzky와 목록규칙

S. Lubetzky(1898-2003)[88]는 1936년부터 1942년까지 California대학의 도서관사서(목록자)로 있으면서 저술한 목록규칙에 관한 논문이 인정을 받아 후에 ALA목록규칙 제2판(1942년판)을 개정할 것을 결정한 LC에 초청되어 「*National Union Catalog*」를 출판하는 계획의 책임자로 일했다.

86) M. Dewey, "Co-operative Cataloguing," *Library Journal*, vol. 1(1877): pp. 161-167.

87) M. Dewey, "Co-operative …," pp. 170-175.

88) Seymour Lubetzky는 1898년 Russia의 Zelwa에서 출생하여 1927년에 미국 California의 Los Angeles로 이주하였으며, 19831년 California대학을 졸업하고 사서자격(certificate in librarianship)을 취득하였다. 1942년부터 1943년까지 군복무를 위해 San Francisco만에 있는 조선소에 근무하였는데 이때 재고처리에 관한 그의 기여로 많은 경비를 절감하였다고 한다.

이러한 일로 서지와 목록정책의 이론가로 인정받게 되었다.

Lubetzky는 1949년 기술목록규칙의 하나인 「*Rules for Descriptive Cataloging in the Library of Congress*」를 출판하고, ALA의 「*Cataloging Rules for Author and Title Entries* (2d ed.)」의 개정에 기여했다. 1953년에는 ALA(1949)의 규칙에 대한 분석과 비평서인 「*Cataloging Rules and Principles*」[89)]을 발간하였다. 이 결과로 1958년에는 「*Code of Cataloging Rules: Bibliographic Entry and Description*」[90)]을 발간하였다. 1960년에는 「*Code of Cataloging Rules: Author and Title Entry (CCR)*」[91)]이라는 독자적인 목록규칙을 제정 출판하였고, 1961년에는 「*Additions Revisions and Changes*」를 발행하였다. 1962년에는 UCLA도서관학교(School of Library Service)의 교수가 되었다.

그는 LC에 초청되어

① 기술목록의 원칙을 정하고 이 원칙에 의한 규칙화를 성공하게 하였다. 그때까지 구전의 집적으로 사용에 불편한 ALA의 「*Cataloging Rules for Author and Title Entries*」 개정판을 기술부에서부터 토의와 표본의 앙케트를 거쳐 원칙을 결정하는 방법으로 「*Studies of Descriptive Cataloging*」이라는 결과물을 발행하였다.

② 목록편찬, 편성부분의 장으로서 인쇄카드를 이용한 책자형목록을

---

89) S. Lubetzky, *Cataloging Rules and Principles: A Critique of the ALA, Rules for Entry and a Proposed Design for Their Revision*, prepared for the Board on Cataloging Policy and Research of the ALA. Division of Cataloging and Classification (Washington, D.C.: Processing Department, Library of Congress, 1953), 65 p.

90) S. Lubetzky, *Code of Cataloging Rules: Bibliographic Entry and Description* (Chicago: American Library Association, Catalog Code Revision Committee, 1958), 17 p.

91) S. Lubetzky, *Code of Cataloging Rules: Author and Title Entry, An Unfinished Draft for a New Edition of Cataloging Rules prepared for the Catalog Code Revision Committee* (Chicago: American Library Association, 1960), 86 p.

월간, 계간, 연간, 5년간으로 누적해 가는 방법을 정함으로써 LC의 책자형목록이 1957년에는 전국종합목록으로 발전하는 기초가 되게 하였다.

③ 서지 및 목록정책의 고문으로 ALA의 규칙 중 표목에 속하는 부분을 이미 완성된 기술부와 같은 방법으로 개정을 주도했다. 1953년 그가 발표한 보고서 「*Cataloging Rules and Principles: A Critique of ALA Rules*」[92]으로 인해 1956년 ALA목록규칙의 주체 개정자가 되었다.

그가 발행한 CCR은 1960년 6월 13일-17일 캐나다의 Montreal에서 개최된 미국도서관협회 목록규칙개정위원회(Montreal Institute on Cataloging Code Revision)에 제출할 새 목록규칙을 위하여 특별히 기초한 것이다.[93] 1960년 3월에 CCR의 초판이 발행되었고, 1961년 9월에는 규칙을 추가, 개정 및 변경한 새로운 판이 발행되었다. CCR은 「*ALA Cataloging Rules for Author and Title Entries* (2nd ed. 1949)」의 다음으로 나온 미국의 새로운 목록규칙이다.

CCR의 원칙은 1961년 10월 IFLA주최로 파리에서 개최된 국제목록원칙회의(ICCP)에서 의안의 골자로 채택될 수 있으리 만큼 현대적인 목록의 추세에 부합되는 규칙이기도 했다.

CCR의 목적은 ① 도서관이 그 도서관의 저작물의 특정한 판이나 표현물을 가지고 있는지 없는지, ② 도서관이 주어진 저작물의 어떤 판과 표현물을 가지고 있으며, 주어진 저자의 어떤 저작물을 가지고 있는지를 해결하는 것이라고 하였다.

CCR의 구성상의 특성은 ① 각 규칙의 조(條)를 앞으로 더 제기될 것을

---

92) S. Lubetzky, *Cataloging Rules and Principles*, 65 p.

93) S. Lubetzky, **목록규칙**(CCR), **저자와 표제 기입**, 이재철 역 (서울: 연세대학교도서관학과, 1963).

고려해서 조의 번호에 공란을 두었고, ② 용례(用例) 중에서 이름이나 표제 앞에 있는 문자는 그 다음의 이름이나 표제에서 참조할 것을 지시한 점이다.

CCR의 초안 내용은 전체를 4개로 구분하고, 72개 조문으로 세분하였다.

제1장. 개인저자의 저작물(works of personal authorship), 저작물의 기입, 번역물, 개정물 및 기관저작물, 개인명의 기입.
제2장. 단체저자의 저작물(works of corporate authorship), 저작물의 기입, 단체명의 기입
제3장. 정부간행물(government publications), 저작물의 기입, 관활구의 기입
제4장. 저자미상, 저자복잡 또는 저자가변성 저작물(works of unknown, complex or changing authorship)

5.2. 영·미규칙(AA Code)

Cutter의 사전체목록규칙이 1876년 발표된 이래 ALA는 목록규칙제정을 위해 도서관학의 전문가들을 목록규칙제정위원으로 위촉하였다. 위원회는 1883년 Buffalo에서 개최된 ALA총회에서 「*Condensed Rules for an Author and Title Catalog*(저자명, 서명목록을 위한 규칙요강)」을 발표하였다. 1900년에는 Dewey의 제안으로 영어를 모국어로 사용하는 국가들에게 통용될 수 있는 목록규칙의 통일을 시도할 필요성이 제기되었고, 규칙요강에 대한 계속적인 검토가 가해져서 1902년 미국국회도서관에서 「*ALA Rules Advanced Edition*(미국도서관협회목록규칙 미정고판)」을 출판하였다. 1904년에는 ALA와 LA에서 양국의 협동목록규칙에 관한 준비위원회를 발족하게 되었고, 이 위원회는 Dewey도 포함되어 있었다. 위원회의 활동으로 1908년 영국도서관협회와 미국도서관협회의 공동협력에 의한 최초의 국제적인 목록규칙 「*Anglo-American Code*(AA Code)」가 출판되었고, 이것이

ALA목록규칙의 근간을 이루게 되었다.

AA Code는 Jewett나 Cutter의 「**사전체목록편찬규칙**」, Linderfelt의 「*Eclectic Card Catalog Rules* (간략 카드 목록규칙), 1886)」, K. Dziatzko의 「*Instruktion für die Ordnung der Titel in Alphabetischen Zettelkatalog*(알파벳순배열 서명카드목록규칙)」, 그리고 LC와 BM의 규칙에 관한 이념을 고려해 넣고 있다.[94]

AA Code는 영국과 미국의 협동목록규칙이기는 하나 총 174개조 중 16조 용어색인, 32조 왕실, 33조 귀족, 40조 개인저자명의 변경, 41조 기혼부인, 116조 무저자명도서—철(綴)의 상위에 관해, 118조 무저자명도서—번역, 121조 연속간행물 등 8개 조문은 양국이 각각 자국에 맞도록 규정화하여[95] 영국판과 미국판으로 발행하였다. 이러한 상이점은 미국판은 Cutter의 이론을 목록규칙에 반영하고, 영국판은 Panizzi의 이론을 반영하였기 때문이다.[96]

이 규칙은 학술도서관을 대상으로 국제적인 규모의 목록법을 싹트게 했다는 점에서 그 의의를 찾을 수 있다.

5.3. ALA목록규칙

AA Code는 처음부터 규칙의 한계점이 내재되어 있었기 때문에 사용과정에서 많은 비평을 받게 되었다. 1930년대 많은 도서관이 LC card를 사용하게 됨에 따라 AA Code를 개정할 필요성이 고조되었다. ALA에서는 1932년 LC의 목록부장 J. C. M. Hanson을 위원장으로 한 목록규칙개정조

94) ALA & LA, comp., *Catalog Rules: Author and Title Entries* (ALA, 1908), p. v-xi.
95) K. G. Bakewell, *A Manual of Cataloging Practice* (Pergamun Press, 1972), pp. 30-32.
96) 미국판에서는 저작은 최신의 이름 아래 기입하거나 또는 가장 잘 알려진 이름 아래 기입한다는 입장인데 영국판에서는 제일 처음 사용된 이름 아래 기입한다로 되어 있다.

사위원회를 발족[97]하여 개정작업을 시작하였으나 예정한 진전을 보지 못했다. 1936년 카네기재단의 보조에 의해 개정이 다시 진전되는 과정에서 제2차대전의 발발로 LA(영국측)의 협력이 불가능하게 되었다. 그러나 미국에서는 작업을 계속 진행시켜 1941년에 AA Code에 연속간행물, 공문서, 종교단체출판물, 무저자명도서, 사전이 추가된 「ALA**목록규칙 1941년 예비판**」[98]이 간행되었다.

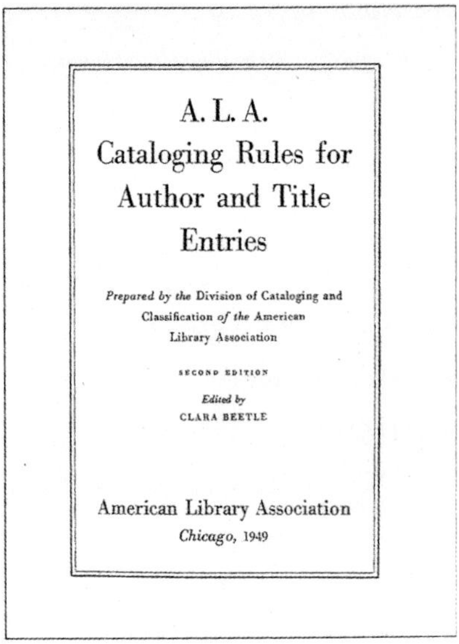
A. L. A.
Cataloging Rules for Author and Title Entries

Prepared by the Division of Cataloging and Classification *of the* American Library Association

SECOND EDITION

Edited by
CLARA BEETLE

American Library Association
Chicago, 1949

2-2. ALA목록규칙 표제지

이 규칙은 AA Code와 같이 제1부 기입과 표목, 제2부 도서의 기술로 구성되어 있고, 주제명기입이 포함되지 않는 기술목록규칙을 기본으로 하고 있다. 그러나 이 규칙은 상세한 규칙이기는 하나 단순히 조문을 증가시켜 원칙 없이 경험을 규정화하였으며 예외 규칙이 많고 복잡하다는 점에서 비평이 가해졌다. ALA는 1944년 6월 다음의 규칙개정을 위한 활동을 시작하였다.

1944년 9월부터 제1부의 기입과 표목의 개정이 시작되어 1949년에 제2부를 포함시키지 않은 제2판이

---

97) *A.L.A. Cataloging Rules for Author and Title Entries*, prepared by the Division of Cataloging and Classification of the American Library Association (2nd ed. ALA., 1949), p. vi.

98) *A.L.A. Catalog Rules: Author and Title Entries, Preliminary American* (2nd ed. ALA., 1941).

총 158조로 간행되었다. 그리고 같은 해 미국국회도서관에서 발전시켜 출판한 「*Rules for Descriptive Cataloging in the Library of Congress*(기술목록규칙)」[99]을 ALA가 검토한 후 협회의 표준적인 기술목록규칙으로 채택할 것을 결의하고 1941년판의 제2부인 도서의 기술부에 준용하게 되었다. 이렇게 「ALA**목록규칙**」은 ALA의 「**저자명 및 서명기입을 위한 목록규칙**」과 LC의 「**기술목록규칙**」의 두 규칙을 포함한다.

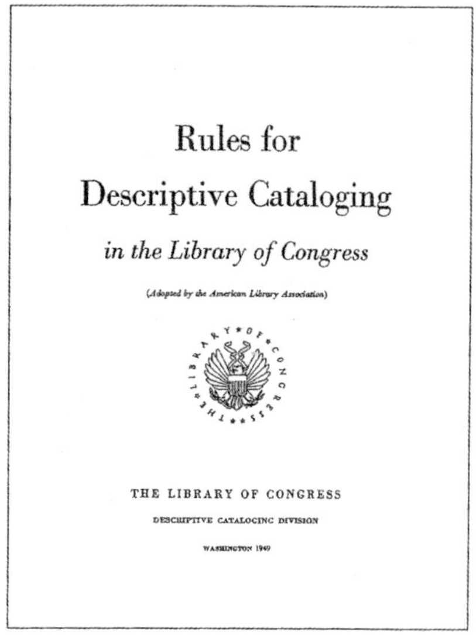

Rules for
Descriptive Cataloging
in the Library of Congress
(*Adopted by the American Library Association*)

THE LIBRARY OF CONGRESS
DESCRIPTIVE CATALOGING DIVISION
WASHINGTON 1949

2-3. LC기술목록규칙 표제지

이 규칙이 AA Code에 비해 다른 점은

① 부기입과 참조를 각각 독립항목으로 설정한 점

② 표목기입형식을 부록에 수록한 점

③ 기본적인 조문을 선정한 점

④ AA Code에 비해 예시의 이해를 쉽게 한 점

⑤ 이용자의 편의를 중시한 점

⑥ 기술부는 LC의 기술규칙을 받아들인 점

이 규칙은 전체 158개 조문이지만 면수는 265면으로 AA Code에 비해 증가되었다.

---

99) The Library of Congress, *Rules for Descriptive Cataloging in the Library of Congress* (Washington: Govt. Print Off., 1949), p. 5.

I. 주기입의 선정	「기술목록규칙 예비판의 내용목차
II. 개인저자, 기입의 형식	I. 서론
III. 저자로서의 단체	II. 기술목록법의 원칙
IV. 지리적 표목	III. 단행본
V. 부출기입. 참조	IV. 보유, 색인, 기타
부록	V. 분출기입
I. 용어집	VI. 연속간행물
II. 표목으로 사용되는 약어	VII. 지도, 지도첩, 지구의 및 입체모형
III. 표목형식에 관한 규칙	VIII. 악보
IV. 번자법	IX, 복제본, 사진본, 마이크로필름
색인	X. 연혁카드
	부록
	1. 용어집　　　3. 약어
	2. 대문자사용법　　　4. 기타주기

5.4. Prussian목록규칙

독일의 목록규칙에 관한 필요성은 1890년대에 독일의 종합목록 「*Prussian Union Catalogue*」에 의해 나타났고, 1899년에는 규칙에 대한 예비판[100)]이 발행되었으며, 1908년에는 기본판[101)]이 발행되었다. 1931년에 「*Gesamtkatalog dem preussischen Bibliotheken*」, 1936년에 「*Deutschen Gesamtkatalog*」라는 종합목록이 간행되었다. 1908년의 기본판은 Australia도서관 사서 Osborn이 서문을 첨가해서 번역판을 발행한 1938년까지 영국 등 엉어권의 국가에서는 크게 알려지지 못했고, 이용되지도 않았다.[102)] 이 규칙을

---

100) *Instrucktionen für die alphabetschen kataloge der Preussisthen Bibliotheken und für der Preussischen Gesamtkatalog* vom 10, Mai 1899 (Berlin, 1899). (translated under the title *Instructions for the alphabetical catalogues of the Prussian Libraries and for the Prussian union Catalogue*, as of May 10, 1899). (short title: Prussian Instructions).

101) 기본판의 명칭은 '*Instruktionen für die alphabetischen Kataloge der Preussischen Bibliotheken. 2 Ausgabe*'이다.

일명 「*Prussian Instructions*(PI)」라고도 한다.

PI는 독일의 도서관인 Dziatzko가 1886년에 발행한 규칙 「*Instruktionen für die Ordnung*…」[103]과 Milkau의 창의적인 생각에서 크게 영향을 받았다. Dziatzko의 규칙은 카드목록규칙이라고 불리어지는 최초의 것으로 독일계 목록법의 효시가 되었으며, 특히 이 규칙은 1890년 미국인 Linderfelt에 의해 「*Eclectic Card Catalog Rules*」라는 제목으로 번역되어 다른 영어권의 표준규격과 함께 적용되기도 하였다. 이러한 규칙들이 기초가 되어 Prussia의 통일규칙과 종합목록편찬규칙이 발행되게 되었다.

PI는 대륙계의 대표적인 목록규칙으로 유럽 일원 및 오스트리아, 헝가리, 스웨덴, 스위스, 덴마크, 오란다, 노르웨이 등 주로 독일어권의 도서관목록에 영향을 미쳤으나 영어권의 국가에는 크게 영향을 끼치지는 못했다.

다음은 1980년판 목록규칙의 목차이다.

제1부 알파벳순Card목록규칙(제1조-29조)
제2부 표목의 알파벳순목록규칙(제36조-238조)
제3부 부록: 기입의 예[104]

PI의 특기할 사항[105]은 ① 단체저작(corporate works)을 무저자명으로 서명을 중심으로 기입하거나 개인저자로 다루었고, ② 작가불명의 무저

102) Horner, p. 61.

103) K. Dziatzko, *Instruktionen für die Ordnung der Titel im alphabetischen Zettelkatalog der Koniglichen und Universitäts-Bibliothek zu Breslau*, 1886(translated in 1890 by K. A. Linderfelt under the title *Eclectic card catalogue rules: author and title entries* …. (Boston, 1890); Girja Kumar and Krishan Kumar, *Theory of Cataloging* (2nd Revised edition. New Delhi: Vikas Pub. House Pvt Ltd., 1977), p. 91.

104) PI의 저자명기술에 대한 대부분의 예는 Osborn의 서문에서 제시된 것이 많다.

105) Horner, p. 62.

자명저작(anonymous works)은 표제지로부터 분명한 서명을 선정하여 이를 배열의 기준으로 하였으며, ③ 익명의 저작(pseudonymous works)은 익명으로 기입하고, 불확실한 것은 저자의 본명 아래 기입하였다. ④ 연속간행물(periodicals)은 편자가 있는 경우라도 무저자명의 저작과 동일하게 취급하였다.

Osborn은 PI의 번역서문에서 ① 규칙이 지나치게 복잡하고, ② 참조가 너무 적게 허용되어 있으며, ③ 많은 서명이 규정된 규칙에 쉽게 이용되지 않고, ④ 단체명과 무저자명 작품에 대한 그 취급이 불완전하다고 평하고 있다.[106)]

이 목록의 특징은

· 독일 도서관의 표준적인 목록체계에 관한 규칙이고, 카드목록을 중심으로 한 목록이면서 때로는 인쇄목록까지 그 작성이 가능하도록 하고 있다.

· 저자와 서명기입을 주로 한 알파벳순목록으로 독일어로 된 도서를 주요대상으로 하고 있다.

· 단체저자를 무시하고 주로 개인저자명 아래 기입하였으며, 저자불명인 자료는 서명 아래 기입하였다.

· 기입어(entry word)는 문법적인 체계에 따라 서명 중의 명사만으로 배열하였다.

· 서지적 단위가 대단히 한정되어 있다.[107)]

이러한 특징은 당시 영어권에서 주로 사용된 AA Code와는 크게 두

---

106) Horner, p. 63.

107) 예를 들면 Homer's Odyssey를 Cowper가 번역한 작품은 기본기입을 Cowper로 하고 원저자로 기본기입하지 않았다.

가지 측면에서 차이가 있는데 ① 단체저자에 대한 개념을 무시하고 서명기입으로 대신하였으며, ② 서명의 문법적인 배열[108]을 들 수 있다. PI는 서지적인 서명이기보다는 문법적인 서명으로 서명의 첫 번째 단어가 아니라 문법적으로 독립적인 첫 번째 단어로 하였다.

이렇게 AA Code와 PI는 상이점이 많았지만 1961년 파리의 목록법원칙회의(ICCP)에서 세계적으로 통일될 수 있는 원칙이 결정될 때까지 50년 이상을 서방목록의 중심되는 규칙으로 활용되었다.

5.5. Vatican목록규칙

일명 Vatican Code라고도 한다. 이 규칙은 Vatican도서관이 수집한 자료의 재조직을 위한 일환으로 1927년 새로운 사전체목록을 작성할 것을 결정하고, 「*Rules for the Catalog of Printed Books*」라는 제명으로 편집[109]하여 이태리에서 1931년에 규칙으로 발행하였다. 후에 판을 거듭하여 1938년 2판, 1939년 3판을 발행하였다.[110]

이 규칙은 1920년대 후반 카네기재단(Carnegie Endowment for International Peace)이 Vatican도서관의 규칙작성을 위한 기금 제공으로 수명의 도서관사서가 미국의 도서관학교에서 교육을 받았으며, 특히 LC목록의 발전에 기여한 James C. M. Hanson과 W. W. Bishop과 같은 미국인이 로마로 파견되어 목록작성에 참여하였다.

---

108) 이 배열방법은 독일어의 서명이 주요어로 된 명사가 대문자로 표시되어 있기 때문에 어군의 배열이 영어의 경우와 상이하였다. 즉 서명이 Revised Statutes of the United State는 Key word를 Statutes revised United State로 했다.

109) Girja Kumar and Krishan Kumar, *Theory of Cataloguing* (2nd Revised edition. New Delhi: Vikas Publishing House Pvt Ltd., 1977), p. 92.

110) Dunkin, p. 14.

이 규칙이 발행되기 이전인 1911년에 편찬된 「*Italian Code*」와 1908년의 AA Code의 많은 부분이 첨가될 정도로 영향을 받았으며, 특히 Cutter의 규칙과 같이 주제명목록을 위한 규칙도 포함하고 있었다. 1981년 초판은 영어로 번역되었으나 제2차 세계대전으로 인해 발행되지 못하고, 1938년 개정 발행된 재판을 영어로 번역하여 ALA에서 1948년 「*Rules for the Catalog of Printed Books*」란 제목으로 출판하였으나 발행되자 곧 절판되었다. 이러한 이유로 영어권의 도서관인에게는 오랫동안 알려지지 못했다.

이 규칙의 목차는

제1부 표목(저자/서명기입)	부록	
제2부 기술	초기간본	음역(音譯)
제3부 주제명기입	약어표	보기카드
제4부 배열	용어집	

등으로 구성되어 있고, 상세한 색인도 포함되어 있다.[111)]

한편 이 규칙은 그 전까지 발간된 영미판의 목록규칙을 집대성하고 있는 것과 같은 인상을 주는 규칙이기도 하다.

규칙의 특색

· 저자명, 서명의 규칙은 ALA 1941년 예비판 이전의 규칙과 대략 일치한다.

· 기술규칙은 LC의 기술규칙과 거의 일치한다.

· 주제명기입에 대한 규칙은 LC주제명표목의 실제의 경우를 거의 성문화하고 있다.

---

111) Beneyendra Sengupta, *Cataloguing: its Theory and Practice* (3rd ed. Calcutta: The World Press, 1974), p. 47.

Vatican목록규칙은 PI와 함께 유럽에서 가장 특색 있는 목록규칙 중의 하나로 근간을 이루고 있다.

5.6. 영미목록규칙(AACR)

1) AACR1

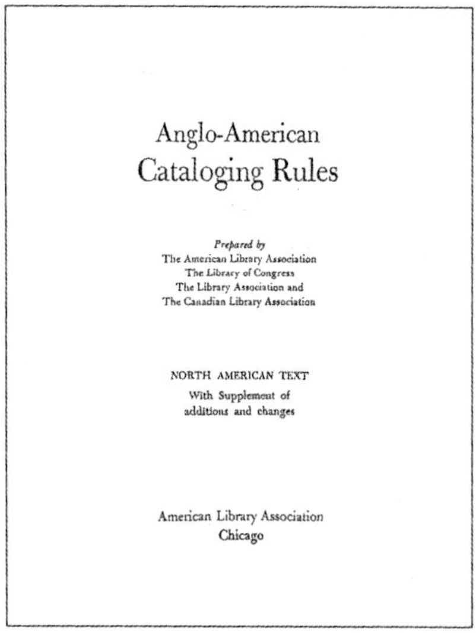
Anglo-American
Cataloging Rules

Prepared by
The American Library Association
The Library of Congress
The Library Association and
The Canadian Library Association

NORTH AMERICAN TEXT
With Supplement of
additions and changes

American Library Association
Chicago

2-4. AACR 초판 표제지

AACR은 주로 미국, 영국, 캐나다의 도서관계 전문인이 수년의 노력으로 재래의 부분별로 된 여러 목록규칙을 수정 개편하여 종합적으로 체계화한 세계최초의 목록규칙이다.

1949년 ALA목록규칙의 제1부로 포함된 기입과 표목, LC의 기술규칙에 대한 사항이 복잡하게 구성되어 있다는 비평으로 간소화할 필요성이 야기되었다. 이러한 요구에 의해 Lubetzky의 예비연구 「*Cataloging Rules and Principles: A Critique of ALA Rules*」를 토대로 목록 및 분류분과회(Division of Cataloging and Classification)가 개정을 결정하고 몇 단계의 결의를 거쳐 1954년 개정을 위한 실행위원과 자문위원이 임명되고, 실행위원의 추천에 의해 1955년에 전체위원회가 설치되었다. 위원회의 책임편집자는 1956년부터 1962까지는 Lubetzky, 이후는 C. Sumner Spalding이었다.[112] 목록개성위원회는

112) *Anglo-American Cataloging Rules*, prepared by the American Library Association,

매년 ALA의 연차총회 및 동기(冬期)총회에 앞서 2일간씩 년2회 회합을 가지고 규칙개정을 토의하였다. 그리고 1958년에는 Standford대학에서 1960년에는 Montreal의 McGill대학에서 그 동안의 목록규칙개정에 대한 추진사항을 알리기 위한 공개회를 개최하였다.

개정작업의 초기에 영국도서관협회는 미국에서 목록규칙이 개정중임을 알고 영국도서관협회의 목록규칙분과위원회 위원이 미국의 개정위원회에 참석하여 수차의 회합을 가지게 하였고, 미국위원회와 더불어 규칙초안, 진척사항, 토의기록 등의 교환을 위한 협의가 있었다. 캐나다도서관협회도 미국의 목록규칙개정에 협의를 위한 특별위원회를 조직하고 개정을 위한 연구와 초안 작성에 직접 참여하였다.

개정이 진행되던 1961년 10월에는 국제적으로 목록규칙을 통일하기 위한 목적으로 파리에서 국제목록원칙회의(ICCP: International Conference on Cataloging Principles)가 개최되었고, Lubetzky는 자신의 안을 회의에 상정하여 목록규칙을 위한 원칙으로 채택되게 함으로써 국제적 협력에 기여하기도 하였다.[113)]

이와 같은 국제적 협력의 결과로 작성된 개정초안을 미리 200부 이상 인쇄 배포하여 여러 사람의 연구와 비판을 얻어 1967년 미국도서관협회(ALA), 미국국회도서관(LC), 영국도서관협회(LA), 캐나다도서관협회(CLA)의 4개 단체가 협력하여 새로운 목록규칙을 출판하였는데 명칭을 영국, 미국, 캐나다 3개국의 4개 단체가 협력으로 만들어졌다는 의미에서 「*Anglo-American Cataloging Rules*(AACR: 영미목록규칙)」이라 하였다. 그러나

Library of Congress, Library Association, Canadian Library Association (North American Text. Chicago: ALA., 1967), p. v.

113) *Anglo-American Cataloging Rules*, p. vi.

이 영미목록규칙 중에서 영국, 미국, 캐나다 3국이 합의되지 않은 부분[114]을 각각 분리 삽입해서 미국과 캐나다는 226개 조문으로 된 400면의 북미판(North American text)[115]을, 영국은 216개 조문으로 된 327면의 영국판(British text)[116]을 각각 출판하였다.

이 규칙은 1841년 영국 Panizzi의 목록규칙에서부터 1949년 ALA목록규칙에 이르는 영국과 미국의 목록규칙 사상을 총망라한 결정판이기도하며, 또한 1961년 10월 ICCP에서 채택된 원칙성명을 반영시킨 최초의 규칙이라는 점에서 더 큰 의의를 가지고 있다.

규칙의 일반적인 성격[117]은

· 이 규칙은 일련의 원칙에 기초를 두어 공통된 합의점에 도달하기 위한 필요성을 고려하고, 또한 어떤 경우에 있어서는 경제적인 요청을

---

114) 북미판과 영국판에서 합의되지 않은 부분
① 표목과 그 역할의 제시
북미판은 부출기입의 comp. ed. illus. tr. 등의 지시로 하고
영국판은 역할의 지시를 임의규정으로 하고 있다.
② 단체표목 중 지방의 교회표시에서
북미판은 지명의 전치기입을 예외규정으로 하고(98조)
영국판은 지명의 직접형식으로 기입한다.(97조)
시설단체의 표시에서
북미판은 파리원칙과 다르게 지방기입으로 하고(99조)
영국판은 이 규정을 삭제하고 있다.
③ 기타 표목에 관련된 규정에서
주해판과 commentary(24조)는 영국판에서 삭제되고, 조약, 정부간의 협정(25조)은 양자가 그 상세한 점에서 차이가 있다. 생몰년의 부가(52조)와 명칭의 부가(65조)도 양자가 약간의 차이가 있다.
④ 기술에 있어서도 양자가 여러 곳에서 상이점을 보이고 있다.

115) *Anglo-American Cataloging Rules: North American Text* (Chicago: American Library Association, 1967).

116) *Anglo-American Cataloging Rules: British Text* (London: Library Association, 1967).

117) *Anglo-American Cataloging Rules*, p. 5.

참작하는 일이 있어도 가능한 한 여러 원칙에 일관하여 따르려고 한 점이다.

· 기입의 선정과 표목의 구성은 형식부표목이 관련되었을 경우를 제외하고는 분리된 문제로 다루었다.

· 기입의 선정은 저자의 책임 결정문제로서 다루었다.

· 표목의 구성은 명칭의 문제로 다루었다. 특정한 이름 및 그 이름의 특정한 형식의 선정, 그 이름을 목록의 표목으로서 표시해야 할 때의 구성문제이다.

이 규칙은 ICCP에서 채택된 원칙 성명과는 완전히 일치하지는 않고, 그리고 부분적으로는 모순된 점이 있기는 하나 당시까지 나타난 목록규칙 중에서는 세계에서 가장 대표적이고 표준적인 규칙으로 한국의 목록규칙을 비롯한 많은 국가의 목록규칙의 근간이 되었다.

2) AACR2

1967년 AACR이 발행된 후 목록의 기계화와 정보유통을 위한 목록의 국제화는 규칙의 개정이 불가피하게 하였다. 미국국회도서관(LC)이 1966년부터 MARC개발에 착수하여 1969년 3월 본격적인 MARC card와 tape의 배포봉사를 시작한 LCMARC의 개발, 국제도서관협회연명(IFLA)이 1961년부터 국제서지기술의 통일을 위한 활동을 시작하여 1974년에 그 첫 번째의 결실로 발행된 「국제표준서지기술(단행본) (ISBD(M))」, 그리고 ISBD에 의한 세계과학정보 유통체제의 구상 등이 AACR1의 개정에 직접적인 동기가 되었다.

1974년 3개국 5개 단체[118]로 AACR의 개정을 위한 합동조정위원회

118) 3개국 5개 단체는 미국: ALA(The American Library Association), LC(The Library of Congress). 캐나다: CCC(The Canadian on Cataloging). 영국: BL(The British

(The Joint Steering Committee for Revision of AACR: JSCAACR)가 구성되었다. JSCAACR은 1975년 1월 Chicago에서 첫 번째 모임을 가진 후 1976년 12월까지 7차에 걸친 모임을 통해서 서지기술의 기계처리에 대응할 수 있는 개정을 위한 구성원을 결정하였으며, JSCAACR의 목적설정 등에 관한 합의각서를 초안하고 위원회의 기능에 따른 업무를 진행하였다.

JSCAACR의 기능

① 개정을 위한 편집자의 결정
② 계획의 고찰과 정책문제의 결정
③ 작성된 규정의 인가를 위한 평가
④ 출판을 위한 최종적인 text의 제시
⑤ 재판의 내용과 설명을 위한 문서의 작성

JSCAACR은 1977년 8월 Washington에서 모임을 갖고 AACR2의 출판을 위한 최종안을 결정하고, 1978년 12월 「*Anglo-American Cataloging Rules*, 2d ed. (영미목록규칙 2판)」를 영국, 미국, 캐나다가 함께 단권으로 출판하게 되었다.

AACR2의 목적과 정책[119)]

① AACR의 북미판과 영국판을 단권으로 일치시킨다.
② 규칙을 더 간단하고 직접적인 방식으로 재조직하고 표현한다.
③ 기계화에 일치하여 수행될 수 있도록 모든 개정과 변화를 text 속에

Library), LA(Library Association)

119) *Anglo-American Rules*, prepared by ALA., BL., CCC., LA., LC. (2nd ed. Chicago: ALA., 1978), pp. vi-vii.

결합시킨다.

④ 개정에 참여한 단체의 새로운 제안은 물론 AACR을 사용하고 있는 다른 나라의 국가적인 위원회의 제안도 AACR2에 받아들인다.

⑤ 영국, 미국, 캐나다 외의 나라들에게 사용에 편리하도록 AACR2를 국제적 이익에 대비하는 일, 즉 국제적 목록규칙에 기여하도록 한다.

AACR2의 구성은 전체가 2부 26장으로 수록 면수 720면이고, 각 부마다 서문이 있고, 각 장마다 목차가 세분되어 있으며 특히 비도서자료에 관심을 가지고 비중있게 다루었으며 표목보다는 기술부를 앞부분에 편성하고 있다.

AACR2의 특징

① AACR의 목록규칙 전체의 구성을 변화시켜 제1부는 기술, 제2부는 표목으로 하고, 도서와 비도서자료의 규정을 공통으로 쓸 수 있게 하였다.

② ICCP의 원칙에서 불충분한 기입과 참조의 설명을 이해가 쉽도록 했다.

③ 기술부의 제1장 서지기술의 수준을 3등분했다.

④ 기술에 관한 구두법은 ISBD에 준하였다.

본서에서는 AACR의 개정판과 1967년에 발행된 AACR의 초판과의 구분을 위해 초판을 AACR1이라 하고, 1978년 개정판을 AACR2로 명명하였다.

영어권의 4개 주요국가 목록기관인 British Library(BL), Library of Congress(LC), National Library of Australia(NLA), National Library of Canada

(NLC)에서는 1975년에 앞으로 간행될 AACR2를 1980년 1월 1일부터 채택하고 기존목록을 동결하기로 결정해 두기도 하였다.[120] 그러나 미국 내에서는 그 채택에 관해 상당한 논란이 있었다. 개정판의 이론적 근거에 대한 논평과 개정규칙의 실제적용, 기존목록과의 통합, 기존목록의 동결 등에 대한 검토가 선행되어야 한다는 이유를 내세운 미국의 연구도서관협회(Association of Research Libraries)회원과 OCLC를 포함한 미국의 도서관사회의 압력에 의해 1978년 8월 3일에 미국도서관협회 본부회의에서는 그 적용을 1년간 연기하기로 결정하고, 1978년 12월에는 AACR2의 채택에 관한 위원회를 설치하였다.[121] 또한 NLC와 BL에서도 AACR2의 채택을 연기한다고 발표하였으나[122] LC에서는 이미 점차적인 적용정책을 발표하기도 했다.[123]

AACR2가 발행된 후 다음 개정을 위한 움직임을 계속하여 1980년 5월부터 1981년 6월까지 13차례의 workshop을 계획하고 AACR2의 개정에 책임이 있는 5개 단체가 개정을 위해 새로운 협의에 들어갔다. 1981년 이후에 AACR2개정을 위한 합동위원회(JSCAACR, 1977년 결성)에 ACOC(Australian Committee on Cataloguing)가 초청되다가 1986년에 정식으로 운영위원회에 참석하게 되었다. 이 위원회의 개정작업으로 1988년 AACR2의 1988 Revision을 발행하게 되었고,[124] 이 판의 약자를 AACR2R

---

120) Carol R. Kelm, "The Historical Development of the Second Edition of the Anglo-American Cataloging Rules," *Library Resources & Technical Services*, vol. 22, no. 1 (1978): p. 29.

121) Marilyn H. Jones, "Year's Work in Cataloging and Classification: 1978," *Library Resources & Technical Services*, vol. 23, no. 3 (1979): p. 248.

122) Jones.

123) Wesley Simonton, "An introduction to AACR2," *Library Resources & Technical Services*, vol. 23, no. 3 (1979): p. 336.

로 하였다. 이렇게 1988년 개정판 AACR2R의 개정에는 ALA, BL, CCC, LA, LC, ACOC로 4개국 6개 단체가 참여하게 되었다.

AACR2R은 AACR2의 기본적인 구조와 규정에 대한 개념을 변화시키지 않았다는 점에서 새로운 판은 아니고 보다 강화된 AACR2이다. 개정한 부분은 잘못된 것이나 누락된 것을 바로 잡고, 이해를 용이하게 하기 위해서 용어를 수정하고, 부적절하다고 판명된 규칙을 완전히 새로 바꾸었으며,[125] 그리고 새로운 규칙과 예를 추가하였다. 어떤 규칙은 용어를 새로 정하거나 재배열하였으며, 적절한 참조(references)를 부가하기도 하고, 기술변화도 반영하였다.[126] 그래서 제9장 'Machine readable data files'는 'Computer file'로 장의 명칭을 바꾸고 대폭 개정된 규칙으로 재 작성하였다. 이 외도 많은 예를 포함시켰는데 예를 들면 입체감을 나타내는 지도(3.5B5), 녹음자료의 기술사항, 테이프와 디스크(6.5C2)의 녹음유형, 녹음카세트 테이프의 크기(6.5D5), 비디오디스크(7.5B2), 7.7B10j) 등에 대한 세부적인 규칙이다.[127]

---

124) *Anglo-American Cataloguing Rules*, prepared under the direction of the Joint Steering Committee for Revision of AACR, a committee of the American Library Association, the Australian Committee on Cataloguing, the British Library, the Canadian Committee on Cataloguing, the Library Association, the Library of Congress; edited by Michael Gorman and Paul Winkler (2nd ed. 1988 revision. Ottawa: Canadian Library Association; London: Library Association, c1988)

125) 표목에서 통일을 기하기 위해서 몇 개의 규칙이 변화되었다. 연속간행물의 표제가 바뀔 때 조그마한 변화를 무시하였고, 표목으로 사용된 필명(pseudonyms)의 선택에서 결정된(22.2B) 어구를 표목으로 하는 경우와 Forename을 표목으로 하는 경우이다. 주요한 영역은 지명(23)에서 AACR2에서 허용한 2개의 임의규정을 삭제하였다. 악보에서는 통일표제(25)의 설정을 원저자료에 의해 개편과 번호배정을 재배치하고 있다는 점 등이다.

126) *AACR2R*, pp. xii-xiv.

127) Mary Piggott, *The Cataloguer's Way Through AACR2, from document Receipt to*

「*AACR2*. Revision 2002」[128]는 1999년과 2001년 각각 수정판으로 출간된 2세트의 개정판을 가제식형태로 합친 것이며, 또한 2001년에 인정되어 2002년에 완결된 개정판을 포함한 것이다. 이 규정에 영향을 미친 것은 1978년에 2판이 출판된 이래 인터넷의 등장과 전자정보원의 증가, 이용자의 요구와 기대의 급속한 변화 등이다. 이러한 새로운 환경에 대응하기 위해 1997년 토론토국제회의에서 AACR의 개정을 위한 JSC(Joint Steering Committee: 공동운영위원회)가 AACR의 원리와 미래발전에 관한 연구조사 및 개혁이라는 의욕적인 계획을 가지고 발족되었다. JSC는 6차례[129]의 회의를 통해 규정의 발전에 기여하였다.

실제적인 개정은 제3장 지도자료(Cartographic Materials), 제9장 전자자료(Electronic Resources), 제12장 계속자료(Continuing Resources) 등 주로 3장에서 이루어졌고, 다른 부분은 부분적인 개정이 있었다.

5.7. 일본의 목록규칙

일본의 목록규칙은 일제하에서부터 한국의 도서관 자료정리에 직간접으로 영향을 끼쳤다는 점에서 본장에서 간단히 일괄하였다.

Document Retrieval (London: The Library Association, 1990), pp. 5-9.

128) *Anglo-American Cataloguing Rules, Second Edition, 2002 Revision*, prepared under the direction of The Joint Steering Committee for Revision of AACR (a committee of: The American Library Association, The Australian Committee on Cataloguing, The British Library, The Canadian Committee on Cataloguing, Chartered Institute of Library and Information Professionals, The Library of Congress)(Ottawa: Canadian Library Association; London: Chartered Institute of Library and Information Professionals; Chicago: American Library Association, c2002).

129) Leeds, England (November 1998); Brishbane, Australia (October 1999); San Diego, United States (March 2000); London, England (Sept. 2000); Washington, United States (April 2001); Ottawa, Canada (October 2001) 등이다.

일본도서관협회의 전신인 일본문고협회가 1892년에 설립되고, 1893년 9월에 5장 22조로 된 목록규칙 **「화한서목록편찬규칙해안(和漢書目錄編纂規則解按)」**을 발표했다. 이 규칙은 다시 심의를 거쳐 1900년에 서명기본기입을 원칙으로 한 **「화한도서목록편찬규칙(和漢圖書目錄編纂規則)」**을 조직단체명으로 간행하였다.[130] 이 규칙이 일본최초의 목록규칙으로 여기에는 문부성이 편찬한 **「도서관관리법(圖書館管理法)」**이 수록되어 있다.

이 규칙은 5장[131]으로 구성되어 있고, 중요한 특징은 다음과 같다.

① 서명의 정보원은 표지, 그 이면, 권수(卷首) 중에서 제일 상세한 것을 기재한다.

② 저자명은 본명을 기재한다.

③ 서명과 저자명의 읽는 방법이 2가지일 때는 표목으로 기재 되지 않은 명칭은 참조한다.

④ 국(國), 시(市), 정(町), 촌(村) 기타의 단체명은 각각 그 단체명을 표목으로 한다.

⑤ 배열은 50음순으로 한다.

⑥ 동일 저자의 저작은 전집, 일부분의 저작집, 개인저작의 순으로 배열한다.

일본도서관협회는 1909년 도서관대회에서 **「화한도서목록편찬규칙(和漢圖書目錄編纂規則)」**의 개정을 결의하고, 1883년 ALA에서 발표한 「*Condensed Rules for an Author and title Catalog*(저자 · 서명목록간략규칙)」에

---

130) 日本圖書館協會目錄委員會 編, **日本目錄規則** (1965年版. 東京: 日本圖協, 1965), pp. 19-20.

131) 내용목차: 第1章 書名, 第2章 著者名, 第3章 出版諸件, 第4章 備考及目次, 第5章 配列.

준해서 작성한 동경제국대학부속도서관의 「**양서저자서명목록편찬규칙(洋書著者書名目錄編纂規則)** (1897년 발행)」을 참고로 1910년 「**화한도서목록편찬규칙(和漢圖書目錄編纂規則)**」을 제정 발표하였다.[132)]

이 규칙은 5장 32조로 구성되어 있고, 그 중요한 특징은 다음과 같다.

① 서명기본기입을 제일 원칙으로 한다.

② 저자명은 본명을 기입한다.

③ 문학자나 예술가 등은 제일 잘 알려진 이름으로 기재하고 본명으로부터 참조한다.

④ 합철서와 독립된 서명의 부록은 서명분출로 규정한다.

⑤ 배열은 50음순(일본어 문자순)으로 한다.

1930년 일본도서관협회는 과거 20년간 사용된 「**화한도서목록편찬규칙(和漢圖書目錄編纂規則)**」에 대한 개정에 동의가 있었고, 동년 11월에 목록법조사위원회를 구성하였다. 위원회는 1932년 1월 27일 서명・저자명기본기입을 원칙으로 한 「**화한도서목록법안(和漢圖書目錄法案)**」을 제출하였고 동년 4월 「**도서관잡지(圖書館雜誌)**」에 공포하였다.[133)]

「**일본목록규칙(日本目錄規則)** 1942년판」은 1932년에 발표된 「**화한도서목록법안(和漢圖書目錄法案)**」이 화한서에만 치중하고 주기입에 대한 견해가 불명확하다는 이유로 저자명과 서명기입에 대한 양자의 입장 간에 논쟁이 일기 시작했다. 1939년 12월 일본청년도서관원연맹은 목록법제정

---

132) 이 규칙은 **圖書館雜誌**, 第8號(明治43년 3月 21日 發刊)에 처음 발표.

133) **和漢書目錄法**의 중요 목차: 1조-4조 총칙, 5조-34조 서명, 35조-68조 저자명, 69조-103조 출판사항, 104조-124조 대조사항, 125조-151조 카드 기입법, 152조-163조 배열, 164조-168조 잡건 (田中敬, **和漢書目錄法** (東京: 早川圖書, 1980) 부록에서 참조)

위원회를 설치하고 2회에 걸쳐 위원회를 갱신하면서 규칙의 기초에 착수하여 1942년 5월 화서와 양서에 공통적으로 적용될 수 있도록 저자명기본기입을 원칙으로 한 「**일본목록규칙(日本目錄規則**: *Nippon Catalog Rules*)」[134]을 완성하였다. 이 규칙의 주된 근거는 「ALA**목록규칙**(1949년판)」이었으며, 그 구성은 전문 138조와 부칙으로 Film, 환등판, 음반 등의 규칙이 있고, 또한 카드의 견본(2단식)을 수록하고 있다.

이 규칙의 특색[135]은

① 화한양서의 공통이용을 위한 것이다.

② 카드목록뿐 아니라 책자형목록에도 준용될 수 있도록 한 규칙이다.

③ 저자명기본기입을 원칙으로 하고 자료의 특수성에 따라 서명 또는 특수한 표목을 기본기입으로 하였다.

④ 중요한 용어를 부록으로 정의했다.

⑤ 규칙조항의 말미에 필요한 부출과 참조를 부기했다.

⑥ 실례는 규정조문에 응하여 전부 또는 일부를 카드 기입양식의 약어표로 부기하였다.

「**일본목록규칙(日本目錄規則**: *Nippon Catalog Rules*) 1952年版」은 영미목록규칙의 영향을 가장 많이 받은 규칙이다. 제2차 세계대전 후 새로 발족하는 국립국회도서관의 채용을 전제로 한 새로운 규칙제정에 대한 권고가 있었다. 일본도서관협회는 일본청년도서관원연맹에서 완성한 일본목록규칙의 개정을 계승받아 1949년 7월 목록위원회를 설치하고 「ALA**목록규**

134) 青年圖書館聯盟目錄法制定委員會 編, **日本目錄規則**(NCR) (大阪: 間宮商店, 1942)

135) NCR, p. 11

칙(1949년판)」과 「**LC기술규칙**」을 참고로 저자명기본기입을 원칙으로 한 「**일본목록규칙(日本目錄規則)** 1952年版」을 완성했다.[136] 이 규칙은 일본 서적에 관해서는 일본목록규칙 1942년판의 화한서 부분을 중심으로 편찬하였고, 양서는 ALA와 LC의 규칙을 채용하도록 하고 있다.[137] 이렇게 두 개의 규칙이 사용되는 변칙적인 형태가 설정되었고, 이로 인해 자료가 언어별로 나누어지게 되고, 이용자의 입장에서도 문제가 제기되었으며, 본질적으로는 일관성이 결여된 규칙이었다.

「**일본목록규칙(日本目錄規則)** 1965年版」은 파리의 ICCP의 영향을 받은 규칙이다. 1952년판이 발행되자 바로 규칙이 가진 문제점으로 개정의 필요성이 제기되었다. 1955년 2월 17일 상무이사회는 새로운 목록위원회를 결정하고, 동년 9월 9일부터 개정을 위한 모임을 시작하였다. 목록위원회의 임무는 ① 일본목록규칙 1952년판에 대한 의의를 심사하고, 규정의 해석을 정하여 필요에 응할 수 있는 세칙을 설정하는 등의 규정제정안을 작성하는 일과, ② 1952년판에 포함되지 않았던 제 규칙을 입안해서 1965년판을 완성하는 것이다.[138] 이 규칙은 개정이 진행되는 1961년에 파리에서 목록법원칙회의가 열려 원칙성명이 발표되었고, 이를 새로운 규칙개정에 채용하게 되었다.

이 규칙은 기입에 관해 국제적으로 일치되는 원칙을 기초로 했으며, 화한(和漢), 양서에 공히 적용할 것을 전제로 총20장 177조로 배열규칙, 연속간행물, 지도, 악보, 시청각자료에 관한 규칙을 포함하고 있다.

---

136) 岩淵泰郞, **資料組織論** (東京: 成文堂, 1975), p. 20.

137) 岩淵泰郞, pp. 20-21.

138) 日本圖書館協會 目錄委員會 編, **日本目錄規則** (1965年版. 東京: 1965), p. 5.

이 규칙의 특징[139)]은

① 제2장부터 제20장까지의 원칙 조문에는 실례를 부기했다.

② 실례는 카드 기재형식에 따라 필요사항만 수록했다.

③ 제2장부터 제20장까지의 화한서 실례는 표목의 읽는 원칙을 로마자표기형식으로 기재했다.

④ 로마원어형에는 표기어에 하선(underline)을 했다.

⑤ 제20장의 표목 읽기에는 *カタカナ*(가다가나)를 표기하는 형식으로 기재했다.

⑥ 조문에는 실례에 첨부해서 [ ] 속에 참조를 지시했다.

⑦ 실례에 첨부해서 그 조문에 관계된 부출을 지시했다.

⑧ 제2장부터 제9장까지는 저작 형식에 따른 기본기입표목을 제10장은 그의 응용으로 자료의 형태에 따른 기본기입표목을 규정화했다.

「**일본목록규칙 예비판(日本目錄規則 豫備版)** 1977年版」[140)]은 ISBD의 기술에 관한 원칙을 근거로 제작된 규칙이다. 1970년 1월 새로운 위원회를 발족하고 수차례의 모임을 거쳐 「**도서관잡지(圖書館雜誌)**」 제63권 11/12호에 그 성과를 발표하고, 이것을 다시 검토한 후 본회의에서 결정된 규정을 별쇄로 일본목록규칙 1965년판에 부가하는 형식으로 1971년 9월에 출판하였다.[141)] 이어서 위원회는 IFLA주최의 국제목록전문가회의(IMCE)가 설치한 표준서지기술(Standard Bibliographic Description: SBD) 실

---

139) 日本圖書館協會 目錄委員會 編, **日本目錄規則** (1965年版), p. 16.

140) 日本圖書館協會 目錄委員會 編, **日本目錄規則** (新版, 豫備版. 東京: 1977), pp. i-iv.

141) 日本圖書館協會 目錄委員會 編, **日本目錄規則** (1965年版 追加規則および 修正 增補事項. 東京: 1971).

무진과 긴밀한 연락을 갖고 일본측의 의견을 송부하기도 했다. 위원회는 1970년부터 1977년까지 6회에 걸친 정리기술에 관한 전국회의를 가졌으며 81회의 위원회 자체회의를 거쳐 1977년 6월 예비판의 최종안을 결정하고 1977년 12월 6일에 예비판을 발행했다.

1983년 8월 예비판을 본판화하기 위한 새로운 위원회가 발족되었다. 위원회는 ISBD(G), ISBD(M), ISBD(NBM), ISBD(S)의 초안을 입수해 그 내용을 본판 안의 구성에 반영토록 하고, NCR본판에서는 종래의 목록규칙과 같이 도서중심으로 규칙화하지 않고 모든 자료를 그 대상으로 하였다. 1984년 일본도서관협회에서 개최한 제9회 정리기술전국회의는 NCR본판화 원안의 개요를 제시하고 참가자의 의견발표와 토의를 거쳤다.

각 조항 작성 작업 방침은

① 기술부문은 우선 기술총칙의 장을 확정하고, 다른 장은 이 기술총칙의 장 형식으로 한다.

② 예비판 '추록 및 수정'에 공포한 점자, 지도, 녹음, 영상, 마이크로 등의 각 기술은 기술총칙의 형식에 포함해 재검토한다.

③ 악보, 기계가독데이터파일, 복제, 원본대차자료는 새로운 원안을 작성한다.

④ 정지화상자료, 3차원공예품, 실물, 비간행물은 우선 보류한다.

1985년 10월에는 일본목록규칙 본판 제2차안을 개정했고, 1986년 6월에는 목록규칙 본판 제3차안을 간행했다. 이후 목록위원회는 1986년부터 규칙조항의 조정, 각 장에 대한 스타일의 통일, 용어해설 등의 부록 부문을 완성하여 1987년 8월에 NCR본판을 간행하였다.

6. 한국의 목록

서양의 목록이 동일 분류 내에서 저자명의 자모순으로 저작을 배열한 것에 반해 한국의 목록은 저작을 서명아래 기입하고, 동일 항목 내에서 장유유서적 연대순으로 배열하였다. 그래서 한국의 목록은 분류목록에 대한 저자나 서명색인도 없었고, 자모순의 독립된 저자명목록이나 서명목록도 없었으며, 근대적인 목록이 도입된 20세기 초엽까지 목록을 통한 논리적인 분류순 검색은 가능했으나 자모순에 의한 접근은 배려되지 않았다.

한국의 목록은 1945년(해방)을 기점으로 하여, 그 이전의 목록인 자료별에 따른 판목이나 서목인 판각목록(板刻目錄), 장서목록, 문헌목록 등 그 대표적인 것의 선별방법과 분류, 목록체계 등의 특징을 살펴보고, 해방 이후에는 도서관의 목록작성과 연관시켜 한국인에 의해 제정된 각종 목록규칙의 제정동기와 특성을 살펴보았다.

6.1. 해방 이전의 목록

「**대장목록(大藏目錄)**」은 판각목록으로 한국에서 가장 앞선 목록이다. 「**대장목록**」은 현종(顯宗) 2년(1011)에 편찬을 착수하여 선종(宣宗) 4년(1087)에 완성된 초조대장경의 목록이다. 이 목록은 현존하지 않기 때문에 분명한 내용은 확인되지 않았지만 다음에 제작된 재조대장경의 「**대장경목록(大藏經目錄)**」에 의해 그 내용과 체제를 파악하고 있다. 「**대장목록**」은 북송(北宋) 「**개보칙판대장경(開寶勅板大藏經)**」의 내용과 체제를 바탕으로 분류체계는 「**개보칙판대장경**」에 준하여 ① 보살삼장경(대승경율론)(菩薩三藏經(大乘經律論)), ② 성문삼장경(소승경율론)(聲門三藏經(小乘

經律論)), ③ 성현전기록(성현집전)(聖賢傳記錄(聖賢集傳)), ④ 보유(補遺)[142] 등 4개의 류(類)개념으로 구분하고, 보살삼장경과 성문삼장경은 다시 강(綱)개념인 경(經), 율(律), 논(論)으로 세분하였으며, 성현전기록은 다시 2강(綱)으로, 보유는 3강(綱)으로 세분하였다.[143] 그리고 강(綱)이하는 세목의 개념으로 세분하였다. 그러나 일부는 분류하지 않고 경전의 인본이 입수 판각되는 대로 누가방법으로 편집하기도 했다.

목록은 함차별(函次別)로 권수, 인지수(因紙數), 경전서명, 권차, 역찬자(譯撰者)의 역조명(歷朝名), 승명 역찬표시 순으로 극히 간단하게 기술되어 있다. 그러나 「**대장목록**」은 당시까지 동양에서 엮어진 한역정장(漢譯正藏)의 판각목록으로서는 그 규모가 가장 포괄적인 것이다.[144]

「**신편제종교장총록(新編諸宗教藏總錄)**」은 고려 11대 문종(文宗)의 넷째 아들인 의천(義天)[145]이 선종(宣宗) 7년(1090)에 찬술한 불경의 장소목록(章疏目錄)이다. 이는 보통 「**의천록(義天錄)**」, 「**교장총목(教藏總目)**」, 「**속장목록(續藏目錄)**」[146]이라고도 한다.

---

142) 金聖洙, "[大藏目錄]과 [縮刷藏目錄], [字藏目錄]의 分類體系에 관한 研究," **書誌學研究**, 創刊號 (1986): p. 108.

143) 金聖洙.

144) 千惠鳳, **韓國書誌學** (서울: 민음사, 1991), p. 40.

145) 의천(義天)은 성은 왕(王)씨이고, 이름은 후(煦)이다. 문종(文宗) 9년(1055) 9월에 왕자로 태어나 숙종(肅宗) 6년(1101) 10월 5일 47세로 입적하였다. 시호(諡號)는 대각국사(大覺國師)로 호칭되었다. 의천은 11세에 부왕(父王)의 명으로 출가하여 13세 때 명승대덕 법호(法號)와 승통(僧統)의 직을 받았다. 선종(宣宗) 2년(1085)에 송나라로 가서 명승대덕(名僧大德)을 두루 역방하며 수학하여 이들과 법요(法要)를 토의하면서 고려, 송, 요 일본의 고금제가(古今諸家)의 소초(疏鈔)를 수집하여 목록을 엮기 시작하였다. 귀국(1086) 후 흥왕사(興王寺)에 교장도감(教藏都監)을 설치하여 요나라와 일본으로 서신을 보내면서 자료수집에 전념하였다.

총록은 모두 1,010부(部) 4,857권을 상, 중, 하 3권에 수록하고 있고 각 책머리의 내제(內題)는 「**해동유본견행록(海東有本見行錄)**」으로 되어 있다. 총록의 제명과 수록부수, 권수를 보면

新編諸宗教藏總錄 卷第一
　海東有本見行錄 上 經部 597部 중 561部 2,703卷
新編諸宗教藏總錄 卷第二
　海東有本見行錄 中 經部 36部 76卷, 律部 106部 391卷
新編諸宗教藏總錄 卷第三
　海東有本見行錄 下 論部 131部 781卷, 集部 176部 906卷
　　計 3卷 1,010部 4,857卷

수록된 저작은 의천 이전 시대의 사본들로 대부분이 당나라와 송나라의 것이나 신라인의 찬술(撰述)도 상당히 포함되어 있다.

분류체계는

제1단계: 경(經), 율(律), 논(論)의 3부로 구분하고 다음에 대승(大乘), 소승(小乘) 순으로 배열

제2단계: 의천의 교학관(教學觀)에 따른 중요도순에 따라 경전명을 배열

제3단계: 저작의 연대순으로 배열하는 등 독자적인 체계를 가지고 있다.

목록기술은 경전명을 앞세워 표출시키고, 행을 달리하여 그에 해당하는 각각의 장소명(章疏名)을 기입하였으며, 이어서 그 권수를 적고 다음에 필요한 주(註)를 기술하였다. 끝으로 저자명, 술(述), 설(說), 주(注), 편(編), 록(錄), 찬(撰) 등을 표시하였다. 한편 동일한 저자의 저작이 둘 이상 연속

---

146) 이는 속장경의 간행을 주목적으로 하였기 때문에 일명 「**續藏目錄**」이라고도 한다. 현존 한국 최고(最古)의 초조(初雕)의 「**大藏目錄**」 다음으로 편찬한 목록이다.

된 경우는 저자명을 마지막 저작에만 표시하고 그 위에 사상(已上)이라고 생략표시를 하고 있으며, 저작자 미상인 경우는 망명(亡名)이라고 표시하고 있다. 이렇게 목록의 체계는 약서명(略書名), 권수, 찬술자(撰述者)의 순으로 약기하고, 동일 찬술자의 것이 함께 있도록 배열하였다. 이 목록은 동양 학승들의 장소(章疏)를 우리가 최초로 집성하여 판각한 목록이란 점에서 그 의의가 있고, 한역장경(漢譯藏經)에 대한 존재여부를 확인하는 참고자료로서도 그 가치가 인정되고 있다.

「**대장경목록(大藏經目錄)**」은 고종(高宗) 24년(1237)부터 38년(1251)까지 대장도감(大藏都監)이 조조한 대장경 판각목록이다. 상기한 초조의 경판이 몽고군의 침입으로 소실되었기 때문에 다시 재조한 결판의 목록이다. 「**대장경목록**」은 초조대장경목록에서 누락된 것과 이역(異譯), 착사(錯寫) 등이 심한 것을 추가 또는 대체하고, 초조 이후에 입수된 송조대장경(宋朝大藏經)의 추조분(追雕分)과 장소류(章疏類)와 승전류(僧傳類)를 누가 보유한 것이다. 따라서 분류와 목록의 체제는 「**대장목록**」과 같다.

이 목록은 판각목록으로서 경판의 점검용 함가목록의 성격을 함께 하고 있다.

「**고사촬요 책판목록(攷事撮要 册板目錄)**」은 명종(明宗) 9년(1554)에 어숙권(魚叔權)이 당시 팔도에 보관되어 있던 책판을 조사하여 그 약서명을 고사촬요의 팔도정도(八途程途)에 수록한 것이다. 이 목록의 체계는 먼저 도별(道別)로 나누고 다음에 고을별로 나눈 지역별 서명일람형식이다. 특히 이 책판목록은 고사촬요의 여러 판 중에서 1592년 이전 판에만 수록되어 있다. 이 책판은 선조(宣祖) 1년(1568)과 9년(1576) 그리고 18년

(1585)에 각각 증수(增修)되어 새겨졌으나 임진왜란으로 거의 소훼(燒燬) 또는 연몰(煙沒)되었으므로 이를 삭제하고 진공방물(進貢方物)로 대치하였다.

「**고책판소재고(古冊板所在考)**」는 임진란 이후에 사회가 안정됨에 따라 학문 및 교육에 필요한 전적과 관서용 및 민간용의 책들이 다시 개판되기 시작하였고, 이들 책판을 영조조(英祖朝)에 들어와서 목록으로 엮은 것이 「**고책판소재고**」이다. 이 목록은 숙종조(肅宗朝)에서 편찬된 「**해동지지(海東地誌)**」에서 6도(道)[147]의 책판을 옮겨 놓고, 그 지지(地誌)에 빠진 영남판은 「**영남책판기(嶺南冊板記)**」에서 옮겨 적었다.

「**해동문헌총록(海東文獻總錄)**」은 인조 5년(1637)에 김휴(金烋: 1597-1640)가 편찬한 문헌서목이다. 이 총록은 서지학적 개념과 각 문헌에 관심을 가지고 주제별로 나누어 찬술한 최초의 도서해제집[148]으로 한국에서 의도적으로 엮은 문헌중심의 기입이고, 가장 큰 규모의 것이다. 김휴는 스승 장여헌(張旅軒)의 가르침으로 임진란 이후에 낙동강을 중심으로 동남북지방[149]의 명문대가를 직접방문하기도 하고, 여러 고전자료에서 기록을 조사하여 비장본의 서명을 적고, 해제를 붙여 찬술하였다. 문

---

147) 六道는 경기, 충청, 전라, 강원, 황해, 함경 등

148) 鄭明世, 金烋, "「海東文獻總錄」硏究," **嶺南語文學**, 제14집 (1987. 8.): p. 165. 176. 문헌에서 목록만 소개한 경우가 23종, 찬자의 저서까지 합쳐서 논급한 것이 38종, 해제가 있는 것이 470종, 두주(頭註)가 68건이나 되는 것으로 보아서 해동문헌총록은 해제 중심의 목록임을 알 수 있다.

149) 안동, 의성, 군위, 선산, 상주, 문경, 예천, 영주, 봉화, 영양, 예안 등의 명문대가를 방문 비장본을 조사하였다.

헌의 수록범위는 신라부터 조선조 중기까지의 자료를 포괄하고 시대별로는 고구려 1종, 신라 20종, 고려 149종, 조선조 470종을 해제하였으며, 저술별로는 어제 10종, 봉명찬 84종, 개인찬 491종, 미상 55종으로 되어 있다.[150)]

도서해제의 요령은

서명, 판본, 권책수, 편자, 간행연대를 앞세우고 다음에 내용을 논급하고

서두에 도서의 내용을 포함한 성격을 밝히고

저술의 유래와 간행경위를 밝히고

도서의 중요내용을 설명하고

도서에 별명이 있으면 이에 대해서 밝히고 있다.[151)]

총록의 류별내용[152)]은 종래의 분류체계에 의하지 않고 완전히 독자적인 분류로 편성하였다.

총록의 목록체제는 서명을 먼저 기입하고, 다음 행에 편찬자의 약전, 해제 및 서발문을 인용하여 초록하는 형식으로 기술하고 있다.

「**문예전고(文藝典故)**」는 「**연려실기술별집(燃藜室記述別集)**」 제14권의 책명이다. 이 책은 이긍익(李肯翊: 1736-1806)이 한국 국사관계자료 600여 종을 여러 문헌에서 기록을 조사하여 엮은 문헌목록이다. 내용은 학문,

150) 鄭明世, p. 175.

151) 朝鮮總督府, **朝鮮圖書解題**, 1918. 凡例參照를 鄭明世, p. 177에서 재인용.

152) "總類, 御製詩集類, 諸家文集類, 釋家類, 經書類, 史記類, 禮樂類, 兵政類, 法典類, 天文類, 地理類, 譜牒類, 鑑誡類, 註解類, 小學類, 醫藥類, 農桑類, 中國詩文撰述類, 東國諸文撰述類, 中國東國詩文合編類, 儒家雜著述類, 諸家雜著述類, 道東錄目錄"

문장, 필법, 화가, 서화가, 족보, 주자, 언해, 여지승람, 경국대전, 예서류, 문집, 야사류, 병서류, 서가류(譯家類)로 되어 있다.

「**해동역사 예문지 "경적"(海東繹史 藝文誌 "經籍")**」은 한치윤(韓致奫: 1764-1814)이 여러 문헌에서 기록을 조사하여 엮은 문헌목록이다. 해동역사는 정편에 단군조선으로부터 고려말기에 이르는 세기(世紀)를 위시하여 제지(諸誌)와 제전(諸傳)이 수록되어 있고, 속편에는 한진서(韓鎭書) 보충의 「**지리고(地理考)**」가 수록되어 있는 별사체 사서(別史體 史書)이다. 이 중 지(誌) 제42권에서 제45권까지 모두 4권으로 된 서지이다.

「**예문지 "경적"(藝文誌 "經籍")**」의 내용은 17건의 표제기사로 편성된 총론을 시대순의 맨 앞에 기술하고, 이어 본국서목, 중국서목 및 동국기사로 나누어, 각각 경사자집의 사부법으로 분류하였다. 그리고 류목 이하는 전개되어 있지 않다. 편집은 역대의 국내외 문헌에서 각 기입과 관련이 있는 기사를 발췌, 수록하고, 이들 수록 기사에 대하여 검토 비평하는 독특한 방법을 취하고 있다.[153)]

목록체계는 총론은 「**한서예문지(漢書藝文志)**」의 집략(輯略)의 성격을 지니고, 본국서목과 중국서목은 일반적인 해제목록의 체제를 유지하고 있다. 표목에서는 다른 한국 서목과는 달리 저자명을 먼저 기입하고, 서명을 나중에 기입하는 방식을 채택하고 있다.[154)] 서목은 일반적으로 서명에 저자명을 관기(冠記)하고 있으며, 저자가 소정의 인용문헌에 표시되어 있지 않은 고려 이전에 편찬된 서적은 서명에 국명을 관기하고, 조선

---

153) 김종천, "해동역사 예문지 경적의 체제," **논문집**(상명여자대학), 제15집 (1985): p. 301.

154) 이재철, "한국서지목록학사의 일연구," **省谷論叢**, 제7집 (1976): p. 589.

시대의 저술이나 서명에 국명이 포함되어 있는 것은 관기를 생략하였다.[155] 이 서목은 표목의 선정, 형식에 있어서 매우 합리적이고 치밀한 면을 나타내고 있다.

「**증보문헌비고 예문고(增補文獻備考 藝文考)**」는 홍봉한(洪鳳漢) 등이 영조 46년(1770) 왕명으로 엮은 「**동국문헌비고(東國文獻備考)**」를 이만운(李萬運) 등이 정조 6년(1782)에 중수(重修)하여 「**증정문헌비고(增訂文獻備考)**」로 제목을 고쳤으나 초고만 남아 있고 출간한 흔적은 없다.[156] 또 다시 홍문관 학사들이 광무 11년(1907)에 대폭 수정하여 「**증보문헌비고(增補文獻備考)**」로 융희 2년(1908)에 출판한 것이다. 「**증보문헌비고**」는 원나라 마서임(馬瑞臨)이 엮은 「**문헌통고(文獻通考)**」의 편찬방법을 본 따서 삼국시대부터 조선말기까지 문물제도를 집대성한 것이다. 그 체제는 분야별 서목으로 문장형식과 서목형식으로 기술하고, 서목형식에는 서명의 표출에 이어 권수, 편찬자의 표시, 편찬자의 약전과 내용의 약해가 함께 수록되어 있다.

「**삼남책판목록(三南册板目錄)**」은 완영(完營)에서 판각된 책판을 수록하고 있다고 하여 일명 「**완영책판목록(完營册板目錄)**」이라고도 한다. 이 목록은 영조(英祖) 35년(1759)에 삼남지방인 전라, 충청, 경상도의 책판에 약간의 함경도 책판을 곁들어 엮은 책판목록이다. 그 뒤 정조 15년(1791)에 재조사되어 「**오차서록(五車書錄)**」으로 개제되기도 하였다.

155) 김종천, p. 323.
156) 정광수, "증정문헌비고의 예문고연구," **書誌學硏究**, 제5집 (1990): p. 404.

「**누판고(鏤板考)**」는 정조 20년(1796)에 규장각의 가신 서유구(徐有榘) 등이 중앙과 지방관서 그리고 사사기관까지 포함된 전국적인 규모의 조사로 편찬한 책판목록이다. 분류는 어찬(御撰)과 왕명에 의해 편찬된 어정서(御定書)를 먼저 별치하고, 다음에 사부법으로 체계화하였으며, 목록은 서명, 권수표시에 이어 다음 행에 편찬자 약해, 장판인지의 순으로 기술하였다. 그리고 책판의 소장처와 판의 수량, 온전성 여부를 밝히면서 한문 해제까지 곁들인 서목이다. 이 책판은 지금까지 제시된 책판에 비해 가장 권위가 있고, 그 편성 체제가 잘 갖추어진 목록으로 알려져 있다.

「**제도책판목록(諸道册板目錄)**」은 일명 「**각도책판목록(各道册板目錄)**」이라고도 한다. 이 목록은 헌종 6년(1840)에 함경도를 제외한 7도에서 개판된 책판을 조사하여 엮은 책판목록이다. 편성 체제는 간략하지만 장판을 신간, 완전, 구간, 완결, 파손, 그리고 관판, 사판으로 표시해 주고 있다는 특징이 있다.

「**조선서지(朝鮮書誌)**」는 불어 서명 「*Bibliographie Coreene*」으로 파리동양학교에서 발간하였다. 이 서지는 고종 때 프랑스 공사관에 근무한 Mourice Courant(1865-1935)이 자신이 조사한 전적과 여러 프랑스인이 수집해 가져간 장서 그리고 일본 등 외국에서 방서(訪書)한 것에 의해 엮은 조선시대 최초의 서목이다. 이 서지는 1894년부터 1896년 사이에 I, II, III권이 출판되었고, 1901년에 그 보유 1권이 발간[157]된 전체가 4권 1,600면으로 된 방대한 자료이다. 그 내용은 전반적인 한국서지와 문화에 대해

157) 김봉희, "모리스 · 꾸랑의 [韓國書誌] 중 <天主教類>硏究," **書誌學硏究**, 제5, 6합집 (1990): p. 87.

서술하고 있는 단행본 분량의 서론과 9부 36류[158] 총 3,821종의 도서를 소개하고 있다.

이 서지는 동양서 분류체계인 사분법인 경사자집을 따르지 않고, 9분법으로 분류하였으며, 각 문헌에는 프랑스어로 해제를 붙이고 있다.

「**고선책보(古鮮册譜)**」는 대한제국 때 조선공사 통역관인 일본인 前間恭作이 1904년경부터 1943년까지 40여 년간 수집한 장서를 비롯하여 한국, 일본, 만주 지방의 여러 장서 그리고 각종 문헌을 조사하여 엮은 서목이다. 당시 한국서목으로는 가장 방대한 것으로 2,000면이 넘는 것을 3권으로 발행하였다. 이 자료는 10년간에 걸쳐 완성된 자료로 제1권 1944, 제2권 1956, 제3권 1957년에 각각 발행되었다. 내용은 해설, 저자의 경력 대요, 서, 발문, 장판(藏板), 인용전거 등 필요한 서지사항을 광범위하게 기재하고

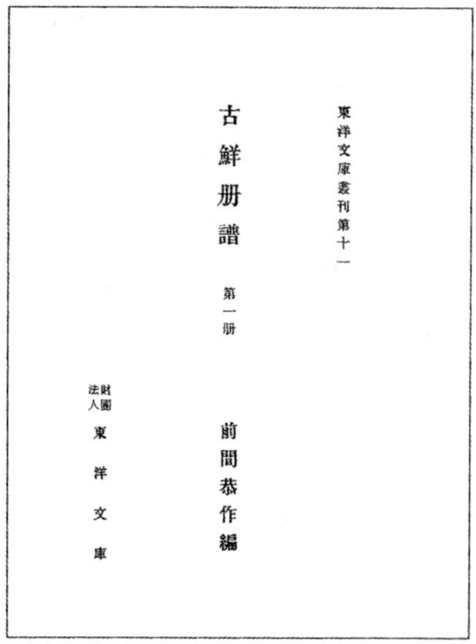
東洋文庫叢刊第十一

古鮮册譜

第一册

前間恭作編

財團法人 東洋文庫

2-5. 고선책보 표제지

158) 1. 敎誨部: 敎育類, 簡牘類, 入門類. 2. 言語部: 漢語類, 淸語類, 蒙語類, 倭語類, 梵語類. 3. 儒敎部: 經書類, 聖蹟類, 儒家類. 4. 文墨部: 詩歌類, 文集類, 傳說類, 雜書類. 5. 儀範部: 禮儀類, 治理類. 6. 史書部: 東史類, 東雜蹟類, 中史類, 地理類. 7. 技藝部: 算法類, 天文類, 術數類, 兵家類, 醫家類, 農蠶類, 樂譜類, 藝術類. 8. 敎門部: 道敎類, 佛敎類, 天主敎類, 耶蘇敎類. 9. 交通部: 條約類, 貿易類, 新報類 회

있어 유용한 자료로 인정받고 있다. 그러나 편집에서 형식이 통일되어 있지 않을 뿐 아니라 일본어 순으로 되어 있다는 단점을 가지고 있다.

이 외에도 「**홍제전서 군서표기(弘齊全書 群書標記)**」, 「**칙목녹**」, 「**남고장서록(南庫藏書錄)**」, 「**문헌각서목(文獻閣書目)**」, 「**조선서적목록(朝鮮書籍目錄)**」, 「**동국통지 예문지(東國通志 藝文志)**」 등이 있고, 사설장서목록으로 「**영남각읍교원목록(嶺南各邑校院目錄)**」과 서원이 소장하고 있는 현존본을 조사하여 엮은 「**서원문고목록(書院文庫目錄)**」,[159] 그리고 개인소장목록의 대표적인 것으로 1944년에 엮은 「**청분실서목(淸芬室書目)**」 등은 비교적 잘 알려진 목록이다.

한국 장서목록의 근거는 조선 세종조에 설립한 집현전의 장서각에서 볼 수 있다.[160]「**세종실록(世宗實錄)**」에 의하면 집현전에 장서각을 세우고 중국과 국내에서 서적을 수집하여 부록(簿錄)인 서가목록을 만들어 잘 간직했다고 하였다. 그리고 이수전(李秀甸)의 「**집현전장서각송(集賢殿藏書閣頌)**」에서는 벽을 따라 서가를 만들어 서적을 꽂고 부문별로 분류하여 아첨(牙籤)으로 표시해 놓으니 열람이 아주 편했다고 하였으며, 또 그의 송(頌) 시구(詩句)에서 경사자집으로 서적을 따로 구분해 놓으니 눈으로 보고 손으로 뽑아냄이 마치 흑백을 가르는 것 같다고 했다. 이때에 이미 장서가 4부법으로 정리되었으며, 서가부록(書架簿錄)인 장서목록이 만들어졌음을 알 수 있다.[161]

---

159) 이 서원문고목록에는 陶山, 屛山, 玉山, 檜淵, 三溪, 紹修, 藍溪, 玉洞, 道東, 臨皐, 筆巖, 遯巖, 深谷, 大老祠, 忠烈祠 등의 서원에 소장된 전적이 기록되어 있다.

160) 천혜봉, p. 44.

161) 천혜봉.

집현전 대신 홍문관이 설치, 운영되고 있을 당시에도 장서각이 마련되어 전적을 수장하였다. 「**선조실록(宣祖實錄)**」에 의하면 「**홍문관장서목록(弘文館藏書目錄)**」을 살펴보고 「**의례경전통해(儀禮經傳通解)**」 40군을 얻어 보았다는 기록이 있다. 이러한 것을 볼 때 집현전과 홍문관에서 자료를 분류하였고, 또한 관리를 위한 책자형목록이 만들어졌음을 보다 분명히 하고 있다.

이들 목록이 발전되어 실물로 전해지고 있는 것은 규장각의 장서목록이다.

「**규장총목(奎章總目)**」은 한국 최초의 장서목록으로 1781년 서호수(徐浩修)가 정조(正祖)의 명으로 편찬한 「**열고관서목(閱古觀書目)**」 6권과 「**서서서목(西序書目)**」 2권을 합하여 「**규장총목**」이라 명명하였다. 「**규장총목**」은 창경궁내원(昌慶宮內苑) 규장각의 모든 서적을 화본과 동본으로 나누어 열고관 및 개유와(皆有窩)에 화본(華本: 중국본)을, 열고관 북쪽 서고(西庫(序))에 동본(東本: 한국본)을 수장하고, 서목으로 작성된 목록이다. 이 총목은 일만이천여 권을 편성한 것이다.[162] 그러나 이 총목은 현존하고 있지 않으므로 자세한 편찬체제는 알 수 없고 다만 동명이서(同名異書)로 보이는 「**규장총목**」 4권 3책이 전존(傳存)되고 있어 이를 통해 그 체제를 추정할 수 있지만 이 역시 완전한 「**규장총목**」이 아니라 열고관 및 개유와에 수장된 중국본만을 대상으로 해제한 「**개유와서목(皆有窩書目)**」인 것이다.[163]

현존 「**규장총목**」의 편찬 체제는 4권 3책으로 편성되어 있다.[164] 권수

---

162) 下中彌三郎, **東洋史料集成** (東京: 平凡社, 1956), p. 64.

163) 송일기, "[奎章總目]과 [閱古觀書目]," **淸浪鄭駜謨博士華甲紀念論文集** (서울: 1990): p. 439.

에 총목의 범례가 수록되어 있고, 다음에 목록이 수록되어 있다.[165)]

목록의 체계는 경사자집으로 나누고, 4부 아래에 경을 9류, 사를 8류, 자를 15류, 집을 2류로 하는 34개의 유목으로 나누어 총697개의 기입이 수록되어 있다. 「**규장총목**」의 기술 및 분류체계는 재래 동양의 전통적인 기입방법인 서명기본기입방식을 채택하고 있다. 특히 경부(經部)의 총경류(總經類), 자부(子部)의 총서류(叢書類)는 중국의 역대 서목에 나타나지 않은 것이다.[166)]

이 외도 별본으로 「**열고관서목**」 64장(張)과 「**개유와북방서목(皆有窩北房書目)**」 3장의 합철본인 「**열고관서목**」이 있고 또한 별본인 「**서서유목(西序有目)**」이 있다.[167)] 이들 별본은 총목과 구분되는 것으로 총목이 해제목록인데 비해 별본은 서명, 권부수, 저자표시만 기재된 간략목록으로 되어 있다.

「**규장총목**」은 고금도서를 망라하여 기입한 것으로 현존하고 있는 최고의 관찬해제목록이며, 특히 「**열고관서목**」은 규장각 내의 중국본에 대한 변화를 알 수 있게 하는 데 귀중한 참고자료가 된다.

「**제실도서목록(帝室圖書目錄)**[168)]」은 규장각의 한적, 조선본을 중심으로 하고 그 외 집서를 포함하여 융희 3년(1909) 11월 규장각도서과에서

---

164) 卷1, 2. 皆有窩 甲庫, 乙庫의 經部, 史部
卷3. 皆有窩 丙庫의 子部
卷4. 皆有窩 丁庫의 集部

165) 송일기, p. 440

166) 송일기, p. 459.

167) 이재철, "한국서지목록학사의 일연구," pp. 584-585.

168) **帝室圖書目錄**, 宮內府奎章閣圖書課 (隆熙三年), 387 p.: 이 목록에는 經史子集 이외에 御製御筆類 附款類 68冊. 璿譜璃牒 附陵殿記儀軸類 26冊. 御定類 100冊이 별도로 되어 있다.

편찬 간행한 말기 규장각 장서목록이다. 이는 4분법서목과 비4분법 서목을 포함한 조선조의 여러 서목 중에서 가장 방대한 목록이다.

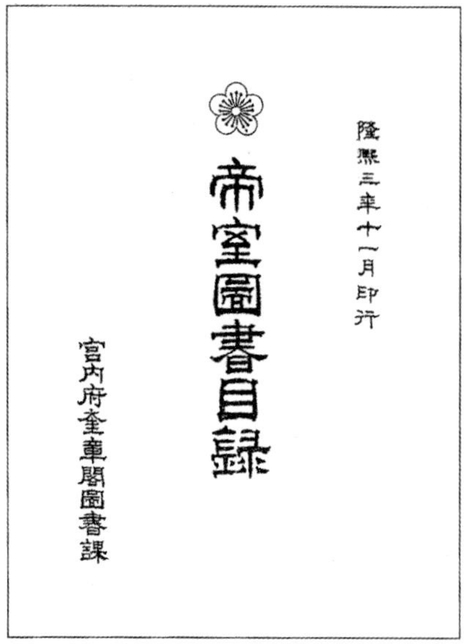
帝室圖書目錄
隆熙三年十一月印行
宮內府奎章閣圖書課

2-6. 제실도서목록 표제지

이 목록은 중국의 사고전서 총목과 동일한 방법으로 분류하였으며 유목(類目)의 수는 국조판부(國朝版部)가 40류, 당판부(唐版部)가 43류로 되어있고 한국의 입장에서 한국저작을 먼저 수록하였다. 여기에 수록된 책 수는 10만여 책에 달하지만 서명을 달리하는 책 수는 불과 3,353종이다. 이는 일종의 서가목록으로서 서명, 책수, 결책수와 그 책이 위치하고 있는 서가의 번호가 기재되어 있고, 배열은 주제의 분류순으로 하였으며, 동일한 분류에서는 서가기호순으로 했다.

규장각장서는 조선총독부로 이관되어 고도서(古圖書)로 별치되었고, 1921년에는 「**조선총독부도서목록(朝鮮總督府圖書目錄)**」이 간행되었다. 이 목록은 조선도서부와 지나(支那)도서부로 나누어져 있으며 그 배열은 1차로 4분법에 의하고 2차는 대략 편찬연대순에 의해 배열하였다.[169] 규장각장서는 1903년 경성제국대학으로 이관하여 규장각도서관으로 이름 붙여 별치하고, 상기 「**고도서목록(古圖書目錄)**」에서 빠진 것을 모아

169) 이재철, p. 594.

「**조선총독부고도서목록보유(朝鮮總督府古圖書目錄補遺)**」를 동 대학에서 간행하였다.

이 외에도 1924년 이왕직서무과에서 이왕가의 장서각도서를 대상으로 간행한 「**이왕가도서목록(조선판)(李王家圖書目錄(朝鮮版))**」과 민간 차원인 조선신지사조선고서간행회(朝鮮新誌社朝鮮古書刊行會)가 1911년 「**조선군서대계(朝鮮群書大系)**」편찬과정의 일환으로 「**조선고서목록(朝鮮古書目錄)**」을 출간하였는데 여기에는 약 3,000권의 도서가 수록되어 있다. 1938년 조선총독부 간행 「**신서분류목록(新書分類目錄)**」3권은 그 목록의 권말 부록에 만주, 몽고, 시베리아어를 사용하고 있다.

일제하의 목록은 일본인에 의해서 도서관이 설립되고, 관리되었기 때문에 일본 본국에서 제정된 편목법이 그대로 사용되었다. 그래서 이 시대는 한국적인 목록의 특성을 찾아 볼 수 없는 시기이다. 그러나 일제하의 도서관에서 자료정리에 사용된 목록규칙을 알아보는 것은 한국의 목록 발전을 이해하는 데 필요한 자료가 될 것이다. 일제 기간 동안에 설립된 도서관이 자료정리를 위해 어떤 규칙이 사용되었는지는 확실한 기록이 없기 때문에 당시 상황과 강습자료들을 이용하여 추적할 수 있을 정도이다. 「**조선총독부도서관장서목록(朝鮮總督府圖書館藏書目錄)**」의 예언(例言)에 보면 "목록기입의 양식은 전국이 일반적으로 쓰고 있는 일본도서관협회 제정 목록편찬규칙에 준거하고 약간의 취사절충을 가했다"[170]고 기술하고 있어 당시 한국에 있는 도서관의 대부분이 1893년 일본도서관협회에서 제정 발표한 「**화한서목록편찬규칙(和漢書目錄編纂規則)**」을 사

170) 朝鮮總督府圖書館, **新書部目錄** (1937), 上卷: p. 4(例言).

용했음을 시사하고 있고,[171] 1931년 8월 한국 최초의 조선교육회 주최 도서관강습회[172]에서는 「**화한서목록법(和漢書目錄法)**」을 강의[173]한 것으로 되어있다. 1936년에는 조선총독부도서관사업회가 강습회를 개최하였고, 1938년부터는 조선도서관연맹이 매년 정기적으로 강습회를 개최하여 정리를 위한 교육을 지속하였다. 그리고 이들 강습회에 동원된 강사는 조선총독부도서관의 임직원이 중심적인 역할을 하였다. 이렇게 보면 주최자는 다르지만 실질적으로는 조선총독부도서관이 주관한 사업이었으며, 교육된 목록규칙은 일본에서 사용된 규칙이었음을 쉽게 짐작할 수 있다. 이렇게 일제하의 한국 도서관목록규칙은 당시 일본에서 사용된 목록규칙과 일치한다.

6.2. 조선동서편목규칙(朝鮮東書編目規則)[174]

이 규칙은 박봉석이 국립중앙도서관 장서정리와 조선도서관학교(朝鮮圖書館學校)[175]의 강의용 교재로 1947년에 초안한 규칙을 개정하여 조선도서관협회의 규칙으로 인정받아 발행한 것이다.

박봉석은 일제시대 조선총독부도서관에서 약 15년간 고서분류와 편목사서로 종사[176]하였고, 해방 후 국립중앙도서관 부관장으로 재직하면

171) 국립중앙도서관 편, **國立中央圖書館史** (서울: 1973), p. 284.

172) 한국에서는 1931년 조선교육회가 처음으로 강습회를 가진 후, 1935년 전국도서관대회준비회, 1936년 조선총독부도서관사업회가 강습회를 개최, 1938년부터는 조선도서관연맹의 결성으로 매년 정기적으로 실시했다.

173) 島崎末平, "和漢書目錄法," **朝鮮之圖書館**, 創刊號 (1931. 9.): p. 56.

174) 朴奉石 編, **朝鮮東書編目規則**: K.C.R. (서울: 國立圖書館, 檀紀4281年), 50 p.

175) 國立中央圖書館 編, **國立中央圖書館史** (서울: 1973), p. 344.

176) 朴熙永, "韓國의 圖書館과 朴奉石," **도서관**, 제23권 제5호 (1968. 7/8): p. 9.

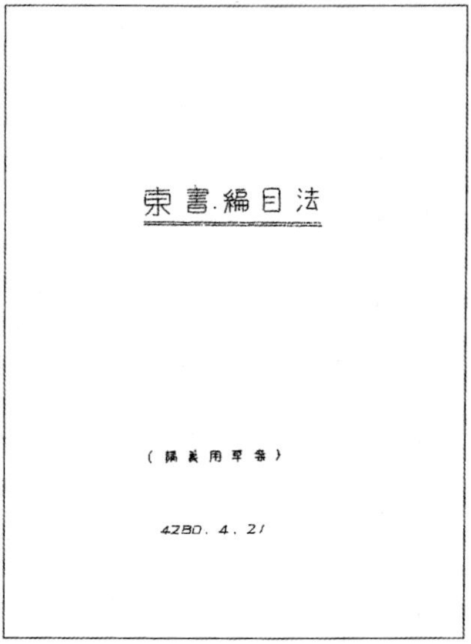

2-7. 동서편목법 표제지

서 한국도서관 재건에 주도적인 역할을 감당하였다. 이러한 노력의 결실로 1945년 8월 30일에 조선도서관협회[177]가 결성되었고, 1946년 4월 1일에는 조선도서관학교가 개교될 수 있었다. 그러나 불행하게도 박봉석은 한국전쟁 발발 직후인 1950년 7월에 북한으로 납치되어 오늘까지 행방불명으로 되어 있다.[178]

조선도서관협회 제1회총회가 1947년 4월 21일 국립도서관 강당에서 전국 80여명의 회원이 참석한 중에 개최되었는데[179] 이때에 논의된 몇 가지 사항 중 "목록법 통일에 관한 건"이 포함되어 있었다. 이것이 목록법의 전국적인 통일의 필요성을 토의한 최초의 사항이다. 당시 한국도서관계는 자료정리에 알맞은

---

177) 韓國圖書館協會三十年史編纂委員會 編, **韓國圖書館協會三十年史** (서울: 1977), p. 28: 경성대회에서 박봉석씨는 위원장으로 선출되고, 대회에서 토의된 사항은 "1. 시내 각 도서관접수에 대한 건, 2. 전국도서관연락에 관한 건"으로 일제로부터 도서관의 안전한 접수에 관한 사항이었다.

178) 張一世, "韓國目錄規則編輯後感: 우리나라 圖書館近代化의 첫걸음," **圖協月報**, 제5권 (1964. 5.): pp. 24-28.

179) *Ibid* pp. 30-32: 제1회총회가 1947년 4월 21일 오전 10시에 국립도서관강당에서 개최되었는데, 회장 이재욱, 상무이사 박봉석을 선임하고, 토의된 안건은 "1. 도서관제도 확립에 관한 건, 2. 분류표 통일에 관한 건, 3. 목록법 통일에 관한 건, 4. 용어 조사에 관한 건" 등이었다.

체계적 방법에 기초를 둔 목록규칙의 작성이 당면한 하나의 과제가 되어 있었다.

박봉석은 1946년 국립도서관 부설 조선도서관학교 강의용으로 목록규칙을 초안하여 등사한 것[180]을 제1회 도서관사업강습회에 사용하기 위해 내용을 정정하여 1947년 4월 21일에 「**동서편목법**: 강의용초안(**東書編目法**: 講義用草案)」이라는 규칙을 등사판으로 발간하였다.[181] 「**동서편목법**」은 전체가 8장 175조로 되어 있고, 저자의 예언(例言)과 부록으로 한자표기법, 표준카드, 목록카드견본(33개), 국명에 대한 표목, 저작표시와 판수의 약어법 등에 관한 사항이 수록되어 있다.[182]

第一 通則	第五 對照事項
第二 書名記入法	第六 書票記入法
第三 著者記入法	第七 標記法
第四 出版事項	第八 雜則

「**조선동서편목규칙(朝鮮東書編目規則)**」은 상기한 「**동서편목규칙**: 강의용초안(**東書編目法**: 講義用草案」을 박봉석이 개정증보 한 새로운 목록규칙으로 조선도서관협회의 인정을 받아 1948년 10월에 국립도서관에서 활판인쇄로 500부 한정판으로 발행하여[183] 전국에 배포한 것이다.[184] 이 규칙의 예언[185]을 통해 목록규칙 작성의 대강을 짐작해 볼 수 있다.

---

180) **東書編目法**: 講義用草案 (등사판. 서울: 1947), 서문.

181) **東書編目法**: 講義用草案 (등사판. 4280. 4. 21), [27 p.]

182) **東書編目法**: 講義用草案.

183) 朴奉石 編, **朝鮮東書編目規則L** K.C.R. (서울: 國立圖書館 發行, 檀紀4281年 10月), 50 p.

184) 朴奉石 編, **朝鮮十進分類表** (서울: 國立圖書館, 1947), 표제지 뒷면.

例　言

1. 本規則은 檀紀4280年5月에 協會總會때에 全國統一編目規則制定案을 決議하고 委員을 選任하였든바 編者도 一員이 되어 草案한 것이다.
2. 國立圖書館學校의 教材로쓰든 「東書編目法」을 基礎로 하고 全體的으로 改編하였다.
3. 本規則은 東洋書에 限한 것으로서 書名目錄과 著者名目錄을 並行的으로 編纂하는 것을 爲主로 하였다.
4. 本規則은 初學者를 爲하여 될 수 있는 대로 說明的으로 記述하였으며 記憶의 便宜를 爲하여 章節에 따라 條文을 重複케한곳도 多少있다.
5. 亦是 初學者를 爲하여 例와 附表等을 添附하였으며 各條文의 主要한 用語를 다음과 같이 簡單히 解義하는바다.

이 규칙은 국가적인 편목법의 통일을 기하기 위해 협회에서 인정한 규칙이라는 점에서 1947년 박봉석이 편찬한 「**한국십진분류표(朝鮮十進分類表)**」와 함께 전국적인 자료조직을 위한 도구(tool)로 이용되었다. 그러나 1950년 한국전쟁과 1954년 9월에 실시된 제4회 강습회 때부터는 서양 목록 기법이 도입된 저자명기본기입목록법이 강의되었고, 이로 인해 이 규칙은 그 영향을 오래 지속하지는 못했다.[186)]

「**조선동서편목규칙**」은 전체가 10장 220조로 되어 있고, 서, 예언, 용어해의, 부록(6장)으로 되어 있다.[187)]

序.....李在郁	第五章 出版事項	附表
例言.........編者	第六章 對照事項	第1 書票記入例
用語解義	第七章 附註事項	第2 略語表

185) 朴奉石 編, **朝鮮東書編目規則**: K.C.R. (서울: 國立圖書館, 檀紀4281年), p. 2.
186) 國立中央圖書館 編, **國立中央圖書館史**, p. 219.
187) 朴奉石 編, **朝鮮東書編目規則**L K.C.R. (서울: 國立圖書館, 1948).

第一章 範圍及效用	第八章 事務事項	第3 國名表
第二章 總則	第九章 書票記入法	第4 漢字表記法
第三章 書名	第十章 書票排列法	第5 日本文字表記法
第四章 著者		第6 東西歷代干支年表

이 「**조선동서편목규칙**」의 특색은

① 한국인에 의해 제정되어 협회에서 공인한 최초의 목록규칙이다.

② 서명기본기입을 원칙으로 채택하였다.

③ 동서를 위한 규칙이다.

④ 목록규칙과 편목법을 겸한 규칙이다.

⑤ 카드의 기술을 3단식으로 하였다.

朝鮮
東書編目規則
—K.C.R.—
朴奉石 編
檀紀4281年10月
서울 國立圖書館 發行

2-8. 조선동서편목규칙 표제지

⑥ 기술사항에 부출지시가 없고, 작성해야 할 목록의 일정한 형식이 규칙으로 정해져 있다.

⑦ 부표에 목록작성에 필요한 많은 참고자료를 첨부하여 실무에 활용하게 하였다.

이 규칙의 내용은 당시 조선도서관협회장인 이재욱이 쓴 서문, 필자의 편찬경위 및 적용범위 등에 대한 예언, 초학자를 위한 21개의 용어해설, 표준카드 예, 그리고 부표로 28종의 서표기입예와 약어표, 국명표, 한자표기법, 일본문자표기법, 동서역대간지연표, 연기환산표, 간지세양세음표, 중국년호색인 등으로 구성되어 있다.

이 규칙은 다시 1954년6월에 국립도서관에서 내용에 약간의 수정을 가하여 개정판으로 간행하였다.[188] 「**조선동서편목규칙**」은 개정판으로 출간한 것이지만 몇 차례의 개정을 거듭 하면서 점차로 규칙이 세분되었는가 하면, 초보자를 위한 설명적인 기술사항이 보완되었다.

박봉석씨가 제정한 규칙에 대하여 고재창은 1936년에 일본에서 제정된 「**화한서목록법(和漢書目錄法)**」의 답습이라 혹평[189]할 정도로 편자자신이 실무에서 경험한 일제의 목록규칙 범주를 벗어나지는 못했다.

박봉석의 목록규칙은 당시 황무지였던 한국 도서관계의 자료조직에 대한 방향을 제시하였다는 점에서 보다 큰 의의를 가진다. 그러나 이 규칙은 동서에 한정한 규칙이라는 점과, 서명기본기입을 원칙으로 한 규칙이라는 점에서 서양목록의 저자명기본기입원칙에 밀려 더 이상의 영향력을 행사하지는 못했지만 한국인에 의한 최초의 목록규칙이고, 협회의 공인을 받아 전국적으로 보급된 최초의 규칙이라는 점에서 그의 「**조선도서분류표**」와 함께 도서관 자료조직의 역사적인 배경으로 연구대상이 되고 있다.

6.3. 한은도서편목법(韓銀圖書編目法)[190]

이 편목법은 고재창이 국립도서관에서 한국은행도서관의 도서정리를 위탁받아 그 정리를 위해 10년간의 실무경험과 연구를 기본으로 1954년 9월에 편찬한 것이다. 고재창은 박봉석의 「**조선동서편목규칙**」이 동양서 위주의 규칙이고, 일본의 편목법을 답습한 서명기본기입원칙으로 된 규

188) 朴奉石 編, **東書編目規則** (改正. 서울: 國立圖書館, 1954).

189) 高在昶 編, 序.

190) 高在昶 編.

칙이기 때문에 그 적용범위가 제한될 뿐 아니라 시대에 맞지 않은 규칙이라 평하였다.[191] 그래서 동서와 양서에 공용할 수 있고, 세계적인 흐름에 호응할 수 있는 저자명기본기입을 원칙으로 한 편목법의 제정에 대한 필요성을 강조하고, 당시 각 국의 도서정리에 사용된 동서양의 목록규칙과 편목에 관한 자료를 광범위하게 참고하여[192] 한국은행도서관의 자료정리용 규칙[193]으로 「**한은도서편목법(韓銀圖書編目法)**」을 발간하였다.

2-9. 한은도서편목법 표제지

고재창은 편목법의 총칙에서 한국은행도서관의 도서 및 보존자료의 목록기입과 그 구성에 관하여 규정한다고 정의하고 있어 이 편목법의 작성목적과 이용범위를 분명히 하고 있지만 자료의 구성과 편목법에 자세

191) 高在昶 編, **韓銀圖書編目法** = *Han-Un Catalog Rules*. 東書.西書共用, 調査部資料整理텍스트 第一輯 (서울: 韓國銀行調査部, 1954), 編者序

192) 고재창씨가 제시한 참고용 규칙: ① 朴奉石 編, **朝鮮東書編目規則** (4281年10월). ⑤ 田重 敬, **和漢書目錄法** (東京: 日本圖書館協會, 昭和14). ⑧ *A.L.A. Catalog Rules: author and title entries*. comp. by committees of the Amer. Lib. Assoc. and the (British Lib. Assoc. Amer. ed. Chic.: A.L.A., 1908). ⑨ A.L.A. *Rules for Filing Catalog Cards*, prep. b. a special committee … (Chic.: A.L.A., 1942) 등의 규칙과 그 외 몇 권의 목록이론서이다.

193) 高在昶 編, 編者序.

한 내용과 구성, 부록 등을 참작하면 한국은행도서관만을 위한 규칙으로 제정하였다기보다는 국가적인 목록규칙을 생각한 것임을 추측케 한다.

편목법의 구성은 총6장 270조로 표목과 기술로 대별하여 제1장 총칙, 제2장 표목, 제3-4장 기술 등 152면과, 제5장 편성, 제6장 부록 등 304면을 포함한 총496면의 방대한 분량의 편목서이다. 특히 부록에는 목록작성에 참고할 수 있는 많은 종류의 자료가 수록되어 있어 목록규칙에 더하여 목록편람적인 내용을 포함하고 있다.

第1章 總則
第2章 標目
- I. 標目의 選定
- II. 標目의 形成

第3章 記述一般
- I. 原則
- II. 單行本
- III. 逐次刊行物
- IV. 特殊資料
- V. 副記入

第4章 記入法
- I. 基本記入
- II. 副記入
- III. 記入語의 間隔
- IV. 語의 分割
- V. 句讀法
- VI. 括弧法

第5章 編成
第6章 附錄
- I. 大文字使用法
- II. 綴字法(西書用)
- III. 略語使用法
- IV. 羅馬記數法(西書用)
- V. 羅馬字標記法
- VI. 西書歷代干支年表
- VII. 書票記入例
- VIII. 韓銀用記入法과 目錄編成法
- IX. 書票排列에 關하여
- X. 編目實務의 要領
- XI. 印刷(謄寫)카드에 對하여
- XII. 術語定義

서표 기입예는 기본기입과 부기입으로 대별하고, 다시 부표목을 부출, 분출 및 참조로 구분하였다. 카드는 2단식 목록형식으로 하고, 표목은 정보원의 문자를 그대로 기재하여 표목을 로마자화한 예와 일어화한 예,

그리고 한글화한 예로 각각 토를 달아 양서자료와 동서자료의 목록이 언어의 선택에 따라 함께 배열 편성되게 하였다. 그리고 이들 각 기입에 대한 다양한 종류의 카드목록 예와 해설을 제시하고 있어 목록자의 실무지침서로 활용할 수 있을 정도로 세심한 부분까지 배려한 흔적을 볼 수 있다.

이 편목법은 한국 최초로 동서와 양서의 공용을 위한 규칙이고, 저자명기본기입을 원칙으로 한 규칙이며, 표목과 기입을 구분하여 규정화 한 규칙이다. 그리고 목록형식을 2단식으로, 표목을 로마자화, 일어화, 한글화 등으로 통일하여 동서와 양서의 목록이 함께 배열 편성되게 한 규칙이다. 그러나 이 규칙은 한국은행도서관의 자료정리에 만 채용된 관계로 공개적인 규칙으로 활용되지는 못하였다. 그러나 한국의 근대적인 목록의 이론을 최초로 도입한 규칙이라는 점에서 한국의 목록발전에 기여하였다.

6.4. 동서편목규정 －초－[194]

이 규정은 조선총독부도서관에서 근무한 박희영이 한국도서관협회가 주최한 도서관실무강습회에서 강의를 위한 교재로 1955년에 편찬 발행한 것이다.[195] 서문이 없이 발행된 이 규정은 당시 도서관 자료의 주종을 이루고 있는 동서의 목록기입을 위한 규정임을 제1장 총칙의 목적에서 밝히고 있다. 이 규정은 전술한 「**조선동서편목규칙**」의 3단식 목록형식과 「**한은도서편목법**」의 저자명기본기입원칙을 혼합하고 있어 이들의 목록규칙과 맥을 같이 하고 있지만, 특기한 부분은 표목과 기술

194) 朴熙永 編. **東書編目規程 —草—** (서울: 韓國圖書館協會, 1955).

195) 자료 자체에 편찬년도가 나타나 있지 않기 때문에 필자가 박희영씨와의 면담을 통해 확인한 사실이다.

東書編目規程 -草-

朴 熙 永 編

韓國圖書館協會

1955

2-10. 동서편목규정 –초– 표제지

로 구분하여[196] 규정화한 이론을 전국적으로 보급한 규칙이라는 것이다.

이 규정은 전체가 6장 146조로 된 77면의 등사판으로 한국도서관협회에서 주관하는 도서관실무강습회 수강생을 위한 교재로 발행되었기 때문에 발행자는 한국도서관협회로 되어 있다. 내용은 근대적인 목록규칙의 경향에 따라 총칙, 표목, 기술로 구분하고, 각 규정에는 관계된 예를 카드의 기선으로 제시하였다. 카드 형식은 기본기입선, 제1기선, 그리고 제2기선을 표시하고 해당사항에 대한 예를 이들 기선에 따라 3단식으로 기재하였다. 목록의 기재사항은 정보원의 문자에 따라 표목의 경우도 한자를 그대로 기재하였다.

제1장 총칙	제3장 기술	제4장 부출기입
제2장 표목	I. 표제	제5장 분출기입
I. 표목의 선정	II. 출판사항	제6장 참조
II. 표목의 형식	III. 대조사항	
	IV. 주기사항	

196) 李春熙, "國立中央圖書館의 資料整理現況과 그 方向에 關한 硏究," **國立中央圖書館의 機能과 責任** (國立中央圖書館) (서울: 1943), p. 94.

이 규정은 6.25한국전쟁 이후 한국도서관협회가 전국을 대상으로 개최한 도서관실무강습회에서 편자가 직접 강의한 교재라는 점에서 1964년 한국도서관협회에서 제정한 「**한국목록규칙**」이 제정될 때까지 상당수의 도서관에서 자료정리의 기준이 되었다. 그러나 이 규정은 하나의 초안적인 성격의 강습회 교재로 협회의 규칙제정에 영향을 미치지는 못하였다.

6.5. 한국목록규칙(KCR)

1) KCR1

1950년 한국전쟁으로 침체되었던 한국의 도서관은 1953년 전쟁이 끝난 후 파괴된 시설의 복구와 더불어 많은 도서관을 신설하였다. 이로 인해 소장자료의 정리를 위한 분류와 목록의 통일된 국가적인 규칙을 필요로 하게 되어 1962년 5월 14일 한국도서관협회는 목록규칙과 용어의 찬정(纂正)을 위한 10인의 기술위원을 위촉하고 이들 중 5명을 목록분과위원회의 실무위원으로 위촉하였다.[197)]

목록분과위원회는 목록규칙의 전체구성을 표목의 선정, 표목의 형식, 기술목록규칙, 그리고 목록의 편성 등 4단계로 구분하고, 1962년에 표목의 선정과 형식, 그리고 1963년에 기술목록규칙을 완성하기로 결정했다.

목록규칙 초안의 참고자료는

제1차자료: 「**미국도서관협회목록규칙**」 1949년판 및 이의 추가 개정판

제2차자료: 「**바티칸도서관목록규칙**」 1948년판

제3차자료: 박봉석의 「**동서편목규칙**」 1948년판

제4차자료: 「**일본목록규칙**」 1952년판

---

197) 한국도서관협회 편. **韓國目錄規則** (서울: 한국도서관협회, 1964), p. 序.

등을 채택했다.

특히 1961년 파리 국제목록원칙회의 결정을 전적으로 찬동하고 다음과 같이 한국목록규칙 작성을 위한 7가지 원칙을 결의했다.

① 표목의 형식을 한글로만 한다.

② 외국인명, 서명 등은 번자표목으로 한다.

③ ②의 경우에는 번자표목만을 쓴다(즉 한정어는 사용하지 아니한다).

④ 구두점을 사용한다.

⑤ 성과 이름 사이는 반드시 콤마를 사용한다.

⑥ 용어사용에 있어서는 「한다」, 「할 수 있다」를 쓴다.

⑦ 실례는 2단식방법에 의하여 표시하기로 한다.

이 원칙에 따라 1962년 12월 21일 '표목의 선정'과 '표목의 형식'에 대한 총94개조의 「**韓國目錄規則(案)(한국목록규칙(안))**」[198]을 등사판(프린트판)으로 발행하였다.

I. 표목의 선정 (1-40조) II. 표목의 형식(41-94조)

이어서 1963년 계획된 기술목록규칙을 완성하고, 1964년 1월 1일 총165조로 된 114면의 「**韓國目錄規則(한국목록규칙)**」 초판을 발간하였다.

一. 標目의 選定(1-40조)
二. 標目의 形式(41-93조)
　A. 個人著書(41-53조)
　B. 團體機關(54-93조)
三. 記述目錄規則(1-72조)
　A. 單行本(1-57조)
　B. 逐次刊行物(58-72조)
索引

198) 한국도서관협회 기술위원회 편, **韓國目錄規則(案)** (서울: 한도협, 1962).

2) KCR2

한국도서관협회는 초판의 사용에서 나타난 비판과 충고를 받아들여 1964년 다음과 같은 6가지 개정원칙을 정하여 개정에 착수하였는데 개정위원은 초판의 위원들로 하였다.

① 본 목록규칙의 기본원칙에는 하등의 변화가 없습니다. 따라서 처음 목록규칙을 제정할 때 결의한 사항 등은 그대로 준수하였습니다.
② 규칙조문의 중복을 될 수 있는 대로 회피하고 단일화하였습니다.
③ 조문번호를 일련화함으로써 활용하기에 편하도록 하였습니다.
④ 될 수 있는 대로 많은 예를 삽입함으로써 조문의 이해를 돕도록 하였습니다.
⑤ 목록의 번잡한 감을 덜기 위하여 저자표시에서는 저자명과 저, 또는 편, 역자 사이의 콤마를 생략하였습니다.
⑥ 부록으로서 표기법과 약어표 그리고 카드목록의 실례를 수록하여 이용에 편하도록 하였습니다.

상기한 원칙에 따라 1966년 4월 10일 총 142조의 「**韓國目錄規則**, 修訂版」이 발행되었다.[199]

一. 基本記入의 選定(1-41조)
二. 標目形式(42-79조)
A. 個人著者(42-59조)
B. 團體機關(60-79조)
三. 記述目錄規則(80-142조)
A. 單行本(80-130조)
B. 逐次刊行物(131-142조)
附錄
索引

199) 韓國圖書館協會, **韓國目錄規則** (修正版. 서울: 한도협, 1966).

3) KCR3

「**한국목록규칙 수정판**(KCR2)」은 동양서의 자료조직에 편중된 규칙이라는 단점에 대한 보완과 제정 이후 시대적인 발전에 대응할 수 있는 규칙으로 개정되어야 한다는 필요성이 상존하고 있었다. 한국도서관협회는 1969년 목록분과위원회의 주관 아래 「**한국목록규칙 제3판**(KCR3)」을 위한 개정에 착수하였다. 그러나 개정작업은 1976년까지 별다른 가시적인 진전을 보지 못하였다.[200] 그러다가 1977년 이재철을 위원장으로 하는 목록분과위원회가 재조직되어 개정작업에 착수하였다. 개정초안은 위원장인 이재철이 집필하고 위원회의 검토를 거쳐 1982년에 '기술편과 올림지시편'만을 완성하고, 1982년 7월 6일부터 9일까지 한국도서관협회에서 주최한 '목록규칙을 위한 세미나'에서 전국의 목록실무자들과 교수들의 토의를 거쳐 1983년 2월에 '기술 · 표목올림지시편'이 출판을 보게 되었다.[201] 개정판에는 목록분야의 국제적인 기준이 된 ISBD(M)의 제정(1974), AACR1 제6장의 개정(1968),[202] AACR2의 제정(1978) 등 당시에 통용되고 있는 제 규칙에 대한 이론들이 참조되었다.

---

200) KCR3판을 위한 목록분과위원장은 1969년부터 1976년까지 3사람이나 바뀌었으나 개정을 위한 작업은 미미하였다. 목록개정이 착수된 1969년 위원장 정필모(1966-1972), 장일세(1973-1974), 남승명(1975-1976) 등이었고, 1977년 이재철(1977-　　)이 위원장으로 조직된 목록분과위원회에서 사실상의 개정작업이 본격화되었다.

201) 한국도서관협회, **韓國目錄規則** (3판. 서울: 한도협, 1983), 101 p.

202) *Anglo-American Cataloging Rules, North American Text, Chapter 6* (Chicago: ALA., 1974), 122 p.

1. 기술
 1.0 기술의 총칙
 1.1 서명저자사항
 1.2 판사항
 1.3 발행사항
 1.4 형태사항
 1.5 총서사항
 1.6 주기사항
 1.7 총서번호 구득조건사항
 1.8 계층적 완전기술방법
 1.9 분립기입

2. 표목올림지시
 2.1 총칙
 2.2 기재순서와 번호매김
 2.3 표목올림지시어의 문자와 형식
 2.4 합철, 부록 및 목차에 포함된 각 저작의 분출기입을 위한 표목올림지시
 2.5 분립기입을 위한 표목올림지시

「**한국목록규칙 제3판**」은 본래 기술, 표목, 배열편까지 포함하는 규정을 단권으로 제정할 계획이었으나 '기술편'과 '표목올림지시편'을 첫째 권으로 발행한 미완성판이다.

KCR3의 특성은

① KCR1과 KCR2가 동서를 위한 목록규칙인 데 비해 KCR3는 동서와 양서 공용의 목록규칙이다.

② ISBD의 구두법을 채용하였다.

③ 한국인명의 표목에서 성과 이름 사이에 반점(,)을 찍지 않았다.

④ 단일 기입제 목록을 위한 표목선정은 Unit card의 첫머리 요소로 서명을 직접표목으로 삼도록 규정하였다. 별법으로 저자명기본기입법도 준거하여 규정하고 있다.

이렇게 KCR3는 국제적인 통일을 위한 ISBD이론을 도입하여 기술을 중심으로 한 서명줄머리잡기형식으로 규칙화하였다. 이는 1948년 박봉석에 의한 서명기본기입 이후 저자명기본기입으로 일관된 목록규칙을

서명줄머리잡기형식으로 규정하였고, 동서와 양서의 자료를 공히 목록할 수 있는 규칙으로 조직하였으며, ISBD의 국제적인 기술규칙이론을 도입하여 국제적인 흐름에 맥을 같이 하였다는 점에서 의의를 가진다.

1983년 3판(1983년)이 발행된 이후 도서관과 도서관교육현장에서 사용 중 발견된 오자와 탈자 그리고 내용의 오류와 개변을 요하는 부분을 원판의 지형을 그대로 할 수 있는 범위 내에서 교정하고 수정하여 1990년 1월에 「**한국목록규칙** 3.1판」을 발행하였다.[203)]

4) KCR4

1996년 김태수를 위원장으로 목록분과위원회에서 KCR3가 단행본이나 고서와 같은 인쇄매체를 위한 기술로 제한되어 있어, 새롭게 나타난 비도서자료형태의 연속간행물, 녹음자료, 영상자료, 웹자원과 같은 전자자료 등 다양한 특성의 유형별 자료의 기술규칙의 제정이 필요하고, 또한 기계가독목록에 따른 전통적인 표목의 선정과 형식의 문제를 새로운 시각에서 접근할 수 있는 목록규칙이 필요하다는 논의가 있었다. 1998년 목록분과위원회는 기술대상 자료의 유형을 결정하고 1999년도 말까지 각 위원회별로 분담된 기술규칙 초안을 작성할 것을 결의하였다. 2000년 위원회별로 작성된 초안을 검토 조정하여 2001년 초안을 마련하고, 1년여에 걸친 지상공청회를 가진 후 2002년 7월부터 6개월간의 분석과 검토를 거쳐 최종안을 마련하여 2003년 8월 15일 「**韓國目錄規則**, 제4판」을 발행하였다.[204)]

---

203) 韓國圖書館協會. **韓國目錄規則** (3.1版 未定稿. 서울: 한도협, 1990).

204) 韓國圖書館協會, **韓國目錄規則** (第4版. 서울: 韓國圖書館協會, 2003), pp. vii-xi, 차례.

제0장 총칙	제9장 입체자료(실물)부록
제1장 기술총칙	제10장 마이크로자료
제2장 단행본	제11장 연속간행물
제3장 지도자료	제12장 점자자료
제4장 고서와 고문서	부록1: 약어표
제5장 악보	부록2: 용어해설
제6장 녹음자료	부록3: 국명형식
제7장 화상자료와 영상자료	부록4: 언어부호표
제8장 전자자료	

규칙에서 제시한 제4판의 특징은[205)]

첫째, 목록의 기능을 처음으로 제시한 규칙이다.

둘째, 종래 단행본 중심의 목록규칙에서 벗어나 다양한 매체로 발표되는 여러 유형의 자료를 수용하였다는 점에서, 전판에 비해 기술의 대상을 크게 확장하였다.

셋째, 화상자료와 영상자료를 통합한 규칙을 제정하였다.

넷째, 표목 대신 접근점이란 용어를 사용하였다.

다섯째, 저록에 포함되는 책임표시(저자 등)의 수에 원칙적으로 제한을 가하지 않았다.

여섯째, 기본표목을 규정하지 않았다.

일곱째, 통일표목을 적용하지 않았다.

여덟째, 기존 규칙에 대한 단순한 자구 수정이나 증보 차원이 아니라 규칙의 전개방식이나 체제, 표현 등에서 우리의 사고와 언어관습에 맞는 형식을 다수 도입하였으며, 이와 더불어 목록에서 사용되는 일부 용어에 대한 해설을 부록으로 제시하였다.

---

205) *Ibid.*

이렇게 제4판은 한국목록규칙으로는 최초로 단행본을 비롯한 비도서 자료영역을 포함하여 자료를 유형별로 규정화한 최초의 규칙이고, 또한 전자목록환경에서 활용될 수 있는 목록규칙이라는 점, 그리고 지금까지 발행된 목록규칙 중에서 가장 광범위하면서도 규칙을 세분화하였다는 점에서 돋보이는 규칙이라 하겠다. 그러나 목록규칙이 개정될 때마다 각 사항에 대한 명칭의 변경과 기존의 규칙에서 상용된 용어들의 변경으로 목록이해에 혼란이 우려되고, 표목부 즉 접근점에 대한 규칙이 제대로 규정화되지 않았다는 점이 하나의 약점으로 볼 수 있다.

6.6. 한국문헌자동화목록기술규칙

1980년 2월 국립중앙도서관에서 자동화준비위원회를 결성하여 목록의 컴퓨터처리작업에 착수하였다. 이때 적용할 목록규칙으로 ISBD를 채택하기로 결정하고, 이미 적용되고 있는 ISBD(M)과 그간에 결정되었던 규정을 체계화하고, 「**한국문헌자동화목록법 기술규칙**: 예비노트판(단행본용)」[206]을 간행하였다. 이는 사용 중에 나타나는 문제점을 전면적으로 수정하고, 보완할 수 있는 기초자료적인 성격을 가진 예비판이었다.

1. 서명저자표시사항	3. 출판사항	5. 총서명사항
2. 판사항	4. 형태사항	6. 주기사항

1985년 12월에는 전판의 체제, 용어, 기술내용 및 순서와 예시 · 실례

206) 국립중앙도서관 전산실 편, **한국문헌자동화목록법기술규칙**: 예비노트판(단행본용) (서울: 국립 중앙도서관, 1983), 162 p. :국립중앙도서관 업무자동화추진위원: 현규섭, 최영복, 조원호, 이경구 등.

에까지 그 동안에 제기된 문제점을 보완하여 전반적으로 수정을 가한 「**한국문헌자동화목록법 기술규칙**: 보완판(단행본용)」[207]을 발간하였다. 이 규칙도 역시 앞으로 완성을 위한 보완판으로 개정에 대한 여지를 남겨 둔 판이었다.

0. 서칙	3. 출판사항	6. 주기사항
1. 서명저자표시사항	4. 형태사항	부록
2. 판사항	5. 총서사항	색인

이 기술규칙은 국립중앙도서관에서 KORMARC의 개발과 연계된 자체의 규칙이라는 한계점을 가지고 있었기 때문에 국가적으로 인정받는 MARC과 기술규칙이 필요하게 되었다. 다음의 「**한국문헌자동화목록기술규칙**」은 1991년7월-12월 국립중앙도서관에서 KS제정을 위해 한국정보관리학회에 '한국문헌자동화목록 형식 및 기술규칙에 관한 연구: 단행본용,[208] 연속간행물용, 고서용, 비도서자료용'을 의뢰하여 개발한 내용을 토대로 자료배포와 교육, 도서관전산화자문위원회의 심의 등 도서관계의 의견을 수렴하여 만들어진 것이다.

「**한국문헌자동화목록형식: 단행본용**」[209]은 1993년 1월 6일 KS승인번호 KS C 5867로 제정되었다.

「**한국문헌자동화목록형식: 연속간행물용**」[210]은 1994년 12월 14일 KS

207) 국립중앙도서관 전산실 편, **한국문헌자동화목록법기실규칙: 예비노트 보완판** (단행본용) (서울: 국립중앙도서관, 1985), 192 p.

208) **한국문헌자동화목록법(*KORMARC*)에 관한 연구: 단행본용기술규칙**, 한국정보관리학회 (서울: 국립중앙도서관, 1991). 연구위원: 이두영(책임), 최석두, 이상헌, 오동근.

209) **한국문헌자동화목록형식: 단행본용** (서울: 국립중앙도서관, 1993), 271 p.

승인번호 KS C 5795로 제정되었고, 기술규칙은 1993년 12월 규칙(안)[211]을, 1995년 2월 기술규칙을 발간하였다.

0. 서칙	5. 형태사항
1. 표제저작자사항	6. 총서사항
2. 판사항	7. 주기사항
3. 권.연차사항	8. 국제표준번호. 입수조건에 관한 사항
4. 발행사항	9. 소장표시

「**한국문헌자동화목록형식: 비도서자료용**」[212]은 1996년 12월 17일 KS 승인번호 KS C 5969로 제정되었고, 기술규칙은 1996년 7월 규칙(안)[213]을, 1996년 12월 기술규칙을 발간하였다.

0. 서칙	5. 형태사항
1. 표제저작자사항	6. 총서사항
2. 판사항	7. 주기사항
3. 자료의 특성에 관한 사항	8. 국제표준자료번호. 입수조건에 관한 사항
4. 발행. 배포사항	

「**한국문헌자동화목록형식: 고서용**」은 2000년 11월 13일 KS승인번호 KS X 6000-6으로 제정되었고, 기술규칙은 1999년 3월 규칙(안)[214]을,

---

210) **한국문헌자동화목록형식: 연속간행물용** (서울: 국립중앙도서관, 1995), 284 p.

211) **한국문헌자동화목록기술규칙(안): 연속간행물** (서울: 국립중앙도서관, 1993), 89 p. : 연구위원: 현규섭, 김남석, 김이겸, 홍재현.

212) **한국문헌자동화목록형식: 비도서자료용** (서울: 국립중앙도서관, 1996), 385 p.

213) **한국문헌자동화목록기술규칙(안): 비도서자료용** (서울: 국립중앙도서관, 1996), 90 p.: 연구위원: 사공철(책임), 김태수, 김석영, 김성혁.

214) **한국문헌자동화목록형식 및 기술규칙(안): 고서용** (서울: 국립중앙도서관,

2000년 12월 10일에 기술규칙을 발간하였다.[215)]

0. 서칙
1. 서명저자사항
2. 판사항
3. 간사(刊寫)사항
4. 형태사항
5. 총서사항
6. 주기사항
7. 국제표준자료번호, 입수조건에 관한 사항
8. 부록: 목록작성예; 용어해설

「**한국문헌자동화목록형식: 전거통제용**」은 1999년 12월 16일 KS승인번호 KS X 6006-4로 제정되었다.

「**한국문헌자동화목록형식: 소장정보용**」은 1999년 12월 24일 KS승인번호 KS X 6006-5로 제정되었다.

한국문헌자동화목록형식은 용역을 맡은 한국정보관리학회에서 각 영역별로 연구위원을 달리하여 의뢰하였기 때문에 format이나 기술규칙간에 상이하게 규정된 부분이 있다. 그러므로 전체를 통합하는 자동화목록형식의 재정비가 불가피하게 되었다. 특히 기술규칙들은 국립중앙도서관이 KORMARC에 적용하기 위한 규칙으로 제정한 것이기 때문에 비록 KS를 획득한 것이기는 하나 한국도서관협회의 KCR과 연계한 표준규칙으로 정비되어야 할 것이다.

1999), 140, 77 p.

215) **한국문헌자동화목록기술규칙: 고서용** (서울: 국립중앙도서관, 2000), 83 p.

7. 목록의 국제화와 기계화

7.1. 세계서지통정(Universal Bibliographic Control: UBC)

UBC는 국가서지의 작성, 그것의 국제적 기준에 의한 기술 및 국가서지 작성기관의 문제, 도서관 정보자료의 국제교환을 위한 협력 등의 문제해결이 그 기본이 된다. UBC의 개념은 각 국가가 자국 내의 국가서지통제 체제를 구축하는 것을 전제로 한다. 이들 각 국의 서지통제체제는 새로 출판되는 모든 출판물의 서지사항을 그 출판물의 발행과 동시에 통제되게 함으로써 국제적인 통정이 실현되도록 하는 데 목적이 있다.

UBC는 얼마 전까지만 해도 그 기원을 르네상스시대까지 거슬러 올라가 찾을 수 있었던 것으로, 도서관계가 이룩해야 할 하나의 꿈이었으나, 이제는 이미 실현되고 있다. UBC는 세계적으로 통일된 표준방법을 사용함으로써 인류의 의사소통 기록의 보다 완전한 검색을 위해서 발전해 가고 있다.

16세기 Conrad Gesner가 「*Bibiotheca Universalis*」라는 저서를 통해 UBC의 꿈을 최초로 제시한 이후 서지사업은 ① 문화적인 요청, ② 기술적인 견지(見地), ③ 경제적인 입장에서 시간적, 공간적인 제약을 극복하고 상호 소통할 수 있는 방향으로 통정하려는 관심이 세계적인 것으로 등장하게 되었다.

1960년 Unesco가 주최하였던 서지사업개량회의의 권고에 의해서 세계적인 것으로 제기되었다. UBC란 명칭은 1966년 헤이그(Hague)에서 개최된 IFLA총회에서 Unesco직원 Charles V. Penna에 의해서 붙여지기는 했으나, 그 실제적인 기원은 미국국회의 분담목록 작성 계획의 발표에 있다고 한다. 1973년에는 IFLA총회에서 UBC의 실현을 그 의제로 상정하기에 이르렀고 이후 계속적인 노력으로 그 실현을 볼 수 있게 되었다.

서지통정사업의 내용은

첫째, 납본제도를 통한 판권 보장과 서지통정을 위한 기초 자료의 입수와 제공

둘째, 국내외의 자료 생산에 관한 통계의 작성 및 이를 통한 현황 제시와 자료원에 관한 서지 정보 제공의 봉사

UBC는 자국의 출판 및 도서관 활동을 망라한 요소로서 정보망(情報網)을 설치하는 것을 전제로 하며, 국내의 구성 요소를 다시 국제수준의 정보망으로 통합하여 총체적인 체제를 형성하는 데 있다.

시스템에 소속된 기관의 임무:

첫째, 자국에서 출판되는 전체 출판물에 대한 서지기록을 작성하고

둘째, 그 기록된 서지를 국가서지에 최단시일 안에 정기적으로 발표해야 하며

셋째, 그 기록을 표준적인 형태(card, MARC 등)로 생산 배포하여야 하며

넷째, 자국 이외의 국가서지 작성기관에서 서지기록을 수령하거나 자국 내에 배포하여야 하며

다섯째, 가능한 한 자국의 소급적인 국가서지를 작성하여야 한다.

이와 같이 UBC는 국제수준에서 국가서지 작성기관의 총체적시스템(total system)을 이룩하도록 통합하는 것이고, 각 국가의 서지작성기관은 자국의 출판물에 대한 권위 있는 서지기록을 국제적 표준으로 작성할 책임을 갖게 하는 것이다. UBC의 total system의 완성은 바로 분담목록(shared cataloging)의 실현과 직결된다.

UBC의 실현이 인류발전에 미치는 요인을 몇 가지로 열거해 보았다.

첫째는 문화적 요인이다. UBC를 통해 인류의 문화유산을 축적, 보존, 전달하는 장으로 도서관을 활용하게 하므로 인류의 지적인 발전에 기여하게 하고, 나아가 인류발전에 공헌하게 한다.

둘째는 기술적인 요인이다. 분류와 편목을 통한 자료조직의 자동화와 통신시설을 이용한 신속한 전보전달은 시간적, 공간적인 제약을 초월하여 통일된 형식으로 자료를 검색하고 이용을 용이하게 한다.

셋째는 경제적인 요인이다. UBC를 통한 도서관간의 협력체계는 협동구입, 협동목록, 희귀본의 공동보존, 상호대차, 협동보관 등 중복으로 인한 경제적인 손실을 최소화하고, 자료의 보존과 그 이용을 최대화할 수 있게 한다.

ISBD나 국제적인 MARC format은 UBC의 실현을 위한 표준 되는 도구이고, 실현의 과정이며 실천을 위한 수단이다.

7.2. 출판물목록정보(Cataloging in Publication: CIP)

CIP는 한국어로는 '출판물목록정보',[216] '출판시표준목록',[217] '출판시도서목록'[218] 등으로 번역하고 있다. CIP는 단행본자료가 출판될 때 목록작성에 필요한 서명, 저자, 총서명, 주기, 부표목, 분류기호, 주제 등 형태사항을 제외한 기술사항을 목록규칙에 따라 표제지 이면에 표준적인 목록형태로 인쇄한 것이다. CIP에 기술되는 기술사항은 국가별로 규정된 원칙에 따라 다소 차이는 있지만 인쇄된 CIP의 목록정보는 자료가

216) 국립중앙도서관, **한국문헌번호편람: 도서번호(ISBN)편** (서울: 1991), pp. 55-65.

217) 국립중앙도서관, **한국문헌번호편람**: ISBN. ISSN, 국립중앙도서관 한국문헌번호센터 (서울: 1992), p. 14.

218) **韓國目錄規則** (第4版. 서울: 한국도서관협회, 2003).

입수될 때 형태사항을 보기(補記)함으로써 신속하게 표준화된 목록정보를 제공하게 한 것이다.

CIP의 목적은 정리 작업의 합리화와 신속화를 기하고, 신간서에 관한 보다 신속한 정보 제공을 위해 발행에 앞서 목록정보 제공을 가능하게 하며, 목록작업에 비용을 절감하고, 목록의 표준화와 출판정보를 확대하기 위한 것이다. 그래서 CIP의 목적달성은 도서관에서는 목록의 표준화, 이용자에게는 신속한 자료제공, 출판자에게는 도서관의 절감된 비용에 의한 자료구입의 확대로 3자가 공히 이익을 볼 수 있게 한 제도이다.

CIP는 보다 신속한 자료제공을 위해 정리과정에서 야기되는 봉사의 시간을 최소화하자는 것이다. 인쇄카드를 이용하는 데 있어 발주에서 도착까지 시간의 기다림을 해소하고, 보다 신속한 정보봉사를 위해 도서관에 입수되는 자료와 함께 카드를 입수할 수 있는 Book with card를 생각하였다. 1958년 미국국회도서관(LC)에서는 자료의 생산과 동시에 카드를 발간하는 Cataloging in source를 운영하였으나 실패로 중단되고 말았다. 이는 자료가 생산되기 전의 견본에 의한 것이 난점으로 나타났다. 이들의 오기는 대부분 형태사항의 면수, 크기, 연도 등이 많았고, 표목이나 서명, 분류기호, 주제명은 비교적 적었다. 그래서 CIP목록정보에는 오기가 많은 면수, 크기, 연도 등의 형태사항은 자료 입수기관에서 직접 기재할 수 있도록 CIP에서는 제공하지 않았다. CIP는 이러한 실패의 단계를 거쳐 미국에서 1971년 7월 미국도서관협회와 미국출판위원회의 합동계획에 기초하여 국립인문과학진흥재단(NEH)과 도서관재단의 원조로 개시되었다. 1973년 이후에는 미국국회도서관에서 예산화가 이루어졌으며, 출판계의 적극적인 협력으로 1974년에는 상업출판물의 75%가 참여하였고, 그 후에도 참가 출판사가 계속 증가하였다. 현재는 미국뿐 아니라 영국, 캐나다, 서독, 오스트레일리아, 브라질, 소련, 한국 등으로 보급되었다.

미국의 CIP 수록 절차는 출판자로부터 자료에 관한 규정정보가 수록된 쪽지(slip)가 수송되어 왔을 때 LC의 목록담당자가 해당 자료에 대한 목록, 분류, 주제명 등 전문사항을 작성하여 출판사에 회송하면 출판사에서는 이것을 표제지 이면에 인쇄하여 도서를 발행하는 것이다. 또한 CIP는 LC 등의 MARC에서도 수록되어 있어 자료가 발행되기 전 도서관에 출판물정보를 제공하기 때문에 수서나 자료선택작업에 유용한 정보원이 되고 있다.

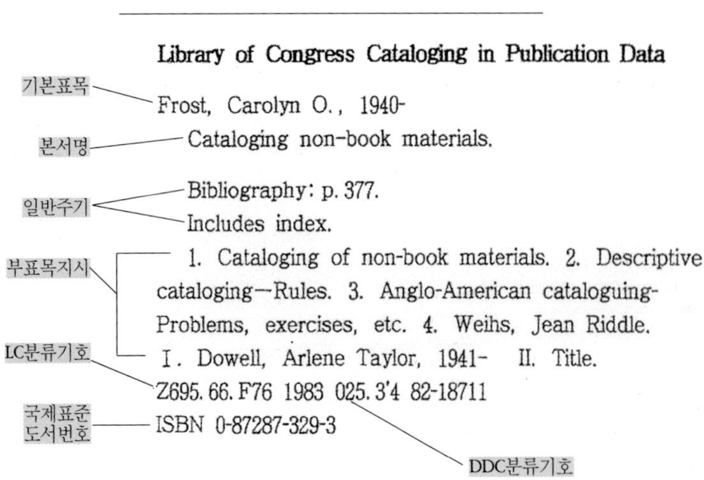

2-11. 미국국회도서관의 CIP

한국에서는 1991년에 국립중앙도서관에서 출판물목록정보 관리기관으로 국립중앙도서관 협력연구과 한국문헌번호센터로 정하여 국제표준도서번호와 함께 CIP에 관한 사항과 등록절차를 소개하고 있다.[219)]

국립중앙도서관 출판물목록정보

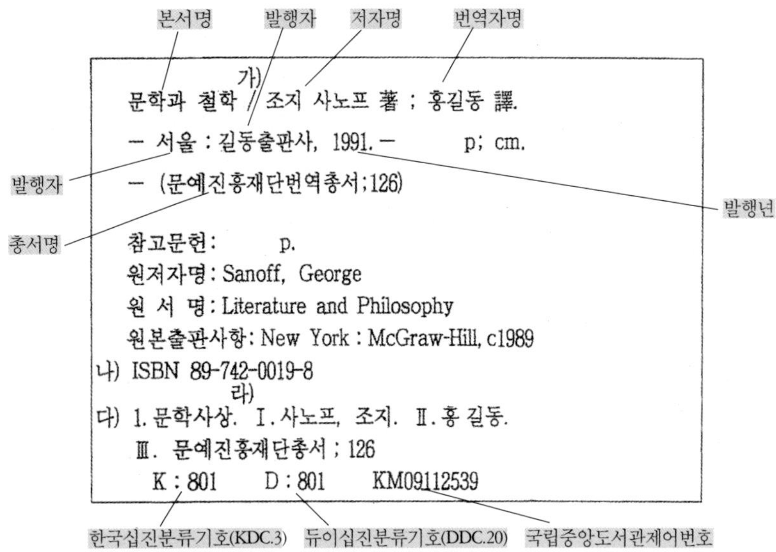

※ 가) 부서명이 있을 경우에는 포함된다.
나) 국제표준도서번호
다) 주제명표목은 아라비아숫자로 표시
라) 부출기입은 로마숫자로 표시
상기목록정보는 KORMARC(Korea Machine Readable Cataloging) 목록규칙에 의거 작성되었음.

2-12. 국립중앙도서관의 CIP

한국 CIP의 수록 방법과 절차:

발행자가 자사 발행예정출판물에 출판물목록정보데이터를 게재하고자 할 경우 발행자는 신청서 양식과 함께 다음의 자료를 인쇄예정일 2주일 전까지 센터에 제출한다. 이때 센터에서는 1주일 이내에 출판물목록

---

219) 국립중앙도서관, **한국문헌번호편람**: ISBN. ISSN

정보를 작성하여 발행자에게 이를 회송한다. 센터에 제출되는 내용은

① 표제지 또는 판권지

② 내용목차

③ 서문(머리말)

④ 기타 발행예정 출판물에 대한 주지사항 등이다.

발행사에서는 출판물목록정보데이터를 활판이나 사진전사(책의 크기에 따라 축소가능)로 표제지 이면에 인쇄하여야 한다. 그러나 출판물목록정보데이터의 요소들은 국제적으로 표준화된 방법에 따라 순서, 구두점, 문자, 공란 등을 정확히 인쇄해야 한다.

7.3. 국제표준서지기술 (ISBD: International Standard Bibliographic Description)

1841년 Panizzi의 저자명기본기입에 의한 91개조의 목록규칙이 발표된 이후, 목록규칙은 130년여 동안 시대와 장소에 따라 다양하게 발전되고 변천되었다. 그러나 20세기에 들어와 이러한 다양성은 국제간의 일관성 있는 목록작성의 필요에 의해 통일된 형식으로 변천하면서 국제적인 체계로 발전하기 시작하였다.

목록규칙의 주류라고 할 수 있는 1908년판 「*AA Code*」와 1967년판의 「*AACR*」은 공히 저자명기본기입원칙에 의한 것으로 표목을 주로 하였고, 기술은 서지적 식별요소의 역할과 기본기입의 표목에 대한 제2차적인 배열요소로 순수 식별기능을 중심으로 한 규칙이었다. 이러한 것이 20세기에 들어오면서 목록의 발전이 국제화되고 세계적인 서지통정이 요청

됨에 따라 서지기술에 관한 중요성이 한층 더 고조되었다.

서지기술을 위한 국제적인 조직은 1892년 Paul Otlet와 Henry Lafontaine이 과학기술문헌의 서지적인 조직을 위한 국제서지연맹(Fedération International de Bibliographie)을 창설한 데서부터이다. Otlet는 1934년 문헌의 기술적인 관리와 주제어의 통제, 현재의 정보검색 등을 골자로 한 「도큐멘테이션 건설(*Traité de Documentation*)」을 발행하였다.

이러한 이론의 발전으로 IFLA는 서지적인 정보를 국제적으로 통용되게 하기 위한 표준적인 기술방법과 format을 제정할 필요가 생겼다. IFLA는 1954년에 목록규칙의 국제적인 통일을 위한 운영그룹을 설립하고, 그룹의 활동으로 1959년 런던에서 ICCP(목록법원칙회의) 예비회의를 개최하였으며, 1961년에는 파리에서 표목의 국제적 통일을 위한 ICCP 본회의를 개최하였다. ICCP가 결정한 저자, 서명목록의 표목에 관한 원칙은 각 국의 실시 단계에서 해석상 많은 차이가 생겼고 이 조정을 위한 국제회의가 필요하게 되었으며, 이를 위한 모임이 목록전문가국제회의(IMCE: International Meeting of Cataloging Experts)이다. IMCE는 1969년 8월 12일부터 3일간 코펜하겐에서 IFLA의 목록분과위원회(Committee on Cataloging)[220]의 주최로 개최되었다.[221] 이 회의의 목적은 첫째, ICCP의 실시를 의뢰한 각 국의 현상과 문제점의 검토, 둘째, 목록의 기술에 관한 구체적인 표준규칙의 검토로서, 국제적인 서지기술에 관한 기준을 정하는 것이었다. IMCE는 여기에서 다시 초안준비를 위한 실행위원회(Working Group)[222]를 설치하고,[223] ICCP에서 제시된 기술에서 서지사항

220) ICCP 이후 IFLA 내에 설치된 목록분과위원회이다.

221) Eric J. Huinter, *Cataloging: A guidebook* (Clive Bingley, 1974), pp. 95-98.

222) Washington의 도서관재원위원회(Council on Library Resource)는 보조금으로

의 구분과 기재순서 등의 대요를 결정하는 작업을 추진하게 하였다.

「**국제표준서지기술**(ISBD)」은 각 국의 전국서지 및 목록작성기관에 대하여 권고하는 규정으로 1961년 국제목록원칙회의의 활동 결과의 최종 산물의 하나이다. 1971년 IFLA의 리버풀(Liverpool)총회에서는 ISBD(S)의 연속간행물위원회와 단행본 ISBD(M)의 합동실행위원회(Working Group)가 결성되어 동년 12월 ISBD(M)의 예비판이 간행되었다.[224] IFLA의 연속간행물위원회는 1971년 리버풀총회를 위해 미리 의논한 연속간행물목록법에 관한 질문서를 작성하여 30개국의 관계기관에 배포하고, 이들의 회답을 근거로 리버풀총회의 목록위원회에서 토의하게 하였다. 이 결과로 ISBD(S)의 안을 작성하기 위한 합동위원회가 설치되었다.

1973년 ISBD(M) 예비판의 사용을 시사한 전국서지 편찬기관으로부터 의견과 의문점을 통합한 ISBD(M)의 수정제안(suggested amendments of ISBD(M))을 그레노블(Grenoble)의 ISBD(M) 개정회의에 제출하였다. 이 개정회의는 18개국의 담당자와 3개의 국제기관이 추가해서 제시된 예비판의 불충분한 것을 검토하고 제2차 수정안을 승인하였다.

IFLA의 목록위원회는 1971년 예비판에 수정을 가하여 1974년 「*ISBD (M)* **표준제1판**(1st standard edition)」[225]을 간행하고, 1977년에는 연속간

실행위원회의 활동을 가능하게 하였다.

223) 실행위원회 장은 영국의 BNB(British National Bibliography)의 A. J. Wells를 임명하였다 (小田泰正, "ISBD: 制定の由來とその將來," **現代の圖書館**, vol. 15, no. 3 (1977): pp. 16-17)

224) IFLA, *International Standard Bibliographic Description* (for single volume and multi-volume monographic publications), recommended by the Working Group on the International Standard Bibliographic Description set up at the International Meeting of Cataloging Experts, Copenhagen, 1969 (IFLA., 1971).

225) IFLA. Committee on Cataloging, *ISBD(M)* (London: 1974).

행물용 「*ISBD(S)* **표준제1판**」을 간행하였다.[226)]

ISBD(M)과 ISBD(S)의 제1판은 세계서지통정(UBC)의 실현을 위한 규정으로 부각되어 세계 각국의 출판물 서지정보를 하나의 원칙 하에 기술하게 하였고, 이 규칙에 의해 기술된 각 국의 서지정보는 국제적으로 호환성을 가지게 됨으로써 사실상 UBC의 기능을 수행하는 결과가 되었다. ICCP의 원칙사항은 저자에 관한 기본기입의 형식을 중심한 것이지만 ISBD는 서명이하의 기입에 대한 기재사항 및 기재형식에 관한 규정으로 컴퓨터에 의한 서지작성 및 검색을 전제로 한 것이다.

ISBD(M)의 목적은 단행본 출판물의 서지기록에 대한 정보를 과학기술이 도서관목록에 미치는 영향을 참작하여 ① 다른 출판물로부터 서지적 기록의 효율성을 유지하게 하고, ② 언어의 장벽을 초월한 서지기록의 해석을 돕고, ③ 서지기록의 기계가독형에서 전환을 용이하게 한다는 것이다.

IFLA는 이 목적의 성취요건[227)]을 3가지로 제시하였다. 첫째, 한 나라에서 작성된 서지기록이나 한 언어의 사용자에 의해서 생산된 서지기술이 다른 나라 다른 언어의 사용자들에게 쉽게 이해될 수 있게 한다. 둘째, 각 국에서 생산된 서지기록은 여러 종류의 목록이나 리스트(에 통합하여 함께 배열되게 함으로써 전체의 일부분이 될 수 있게 한다. 셋째, 수서(手書)나 인쇄된 형태의 서지기록이 최소한의 입력용 지시만을 가하여 기계가독형으로 전환할 수 있게 한다. 「*ISBD(M)*」에서는 이 같은 제 요건을 위한 기술의 기본적인 전제를 다음과 같이 제시하고 있다.

· 서지기술의 제 요소를 명시하고

226) IFLA. Committee on Cataloging, *ISBD(S)* (London: 1974)

227) IFLA. Committee on Cataloging, *ISBD(M)*, p. vii.

· 제 요소를 구분할 때 7가지의 기술 영역을 설정하고

· 제 요소의 기재순서를 정하고

· 제 요소를 구분하는 구두법을 정하고

· 제 요소의 정보원과 그 순위를 정한다.

또한 ISBD는 단지 도서관 목록만이 아니고 도서관계와 출판계의 쌍방에 신간서의 보급, 자료의 수입, 배포 및 그 운영과 서지적 활동에 필요한 데이터를 의도하고 있다.

Anglo-American Cataloging Rules

NORTH AMERICAN TEXT

Prepared by The American Library Association
The Library of Congress
The Library Association and
The Canadian Library Association

CHAPTER 6

Separately Published Monographs

Incorporating chapter 9, "Photographic and Other Reproductions," and revised to accord with the
International Standard Bibliographic Description (Monographs)

American Library Association | Chicago 1974

2-13. AACR Chapter 6 표제지

ISBD는 영국도서관협회의 목록규칙위원회에서 원칙으로 승인되었고, 1974년 ALA에서는 「**영미목록규칙: 북미판: 제6장 단행본 표목에 대한 기술부**」를 ISBD(M)의 규칙을 기준으로 개정하여 별권으로 출판하였다.[228] 그리고 1978년에는 「**영미목록규칙**」을 ISBD에 준해 전면 개정 출판하였다.[229] 일본도서관협회에서는 1977년 ISBD를 적용한 「**일본목록규칙 신판 예비판**」을 발행하였다.[230] 한국에서는 1983년 ISBD의 원칙을 적용한 「**한국목록규칙**

228) *Anglo-American Cataloging Rules: North American Text: Chapter 6, Separately Published Monographs* (Chicago: ALA., 1974).

229) *Anglo-American Cataloging Rules*, prepared by ALA., BL., CCC., LA., LC. (2d ed. Chicago: ALA., 1978)

230) 日本圖書館協會 目錄委員會 編, **日本目錄規則** (新版 豫備版. 東京: 1979)

제3판」이 발행되었다.[231]

이외에도 독일어권의 동독, 유고슬라비아, 스칸디나비아제국의 목록위원회, 목록규칙Working Group인 덴마크, 필란드, 노르웨이, 스웨덴의 제 국가와 폴란드 등에 ISBD에 의한 원칙으로 개정되고 있어 그 영향력이 세계적으로 확대되었다.

IFLA에서는 ISBD(M)에 이어 1977년 연속간행물용 ISBD(S), 일반공통용 ISBD(G)[232], 비도서자료용 ISBD(NBM)[233], 지도자료용 ISBD(CM)[234], 1980년 고문서용 ISBD(A)[235], 악보용 ISBD(PM)[236], 1988년 구성요소용 ISBD(CP)[237]를 제정하고, 1990년 ISBD(NBM)에서 컴퓨터파일용 ISBD(CF)[238]를 분리 제정하였다. 그리고 IFLA에서는 이들 규칙에 대한 개정을

---

231) 한국도서관협회 제정, **한국목록규칙, 3판 기술 · 표목올림지시편** (서울: 1983). 한국에서는 K3이 나오기 전에 이재철, 현규섭에 의해 ISBD(S)의 전문이 번역 간행되었다.

232) IFLA. *ISBD(G): General International Standard Bibliographic Description* (London: 1977). 24 p.

233) IFLA. *ISBD(NBM): International Standard Bibliographic Description for Non-Book Materials* (London: 1977). 60 p.

234) IFLA. *ISBD(CM): International Standard Bibliographic Description for Cartographic Materials* (London: 1977). 58 p.

235) IFLA. *ISBD(A): International Standard Bibliographic Description for Older Monographic Publications(Antiguarian)* (London: 1980). 59 p.

236) IFLA. *ISBD(PM): International Standard Bibliographic Description for Printed Music* (London: 1980). 53 p.

237) IFLA. *ISBD(CP): International Standard Bibliographic Description for Component Parts.* (1988). (*Harrod's Librarians' Glossary.* 8th ed / compiled by Ray Prytherch (England: Gower Publishing Company Limited, 1995), pp. 347-348)

238) IFLA. ISBD(CF): *International Standard Bibliographic Description for Computer Files.* Recommended by the Working Group on the International Standard Bibliographic Description for Computer Files, set up by the IFLA Committee on Cataloguing. (London: IFLA UBCIM(Universal Bibliographic control and International MARC)

거듭하여 1978년 ISBD(M)의 개정판, 1987년 ISBD(NBM), ISBD(CM)의 개정판, 1988년 ISBD(S)의 개정판, 그리고 1997년 ISBD(CF)의 개정판인 ISBD(ER)[239], 2000년 ISBD(S) 개정안, 2002년 ISBD(M)의 2002년 개정판을 발간하였다.

7.4. 서지레코드의 기능상 요건(FRBR: Functional Requirements for Bibliographic Records)

IFLA에서는 ISBD규칙을 발표한 이후 다양한 매체의 등장, 서지레코드 활용방법의 발전, 서지레코드에 대한 이용자의 다양한 요구 등 도서관이 처한 환경변화에 적응하기 위해 서지제어용 도구의 개정에 대한 필요성이 대두되었다. FRBR은 IFLA 전문가와 자문위원들에 의해 1992년부터 1997년까지 FRBR이라고 하는 개념모델을 개발하여 1998년에 발표[240]된 서지레코드가 수행해야 할 기능에 대한 연구의 최종 결과물이다. FRBR은 1990년 IFLA의 UBCIM[241]프로그램과 서지제어분과(IFLA Division of Bibliographic

Programme, 1990).

239) IFLA. ISBD(ER): *International Standard Bibiographic Description for Electronic Resources.* Revised from the ISBD(CF): International Standard Bibliographic Description for Computer Files; recommended by the ISBD(CF) Review Group. München: K. G. Saur, 1977(UBCIM Publications, New Series, v. 17). 1997; Ann Sandberg-Fox and John D. Byrum, "From ISBD(CF) to ISBD(ER): Process, Policy, and Provisions." LRTS, Vol. 42, no. 2 (1998). p. 89-101; "ISBD(ER) Practical Workshop Amsterdam, August 16, 1998: ISBD(ER): An Overview," by John D. Byrum. *International Cataloguing and Bibliographic Control*, Vol. 28, no. 3 (July/September 1999): pp. 65-66.

240) Barbara B. Tillett, prep, "목록규칙 개정의 새로운 방향, AACR2에서 RDA로," 김태수 역, **21세기의 목록과 국가서지정보정책**, 국립중앙도서관 개관60주년 기념 국제심포지엄, 2005년 10월 18일, 국립중앙도서관, 한국도서관협회 주최 (서울: 국립중앙도서관, 한국도서관협회, 2005), p. 46.

241) UBCIM: Universal Bibliographic Contgrol and International MARC Core Activity

Control)의 후원으로 스톡홀름에서 개최된 서지레코드에 관한 세미나에서 서지레코드가 가져야 할 기능상의 요건(FRBR)을 정의하기 위한 연구가 제안되었다. 연구의 목적은 서지레코드가 제공하고자 하는 정보가 무엇인지를 분명히 하고 정확하게 제시하며, 그에 대한 이해를 공유하고, 그리고 이용자의 요구에 해답을 제시하기 위하여 서지레코드가 무엇을 추구해야 할 것인가에 대한 틀을 제공하는 것이다.[242] FRBR은 데이터 요소를 유형화하고, 이들 데이터 요소들이 각각의 고유한 레코드 중에서 어떻게 상호 관련되어 있는가를 제시하기 위한 지적인 모형을 제공한다.

이 모형은 이용자가 필요로 하는 데이터요소를 탐색(find), 식별(identify), 선정(select), 확보(obtain)로 정의하고, 도서관 목록에서 취급되는 서지적 세계를 세 가지 그룹으로 나누어 핵심모형으로 제시하였다.

(1) 그룹1은 지적·예술적인 노력의 산물인 저작, 표현형, 구현형, 개별자료로 구성된다. 저작과 표현형은 지적, 예술적 내용을 반영한 것이고, 구현형과 개별자료는 물리적인 형태를 반영한 것이다.

(2) 그룹2는 그룹1의 지적·예술적 내용, 물리적인 생산 및 배포, 또는 관리에 대해 책임을 지는 개인과 단체로 구성된다. 그룹1의 개체와 그룹2의 개체 사이의 책임관계를 나타낸다.

(3) 그룹3은 지적·예술적인 활동의 주제로서 사용되는 개념, 객체, 사건, 장소 등과 그룹1과 그룹2에 속하는 개체들로 구성된다. 저작과 다른

의 약자 <http://www.ifla.org/VI/3/ubcim.htm> (cited 2007. 5. 28.)

242) Patrick Le Boeuf, "멋지고 새로운 FRBR의 세계," 이성숙 역, **21세기의 목록과 국가서지정보정책**, 국립중앙도서관 개관60주년기념 국제심포지엄, 2005년10월 18일, 국립중앙도서관, 한국도서관협회 주최 (서울: 국립중앙도서관, 한국도서관협회, 2005), pp. 425-426; IFLA Study Group on the Functional Requirements for Bibliographic Records, *Functional Requirements for Bibliographic Records: final report* (München: Saur, 1998), p. 7 <http://ifla.org/VII/s13/frbr/frbr.pdf> (cited 2007. 5. 24)

개체간의 주제관계를 나타낸다.

FRBR은 목록규칙이나 규정이 아니며 단지 개념수준에 위치한다고 할 수 있는 것으로 FRBR의 서지정보 처리 방식에 기반해서 실제로 운영되는 다수의 시스템을 가지고 있고, 또한 미래의 국제목록규칙은 이 모형에서 강조한 개념으로 만들어질 가능성이 있다.

호주의 문학 텍스트만을 적용대상으로 한 AustLit Gateway는 FRBR을 완전하게 구현한 최초의 데이터베이스이고, OCLC에서는 대규모 서지데이터베이스에서의 FRBR 잠재력을 개발하기 위한 노력으로 전통적인 MARC 레코드를 FRBR화한 레코드로 자동 변환하는 알고리즘인 xISBN과 Open WolrdCat, FictionFinder을 개발하였다.[243)]

FRBR은 FRAR과 FRSAR로 인해서 발전되었다.

전거레코드의 기능상 요건(FRAR: Functional Requirements for Authority Record)은 국제 MARC프로그램과 IFLA의 국제서지제어분과의 워킹 그룹에서 FRBR에 근간을 두고 확장적인 개념적 모형으로 제시한 것이다. FRAR 모형의 기본목적은 첫째 이용자의 필요에 대한 전거레코드에 기록된 데이터와 관련한 참조 프레임을 분명하게 정의하고 구조화하기 위함이고, 둘째 국제적인 공유를 위한 잠재적인 평가를 주장하고 도서관 부분과 그 외의 부분에서 전거데이터를 이용하기 위함이다.

주제명 전거레코드의 기능상 요건(FRSAR: Functional Requirements for Subject Authority Records)은 2005년 8월 IFLA 서지제어분과위원회의 세 번째 연구진에 의해 분류와 색인을 고려하기 위한 FRBR/FRAR 모형 확장으로 제시된 새로운 모형이다.

---

243) Le Boeuf, pp. 429-431.

7.5. 목록의 기계화(MARC: MAchine Readable Catalog)

목록의 기계화는 타자기가 도서관장비로 활용되면서부터이나 현대적 의미의 목록 자동화는 1960년대 컴퓨터의 도입으로 가능하게 되었다. 정보의 양적인 증대는 이를 조직하여 필요한 정보를 제공할 수 있는 서지 통정의 필요성을 제기하였다. 이로 인해 각 국의 국내출판물총목록에 관심이 증대되었고, 특히 각 국의 MARC에 의한 세계출판물목록의 데이터베이스가 구축되므로 세계서지통정(UBC)이라는 도서관인의 꿈을 실현할 수 있는 움직임이 IFLA를 중심으로 급속히 증대하게 되었다. MARC의 개발은 컴퓨터를 이용한 새로운 도서관협력을 실현할 수 있게 하였고, UBC의 중심 되는 수단으로 등장하게 되었다.

MARC은 최초로 미국국회도서관이 인쇄카드업무와 서지편찬업무를 보다 효율적으로 처리하기 위해 개발한 것이다. MARC은 컴퓨터로 서지데이터를 식별하고 배열하기 위한 어떤 특정의 관례를 사용하는 포맷(format)[244)]의 집합이다.[245)] MARC은 전국적인 중앙집중식 목록작업으로 작성된 서지데이터를 입력한 MARC tape를 데이터베이스로 하여 컴퓨터를 통해 많은 도서관에서 공동 이용할 수 있게 한 도서관망의 조직을 위한 매체이다. MARC으로 인해 도서관은 상호협력을 위한 표준화를 성취할 수 있었고, 보다 신속하고 정확하게 필요한 자료를 제공할 수 있게 되었다.

244) 데이터가 컴퓨터를 이용하여 효율적으로 처리될 수 있도록 하기 위해 이를 정형화된 형식으로 배열하고 식별되게 해야 한다. Formats은 다양한 내용의 레코드를 수록하는 정형화된 골격이나 구조를 말한다 (Ellen Gredley and Alen Hopkinson, *Exchanging Bibliographic Data; MARC and other international formats* (London: The Library Association, 1990). p. 44).

245) Gredley and Hopkinson, p. 70.

MARC의 구조

MARC은 MAchine Readable Catalog의 약자로 한국어로는 기계가독목록(機械可讀目錄)으로 명명하고 있다. 기계가독목록은 한 특정유형의 기계(컴퓨터)가 목록기록의 데이터를 읽고 해석할 수 있는 것을 의미한다. 컴퓨터가 목록된 정보를 읽고 해석할 수 있도록 각 영역별이나 기술사항의 데이터에 대한 프로그램으로 정해진 길잡이(signposts)와 함께 수록하게 하였다. 이러한 길잡이를 MARC에서는 필드(field), 태그(tag), 지시기호(indicators), 식별기호(subfield), 경계구분기호(delimiter) 등으로 설정하고 있다.

필드(field): 목록정보로 수록되는 각 서지레코드의 논리적인 구분을 필드라 한다.

태그(tag): 필드의 텍스트로 된 명칭을 컴퓨터가 읽고 해석할 수 없기 때문에 3자리숫자의 태그로 표현한 것이다. 태그는 ISBD의 목록에서 영역별 구분인 빈칸 대쉬 빈칸 (—)으로 다음에 오는 데이터의 종류를 식별해 준다.

지시기호(indicators): 지시기호는 제1지시기호와 제2지시기호로 태그 다음에 2자(字)로 표시한다. 각 지시기호 값은 0에서 9까지의 숫자로 표시하고, 사용하지 않거나 미정인 경우는 빈칸(blank: ɓ)으로 표시한다. 지시기호는 필드에 따라 제1지시기호와 제2지시기호를 모두 사용하거나, 하나만 사용하거나 모두 빈칸(ɓ)으로 한다.

식별기호(subfield): 식별기호는 경계구분기호와 서브필드코드(subfield code)로 되어 있다. 경계구분기호(delimiter)는 소프트웨어 프로그램에 따라 서로 다른 문자를 사용하지만 KORMARC에서는 달러사인($), KORMARC

통합판에서는 역삼각형(▼)을 사용하고 있다. 서브필드코드는 경계구분기호를 앞세워 한 자리의 알파벳문자(때로는 숫자)로 표시하여 그 다음에 어떤 유형의 데이터가 오는지를 구분해 준다.

태그: 필드의 구분기호로 세 자리로 표시. 245는 서명저자사항 표시

제2지시기호 '1'은 ()에 묶어 기재된 관제를 제외하고 부표목할 것을 지시

식별기호 '$a'는 본서명을 나타내는 표시

'$d'는 책임표시를 나타내는 식별기호

245 11$a(The) Art of book reading /$dby Stella S. Center%

경계구분기호로 필드의 종결을 표시

'$'는 식별기호의 경계구분기호

제1지시기호 '1'은 서명의 부표목을 지시

MARC의 구조는 리더, 레코드 디렉터리, 제어필드, 데이터필드 등 세 가지로 구분된다.

리더(leader): 각 레코드의 첫머리에 24자리로 표시하는 고정장필드이다. 리더는 레코드의 성질이나 레코드의 처리 그리고 관련된 기본적인 데이터를 제시하는 코드값으로 구성되는데 상당 부분의 정보는 컴퓨터가 사용하기 위한 것이다. MARC레코드 작성 및 편집 프로그램들은 입력을 필요로 하는 리더데이터요소를 윈도우나 프롬프트로 제공한다. 리더는 태그, 지시기호, 식별기호를 갖지 않으며 각 자리에 의해 성격이 결정된다.

디렉토리(directory): 이는 리더 바로 다음에 디렉터리라는 데이터의 블록으로 나타낸다. 디렉터리는 입력된 태그의 지시기호, 데이터필드길이, 시작번지 등 12자리의 고정장필드로 구성된다. 디렉터리는 입력된 태그, 태그의 위치, 필드의 시작위치 등을 자리수를 통해 알려준다.

가변길이필드(variable field): 이는 필드의 자리수가 고정되어 있지 않고 수록되는 데이터의 양에 따라 필드 길이가 정해지는 필드로 제어필드(control information, numbers, codes)와 데이터필드(data field)로 구분된다. 제어필드는 고정장제어필드와 가변장제어필드가 있는데, 고정장제어필드는 태그 001에서 009까지 서지레코드의 처리에 사용되는 제어용정보와 부호화정보를 나타내고, 이 필드는 지시기호와 식별기호를 사용하지 않는다. 가변장제어필드는 태그 01X에서 09X까지 각종 숫자와 부호로 구성되는 정보를 나타내고, 지시기호와 식별기호를 사용한다. 데이터필드는 태그 1XX에서 9XX까지 일반서지데이터로 구성되는 정보를 나타내고, 이 필드는 지시기호와 식별기호를 사용한다.

MARC의 기능

① 서지정보의 입수, 조직, 배포를 동시적으로 가능하게 하고
② 표준화된 포맷의 실현으로 도서관간의 통일성 있는 목록작성을 가능하게 하고
③ 상호대차를 포함한 모든 도서관간의 상호협력을 증대시키고
④ 검색의 범위를 보다 확장시키고
⑤ 목록작성에 필요한 경제적인 손실을 최소화하고
⑥ 많은 도서관의 자료를 공히 활용할 수 있게 하고
⑦ 도서관의 봉사범위를 확장할 수 있게 한다.

현재 MARC은 USMARC을 근거로 하여 자국의 언어와 자료의 서지특성에 적합한 MARC을 제정하여 활용하고 있다. 국가별로 사용되고 있는

MARC은 캐나다의 CANMARC, 영국의 UKMARC, 호주의 AusMARC, 노르웨이의 NORMARC, 덴마크의 DANMARC, 대만의 Chinese MARC, 일본의 JAPAN MARC 그리고 한국의 KORMARC… 등이 있고, IFLA에서 국제적인 호환을 위해 개발한 UNIMARC이 있다.

1) LCMARC

LCMARC은 미국국회도서관(Library of Congress: LC)이 개발한 최초의 기계가독목록으로 USMARC으로 확장되었다가 현재는 MARC21로 명명되고 있다. MARC은 미국의 LC에서 목록카드상의 기재사항을 자기테이프에 넣어서 이것을 인쇄카드봉사와 동일한 방법으로 회원도서관에 배포하는 것으로 시작되었다. 최초의 MARC Pilot Project(機械可讀目錄先導計劃)는 도서관의 전통적인 검색도구인 목록을 컴퓨터에 의해 처리될 수 있도록 자동화한 것이다. 이 방법이 처음으로 제기된 것은 미국국회도서관업무자동화의 가능성을 조사 연구하였던 Gilbert W. King의 보고서인 「**자동화와 의회도서관**」[246)]이었다. 이 보고서에 의해 미국국회도서관에서는 자체 내에 자동화업무추진기구인 Information System Office를 설치하고[247)] 자동화작업을 추진하였다. 1964년 미국도서관재단격인 Council

246) Gilbert W. King, et. al., *Automation and the Library of Congress*. A Survey Sponsored by the Council on Library Resources, Inc., Library of Congress (Washington, D.C., 1963). 이 보고서는 1961년부터 1963년까지 만 2년여에 걸쳐 실시된 조사로 미국의회도서관과 같은 거대한 장서를 가진, 그리고 포괄적인 주제를 다루는 큰 도서관의 업무를 자동화할 수 있는 방법을 탐색하기 위해 실시되었던 것으로 이 보고서가 완성되어 의회도서관장에게 제출된 것은 1963년 12월 31일자로 되어 있다.

247) Barbara Evans Markuson, *The Library of Congress Systems Study and Its Simplifications for Automation of Library Progress in Library Automation*. A State of the Art Review,

on Libary Resources가 King보고서의 후속조치로 또 다른 연구기금을 지급하여 인쇄목록의 자동화를 위한 연구를 Inforonices회사로 하여금 시행하게 하였다. 이 연구는 1964년 11월 26일자로 완성되어 「**의회도서관의 서지데이터를 기계형식으로 기록하는 방법**」이라는 표제로 간행하였다.[248] LC에서는 이 자료를 토대로 자체 도서관의 직원이 주축이 되어 재차 연구를 거듭한 결과 1965년 6월에 「**기계가독목록의 표준적인 Format**」을 완성하여,[249] 이 자료를 기초로 다시 목록의 자동화를 위한 공개토론회가 개최되었다.[250]

1966년 2월부터 LC는 지금까지 연구된 기계가독목록법을 실제에 적용하기 위한 계획을 수립하고, Council on Library Resources로부터 재정적인 지원을 받아 MARC Pilot Project라는 실험계획을 실천하기에 이르렀다.[251] 이는 기계가독형태로 목록데이터를 작성하여 배포할 수 있는 가능성을 모색하고, LC와 그 밖의 다른 도서관에서 그 데이터를 무엇에 사용하는지 그 유용성을 검토한다는 두 가지 목적을 가지고 있었다. 1966년 4월부터는 본격적인 프로그램개발이 추진되어 동년 9월에는 최초로 MARC tape가 생산되었고, 이로부터 MARC Pilot System이 본궤도에 오르

---

edited by S. Salmon Stephen (Chicago: ALA., 1969), pp. 90-130.

248) Lawrence F. Buckland, *The Recording of Library of Congress Bibliographical Data in Machine Readable Form* a report prepared for the Council on Library Resources, Inc. Council on Library Resources (Washington, D.C.: 1965).

249) Henriette D. Avram, S. Freitag Ruth and D. Guiles Key, *A Proposed Format for a Standardized Machine Readable Catalog Record.* a preliminary draft. (Washington: LC, 1965), p. 110.

250) 이 안은 1965년 10월에 150여 도서관에 회부되어 같은 해 11월 22일 MARC을 위한 제2차 공개회의가 개최되었다.

251) Henriette D. Avram. *The MARC Pilot Project.* Final Report on a project sponsored by the Council on Library Resources (Washington: LC, 1968), pp. 4-5.

게 되었다. 1966년 11월부터 기계가독목록의 타당성을 조사하기 위해 LC목록기록을 MARC I Format[252]이라는 기구에 수록한 MARC tape를 생산하여 선정된 16개의 참가도서관[253]에 주간으로 송부하고 그들로 하여금 실험하게 함으로써 수정할 사항을 도출하게 하였다. 동시에 새로운 Format과 시스템을 개발하기 위한 준비작업을 전개하였고, 이 계획은 1967년 9월까지 계속되었다.

1967년 10월부터 MARC Interim System이 시작되었다. 이는 MARC I Format이 MARC Pilot System으로 실험을 끝내고 그 결과로 새로이 제정된 format에 적용해 보는 잠정적인 시스템인 것이다.[254] 새로이 제정된 MARC Format은 1968년 7월까지 9개월에 걸쳐 분석되었고, 이 MARC I Format에 의한 테이프의 공급은 1968년 H. D. Avram의 실험에 의한 최종 보고서[255]가 나올 때까지 계속되었다.[256] 이 결과로 새로운 MARC II Format이 제정되게 되었다. 1968년 7월을 기해 LCMARC은 새로운 시스템에 의한 입력이 시작되었고, 같은 해 10월에 MARC II Format이 결정되어[257] 1969년 3월부터 정식으로 테이프가 배포되었다.[258] 지금까지 실험

---

252) 이때 불리어진 MARC I Format이란 명칭은 다음단계로 발전될 MARC Format과의 구별을 위한 것이며, 이 MARC I Format에 적용된 System을 MARC Pilot System이라고 부른다.

253) Avram, p. 4.

254) MARC I Format에 대한 분석은 1967년 3월부터 이미 착수되었으며, 1967년 6월에는 새로 개정된 MARC Format가 ALA총회에 제출되어 심의 분석되었고, 1967년10월 이 Interim System이 시작됨과 동시에 새로운 MARC Format이 실험되기 시작하였다.

255) Avram, *The MARC Pilot Project*: Final Report.

256) Roy B. Torkington, "MARC and it's Application to Library Automation," *Advance in Librarianship*, ed. by Melvin J. Voight (New York: Academic Press, 1974), vol. 4: p. 3.

적인 것으로 제한된 도서관에만 발송하던 것을 원하는 모든 도서관에 배포하기에 이르렀다. 그래서 MARC II를 통하여 전국적인 분담편목시스템을 구축하는 실제작업이 시작되었다.

MARC II Formt은 소위 커뮤니케이션 포맷의 개념을 바탕으로 영국과 미국의 상호협력에 의해 이루어졌다. 이 포맷은 모든 종류의 도서관자료를 수용하도록 하고, 편목 이외의 여러 응용분야에 충분한 융통성을 기할 수 있게 하였고, 광범위한 컴퓨터시스템에서 사용할 수 있도록 하기 위한 것이다.

처음에는 미국의 단행본 자료를 1주에 약 800종 정도를 수록하였으나 1975년에는 단행본과 시청각자료를 포함하여 629,620건에 달했다.[259] 단행본을 위한 MARC Format을 완성시킨 LC에서는 연속간행물을 위한 Format을 제정하여 1970년 처음으로 「*Serials: A MARC Format*」을 간행하였고, 1974년에는 초판을 수정 보완하여 제2판을 간행함으로써 연속간행물에 대한 MARC Format을 확정하였다.[260] 1970년 지도에 대한 「*Maps: A MARC Format*」을 제정하고, 1971년 필름을 위한 「*Film A MARC Format*」을 완성하였다. 그리고 1973년 수고본(手稿本)을 위한 「*Manuscripts: A MARC Format*」을 제정하고, 1975년 음악자료를 위한 「*Music A MARC Format*」을 제정하였다. 1976년에는 전거용 포맷의 실험용 예비판을 발행하였다.

LCMARC Format의 입력에 사용된 자료의 언어는 영어 이외에도 불어,

---

257) George Piternick, "The Machine and Cataloging," *Advance in Librarianship*, ed. by Melvin J. Voight. (New York: Seminar Press, 1970), vol. 1: pp. 27-30.

258) Avram, *MARC: Its History* …, p. 5.

259) Piternick, p. 21.

260) U.S. Library of Congress. Information System Office. *Serials: A MARC Format* (Washington: LC, 1970), p. 72.

독어, 스페인어, 포르투갈어로 확대되었고, 1976년에는 화란어, 이태리어, 루마니아어, 노르웨이어, 스페인어, 덴마크어, 핀란드어의 자료를 입력했다. 1977년 러시아의 Kirill문자[261]를 사용한 자료, 1978년 로마문자를 사용한 자료, 1979년에는 그 외의 문자자료 입력을 계획했다.[262]

그러나 LCMARC은 미국국회도서관이 초기 정부관련 고문서의 축척을 위해 개발한 것이기 때문에 국제적인 표준형으로 적용하는 데는 한계가 있었기 때문에 1994년 USMARC으로 개정되었다.

USMARC Format for Authority Data

USMARC Format for Bibliographic Data

USMARC Format for Classification Data

USMARC Format for Community Information

USMARC Format for Holdings Data

USMARC은 새로운 형태의 정보자료나 통제방식을 지원하도록 확장, 개발되어 1999년 CANMARC과 통합되면서 MARC21이라는 새로운 이름으로 바뀌었다. 다시 MARC21은 개발을 계속하여 2000 edition(Update no. 1 (Oct. 2000)); no. 2(Oct. 2001))와 2002 concise edition (update no. 3(Oct. 2002))을 발간하였다.[263]

---

261) Kirill문자는 Greece의 Kyrillos(827-869)의 이름에서 기인된 문자의 이름이다. 러시아문자로서 현재 소비에트, 유고슬라비아, 볼리비아에서 사용하고 있는 문자이다.

262) 阪本博, "目錄法の動向について" **現代の圖書館**, 第14卷, 第3號 (1976. 9): p. 97.

263) *MARC21 Concise Format for Bibliographic Data*, Library of Congress Net work

MARC21 Format for Bibliographic Data

MARC21 Format for Authority Data

MARC21 Format for Classification Data

MARC21 Format for Community Information

MARC21 Format for Holdings Data

2) UNIMARC

UNIMARC은 Universal MARC Format의 약칭으로 국제적인 기계가독목록을 말한다. 이는 LC에서 MARC개발을 성공함에 따라 각 국에서 MARC 포맷이 개발되었고, 그 결과 1975년에 국제적인 MARC 네트워크가 자연적으로 형성되게 되었다. 이에 따라 상호조정의 필요성이 대두되었고[264] 공통포맷의 사용을 위한 내용표식기호에 대한 합의와 편목법에 있어서의 통일성 제고문제 등이 제기되었다. 이로 인해 UNIMARC와 CCF[265]가 개발되었다. UNIMARC은 IFLA가 지난 10여년 동안 UBC의 실현을 위해 기본을 조성한 사업의 일환으로 나타난 것이다.

UNIMARC의 주된 목적은 각 국의 국가서지작성기관이 기계가독형식으로 작성한 서지 데이터로서 국제 간 상호교환이 이루어지도록 촉진하는 데 있다.[266] UNIMARC은 이렇게 목록기술의 국제적인 표준화와 편목

Development and MARC Standards Office (2002 Concise Edition). [cited Nov. 13, 2003] <http://www.loc.gov/marc/bibliographic/>

264) Gredley and Hopkinson, p. 93.

265) *CCF: Common Communication Format* (Paris: UNESCO, 1984): CCF는 UNESCO의 종합정보프로그램(UNESCO/PGI)에서 도서관계와 색인초록분야 양측을 망라하여 ISO 2709를 구현하기 위한 공통포맷을 지향하기 위해 개발한 것이다.

266) International Federation of Library Association and Institution, *UNIMARC: Universal MARC Format*, recommended by the Working Group on Content

작업의 기계화를 통해서 각 국에서 입력된 MARC의 서지정보를 상호교환, 이용하게 하기 위하여 시도된 국제적인 Format이다.

UNIMARC의 설정에 대한 직접적인 배경은[267)]

① 각종 서지작성기관이 수행하고 있는 기능의 다양화

② 국제적으로 승인된 목록규칙과 목록실행상의 원칙의 결여

③ 기계가독목록에 있어 내용 데이터의 조직법에 관한 국제적인 협약의 결여

④ 내용표식기호(內容標識記號)의 기능에 관한 국제적인 협약의 결여 등이다.

국제적으로 다양화되고 있는 서지작성의 통일을 위해 1971년 8월 IFLA는 내용표식기호에 관한 국제적 표준법을 제정할 책임이 있다는 권고가 제기되었다. 1972년 8월 Budapest에서 모인 IFLA총회에서 IFLA목록위원회와 기계화위원회가 공동으로 내용표식기호에 관한 실행위원회(IFLA Working Group on Content Designators)를 설치할 것에 대한 발의가 있었다. 이 실행위원회는 내용표식기호 간의 상이점을 조사하고, 이들 상이점을 조정하는 방법을 발견하여 기계가독형서지데이터의 국제적 교환을 가능하게 하기 위한 표준규칙의 권고안을 제출하도록 하는 사업추진의 책임이 부가되었다.[268)]

이후 실행위원회는 총 6차례의 회의[269)]를 가졌고, 1975년 10월에는

Designators (London: IFLA, 1977), p. 1.

267) IFLA., *UNIMARC: Universal MARC Format,* p. 5.

268) IFLA., *UNIMARC: Universal MARC Format,* p. 5.

269) 6차례의 회의는 1973년 8월 Grenoble대학에서, 1974년 1월 Brussels에 있는 왕립도서관에서, 1974년 5월 Helsinki에서, 1974년 11월 Washington의 미국의회도서관에서, 1975년 10월 Paris의 국립도서관에서, 1976년 5월 Brussels의

파리에 있는 프랑스표준협회에서 각 국의 목록위원회 대표가 참석한 공개회의를 개최하였다. 이 공개회의에 대비하여 1975년 7월부터 8월까지 최초의 예비안이 배포되었다.[270] 1976년 3월 공개회의에서 논의된 각종 의견을 반영한 제2차 예비방안이 간행되었고, 1976년 5월 Brussels에서 개최된 실행위원회에서 제2차 예비안에 관한 재검토를 거친 최종결정을 반영한 안이 작성되어 1977년 최초의 초판이 간행되었다.

UNIMARC은 내용표식기호의 표준화를 위해 개발된 것으로 다양한 국가서지시스템의 문제는 그대로 둔 채 국제적인 상호교환시스템으로써 채택된 것이기도 하다. UNIMARC의 기본적인 아이디어는 각 국 서지기관 자체의 기계가독레코드를 UNIMARC시스템 포맷으로 변환하도록 하고, UNIMARC의 레코드를 자체의 국가포맷으로 변환하도록 한다는 것이다. UNIMARC은 서지용포맷[271]과 전거용포맷[272]이 개발되어 있다.

UNIMARC의 서지기록포맷형식은 3가지 요소로 구성되어 있다.[273]

① 기록의 구조(structure): 이는 기계가독매체 상에서 정보의 물리적인 표현, 즉 기록의 기본적인 형식을 제공하는 것으로 그 형식은 MARC II를 채택하고 있다.

② 기록을 위한 내용표식기호(content designators): 이는 데이터요소를 식별하여 주거나 데이터요소에 관한 부가적 정보를 규정하는 것을 의미한다.

왕립도서관에서 계속 모임을 가졌다.

270) International Federation of Library Association and Institution, *UNIMARC* ..., p. vii.

271) *UNIMARC manual* (London: IFLA., 1987).

272) *UNIMARC/Authorities*: Universal format for authorities (München: G. G. Saur, 1991).

273) International Federation of Library Association and Institution, *UNIMARC* ..., p. v.

③ 기록의 내용(contents): 이는 데이터 그 자체, 예를 들면 저자의 이름이나 서명 등을 말한다.

초판이 발행된 후 ISBD(M), ISBD(NBM), ISBD(G)가 제정되었고, 이미 발행된 ISBD(S), ISBD(M)의 개정판이 나오게 됨으로 이들 규정에 맞는 UNIMARC의 개정이 불가피하게 되었다. 1978년 10월 모임에서 실행위원회와 국가도서관들의 멤버에 의해서 작성된 개정안에 대한 합의를 보았고 수차의 분석과 토의를 거쳐 1980년 제2판이 간행되었다.

UNIMARC은 1977년에 첫 간행이 이루어진 이후 「*UNIMARC Handbook*」, 「*UNIMARC Manual*」의 형태로 발전되면서 각 국의 자동화목록법개발에 영향을 미치고 있다.

3) KORMARC(한국문헌자동화목록형식)

KORMARC은 KORean MAchine Readable Cataloging의 약자로, 국립중앙도서관이 중심이 되어 개발한 MARC이다.

KORMARC의 개발목적[274]은

① 국가발전의 기틀인 지적정보를 컴퓨터기법으로 처리하여 국내학술의 진흥과 사회개발을 위한 정보를 신속 정확히 공급한다.

② 전국대학 및 공공도서관을 온라인으로 연결하여 문헌정보의 네트워크를 편성한다.

③ 정보의 표준포맷을 제정하여 유통망형성의 기반을 조성한다.

④ 국내문헌의 전산화를 통하여 국립중앙도서관의 중앙성을 부각하고 그 기능올 현대화한다.

---

274) 현규섭, "목록의 자동화시스템," **제21회전국도서관대회주제논문**, (1981): pp. 19-21.

국립중앙도서관은 1976년 4월 총무처 전산소와 연계하여 동년 12월 동 도서관 전산화방향을 수립하고, 1977년 2월 국립중앙도서관 자동화추진위원회를 구성하였다. 1978년 정부행정전산화 기본계획에 국립중앙도서관의 업무책정(국무총리령 제2호로 시행)이 이루어 졌다. 이 계획은 한국 최초의 도서관자동화 계획으로 검색수단인 목록을 자동화하는 것을 핵심적인 업무로 하는 서지중핵시스템(bibliographic core system)을 개발하는 것이다. 국립중앙도서관은 계획의 실현을 위해 1979년 업무전산화에 대한 연구를 시작하여 1980년 1월 자동화자문위원회를 개최하고, 동년 2월 LCMARC 포맷과 UKMARC 포맷, 그리고 ISO 2709로 제안된 포맷을 토대로 한국문헌의 특성을 수용한 KORMARC의 단행본 실험용 포맷을 개발하였다. 1981년 6월 한국문헌자동화목록법 표준용포맷 제1판 단행본용을 간행하였으며, 1983년 9월부터 컴퓨터로 입력된 데이터를 출력하여 인쇄카드배포를 시작하였다.

1983년 KORMARC의 효율적인 운영의 협의와 표준적인 편목업무의 전산화를 추진하기 위한 한국문헌자동화목록운영협의회를 결성하고, 그 산하에 KORMARC개정기술위원회를 발족시켰다.[275] KORMARC개정기술위원회는 KORMARC을 공용포맷으로 사용하기 위한 한국문헌자동화목록법 표준용포맷을 전반적으로 개정하여 1984년 UNIMARC을 부분적으로 수용한 한국문헌자동화목록법 표준포맷 단행본용을 완성하였다. 1987년 국립중앙도서관은 도서관정보전산망의 센터화를 위한 국립중앙도서관 전산화종합발전계획을 새로 수립하고, 1989년부터 납본, 수서, 정리, 검색 등 국립중앙도서관 업무토탈시스템의 일부를 가동하게 되었다.

275) 國立中央圖書館, **國立中央圖書館資料集** 1973-1983 (서울: 1983), p. 138.

또한 1990년 6월 '도서관전산망 구축계획'을 확정하고, 최우선사업으로 1991년부터 1995년까지 국내 주요 도서관과 해외의 문헌정보유통기관을 연결하기 위한 문헌정보 표준화 도구의 개발에 착수하였다. 1991년 7월부터 12월까지 기간을 정하여 KORMARC 단행본용, 기술규칙, 연속간행물용, 비도서자료용, 고서용의 포맷과 각각의 기술규칙 제정을 한국문헌정보관리학회에 용역사업으로 의뢰하였다. 연구된 결과를 기초 안으로 수차의 공청회를 통한 의견수렴을 거쳐 포맷을 완성하고, 1993년 한국문헌자동화목록형식 단행본용[276], 1994년 연속간행물용[277], 1996년 비도서자료용[278], 1999년 소장정보용[279], 전거통제용[280], 2000년 고서용[281]이 각각 KS로 제정되어 한국의 표준목록형식 포맷으로 발행되었다. 국립중앙도서관에서는 KORMARC의 전국적인 보급을 위해 PC용 도서관업무용전산화 패케이지(수서, 정리, 대출, 검색)를 개발하여 전국의 도서관에 무상으로 보급하였다.

「**한국문헌자동화목록형식**」의 기본구조는 ISO 2709를 따르고 있으며, USMARC과 공통적으로 호환될 수 있도록 레코드의 설계와 세부적인 편

---

276) **한국문헌자동화목록형식: 단행본용** (서울: 국립중앙도서관, 1993), KS C 5867(1993. 1. 6. 공업진흥청 고시 제93-24호로 공포).

277) **한국문헌자동화목록형식: 연속간행물용** (서울: 국립중앙도서관, 1995), KS C 5795(1994. 12. 14. 공업진흥청 고시 제1994-833호로 공포).

278) **한국문헌자동화목록형식: 비도서자료용** (서울: 국립중앙도서관, 1996), KS C 5969(1996. 12. 17. 국립기술품질원 고시 제1996-144호로 공포).

279) 한국문헌자동화목록형식: 소장정보용 (서울: 국립중앙도서관, 1999), KS X 6006-5(1999. 12. 24. 기술표준원 고시 제1999-434호로 공포).

280) **한국문헌자동화목록형식: 전거통제용** (서울: 국립중앙도서관, 1999), KS X 6006-4(1999. 12. 16. 기술표준원 고시 제1999-434호로 공포).

281) **한국문헌자동화목록형식: 고서용** (서울: 국립중앙도서관, 2000), KS X 6006-6(2000. 11. 13. 기술표준원 고시 제2000-306호로 공포).

성방침을 준용하고 있다. 식별기호의 규정에는 UKMARC을 따르고, UNIMARC도 부분적으로 수용하고 있다. 그리고 목록기술은 ISBD에 준거하여 국립중앙도서관이 제정한 목록형식과 기술규칙을 따르고 있다.

KORMARC에서 적용한 표준

레코드의 구조: ISO 2709(문서관리—자기테이프에 의한 서지정보호환 형식)

국제표준도서번호(ISBN): ISO 2108; KS C 5862

국제표준연속간행물번호(ISSN): KS C 5849

국가부호: ISO 3166 "Codes for the representation of names of countries"; KS C5845 "국명코드"

서력기년: ISO 2014[282)]

언어부호: USMARC (List of Languages and language codes)

한국지역구분부호표: KS C 5618-1990 "지역코드"

외국지역구분부호표: 미국국회도서관의 "Geographic Area Codes"를 기초

한국정부기관부호표: 총무처, "행정전산망 공통행정코드집" 참조.

한국대학부호표: 한국대학부호표

도서관부호표: 한국도서관부호표

주제명: 주제명표목표나 시소러스 등 각종 전거파일

분류기호: KDC; DDC; UDC

문자의 종류, 자형: KS C 5601(정보교환부호(한글 및 한자)); ISO 646 (7-bit coded character set for information processing interchange);

---

282) 박재혁, 김은혜, **자동화목록실습** (서울: 글로벌, 1999), p. 20.

EBCDIC(영숫자 모드로 표현하는 부분)

서지적정보교환용 레코드포맷: 외형식. SIST 03; 내형식. SIST 04

2002년 2월 국립중앙도서관은 국제추세에 따라 지금까지 개발된 6종의 KORMARC 포맷을 통합하는 통합서지용 개발에 착수하여 MARC21 및 '종합목록 입력지침'(한국교육학술정보원)을 참고자료로 2003년 3월 시안을 완성하였고, 2004년 2월 KORMARC 통합서지용(안)을 작성하여 4월까지 81개 처에 배포하여 의견을 수렴하였으며, 7월 「KORMARC **통합서지용 수정안**」을 작성하고, 다시 심의와 토론, 공청회를 거쳐 2005년 2월-6월 KORMARC 통합서지용 KS(안)을 작성하여 9월-10월 한국산업규격 제정 예고를 거쳐 12월 국가표준(KS X 6006-0)으로 제정되었다. 2006년 8월 「KORMARC **통합서지용**(한국도서관협회 편)」 해설서로 발간하게 되었다.[283]

KORMARC 통합서지용은 한국목록규칙 제4판(KCR4: 2003년 한국도서관협회 제정)을 적용하였고, 각종 자료에 대한 서지정보의 교환을 목적으로 도서관시스템간의 레코드 교환에 필요한 명세를 제공하고 있으며, 인쇄 또는 필사된 도서, 계속자료, 전자자료, 지도자료, 녹음자료, 시청각자료, 고서, 복합자료의 서지정보를 담을 수 있도록 설계되었다. 공통되는 서지데이터에는 자료의 표제, 저자명, 판사항, 발행사항, 형태사항, 주제, 주기에 대한 정보를 포함하고, 자료의 형태에 따른 적용 서지형식은 도서(BK), 계속자료(CR), 전자자료(ER), 지도자료(MP), 음악/녹음자료(MU), 시청각자료(VM), 고서(RB), 복합자료(MX) 등을 포함하고 있다.[284]

283) **한국문헌자동화목록형식: 통합서지용**, 국립중앙도서관 편 (서울: 한국도서관협회, 2006), 편찬사.

KORMARC 통합서지용 적용은 표준화된 지식정보의 축적으로 검색과 활용 및 호환이 보다 자유로워지면서 한국서지의 국제화에도 크게 이바지할 것으로 기대하고 있다.

이렇게 KORMARC에 의해 구축된 데이타베이스(data base)는 MARC에 의해 구축된 해외의 데이타베이스와의 호환성을 가지고 있기 때문에 Network에 의해 상호공동으로 이용할 수 있다는 장점이 있다.

4) 편목의 자동화

MARC Project의 개발에 따른 편목의 자동화는 개개의 도서관에서 독자적으로 프로그램을 개발하기에는 인력과 기술, 그리고 경제적인 면에서 한계가 있기 때문에 통신에서 개발된 온라인기술과 전국적인 통신회선을 이용한 협력관 간의 편목을 위한 정보망(network)이 미국을 중심으로 구축되었다. 중앙 집중적인 정보처리기구로는 OCLC, WLN(Washington Library Network), RLIN(The Research Libraries Information Network), UTLAS(University of Toronto Library Automation System) 등이 있으며, 다시 이들 Network끼리의 상호협력에 의해서 정보망을 넓혀가고 있다. 이러한 정보망의 형성은 관종별로 그리고 지역을 단위로 한 전 국가적인 규모의 목록집중처리로 발전되고 있다.

(1) OCLC(On-Line Computer Library Center, Incorporated)[285]

OCLC는 처음에 그 명칭을 Ohio College Library Center의 약자로 시작하

---

284) **한국문헌자동화목록형식: 통합서지용**, KS 제정경위.

285) OCLC, *Journey to the 21st Century: A Summary of OCLC's Strategic Plan* (Dublin, Ohio: 1991).

여 기구의 확장으로 On-line Computer Library Center, Inc.로 개칭되었다. OCLC는 1967년 컴퓨터에 의한 중앙 집중적 자료처리와 도서관봉사를 목적으로 Ohio주에 위치한 대학총장들의 합의로 창설된 도서관의 협동체제이다. OCLC는 1971년 Ohio주에 소재한 54개 대학도서관이 모체가 되어 회원도서관의 회비(년 분담금)로 운영되는 비영리단체로 그 활동을 시작하였다. 1977년에는 OCLC Inc.로 발전하였으며, 1981년에는 본부를 Ohio주 Dublin으로 옮겨 그 명칭을 On-line Computer Library Center, Inc.로 개칭하였다.

OCLC의 설립목적은 ① 회원도서관 이용자들의 자료 이용도를 높이고, ② 도서관 운영비용을 감축시키기 위한 것이었다. 목적달성을 위하여 1971년 8월 온라인으로 Cataloging Subsystem, 1975년 1월 The Serial Control Subsystem, 1979년 4월 The Inter Library Loan Subsystem을 온라인으로 하고, 1980년 가을 Name-Address Directory, 1981년 1월 Acquisition Subsystem을 설치하였으며, 이 외에도 Circulation Subsystem을 비롯한 다양한 Subsystem을 개발하였다. 이러한 OCLC의 계속적인 발전은 1991년 현재 지리적인 위치에 상관없이 미국, 캐나다, 멕시코, 오스트레일리아, 핀란드, 영연방, 서독 등 46개국 이상의 대학도서관, 공공도서관, 특히 학술연구도서관 등이 포함된 14,000개 이상의 기관이 회원으로 되어있고, 간접적으로 OCLC와 계약을 맺은 지역별 정보조직망을 통해 이를 이용하는 도서관들도 6,000개 이상이며, 매월 20-30개의 도서관이 회원으로 증가하고 있다.

OCLC는 편목의 자동화를 위하여 회원도서관이 제공하는 서지정보를 기계가독형태로 데이터베이스에 축적하고 종합목록으로 발전시켜 상호협력체제를 강화하고 있다. 초기에는 회원도서관이 펀치 카드에 LC card번호를 찍어 센터에 보내고 이 센터는 MARC에서 그 번호의 목록기입을 카드에 출력하여 반송하는 Off-line system이었으나, 1971년 10월부터 온라인에 의한 분담목록체제(shared cataloging system)로 바뀌었다. 이 시스템은 회원도서관이 단말기로 On-line에 의해 센터의 데이터베이스와 연결하여 LC card번호나 서명, 저자 또는 OCLC독자의 control번호 중 어느 하나를 통해서도 필요한 서지데이터를 자체도서관의 display screen에 유도해내고, screen에 나타난 서지데이터 중 자체도서관에 필요한 사항을 지시하며, 이 지시에 따라 필요한 서지데이터를 작성하여 제시받음으로써 각 도서관의 특성에 맞는 서지데이터를 구성할 수 있게 하는 것이다. 그리고 서지데이터가 데이터베이스에 입력되어 있지 않아 screen에 나타나지 않을 때는 소정의 work sheet에 해당 자료의 서지데이터를 기입하여 그것을 단말기를 통해 센터에 있는 데이터베이스에 입력한다. 이렇게 하여 당초 MARC record뿐이던 데이터베이스는 회원 관에서 입력된 서지데이터에 의해 그 범위를 넓혀 데이터베이스의 확장과 그 이용률을 높이고 있다.

이렇게 발전된 OCLC의 온라인종합목록은 목록시스템(cataloging subsystem)과 온라인분할목록시스템(On-line shared cataloging system)이 함께 구축되고 있다. 이 기록에는 도서뿐 아니라 잡지, 영상자료, 지도, 고문서, 수사본, 음반, 악보, 전자자료 등을 대상으로 서지와 내용정보를 축적해가고 있다. 또한 온라인종합목록 데이터베이스는 CD로 참고데이터베이스, 상호대차 서비스 등과 같은 서비스제품과 tool을 원조하고, 기계가독형에 의한 도서관봉사를 위해 OCLC-MARC로 입력된 서지기록(bibliographic record)을 LCMARC II 포맷으로 자기테이프에 실어 주간, 격주간, 월간, 계간 또는 격년간으로 발간 배포하고 있다.

OCLC가 설정한 목록입력을 위한 표준(standards for input cataloging)은 LC의 방법과 영미목록규칙에 의거하고 있으며, ISBD의 구두법을 사용하고, 분류와 주제명은 LC분류표와 주제명표목표를 사용하고 있다.

OCLC는 LC카드번호, LCMARC번호, ISBN, ISSN, CODEN, OCLC통제번호, 저자, 서명과 저자, 서명의 혼합에 의한 Keyword의 사용으로 온라인종합목록의 서지기록을 검색하게 하고 있다.

또한 OCLC는 CONSER(Cooperative On-line Serial)프로그램을 통하여 연간물에 관한 권위있는 서지정보의 종합적인 데이터베이스를 구축하고 있으며, NEH(National Endowment for the Humanities)의 후원으로 진행되고 있는 U.S.신문프로그램은 1690년 이후 미국에서 간행된 300,000 이상의 신문을 컴퓨터화한 목록으로 작성하고 있다.

OCLC 자체에서 실시하는 목록서비스는 온라인목록서브시스템(On-line cataloging subsystem)과 CD-ROM목록시스템(CD-ROM cataloging system)을 제공하고 있다. 온라인목록서브시스템은 1971년에 시작하여 도서관활동에 필수적인 서지정보를 제공하고 있으며, CD-ROM목록시스템은 온라인종합목록과도 연결하고 있다. 특히 CAT CD450 시스템은 OCLC종합목록에서 최근 도서, 비도서, 법률, 의학, 음악, LC전거목록 등의 레코드를 축출하여 CD-ROM으로 제공하고 있다. 이 외에도 정부문헌 목록서비스, 도서관자료의 라벨부착, 도서관업무처리시스템, 시간소비업무와 반복 업무를 간소화하기 위한 목록서브시스템에 사용할 수 있는 Microcomputer soft ware를 제공하고 있으며, 중국어, 일본어, 한국어를 입력하는 CJK Plus system으로 이들 3개국 자료를 위한 목록시스템의 이용도 가능하게 하고 있다.

OCLC는 목록시비스 이외에도 다양한 서비스를 제공하고 있는데 그 대표적인 것을 소개하면

· 소급변환서비스(retrospective conversion services): 구 도서관목록을 기

계가독형태로 변환시켜 주는 서비스이다.

· 자원분담서비스(resource sharing services)

종합목록서브시스템(union list subsystem): 연간물 수집의 점검과 조정을 위한 시스템이다.

상호대차서브시스템(interlibrary loan subsystem): 온라인시스템으로 다른 도서관의 소장정보와 자료에 대한 요구를 가능하게 하는 시스템이다.

· 참고봉사(reference services)

온라인참고봉사(on-line reference services): 다양한 데이터베이스에 대한 주제접근과 고도로 세련된 탐색기법을 제공하는 서비스이다.

광학디스크참고봉사(optical disc reference services): 일부 특수주제영역에서 광학 디스크 참고데이터베이스를 생산하여 제공하는 서비스이다.

이 밖에도 OCLC는 온라인시스템에의 접근을 위한 Microcomputer work-station과 Telecommunication서비스를 제공하는 communications and access services를 수행하고 있다.

(2) BALLOTS

BALLOTS는 Bibliographic Automation of Large Library Operations Using a Time-sharing System의 약자로 도서관업무를 종합적으로 온라인 처리하는 시스템을 말한다. BALLOTS은 California주에 있는 Stanford대학에서 OCLC보다 조금 늦게 독자적으로 개발한 시스템이다. 서부를 중심으로 미국과 캐나다 전 지역에 100여개의 도서관과 정보센터와의 정보망을 형성하고, 멕시코와 유럽의 여러 도시에까지 봉사를 확대하고 있다.[286)]

286) 박계홍, 이진희, “온라인 정보검색시스템연구,” **圖書館學**, 제6집 (1979): p. 68.

이 시스템은 MARC을 이용하여 자료의 발주에서부터 목록작업에까지 도서관실무가 가능하고, 센터의 자료를 Direct Tele-phone Dial-up, TYMNET Communication Network와 Dedicated Leased Line을 통해 BALLOTS On-line Files에 접근하여 원하는 것을 검색할 수 있다.

센터는 ① LC의 MARC File, ② Stanford대학도서관의 in-process와 on-order기록을 위한 process file, ③ 예약자에 의해 형성되는 shared cataloging의 기록인 cataloging data file, ④ Stanford대학도서관의 상호협조기록인 reference file 등 4개의 파일을 가지고 있다. 각 파일은 단말기를 통하여 저자명, 단체명, 표제어, LC card번호, 주문번호, 주제, 청구기호 등으로 목록기록을 자동 검색 이용할 수 있게 되어 있고, 파일에 입력되지 않은 것은 새로이 입력하여 필요한 것을 얻도록 하였다.[287)]

시스템이 제공하고 있는 봉사는

- 목록카드
- 이용자기록 자기 테이프
- 목록분석작업 sheets
- 신착자료의 자동대기 탐색
- 도서관 상호간의 정보검색
- 자문과 이용자 훈련 등이다.

(3) NACSIS(National Center for Science Information System)

NACSIS는 일본의 대표적인 정보망으로 1976년 동경대학정보도서관연구센터로 발족하였다. 그 목적은 학술정보의 수집과 정리 및 제공, 학

287) Timothy Logan, and others, *BALLOTS Project: Stanford Center for Information Processing* (Stanford University, 1973), p. 57.

술정보 및 관리시스템에 관한 종합적인 연구, 개발에 있다. 현재 500여 개 대학도서관 및 연구기관 자료실이 소장한 전체 도서 약 1억7천만 권과 230만 종의 연속간행물에 대한 온라인목록 데이터베이스를 구축하고 있다.

학술정보시스템의 관리는 NACSIS를 중심한 각 대학의 도서관과 대형 전산센터, 각급 정보처리센터, 국외의 연구기관, 공동이용기관, 분야별외국잡지센터 등과 연계하여 학술정보의 수집 및 공동데이터베이스를 구축하고 있다. 이에 따른 네트워크의 형성은 고속통신회선을 사용하여 일본 전국의 대학, 연구기관 등을 연결 운영하고 있다.

목록은 가입기관의 공동분담목록에 의해 생성된 온라인종합목록을 제공하고 있으며, 표목어는 현재까지 일본어와 영어로 책자형과 온라인으로 제공된다. 이를 위한 데이터베이스의 작성은 학회, 연구자 등에 의해 생성된 데이터베이스와 문부성의 학술사업에 의해 생성된 데이터베이스, 각종 학위논문 등의 데이터베이스가 NACSIS에 수합되어 종합적인 데이터베이스를 구축하고 있으며, 또한 1998년부터는 3년간 문부성, 과학기술청과 공동으로 학회의 학술잡지 온라인저널형태에 의한 출판을 촉진할 목적으로 '온라인 잡지편집시스템 구축'을 추진하고 있다. 현재 편집처리를 전자화하여 인쇄원고와 동시에 전자원고를 작성하기 위한 시스템개발과 전자원고를 온라인으로 출판하기 위한 시스템을 개발하여 운용하고 있다. 이 시스템은 잡지의 투고규정에 맞는 워드프로세스의 템플릿(template) 준비, 인용문헌리스트 작성의 간이화 등 논문집필자 지원기능을 갖추고 있으며, 편집공정의 전산화는 물론 구매자관리, 접근제한이라고 할 수 있는 출판자 측에 요구되는 기능, 또한 링크참조, 북마크, 신착논문통지 등 구독자에게 고도의 서비스를 제공하는 기능까지 겸비

하고 있다. NACSIS는 이 시스템의 실용화에 앞서 협력하고 있는 학회, 협회에서 시험이용을 거쳐 보완한 다음 일반 학회나 협회에 제공할 것이라고 한다. 또한 다국어, 수식(數式)이나 화학식(化學式) 등의 표현형식에 관한 확장, 정보기술환경의 변화, 그리고 인쇄물 중심에서 온라인 중심으로 변화하는 출판양상에 대응하기 위해 계속적인 개발을 추진하고 있다.

국제적인 접촉은 국제전용회선을 이용하여 영국의 British Library와 미국의 BITNET(Space net), CSNET(USA internet) 등과 연결시키고 있다.

연구활동은 2개의 연구부서에서 프로젝트형태로 도서관시스템개발과 광학적 매체를 이용한 데이터베이스시스템 개발, 시간논리에 기초한 통신규약기술언어 연구 등을 들 수 있다.

NACSIS의 이용은 일본지역 이외에서는 DNS를 통하여 인터넷(NSFNET, BITNET)으로 접속하면 되고, 일본 내에서는 HANA망을 통해 국제회선으로 접속할 수도 있다. 또한 기타 Dial up modem이나 FAX를 통해 이용할 수도 있다.

NACSIS의 발간물은 정기구독이나 대행사를 통해 입수할 수 있고, 책자형태가 아닌 연속간행물은 원문복사서비스를 제공받을 수 있다.

7.6. 더블린코어 메타데이터(Dublin Core Metadata)

1) 메타데이터의 의의

Metadata(메타데이터)의 'Meta'라는 단어는 그리스어로 고차원적이고 근본적인 성질을 의미하고, 컴퓨터 용어의 'meta'는 '~에 관한(about)' 의미로 사용된다. 따라서 메타데이터는 다른 데이터를 기술하기 위해 사용하는 데이터로 데이터(Data)를 위한 데이터라고 한다.[288)]

메타데이터라는 용어는 네트워크상의 정보 객체(대상)를 기술하는 것과 관련하여 사용하기 시작하였고,[289] 도서관영역에서 메타데이터라는 용어는 1995년 'Dublin Core Metadata Element Set'의 작성으로부터 문헌정보학의 어휘에 포함되게 되었다. 그러나 메타데이터라는 용어는 전자자원에 국한하여 사용하는가 하면 디지털자원은 물론 비디지털자원의 기술을 언급하는 등 일관성에 한계가 있다.

자료들에서 정의된 내용을 보면, IFLA는 메타데이터를 "네트워크화된 전자자원의 식별과 기술, 소재 확인에 도움을 주기 위해 사용되는 모든 데이터를 지칭하는 용어"[290]라 하고, Association American Publishers는 "메타데이터는 컨텐츠(contents)를 기술해 주는 정보"[291]라 하고, W3C는 "메타데이터는 웹을 위한 기계가 이해할 수 있는 정보"[292]라 하고, Gerry Research Institute는 메타데이터가 "기술(記述)과 관리, 법률적 요건, 기술적 기능성, 용도의 용법, 보존을 위한 보조시스템 또는 정보대상(객체)에 관련된 데이터"[293]를 포함하는 것 등으로 정의하고 있다. UKOLN(U.K.

---

288) "Digital libraries: Metadata Resources" <http://www.ifla.org/ll/metadata.htm> (2007년 12월 29일 검색).

289) Priscilla Caplan, **메타데이터의 이해**, 오동근 역 (대구: 태일사, 2004), p. 20.

290) International Ferderation of Library Associations and Institutions, *Digital Libraries: Metadata Resources* <http://www.ifla.org/II/metadata.html> (2008년 1월 10일 검색)

291) MICI Metadata Information Clearinghouse (Interactive) (home page). <http://www. metadatainformation.org/> (Accessed 1 June 2002)를 Caplan, p. 22에서 재인용: "일상적인 예로는 도서관의 카드목록이나 책자형목록의 한 기입(entry), 또는 온라인 색인의 정보가 있다."

292) "Metadata and Resource Description" <http://www.w3.org/Metadata/> (2008년 1월 10일 검색)

293) Tony Gill, Anne J. Gilliland, and Mary S. Woodley, *Introduction to Metadata: Pathways to Digital Information*, ed. by Murtha Baca, Online Edition, Version 2.1 <http://www.getty.edu/research/conducting_research/standards/intro...> (2008

Office for Library and Information Networking)은 비교적 종합된 개념으로 메타데이터를 "광범위한 업무를 지원하는 데 도움을 주기 위해 사용될 수 있는 디지털(비디지털 포함)자원에 관한 구조화된 데이터를 의미하는 것으로 일반적으로 이해되고 있다. 이것은 예컨대 자원의 기술과 발견, 정보자원의 관리(저작권의 관리 포함) 및 장기적 보존을 포함할 수도 있을 것이다"[294]라고 정의하고 있다. 이렇게 메타데이터에 관한 정의는 그것이 적용되는 것에 관한 것보다 오히려 그것이 달성하고자 하는 것에 더 많은 비중을 두고 다양하게 정의되고 있음을 알 수 있다.

메타데이터는 그 자격으로 두 가지 제한을 두고 있다. 첫째, 정보는 반드시 구조화되어야 한다. 이는 메타데이터는 임의로 축적되거나 표현된 데이터요소의 집합이어서는 안 되고, 반드시 어떤 문서화된 메타데이터 스킴(scheme)에 따라 기록되어야 한다는 것이다. 둘째, 메타데이터는 반드시 어떤 정보자원(문서와 유사한 객체: document-like object)을 기술해야 한다.

이러한 점에서 메타데이터는 구조화된 정보를 분석, 분류하고 부가적 정보를 추가하기 위해 그 데이터 뒤에 함께 따라가는 데이터에 관한 구조화된 데이터(structured data about data)[295]이다. 메타데이터는 자원과는 독립적으로 존재하면서 그 자체만으로 제품의 기능을 향상시켜 주지는 않으며 메타데이터가 부여되고 쓰일 때 맥락적인 정보를 구조화시켜 그 활용도의 가능성을 확대시키는 역할을 하는 다양한 접근점과 네트워크

년 1월 10일 검색)

294) "Metadata" <http://www.ukoln.ac.uk/metadata/> (2008년 1월 10일 검색).

295) Eric Miller, "An introduction to the resource description framework" <http://www.dlib.org/dlib/may98/miller/05miller.html> (2008년 1월 1일 검색)

주소를 포함한 레코드라고 할 수 있다.[296)]

메타데이터에는 문헌의 속성을 기술하기 위한 데이터인 레코드의 이름, 설명, 크기 혹은 길이, 구성요소로서 데이터 항목들 그리고 데이터 집합과 주요키와 보조키에 대한 식별 등에 관한 정보가 포함된다.

2) 더블린코어 메타데이터의 발전

도서관에서 주로 사용된 기계가독목록(MARC)은 1960년대부터 대표적인 메타데이터로 이용되어 왔으나 이는 구조의 경직성으로 인하여 네트워크 자원을 표현하는 데 많은 비용과 시간이 소요되므로 이를 대치할 수 있는 단순구조의 형식이 필요하게 되었다. 1994년 가을 시카고(Chicago)에서 개최된 제2차 International World Wide Web Conference에 참석하였던 OCLC의 Stuart Weibel, NCSA의 Joseph Hardin, 그리고 Softquad의 Yri Rubinski 등 3인의 주도로 1995년 3월 오하이오주의 더블린(Dublin, Ohio)에서 OCLC(Online Computer Library Center)와 NCSA(National Centre for Supercomputer Applications)의 공동후원으로 개최된 워크숍을 계기로 만들어진 더블린코어 메타데이터 프로젝트(DCMI: The Dublin Core Metadata Initiative)로부터 시작되었다. 이 워크숍에 참석한 도서관사서, 디지털도서관 연구자, 콘텐츠 제공자, 텍스트 마크업 전문가들은 정보자원의 효율적인 탐색 도구로서 더블린코어를 제안하여 MARC 메타데이터 형식을 대체하기 위한 합의된 기술 메타데이터(descriptive metadata)인 더블린코어(Dublin Core)[297)]라고 하는 메타데이터 형식을 만들었다.

296) "더블린 코어" <http://ko.wikipedia.org/wiki/%EB%A9%94%ED%83%80%EB%8D%BO...> (2007년 12월 29일 검색)

이는 MARC와 같은 기존의 메타데이터인 표준이나 프로토콜을 수정, 확장하여 단순구조의 형식으로 네트워크자원을 기술하고 접근하는 방안을 모색하는 것이다. 이를 위해 네트워크 환경에서의 자원의 기술과 접근에 필요한 13개의 기본 데이터요소(metadata core element set)를 규정하였다.[298] 그 후 1996년 영국의 워릭(Warwick)에서 가진 제2차 UKOLN/OCLC Metadata Workshop에서는 기존의 13개에 두 개의 요소(description과 rights)를 추가하여 15개의 데이터요소를 확정하고 실제적인 응용을 위한 이용자 지침을 제정하였다.[299] 1996년 9월 더블린에서 가진 제3차 워크숍에서는 더블린코어의 기술대상을 텍스트에서 이미지로 확장하여 화상자원의 응용타당성에 대한 논의가 있었고, 1997년 3월 호주의 캔버라(Canberra)에서 가진 제4차 워크숍은 12개국에서 65명의 디지털도서관 연구자, 인터넷네트워킹 전문가, 콘텐츠 전문가, 그리고 도서관사서들이 참여하여 각 데이터요소의 하부구조와 로컬 확장방안인 한정어(Qualifier)에 대한 내용을 심층적으로 검토하고, 데이터요소의 의미와 기술범위를 규정하였으며,[300] 동년 10월 핀란드 헬싱키(Helsinki)의

---

297) Dublin Core(Dublin Core Metadata Element Set)는 모든 유형의 자원에 일반적으로 적용할 수 있도록 하기 위한 15개 기술 데이터 요소의 간단한 집합이다. 현재는 ANSI/NISO 표준 Z38.85이다.(Caplan, p. 29). 최초의 워크숍이 미국 Ohio주 Dublin에 있는 OCLC본부에서 개최되었기 때문에 제안된 데이터 요소들의 코어 세트가 Dublin Core로 알려지게 되었다.

298) Stuart Weibel, "DC:1 OCLC/NCSA Metadata Workshop Report," 1995 <http://dublincore.org/workshops/dc1/report.shtml> (2008년 1월 12일 검색)

299) Stuart Weibel, J. Kunze, C. Lagoze, and M. Wolf, ""Dublin Core Metadata Element Set, Version 1.0: Reference Description," 1998-09 <http://dublincore.org/documents/1998/09/dces/> (2008년 1월 1일 검색).

300) Stuart Weibel, Renato Iannella, and Warwick Cathro. "The 4th Dublin Core Metadata Workshop Report," 1997 <http://www.dlib.org/dlib/june97/metadata/06weibel.html.> (2007년 12월 31일 검색).

제5차 워크숍에는 16개국 70명이 참여하였다.[301] 1998년 11월 미국 워싱턴(Washington)에서 열린 제6차 워크숍부터는 실무그룹들의 발전을 공고히 하고, 기존의 시험적인 이행에 관한 실무경험 및 전략을 공유하여 더블린코어의 상호운영을 향상시키는 데 필요한 중요한 과제를 다루고 있다.[302] 1999년 10월 독일 프랑크푸르트(Frankfurt)에서 제7차 워크숍, 그리고 2000년 10월 캐나다의 오타와(Ottawa)에서 열린 제8차 워크숍[303] 이후에는 연간으로 개최되었다. 2001년 일본 도쿄(Tokyo), 2002년 이태리 플로렌스(Florence), 2003년 미국 시애틀(seattle), 2004년 중국 상해(Shanghai), 2005년 스페인 마드리드(Madrid) 등[304]에서 워크숍을 계속하고 있다.

2001년부터 DCMI Usage Board에서 리뷰가 계속되어 내용의 지속적인 보완을 거쳐 ANSI(미국국립표준국: American National Standards Institute)가 공인한 비영리기구인 NISO(국립정보표준기구: National Information Standards Organization)에서 'Dublin Core Metadata Element Set, Version 1.1'의 표준화를 추진하여, 2001년 9월 10일 ANSI에 의해 미국의 국가표준인 'ANSI Z39.85(NISO Z39.85)-2001'로 표준화되었고,[305] 2007년 5월에는

---

301) Stuart Weibel and Juha Hakala. "DC-5: The Helsinki Metadata Workshop," 1997 <http://www.dlib.org/dlib/february98/02weibel.html> (2008년 1월 2일 검색).

302) "Dc:DC The Sixth Dublin Core Metadata Workshop" <http://dublincore.org/workshops/dc6/> (2008년 1월 2일 검색).

303) "8th International Dublin Core Metadata Intiative Workshop (DC-8)" <http://www.ifla.org/udt/dc8/index.htm> (2008년 1월 2일 검색).

304) Dublin Core Metadata Initiative, "Conferences and Workshops," <http://dublincore.org/workshops> (2008년 1월 2일 검색)

305) <http://www.kisi.or.kr/infoamation/information_detail.asp?selCommittee= &page=16&idx=3101> (2008년 1월 7일 검색)

'NISO Standard Z39.85-2007'로 보완되었다. 그리고 2003년 2월에는 'ISO Standard 15836-2003'으로 인정을 받았다.[306] 이렇게 더블린코어 메타데이터는 매년 열리는 워크숍을 통해 발전이 모색되고 있다.

3) 더블린코어의 목표와 기능

더블린코어의 목표[307]는 첫째, 데이터의 형식과 구조를 단순화하여 원문의 저자나 발행자 등 비전문가들도 메타데이터를 직접 작성하고, 둘째, 네트워크 출판을 위한 저작도구의 개발자가 이 정보에 대한 템플릿을 직접 해당 소프트웨어에 포함할 수 있도록 하며, 셋째, 작성된 데이터를 기초로 특정 분야에서 요구되는 상세한 수준으로 확장하여 사용할 수 있도록 하는 데 있고, 또한 더블린코어는 다른 메타데이터 표준을 대체하는 것을 목표로 하지 않으며 대신, 동일한 정보자원을 기술하는 데 있어서 다른 의미 정보를 나타내는 메타데이터 표준과 공존하는 것을 목표로 한다.

이렇게 비전문가들이 정보자원에 대하여 간단한 기술레코드를 작성하는 것을 도와주고, 누구에 의해서든 자신의 자료를 보다 더 접근하기 쉽게 만들도록 하기 위하여 어떻게 사용되는지를 비기술적 관점에서 보여주고, 더블린코어 요소집을 사용함으로써 자원의 기술이 최상의 상태로 이루어지도록 촉진하는 것이다.

메타데이터의 중요한 기능은 시스템이 효과적으로 이용자에게 적합

---

306) "Dublin Core Metadata Element Set, Version 1.1" <http://dublincore.org/documents/dces/> (2007년 12월 31일 검색)

307) "메타데이터의 표준으로 자리잡은 더블린코어" <http://www.tta.or.kr/weekly/weekly_contents.jsp?id=70> (2008년 1월 6일 검색)

한 문헌을 선택할 수 있게 HTML태그와 같이 데이터를 표현해주는 것과 그리고 시스템이 선택한 문헌 중 이용자가 자신에게 적합한 문헌을 효과적으로 빨리 찾을 수 있게 인덱스(index) 구실을 하는 것이다. 그러므로 메타데이터는 이용자의 적합성 판단에 기준한 선택된 문헌의 속성에 의해 구축될 때 그 기능을 원활하게 수행할 수 있다.

4) 더블린코어 메타데이터 요소(Dublin Core Metadata Element Set: Dublin Core: DC)

더블린코어 메타데이터 요소는 데이터요소의 기술을 위한 표준인 'ISO/IEC 11179[ISO11179]'[308]에서 가지고 온

· Name: 데이터 요소명(label)

· Identifier: 데이터 요소의 고유한 식별자

· Version: 데이터 요소의 버전

· Registration Authority: 데이터 요소의 등록 권한이 있는 개체

· Language: 데이터 요소에 사용된 언어

· Definition: 데이터 요소의 개념과 중요 특성을 나타낼 수 있는 설명

· Obligation: 그 데이터 요소가 항상 있어야 하는 것인지 또는 선택적인 것인지를 가리킴(value를 가짐)

· Datatype: 데이터 요소의 값을 표현하는 데이터의 유형

· Maximum Occurrence: 반복사용이 가능한 데이터 요소에 어떠한 제한점이 있을 때 이를 표시함

· Comment: 데이터 요소의 적용과 관련한 기타 설명

---

308) [ISO11179] ISO 11179 - Specification and Standardization of Data Elements, Parts 1-6 <ftp://sdct-sunsrv1.ncsl.nist.gov/x318/11170/>

등의 10가지 속성(1 set)을 사용하여 정의하고,[309)]

또한 더블린코어 메타데이터 요소는 버전 1.0에서 기본데이터요소의 선정과 기술의 기준을

· 고유성: 자원의 고유한 특성을 기술요소로 한다.

· 확장성: 규정된 필수 데이터요소 이외에 부차적인 내용이나 특성을 기술요소로 사용할 수 있다.

· 구문독립성: 응용분야나 표현기법을 규정하지 않는다.

· 선택성: 각 요소의 수록 여부를 강제하지 않는다.

· 반복성: 모든 기술요소를 반복 사용할 수 있다.

· 수정가능성: 한정어를 사용하여 세부사항을 조정할 수 있다.

등의 6가지 원칙을 근거로 15개 메타데이터 요소를 제안하였다.[310)] 그리고 2006년 12월 18일에는 'Dublin Core Metadata Element Set, Version 1.1'을 토대로 부가정보와 설명[311)]을 가하였다.

더블린코어의 표준은 **단순 더블린코어**와 **한정적 더블린코어**(Dublin Core Qualifiers)의 2가지 단계로 되어 있다. 단순 더블린코어는 15개 요소로 이루어져 있고, 한정적 더블린코어는 기본더블린코어(Dublin Core Metadata Element Set)의 자매편 명세서이다.[312)]

---

309) "Dublin Core 메타데이터 요소 집합 Version 1.1: 관련 설명" <http://www.dublincore.or.kr/elementset.htm?PHPSESSID=d8b47709f8...> (2007년 12월 31일 검색).

310) "DC (Dublin Core)," 한국표준협회 <http://www.kisi.or.kr/information/ information_detail.asp?selCommittee=&page=16&idx=3101>

311) "Dublin Core Metadata Element Set, Version 1.0: reference Description" <http://dublincore.org/documents/1998/09/dces/> (2008년 1월 1일 검색); "MARC to Dublin Core Crosswalk," February 2001 <http://www.loc.gov/marc/marc2dc.html> (2008년 1월 1일 검색).

단순 더블린코어 메타데이터 요소집합의 구성은 크게 세 그룹[313]으로 나누어진다. 그러나 요소의 순서는 대개 개발된 순서로 나열된다.

자원의 내용과 관련된 콘텐츠 기술요소(Contents & about the Resource)

- 제명(Title)
- 언어(Language)
- 주제(Subject)
- 관련자료(Relation)
- 설명(Description)
- 자료의 범위(Coverage)
- 출처(Source)

지적 재산권과 관련된 지적 속성요소(Intellectual Property)

- 제작자(Creator)
- 기여자(Contributor)
- 발행자(Publisher)
- 저작권(Rights)

자원의 특정한 버전과 관련된 물리적 기술요소(Electronic or Physical Manifestation)

- 날짜(Date)
- 내용의 포맷(Format)
- 유형(Type)
- 식별자(Identifier)

다음은 개발된 순서로 요소의 라벨(label), 식별자(Identifier), 정의(Definition), 해설(comment) 등과 관계되는 사항을 각종 자료를 통해 작성한 것이다.[314]

---

312) Caplan, p. 161.

313) "An Introduction to Metadat" <http://www.library.uq.edu.au/iad/ctmeta4.html> (2008년 1월 7일 검색)

314) Stuart Weibel, Jean Godby, and Eric Miller, "OCLC/NCSA Metadata Workshop report," <http://www.ifla.orgdocuments/libraries/cataloging/oclcmeta.htm> (2008년 1월 2일 검색); "Dublin Core 메타데이터 요소 집합 Version 1.1: 관련 설명" (2007. 12. 31. 검색); 김태수, "더블린코어(Dublin Core)" <http://dewey.yonsei.ac.kr/metadata/DC.htm> (2008년 1월 9일 검색); 'Dublin Core의 한정어(Dublin Core Qualifiers),' 2000.07.11. <http://www.dublincore.or.kr/qualifiers.htm> (2008

· Title (**제목**)

Label:	Title	Identifier:	Title
URI:	http://purl.org/dc/elements/1.1/title		
MARC21과 한정어:	245.		
	상세구분 한정어: 대체표제(Alternative) 130, 210, 240, 242, 246, 730, 740.		
Definition:	그 자원에 부여한 제목(명칭)		

일반적으로 제목은 제작자나 발행자에 의해서 주어진 그 자원을 공식적으로 지칭하는 이름을 나타낸다. 한정어로 스킴(scheme)을 사용한다. AACR2에서 규정한 본표제, 대등표제, 축약표제, 별표제, 부표제, 부분표제, 책등표제, 번역표제 등이 포함된다.

· Creator (**제작자**)

Label:	Creator	Identifier:	Creator
URI:	http://purl.org/dc/elements/1.1/creator		
MARC21:	100, 110, 111, 700, 710, 711, 720.		
Definition:	자원의 내용에 주된 책임을 가진 실체(인명이나 단체)		

제작자는 지적내용에 주된 책임이 있는 사람이나 단체로서 저자, 화가, 작곡가, 사진작가, 삽도자 등의 개인명이나 단체명이 포함된다. 한정어로 스킴(USMARC의 유형)을 사용한다.

년 1월 13일 검색); "An Introduction to Metadata" (2008년 1월 2일 검색); "MARC to Dublin Core Crosswalk," Feb. 2001 <http://www.loc.gov/marc/marc2dc.html> (2008년 1월 1일 검색)

·Subject (주제)

Label:	Subject	Identifier:	Subject
URI:	http://purl.org/dc/elements/1.1/subject		
MARC21과 한정어:	600, 610, 611, 630, 650, 653.		
	인코딩 스킴: LCSH/MeSH 600, 610, 611, 630, 650; LCC 050; DDC 082; UDC 080.		
Definition:	자원의 컨텐츠가 지닌 토픽(topic)		

대체로, 주제는 자원의 토픽을 표현하는 키워드나 구(句), 구절, 또는 분류표(KDC, DDC)나 주제명표목표(LCSH)/시소러스(AAT(Art and Architecture Thesaurus), MeSH) 등을 코드로 나타낸다. 또한 통제어휘나 공식적인 분류 스킴에 의한 값을 사용하는 것을 권장하고 스킴이 없는 것은 지적콘텐츠를 서술한 단어나 구(句)로 된 키워드(key word)로 한다.

·Description (설명)

Label:	Description	Identifier:	Description
URI:	http://purl.org/dc/elements/1.1/description		
MARC21과 한정어:	500-599, except 506, 530, 540, 546.		
	상세구분 한정어: 목차(Table of Contents) 505; 초록(Abstract) 520.		
Definition:	자원의 컨텐츠에 대한 설명		

설명은 초록이나 내용목차, 내용에 대한 시각적인(graphical) 표현, 또는 자원의 자유로운 텍스트 기술 등을 서술형식으로 기술한다.

·Contributor (**기여자**)

Label:	Contributor	Identifier:	Contributor
URI:	http://purl.org/dc/elements/1.1/contributor		
Definition:	자원의 컨텐츠에 기여한 책임이 있는 실체(인명이나 단체)		

기여자는 제작자(creator) 요소에 명시된 인물이나 단체 이외에, 자원의 내용에 기여한 책임이 있는 인물이나 단체이다. 대체로 기여자에는 편자, 삽도자, 제본자, 번역자, 기계가독형작성자, 후원자, 편찬자, 기금지원자, 목록자, 서평자, 교정자 등의 사람, 기관, 또는 공공사업 등이 포함된다. 이는 기타 제작자의 이름을 지시하는 데 사용된다.

·Publisher (**발행자(처)**)

Label:	Publisher	Identifier:	Publisher
URI:	http://purl.org/dc/elements/1.1/publisher		
MARC21:	260ab.		
Definition:	자원을 현재의 형태로 이용가능하게 만든 실체(인명이나 단체)		

발행자는 현재의 형태로 자료를 발행하는 데 책임이 있는 사람, 기관, 또는 공공사업 등이 포함된다. 대체로 발행자의 이름을 지시하는 데 사용되고, 자료에 대한 접근점으로 기관을 식별하기 위한 것이다.

· Date (**날짜**)

Label:	Date	Identifier:	Date
URI:	http://purl.org/dc/elements/1.1/date		
MARC21과 한정어:	260$c.		
	상세구분 한정어: 제작일(Created) 260cg, 533$d; 유효일자(Valid); 이용가능일(Available); 발행일(Issued) 260$c, 008/07-10; 수정일(Modified). 인코딩 스킴: MCMI Period(시간간격의 범위에 관한 상세표). W3C-DTF(날짜와 시간을 나타내기 위한 W3C의 인코딩 규칙(ISO 8601에 기초)		
Definition:	자원의 존재 기간 동안 발생하는 사건(event)에 관련된 날짜		
References:	[W3CDTF] http://www.w3.org/TR/NOTE-datetime		

날짜는 자원의 제작일 또는 자원이 현재의 형태로 이용가능하게 된 시점과 관련된 자원이 제작된 연도를 기술한다. 날짜 값의 인코딩을 위한 최선책으로서, 'ISO 8601[W3CDTF]'의 YYYY-MM-DD, hh:mm:ss 형식을 취할 것을 권장하는데 일반적으로는 YYYYMMDD의 8자리숫자를 사용한다. 한정어로 스킴(날짜 기술시 적용기준: 'ANSI X3.30-1985')과 수정일자(modified)를 사용한다.

· Type (**유형**)

Label:	Type	Identifier:	Type
URI:	http://purl.org/dc/elements/1.1/type		
MARC21과 한정어	655; Leader 06, 07.		
	인코딩 스킴: DCMI의 유형 어휘집(DCMI Type Vocabulary)		
Definition:	자원의 범주(nature) 또는 장르(genre)		
References:	[DCMITYPE] http://dublincore.org/documents/dcmi-type-vocabulary/		

유형은 내용의 일반적인 범주, 기능, 장르, 또는 집성 수준을 표현하는 요소이다. 유형에는 Home page나 소설, 시, 실무자료, 기술보고서, 논문, 사전, 잡지 등과 같은 자원의 유형을 포함한다. 자원의 유형을 나타낸 제어어휘 리스트(http://www.roads.lut.ac.uk/Metadata/DC-ObjectTypes.html)에서 유형을 선정할 수도 있게 선택 사용하는 것을 권장하고 있다.

·Format (**내용의 포맷**)

Label:	Format	Identifier:	Format
URI:	http://purl.org/dc/elements/1.1/format		
MARC21과 한정어:	856$q.		
	상세구분 한정어: 크기(Extent) 300$a, 533$e; 매체(Medium) 340$a. 인코딩 스킴: IMT 856$q.		
Definition:	자원의 물리적 표현형식, 규모(dimension) 및 디지털 표현형식		
References:	[MIME] http://www.iana.org/assignments/media-types/		

내용의 포맷은 입력데이터의 이용가능성에 관한 사항을 판단하기 위해 실행에 필요한 하드웨어나 소프트웨어의 확인정보를 제공하기 위한 요소이다. 기본적으로 도서와 연속간행물, 기타 버전과 물리적 매체 유형이나 특질을 포함한다. 형식은 자원을 보여주거나 실행시키는 데 필요한 소프트웨어나 하드웨어, 또는 기타 장치를 결정하기 위해서 사용될 수 있다. 한정어로 스킴을 사용한다. text/html, ASCII, Postscript file, 실행 가능한 응용프로그램, JPEG 이미지와 같은 데이터의 표현방식에 따른 통제어휘의 사용을 권장한다.

· Identifier (식별자)

Label:	Identifier	Identifier:	Identifier
URI:	http://purl.org/dc/elements/1.1/identifier		
MARC21과 한정어:	인코딩 스킴: URI 856$u.		
Definition:	주어진 형태(context) 내에서 자원에 대한 분명한 참조(자원을 가리키는 지시자)		

식별자는 자원의 식별을 가장 잘 수행하기 위한 공인된 식별체계를 따르는 문자/숫자열, 부호를 사용할 것을 권장한다. 공인된 식별체계의 예로는, 네트워크자원은 URL과 URN, 이 이외는 ISBN이나 기타 공식명을 사용할 수 있다. 한정어로 스킴(표준번호나 URL, URN 지정)을 사용한다.

· Source (출처)

Label:	Source	Identifier:	Source
URI:	http://purl.org/dc/elements/1.1/source		
MARC21과 한정어:	786ot.		
	인코딩 스킴: URI 786$o		
Definition:	현재 자원의 출처가 되는 자원(원정보자원)으로의 참조		

현재 자원이 어떠한 원정보자원으로부터 전체적 또는 부분적으로 파생된 인쇄나 전자형태의 저작일 때 그 출처가 된 자원을 기술한다. 원정보에 대한 참조에서 공인된 식별체계를 따르는 문자/숫자열을 사용할 것을 권장한다.

· Language (**언어**)

Label:	Language	Identifier:	Language
URI:	http://purl.org/dc/elements/1.1/language		
MARC21과 한정어:	546, 008/35-37.		
	인코딩 스킴: ISO639-2 008/35-37, 041; RFC1766 546.		
Definition:	자원의 언어		
References:	[RFC3066] http://www.ietf.org/rfc/rfc3066.txt		

언어는 자원의 내용을 기술한 언어를 표현하기 위한 요소이다. 언어를 표시하는 최선의 방법으로 3문자의 약어로 된 언어코드('ISO 639-2'에서 옴)를 포함하는 'RFC 1766'을 따를 것을 권장하고 있다. 또한 'ISO 3166'에서 취한 2문자의 국가코드를 선택적으로 적용할 수 있다. 한정어로 스킴을 사용한다.

· Relation (**관련자료**)

Label:	Relation	Identifier:	Relation
URI:	http://purl.org/dc/elements/1.1/relation		
MARC21과 한정어:	530, 760-787ot.		
	상세구분 한정어: 버전관계(IsVersionOf/Has Version) 775, 786nt; 대체관계(IsReplacedBy/Replaces) 785nt; 의존관계(IsRequiredBy/Requires) 538; 부분/전체관계(IsPartOf) 760, 773nt, 440, 490, 800, 810, 811, 830; (HasPart) 774nt; 참조관계(IsReferencedBy/References) 510; 포맷 변환관계(IsFormatOf/HasFormat) 776nt, 530. 인코딩 스킴: IsVersionOf URI 775, 786$o; HasVersion URI 775$o; IsReplacedBy URI 785$o; Replaces URI 780$o; IsPartOf URI 760, 773$o; HasPart URI 774$o; IsFormatOf URI 776$o, 530$u; HasFormat URI 776$o, 530$u		
Definition:	관련된 자원에 대한 참조		

관련자료는 공식적인 관계를 가지면서 독립적으로 존재하는 자원들 간의 관계를 표현하기 위한 요소이다. 예로 문헌에 포함된 이미지, 도서의 한 장, 집서 중의 특정자료 등이다. 관련 자료의 참조를 표현함에 있어서, 공식적인 식별체계에 따라 만들어지는 문자/숫자를 사용할 것을 권장한다. 한정어로 스킴(대치자료, 추출형식)을 사용한다.

·Coverage (**자료의 범위**)

Label:	Coverage	Identifier:	Coverage
URI:	http://purl.org/dc/elements/1.1/coverage		
MARC21과 한정어:	651, 752.		
	상세구분 한정어: 공간(Spatial) 522, 651, 255, 650$z, 752; 시간(Temporal) 513$b, 033$a. 공간 표현 인코딩 스킴: DCMI Point; ISO 3166 043$c, 044$c; DCMI Box; TGN 651. 시간표현 인코딩 스킴: DCMI Period; W3C-DTF.		
Definition:	자원의 공간적 및 시간적 토픽(topic), 자원의 공간적 응용, 또는 자원이 관련되어 있는 관할권		
References:	[TGN] http://www.getty.edu/research/tools/vocabulary/tgn/index. html		

자료범위는 자원이 관련된 공간적 위치(장소명, 지리적 위·경도)나 시간적(시대적) 범위(시대명, 날짜, 기간 등), 관할권(행정구역명) 등이 포함된다. 내용범위를 기술할 때 통제어휘를 사용할 것을 권장한다. 한정어로 스킴을 사용한다.

·Rights (**저작권; 이용조건**)

Label:	Rights	Identifier:	Rights
URI:	http://purl.org/dc/elements/1.1/rights		
MARC21:	506, 540.		
Definition:	자원이 가지고 있는 권리나 자원에 대해서 갖고 있는 권리에 관한 정보		

이용조건은 자원에 대한 저작권(지적재산권(IPR) 개념을 포함) 관리 및 이용권리에 관한 설명이나 그러한 정보를 제공하는 서버로 연결(URL, URI, …)할 수 있는 수단을 제공하기 위한 것이다.

한정적 더블린코어(Dublin Core Qualifiers)는 더블린코어 메타데이터가 단순성으로 인해 효율적인 정보검색을 어렵게 만들어 상호 운용성을 저하시킬 수 있다는 문제점을 해결하기 위한 방안으로 각 요소에 써브 엘리먼트인 한정어를 마련하여 요소를 세분화, 상세화시켜 검색의 효율성을 향상되게 하였다. 이를 위해 DCMI[315)]는 상기한 15개 요소가 포괄적으로 주제분야나 응용분야에 따라 각 요소에 특정한 한정어를 사용할 수 있도록 더블린코어의 공식 한정어를 DC이용위원회(DC Usage Committee)의 책임 하에 개발하여 2000년 7월에 권장 한정어의 리스트를 발행하였다.[316)] 현재 더블린코어에는 공통한정어로 'Language'와 'CharSet'[317)]을

315) DCMI의 임무는 메타데이터 표준의 지속적인 개발, 메타데이터 집합들 간의 상호운용성을 위한 프레임워크의 정의, 각종 도메인에서 메타데이터 집합이 지속적으로 활용될 수 있는 환경을 제공하는 것이다.

316) "한국 Dublin Core Metadata Initiative (DCMI)" <http://www.dublincore.or.kr/usinaDC.htm> (2008년 1월 6일 검색)

정의하고 있으며, 각 요소에 대해서는 대개 요소 상세구분한정어(Element Refinement)와 인코딩 스킴한정어(Encoding Scheme)를 사용하고 있다. 요소 상세구분한정어는 요소의 의미를 좁히거나 더욱 특정화시키고, 인코딩 스킴 한정어는 통제어휘집, 공식적인 표시법 또는 문장 분석규칙 등을 포함한 요소의 값을 표현해 주는 데 사용되는 스킴이나 전거리스트를 나타내준다.[318] DCMI는 코어의 공식 한정어는 최소한의 한정어이므로 응용분야에 따라 부가적 한정어를 정의하여 사용할 수 있음을 명시하고 있다.

이렇게 다양한 유형의 메타데이터를 통합하는 데 MARC을 기본형식으로 사용해야 한다는 관점에서 OCLC는 인터넷자원프로젝트와 인터넷목록프로젝트(Intercat project)를 통해서, 전자정보와 인터넷자원을 MARC 형식으로 수용하는 방안을 제안하였고, 더블린코어나 GILS(정부정보소재서비스: Government Information Locator Service), CSDGM, TEI헤더 등에서는 메타데이터 상호간을 연결하거나 데이터의 변환기법으로 MARC의 변환기법을 제시하고 있으며, USMARC와 KORMARC(통합)에서는 856필드를 연결하여 http, gopher, news, nntp, wais, file, prospero 등에 접근하는 방안을 제시하고 있다.[319]

317) charSet = 'coded character set': 이를 직역하면 문자 셋이다. CharSet은 "컴퓨터에서 문자를 표현하기 위해, 각 문자를 정수값에 대응시켜 놓은 체계"를 의미한다.
318) "DC(Dublin Core)," 한국표준협회 (2008년 1월 9일 검색)
319) 김태수.

Dublin Core Example

Title = "Image Description on the Internet"
Creator = "Weibel, Stuart"
Creator = "Miller, Eric"
Subject = "Metadata"
Description = "A summary of the CNI/OCLC Image Metadata Workshop"
Publisher = "OCLC Online Computer Library Center, Inc."
Date = "1997-01"
Type = "Text"
Format = "application/html"
Identifier = http://www.dlib.org/dlib/january97/oclc/01weibel.html"
Language = "en"

Title = Art 38 Basel
Title = (Subtitle) The Art Show
Creator = Keller, Samuel
Creator = Steinemann, Holger
Creator = Diehr, Ursula
Subject = Art fair
Description = Art 39 Basel takes place from June 4 - 8, 2008.
The international art show features about 300 leading
art galleries from 30 countries on all continents.
Publisher = Hatje Cantz Verlag
Date = 2007
Type = Text
Format = text/plain
Identifier = http://www.ArtBasel.com
Language = "en"

제3장 표목(접근점)과 기술

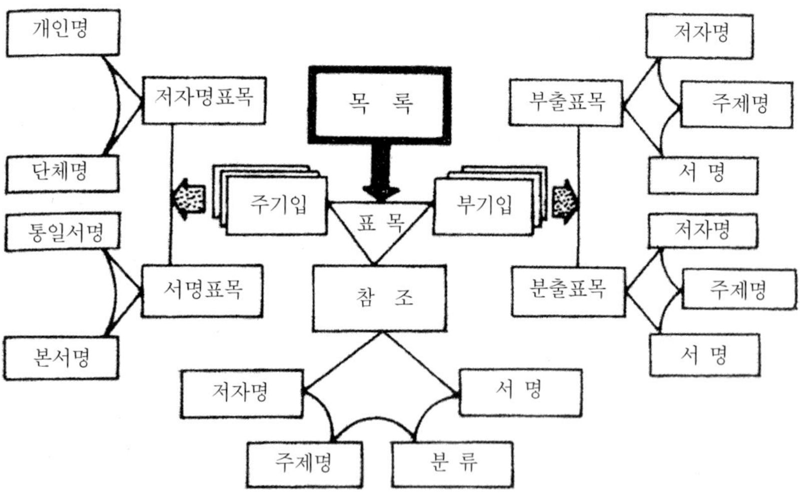

1. 표 목

1.1. 표목의 의의

표목은 영어의 'heading'에 해당하는 것으로 유사어로는 'entry word', 'descriptor', 'key word', 'access points' 등이 있고, 우리말은 '견출어', '표출어', '표출항목', '검색어'[1], '접근점'[2] 등이 있다. 이들 용어의 공통되는 성격은 검색의 키(key)가 되고 배열의 기준이 된다는 점이다.

카드목록체계에서 표목은 "목록기입의 첫머리에 있는 어(語), 낱말 또는 구절로서"[3] 기입의 배열순위를 결정하고 목록검색상의 접근을 위한 초점이라는 의미로 사용되고, 컴퓨터를 이용한 목록에서는 검색어의 기재 위치적인 성격을 나타낸 표목(heading)이라는 용어보다는 입력프로그램에서 검색데이터의 접근을 위한 Tag나 지시기호 등의 point를 표현한 접근점(access point)이라는 용어를 사용하고 있다. Harrod는 표목을 목록기입의 의미로만 정의하지 않고 넓은 의미로서 색인법과 정보검색을 포함시켜 정의하고 있다.[4]

(1) 목록에 의한 표목의 의미는 목록기입의 두부에 위치하고, 주로 명칭, 어(語), 구(句)로 기재하며, 목록 중의 배열의 위치를 결정하고 관련이 있는 저작을 집합하게 한다. 중심되는 표목은 저자명표목, 서명표목, 주

---

1) 검색어란 용어는 영어로 표시된 'entry word'나 'key word' 등에 해당하는 우리말 용어로 명명했다. 본서에서는 검색어로 통일하여 사용하였다.

2) **韓國目錄規則**, 韓國圖書館協會目錄委員會 編 (第4版. 서울: 韓國圖書館協會, 2003), p. 470.

3) **도서관용어집**, p. 135.

4) Leonard Montague Harrod, *The Librarian's Glossary* (Andre Deutsche, 1971), pp. 306-307.

제명표목, 분류표목(기호), 참조 등이다.

(2) 색인에 의한 표목의 의미는 text로부터 축출한 상징어와 핵심단어인 검색어를 문자순으로 배열한 것이다. 색인으로 채택된 어(語)나 구(句)를 표목으로 문자순으로 배열하여 동일문자로 시작되는 어나 구가 함께 한 곳에 집합되게 한다.

(3) 서지에 의한 표목의 의미는 주제명, 저자명, 총서명, 서명 등 문헌의 특성을 식별한 기술로서 최초에 나타나 있는 검색어나 구를 표목으로 하여 이를 문자순으로 배열한 것이다.

상기한 바와 같이 표목의 의미는 자료검색의 이용목적에 따라 유사한 기능을 가지지만 작성방법이나 형태면에서 차이가 있다. 이들 중 도서관의 목록이 가지는 표목의 의미를 분명히 하기 위해 목록규칙에 나타난 정의를 살펴보았다.

Cutter의 「**사전체목록규칙**(1904**년판**)」

> 표목은 목록기입의 알파벳순을 결정하는 말로서 보통 저자명, 주제명, 문학형식, 출판형식의 명칭 및 서명을 말한다.[5]

ALA의 「**저자명 서명기입을 위한 목록규칙**(1949**년판**)」

> 표목은 기입의 최초에 기재하는 명칭, 어, 또는 구, 이것은 그 도서의 특유의 성격인 저자명, 주제명, 총서명, 서명 등을 표시한 것, 이것에 의하여 목록 중의 배열을 결정한다.[6]

---

5) Charles A. Cutter, *Rules for a Dictionary Catalog*, p. 20.

6) *ALA Cataloging Rules for Author and Title Entries* (ALA., 1949), p. 232.

「영미목록규칙」

표목은 목록기술의 최초에 기재되는 명칭, 어, 구로서 목록 중의 검색 수단이 되는 말, 또한 표목은 특정의 서지적 자료를 제외한 검색어로서의 역할을 더한 것이다.[7)]

표목은 목록의 검색어로 목록기입의 상부에 기재된 고유명, 단어 또는 구이다.[8)]

「한국목록규칙(2003년판)」

표목은 카드(인쇄)목록에서 저록의 맨 위(앞)에 기재된 단어나 기호로서 저록의 배열과 검색수단이었다. 일반적으로 표제와 인명, 주제명, 분류기호 등이 표목으로 사용되어 왔다. 접근점 참조[9)]. 접근점(接近點: access points): 목록에서 저록의 검색과 식별도구로 사용되는 용어나 부호[10)]

이상 제 규칙들에서 정의된 표목의 공통된 요소는 다음과 같이 요약할 수 있다.

① 표목은 기입의 최초에 기재되어 있는 어나 구

② 표목은 배열순위를 결정하는 어나 구

③ 표목은 검색의 수단이 되는 어나 구

④ 표목은 식별을 위한 어나 구

⑤ 표목의 대상은 저자명, 서명, 주제명, 분류기호 등과 기타 필요한 검색사항[11)]

---

7) *AACR* (North American Text. Chicago: ALA, 1967), p. 345.

8) *AACR2* (Chicago: ALA., 1978), p. 566.

9) **韓國目錄規則** (第4版), p. 474.

10) **韓國目錄規則** (第4版), p. 470

11) 컴퓨터에 의해 검색되는 ISBN, ISSN, 발행자 등이 있다.

1.2. 표목의 기능

표목은 목록작성의 주된 기능을 수행하는 요소이다. 표목은 특정한 문헌정보를 색출하기 위한 검색체계(indexing system)로서의 역할을 수행하고, 유사한 의미의 다른 검색체계와 연계될 수 있는 기능을 수행해야 한다. 도서관의 목록과 다른 검색체계와 연계될 수 있는 표목의 기능을 열거해 보면 다음과 같다.

(1) 검색수단: 표목은 문헌을 검색하는 수단(a point of access)이 되어야 한다.

(2) 배열기준: 표목은 목록기입의 배열위치를 결정하는 기준이 되어야 한다.

(3) 집중성: 동일 표목 아래에 특정저자의 저작이 함께 집합되게 하고, 동일 표제의 각 판을 한 곳에 모이게 해야 한다.

(4) 배타성: 동일 명칭의 다른 도서, 동명이인과 단체명 등의 혼돈을 피하기 위해 각각의 표목이 식별될 수 있게 한다.

표목은 이상과 같은 4가지 기능을 가지지만 이 중 표목의 집중성과 배타성[12)]은 다른 검색체계에 비해 도서목록이 가지는 가장 특색 있는 기능이다.

1.3. 표목의 종류

검색을 위한 기술과 검색어를 중심한 표목의 종류를 살펴보면, 한 저작에 대한 목록의 기입에는 기재형식과 표목의 대상에 따라 그 종류를 몇 가지로 나누어 생각해 볼 수 있다.

---

12) 森耕一은 표목의 집중성을 '同種記入의 集中', 배타성을 '異種記入의 分離'라고 명명하여 그 뜻을 구체화하고 있다.

- 표목
  - 기본표목(KORMARC)
    - 인명표목(Tag 100)
    - 단체명표목(Tag 110)
    - 회의명표목(Tag 111)
    - 통일서명표목(Tag 130)
  - 서명줄머리잡기
    - 서명표목(K3;K2;A1)(Tag 245)
  - 부표목
    - 부출표목
      - 저자명부출표목(Tag 700;710;711;730)
      - 서명부출표목(Tag 740; 76X-78X)
      - 주제명부출표목(Tag 6XX)
      - 분류표목(Tag 090)
    - 분출표목
      - 저자명분출표목(Tag 700;710;711;730)
      - 서명분출표목(Tag 740;76X-78X)
      - 주제명분출표목(Tag 6XX)
      - 분류표목(Tag 090)
  - 참조
    - '보라' 참조
      - 저자명참조(Tag 400; 410; 411)
      - 서명참조
      - 주제명참조 (Tag 450; 451; 480; 481; 482)
      - 분류참조
    - '도 보라' 참조
      - 저자명참조(Tag 500; 510; 511)
      - 서명참조
      - 주제명참조 (Tag 550; 551; 580; 581; 582)
      - 분류참조

표목의 기재형식에 의한 종류

AACR1; KCR2	KORMARC (통합서지용)
기본표목	1XX 기본표목
개인명	100 개인명
단체명	110 단체명

통일서명	111 회의명
서명	130 통일서명
부표목	6XX 주제명부출표목
부출표목	70X-75X 부출표목
분출표목	76X-78X 연관저록
	80X-840 총서명부출표목
	900-949 로컬표목
참조목록	4XX 보라 부출필드
	5XX 도보라 부출필드

3-1. 표목체계

표목의 대상에 의한 종류

AACR1; KCR2		KORMARC (접근점)
저자명표목	개인명	100; 700; 900 개인명 기본표목/부출표목
	단체명	110; 710; 910 단체명 기본표목/부출표목
		111; 710; 910 회의명 기본표목/부출표목
서명표목	본서명	245 본서명
	별서명	740 별서명 부출표목
	대등서명	740 대등서명 부출표목
	총서명	440; 830 총서명 부출표목
	통일서명	130; 730; 240 통일서명 기본표목/부출표목
	부서명	740 부서명 부출표목
		76X-78X 연관저록
주제명표목	개인명	600 주제명부출표목-개인명
	단체명	610 주제명부출표목-단체명
	회의명	611 주제명부출표목-회의명

	통일서명	630	주제명부출표목-통일서명
	일반주제명	650	주제명부출표목-일반주제명
	지명	651	주제명부출표목-지명
		653	비통제주제명
분류표목	자관분류번호	090	자관분류번호

KORMARC은 태그로 각 사항을 구분기재한다. 1XX, 6XX, 7XX, 9XX는 표목을 위한 필드. 2XX는 기술사항을 위한 필드이지만 서명줄머리잡기일 때는 본서명은 자체가 표목의 기능을 하고, 저자명기본표목에서는 제1지시기호 '1'에 의해 자동 부표목된다.

<표목의 대상에 의한 체계>

이 외에도 ISBN, ISSN, 간별, 발행자 등이 검색수단으로 포함되기도 한다. 카드목록에서는 전술한 4종류의 표목으로만 채용되었으나 MARC으로 인해 접근점의 선택에 따라 검색 범위를 더 많은 사항으로 확장할 수 있게 되었다.

본서에서는 지금까지 자료기관의 목록에서 상용된 표목을 중심으로 상술하였다.

1) 기재형식에 의한 종류

(1) 기본표목

목록에서 기본기입된 사항을 표목으로 편성한 목록으로 '기본기입표목' 또는 '기본표목'이라고도 한다. 기본표목은 모든 기입의 가장 기본이 되는 검색어로 열람용목록뿐 아니라 사무용목록에서도 복본조사나 자료정리용 등 많은 영역에서 활용되는 표목이다. 기본기입의 대상은 KCR1이나 AACR1에서는 개인명, 단체명, 통일서명, 그리고 서명을 포함한 4가지로 규정하고 있지만, MARC21이나 KORMARC에서는 개인명, 단체명, 통일서명에 회의명을 포함한 4가지로 규정하고, 서명은 기술사항으로 245필드에 입력하였다. KCR3는 서명줄머리잡기로 규정하고 기본기입의 대상이 된 상기한 4가지를 부출표목으로 처리하였다.

저자명기본기입의 기재 언어는 정리기관에서 정한 표목어로 하고, 서명줄머리잡기로 목록되는 서명사항은 표제지의 문자를 그대로 기재한다. KORMARC에서는 1XX로 입력되는 사항은 표목어로 하고, 245에 서명줄머리잡기로 기술되는 서명은 표제지의 문자를 그대로 입력하되 제1지시기호 0을 지시하여 별도의 부표목지시 없이도 검색어로 출력되게 하였다.

기본표목은 태그로 식별하여 100 개인명, 110 단체명, 111 회의명, 130 통일서명으로 입력한다.

기본표목—개인명

100 1ƀ$a장일세
245 10$a韓國目錄規則解說 /$d張 一世 著

기본표목—단체명

110 ƀƀ$a계명대학교.$b동산도서관
245 10$a漢籍目錄

기본표목—회의명

111 ƀƀ$a전국도서관대회$n(제29회 ;$d1991 :$c제주도)
245 10$a全國圖書館大會 主題發表論文

기본표목—통일서명

130 ꝥ0$a춘향전
245 10$a獄中花

130 ꝥ0$a불전.$p화엄경.$l한국어
245 10$a한글화엄경 /$d경전중간사업회 편

기본기입원칙에서 245필드 서명은 제1지시호 '1'로 자동부표목되게 한다.

서명줄머리잡기(KCR3)

245 00$a世界베스트셀러選集
260 ꝥꝥ$a서울 :$b휘문출판사,$c1965
300 ꝥꝥ$a10권 :$b삽도 ;$c23cm

서명줄머리잡기에서 245필드 서명은 제1지시기호를 '0'으로 지시한다.

3-2. 기본표목과 서명줄머리잡기(KORMARC)

(2) 부표목

부표목은 '부기입표목'이라고도 하는데 기본표목 이외에 부차적으로 주어지는 부출표목과 분출표목으로 구분된다.

부출표목은 저록에 포함된 저자명과 서명으로서 기본표목이나 서명줄머리잡기로 기재 되지 않은 저자와 서명, 그리고 주제명, 분류기호를 표목으로 목록한 것이다.

KORMARC에서는 ① 1XX필드에 기본표목 되지 않은 개인명, 단체명, 회의명, 통일서명을 700, 710, 711, 730필드로 각각 부표목 입력한 것, ② 245필드에 서명줄머리잡기로 입력되지 않은 서명사항을 246, 740, 76X-78X필드로 부표목 입력한 것, ③ 주제명을 6XX필드로 입력한 것,

④ 총서명을 440, 8XX필드로 부표목 입력한 것, ⑤ 도서관 자체의 로컬표목으로 9XX필드로 입력한 것 등이 포함된다.

부표목으로 입력되는 문자는 이용자의 수준을 고려하여 해당 도서관에서 주로 사용하는 문자를 표목어로 기재해야 한다. 한국에서는 대부분이 한글로 기재하거나, 한글과 영어를 혼용하고 있지만 도서관에 따라서는 하나의 언어로만 통일하여 기재하거나, 다양한 언어의 자료를 이용하는 도서관에서는 자료에 나타난 언어를 모두 표목어로 기재하기도 한다.

부출표목—저자명(저자명기본기입)

090 ␢␢$a692.07$b김75ㄱ
100 1␢$a김종선
245 10$a기초체육교육 /$d金鐘先,$e李經世,$e韓亨植 [共著]
260 ␢␢$a서울 :$b普信文化社,$c1972
300 ␢␢$a338 p. ;$c26 cm
700 1␢$a이경세
700 1␢$a한형식

저자명기본기입원칙에서 245필드의 서명은 제1지시호를 '1'로 부표목지시하고, 700필드는 기본표목되지 않은 식별기호 '$e'로 기재된 두 번째 이하의 저자명을 각각 부표목한다.

부출표목—저자명(서명줄머리잡기)

090 ␢␢$a692.07$b김75ㄱ
245 00$a기초체육교육 /$d金鐘先,$e李經世,$e韓亨植 [共著]
260 ␢␢$a서울 :$b普信文化社,$c1972
300 ␢␢$a338 p. ;$c26 cm
700 1␢$a김종선
700 1␢$a이경세
700 1␢$a한형식

서명줄머리잡기에서는 245필드 서명은 제1지시기호를 '0'으로 지시하고, 저자명인 인명은 700필드, 단체명은 710필드, 회의명은 711필드로 부표목한다.

서명, 저자에 대한 부출표목과 7XX필드의 기술

700 1ƀ$a이경세

710 ƀƀ$a한국도서관협회

711 ƀƀ$a지역사회학교운동세미나$n(제7.8회 :$d1974 :$c서울)

730 ƀ0$a성서.$p신약.$l한국어

740 ƀ0$a현대의 사회교육

부표목은 700필드에 개인명, 710필드에 단체명, 711필드에 회의명, 730필드에 통일서명, 740필드에 서명을 각각 부표목한다.

연관저록

765	원저저록	775	이판저록
767	번역저록	776	기타형태저록
770	보유판 및 특별호 저록	780	선행저록
772	모체레코드저록	785	후속저록
773	기본자료저록	787	비특정적 관계저록

연관저록은 목록되는 자료와 연관된 자료를 주기와 표목(접근점)으로 기술한 것이다.

주제명에 대한 부출표목과 6XX필드의 기술

600 $a이승만

610 ƀ $a국립중앙박물관.$x역사

611 ƀ $a한국도서관협회총회$d(1999:$c서울)$x보고서

630 $a불전.$p금강경.$x해설

주제명부출표목은 600필드에 주제명－개인명, 610필드에 주제명－단체명, 611필드에 주제명－회의명, 630필드에 주제명－통일서명을 부표목한다.

650 주제명부출표목–일반주제명
651 주제명부출표목–지명
653 비통제주제명

총서명(490)에 대한 부출표목과 8XX의 기술

490 10$a논문집 ;$v제1집
830 ɓ0$a논문집(산업경영연구소) ;$v제1집

<부출표목(KORMARC)>

분출표목은 주로 전집, 총집류의 내용 중에 포함된 서명과 저자명, 주제명, 분류기호를 내용주기하고, 그 각각의 사항을 부표목으로 한 목록이다. 분출되는 표목은 주로 내용주기된 내용서명과 저자명이 그 대상이 된다.

KORMARC에서는 505필드로 내용주기된 사항을 분출되는 표목의 종류에 따라 7XX필드로 저자명과 서명, 6XX필드로 주제명, 9XX필드로 로컬 분출표목사항을 각각 입력한다. 내용주기의 기술은 505필드에 제1지시기호로 표출어에 대한 사항을 지시하고, 제2지시기호는 'ɓ'(기본형)과 '0'(확장형)으로 구분하여 기본형은 각 사항별 식별기호 없이 기술하고 필요한 모든 분출표목을 7XX로 기술한다. 확장형은 사항별 식별기호로 기재하여 내용서명과 저자명을 검색어로 활용될 수 있게 하였다.

090 ɓɓ$a813.6$b현222
245 00$a現代韓國新作全集
260 ɓɓ$a서울 :$b을유문화사,$c1971
300 ɓɓ$a10책 :$b삽도 ;$c21 cm%
505 0ɓ$a제1권. 목소리 / 김의정 저 – 제2권. ... ← 기본형

= 505 00$n제1권.$a목소리 /$d김의정 저 –$n제2권. ... ← 확장형

650 ␢4$a한국문학$x소설%

700 12$a김의정.$t목소리.$n제1권%

700필드는 내용의 저자명($a)과 서명($t)을 함께 기재하고, 제2지시기호 '2'로 저자명과 서명을 분출표목하였으며, 650필드는 내용표제의 주제명을 부출표목하였다.

505필드에 제2지시기호 '0'(확장형)일 때는 내용주기되는 기재사항을 해당 식별기호로 기재한다. 이때는 주기된 사항이 직접 색인 파일로 생성될 수도 있다.

<분출표목(KORMARC)>

KORMARC은 9XX필드를 로컬필드로 각 도서관이 자관의 사정에 따라 특정 검색어를 위한 부표목을 자유로이 전개할 수 있도록 하였다.

100 1␢$aHemingway, Ernest

900 10$a헤밍웨이, 어네스트 ....로컬표목—개인명

110 ␢␢$aOECD

910 ␢0$a오이시디 ....로컬표목—단체명

111 ␢␢$a동산의료원백주년기념세미나

911 ␢0$a동산의료원100주년기념세미나 ....로컬표목—회의명

130 ␢0$a성서.$p신약

930 ␢␢$aBible.$pN.T. ....로컬표목—통일서명

245 10$aWindow 95

940 ␢␢$a윈도우 95 ....로컬표목—서명

440 00$aMS-DOS입문;$v5

949 ␢␢$a엠에스 도스 입문;$v5 ....로컬표목—총서명

표목과 다르게 도서관에서 사용한 특정 형식에 대한 표목사항을 해당 성격에 따라 9XX필드로 부표목지시한다.

<로컬표목(KORMARC)>

(3) 참조

참조는 검색어에 대한 안내사항으로 검색을 돕기 위해 관계된 검색어를 표목으로 안내한 것이다. 참조의 종류는 크게 '보라'참조(see reference)와 '도 보라'참조(see also reference)로 구분된다. 이들 각각은 다시 저자명, 서명, 주제명, 분류기호 등 표목이 가능한 표목어로부터 참조되기 때문에 다양하게 구분된다.

MARC은 'KORMARC: 전거통제용(authority)'의 4XX필드를 '보라' 부출필드로 하여 표목으로 채택되지 않은 검색어에서 채택된 표목으로 안내하고, 5XX필드를 '도 보라' 부출필드로 하여 하나의 표목과 관계된 다른 표목을 상호 안내하였다. 그리고 참조주기필드는 260필드(복합보라참조－주제), 360필드(복합도 보라참조－주제), 663필드(복합도 보라참조－이름), 664필드(복합보라참조－이름), 665필드(연혁참조), 666필드(일반설명참조－이름)으로 규정하였다.[13)]

레코드 종류

채택된 표목레코드

008/09 a

100 1ɓ$a조지훈 ← 기본표목으로 기재된 인명

400 1ɓ$a조동탁 ← 기본표목되지 않은 인명을 기본표목된 인명으로 참조

13) 국립중앙도서관, **한국문헌자동화목록형식: 전거통제용** (서울: 국립중앙도서관, 1999). 참조.

<출력> 조동탁
다음으로 검색하시오: 조지훈

008/09 a
110 ƀƀ$a한글학회
510 ƀƀ$a조선어학회
<출력> 조선어학회
다음으로도 검색하시오: 한글학회

'KORMARC: 전거통제용'에 의해 110필드는 단체명표목이고, 510필드는 '단체명－도 보라'참조이다.

<참조(KORMARC: 전거통제용)>

2) 편성(내용)에 의한 종류

(1) 저자명표목

저자명표목은 개인의 저작에 대한 개인명표목과 단체의 저작에 대한 단체명표목, 그리고 회의 결과로 저작된 자료에 대한 회의명표목으로 되어 있다. 저자명표목은 저작의 역할관계를 표시한 성격에 의해 저자(작곡자, 화가 등), 편찬자, 번안자, 개작자, 각색자, 역자, 주석자, 평석자, 교정자, 해설자, 훈점자, 삽도자 등이 있다. 이들 저자가 기본표목이나 부표목(저자명부출표목과 저자명분출표목)이 된 목록을 모두 저자명표목이라 한다. 저자 중에도 감수자, 교열자 등은 표목으로 기재되지 않으며 편찬자나 편자가 아닌 편집자는 원칙적으로 기본표목에 기술하지 않고 필요한 경우 부표목으로 입력한다.

KORMARC의 저자명표목은 다음과 같이 태그와 연관된 저자명기본표목, 저자명부표목, 저자명으로 된 주제명부표목, 저자명로컬표목 등이 포함된다. 저자명에 대한 접근점은 다음과 같다.

구　분	기본표목	주제명부출표목	부출표목	로컬표목
개인명	100	600	700	900
단체명	110	610	710	910
회의명	111	611	711	911

(2) 서명표목

서명표목은 성격에 따라 다음과 같은 서명이 그 대상이 되고, 이들 서명을 표목으로 목록한 것이다.

· 본서명(title): 한 자료의 가장 기본이 되는 서명[14)]

· 별서명(alternative title): 본서명과 대칭되는 것으로 한 자료가 동일한 언어로 된 두 개 이상의 서명을 가지고 있을 때 본서명으로 기재된 이외의 서명

· 대등서명(parallel title): 본서명과 대칭되는 것으로 한 자료가 언어를 달리한 서명으로 함께 표시되고 있을 때 본서명으로 기재된 이외의 언어로 된 서명

· 부서명(subtitle): 본서명을 부연하는 서명으로 서명의 2차적인 부분의 구성을 표시한 서명

· 통일서명(uniform title)[15)]: 한 자료가 생산자에 따라 다르게 명명된 수 개의 서명(명칭)이나 수 개의 언어로 발행되고 있을 때 이들 명칭을 통일하기 위한 대표되는 서명

· 총서명(series title): 한 질(帙)로 구성된 자료의 질(세트)의 공통서명

· 내용서명(content title): 단 권이나 한 질로 된 자료의 내용부분으로

14) 본서명은 정보원에 나타난 활자의 크기와 순서로 결정된다.

15) 통일서명은 다른 서명과의 구분을 위해 [ ]에 묶어 기재한다.

수록되어 있는 각 저작의 서명

· 원서명(original title): 번역서의 원본이 된 원저작의 서명

· 편제: 한 자료가 권차로 구성되어 있으면서 권차가 서명을 가지고 있을 때 이들 권차의 서명, 부분표제, 권차표제 또는 편제

· 표제관련정보: 부서명을 포함한 서명에 관한 잡정보

서명에 대한 부표목은 서명표목이나 서명줄머리잡기로 기재되는 본서명 이외의 서명을 기본목록에 의해 관리될 수 있게 해야 한다.

KORMARC의 서명표목은 다음과 같이 통일서명표목, 본서명표목, 본서명 이외의 서명표목, 연관저록서명, 총서명표목, 내용서명표목 등이 포함된다. 서명의 접근점은 다음과 같다.

130 통일서명기본표목	730 통일서명표목	440 총서명표목
210 축약표제	740 본서명 이외의 서명표목	830 총서명부출표목
222 등록표제	765 원저서명표목	
240 통일표제	767 번역서명표목	930 로컬표목-통일서명
242 목록기관에서 번역한 표제	770 보유판/특별호 서명표목	
	772 모체레코드서명표목	940 로컬표목-서명
243 집서의 통일표제	773 기본자료서명표목	949 로컬표목-총서명
245 표제와 책임표시사항	775 이판서명표목	
	776 기타형태자료서명표목	
246 여러 형태의 표제	780 선행자료서명표목	
247 변경전 표제나 표제변동	785 후속자료서명표목	
	787 비특정적관계자료서명표목	

830필드의 총서명표목은 490필드로 주기된 총서명의 부출표목, 130필드는 통일서명기본표제, 730필드는 통일서명의 부출표목, 그리고 245필드의 본서명표목은 자동 출력된 서명부표목이다.

(3) 주제명표목

주제명표목은 한 자료가 취급한 내용의 주제, 논제와 인명, 사건명, 지명, 그리고 자료의 형식 등을 나타낸 주제명을 표목으로 한 목록이다. 주제명표목은 자료 자체의 내용을 나타낸 주제명으로 표목한 주제명부출표목과 내용으로 수록된 각각의 저작에 대한 주제명을 표목으로 한 주제명분출표목, 그리고 주제명참조 등이 포함된다.

KORMARC의 주제명표목은 다음과 같이 태그 6XX필드로 기재된 개인명, 단체명, 회의명, 통일서명, 일반주제명, 지명, 비통제주제명 등을 부출표목으로 작성한 것이다. 주제명접근점은 다음과 같다.

600 주제명부출표목—개인명
610 주제명부출표목—단체명
611 주제명부출표목—회의명
630 주제명부출표목—통일서명
650 주제명부출표목—일반주제명
651 주제명부출표목—지명
653 비통제 색인어
654 주제명부출표목—패싯 주제어
655 색인어—장르/형식
656 색인어—직업
657 색인어—기능
658 색인어—교과과정 교재
69X 로컬 주제명 접근 필드

(4) 분류표목

분류표목은 상술한 주제명표목과 동일한 형식으로 도서관에서 채용한 분류체계의 숫자나 문자, 기타 부호로 된 분류기호를 표목으로 한 목록이다. 분류표목은 각각의 분류기호로 부표목을 작성한 분류부출표목과 전집의 내용에 포함된 자료가 각각 분류기호를 가질 때 이들 각각의 번호를 부표목으로 작성한 분류분출표목으로 되어 있다.

KORMARC의 분류표목은 사용된 분류체계나 작성기관에 따라 0XX의 숫자적 필드에 지정된 태그로 입력한다. 분류접근점은 다음과 같다.

050 미국국회도서관청구기호	080 국제십진분류기호(UDC)
052 국립중앙도서관청구기호	082 듀이십진분류기호(DDC)
056 한국십진분류기호(KDC)	085 기타분류기호
060 미국국립의학도서관청구기호	086 정부문서분류기호
070 미국립농학도서관청구기호	090 자관청구기호

청구기호에 포함된 분류기호는 분류표목으로 자동 생성된다. 각 도서관에서는 090을 자관 청구기호로 사용한다.

2. 기술(記述)

2.1. 기술의 의의

기술(description)의 일반적인 의미는 '사물의 특징적인 징표를 완전하게 충분히 열거하는 것'[16]이라고 정의하고 있다. 여기에 도서관의 목록 용어로 사용되는 기술은

> 특정 자료를 기록하고 식별하기 위한 일단의 서지데이터. 특정 자료와 이와 다른 자료, 또는 동일 저작의 다른 판과의 식별을 위해 표제와 책임표시사항과 판사항 등 일련의 서지사항을 조직하여 기록하는 것. 또는 이렇게 기록된 일련의 서지사항[17]

이라고 정의하여 자료의 서지에 대한 기술(bibliographical description)로 출판된 자료의 책임표시, 표제, 판차, 발행사항, 판권등록, 기타 특징적인 사항 등을 자료간의 식별을 위해 기록한 서지데이터의 기록이라[18] 정의

16) 이희승, p. 447.

17) **韓國目錄規則** (第4版), p. 461

할 수 있다.

목록기술은 ISBD 이전에는 표목을 포함한 서지적인 기재사항과 부표목지시사항, 사무사항, 그리고 기타 특징 등 모든 기술사항을 포괄[19]하였으나, ISBD는 표목과 사무사항을 제외한 ① 표제와 책임표시사항, ② 판사항, ③ 발행사항, ④ 형태사항, ⑤ 총서주기, ⑥ 일반주기, ⑦ ISBN,[20] 정가, 장정 등[21] 한 자료가 가진 서지적인 기술사항으로 제한하고, 이들의 기재내용과 순서, 목록형식 등을 규정하고 있다. MARC에서도 ISBD의 규칙에 준하여 표목부와 기술부로 구분하여 목록기술을 규정하고 있다.

2.2. 기술의 목적

AACR1은 목록기술의 목적을 ① 다른 자료와 식별하기 위한 한 자료의 중요한 특징과 범위, 내용 및 다른 자료와의 서지적인 관계를 기술하는 것, ② 이상의 여러 항목을 목록 중에 있는 다른 자료와 결합하고, 모든 목록 이용자의 이익을 위하여 최대한의 응답을 기입으로 제공하는 데 있다[22]고 정의하고 있다. 이를 다시 구체적으로 정리하면 목록기술의 목적은 (1) 각각의 문헌을 식별하고, 개별화하여 동일 저작 중의 각 판을 구별하게 하며, (2) 문헌의 특성을 나타내어 문헌선택을 돕고 서지정보와

---

18) Harrod.

19) ISBD가 나타나기 이전에는 기술의 범위를 광의의 개념으로 사용하였다.

20) ISBN: International Standard Book Number(국제표준도서번호). ISO 2108에 기초한 도서식별용고유번호이다. ISO 2108-1978에 의하면 ISBN은 "도서를 국제적으로 식별하기 위한 번호의 규정"이다. ISBN은 아라비아숫자 10단위로 하고, 그 구성요소는 지역, 발행사, 표제(title), checking no.로 되어 있다. ISBN의 부여에 관한 관리는 International ISBN Agency에서 행한다.

21) 日本圖書館協會, **圖書館** …

22) *AACR1* (1970), p. 189.

문헌의 내용을 나타내어 주제에 관계된 정보를 제공할 수 있게 하고, (3) 일정한 순서에 따른 기술로 논리적인 배열을 가능하게 한다. 이를 위해 서지적인 기술요소(element)를 규정화해서 일정한 논리적인 양식(format)으로 문헌의 식별에 대한 정보를 제공하고, 문헌의 소재까지도 이용자에게 알리는 것이다.

목록기술은 정보성, 통일성, 간결성, 경제성을 충족할 수 있도록 다음과 같은 사항들을 고려하여야 한다.

(1) 기술의 범위: 목록기술의 목적 달성에 필요한 서지정보를 망라하여 간결하게 기술한다. 그러나 기관의 자료조직방침과 이용자의 요구에 따른 기술범위의 결정에는 반드시 일관성이 유지되게 해야 한다.

(2) 기술의 용어: 정보원의 우선순위에 따라 자료에 나타난 표제, 자료자체의 정보와 용어를 기본으로 한다. 기술에서 사용된 사항이 불명확하거나 또는 이해하기 어려운 것은 설명을 부기하고 부정확한 것은 정정한다.

(3) 기술의 구성: 기술에 필요한 서지정보는 목록이용자의 요구에 가장 적합하고, 또한 목록에 입력되는 다른 여러 사항과의 통합을 용이하게 할 수 있어야 한다.

(4) 기술의 양식: 철자, 대소문자 사용법, 구두법, 약어, 숫자사용, 기재위치 등 통일된 양식을 채택해야 한다.

(5) 기술의 순서: 목록에 입력되는 서지정보는 통일된 순서로 기술되어야 하므로 반드시 기술의 순서에 대한 규정화된 원칙에 의해야 한다.

(6) 기술의 수준: 목록을 이용하는 대상을 고려하여 기술사항의 상세정도와 서지기술에 사용되는 언어 및 용어의 수준을 결정해야 한다.

(7) 기술의 경제성: 목록은 필요한 서지정보를 간략한 방법으로 정확하게 이용자에게 제공해 줌으로써 목록작성에서 이용에 이르는 모든 과정

이 경제적인 자료조직이 되게 해야 한다. 서지정보의 간략화에는 반드시 통일된 원칙과 목록체계가 선행되어야 한다.

2.3. 기술사항의 선택

이용자가 필요로 하는 자료의 정보는 문헌의 형태에 따라 엄밀히 규정된 정확한 목록기술사항으로 제공해야 한다. 도서관에서 취급할 수 있는 정보자료는 도서, 잡지, 보고서, 특허자료, 잡지기사, 사진자료, 녹음자료, 영상자료, 컴퓨터자료… 등으로 이들 형태에 따라 기술해야 하는 서지사항의 수준에도 다양한 특성이 있다. 그래서 어떤 자료에서는 절대적으로 필요한 서지사항이 다른 종류의 문헌형태에서는 불필요한 서지사항이 되는 경우가 있기 때문에 문헌의 형태와 이용목적에 따라 서지사항의 선택원칙과 기준, 그리고 기술여부가 설정되어 있어야 한다.

문헌형태에 따른 서지사항의 선택기준[23)]

(1) 단행본: 저자, 서명, 판표시, 발행지, 발행사(자), 발행년, 면수, 총서명, ISBN, 미공간자료표시, 초록표시

(2) 잡지: 표제, 저자, 발행지, 발행사(자), 발행년, 권호, 전체권수, ISSN, 간행빈도

(3) 잡지기사: 저자, 논문명, 수록지명, 발행년, 권.연차, 수록면수, ISSN, 미공간자료표시, 초록표시

(4) 보고서: 저자, 보고서명, 발행지, 발행자, 발행년, 면수, 수록면수, 미공간자료표시, 초록표시

---

23) 志村尙夫, pp. 158-159.

(5) 논문집기사: 저자, 논문명, 발행지, 발행사, 발행년, 수록면수, 총서명, ISSN, 미공간자료표시, 초록표시

(6) 학위논문: 저자, 논문명, 대학소재지, 대학명, 학위명, 등록년, 면수, 미공간자료표시, 초록표시

(7) 특허자료: 발명자, 특허번호, 특허명칭, 발행년, 출원번호, 초록표시

(8) 회의보고: 저자, 서명, 논문명, 회의개최지 또는 주최기관, 발행지, 발행자, 발행년, 면수, 수록면수, 전체권수, 미공간자료표시 등.

(9) 사진자료: 촬영자, 사진명, 촬영일시와 장소, 피사체명, 초록 표시

(10) 녹음자료: 작곡자, 녹음자료명, 채록자, 연주자, 발행처, 등록번호, 발행지, 발행년, 면수, 연주시간, 초록표시

(11) 영상자료: 영상자료명, 감독자, 각색자, 배역진, 제작진, 제작지, 제작사, 제작년, 개봉년, 배급자, 이용대상자, 면수, 재생시간, 초록표시

(12) 전자자료: 저자, 자료명, 제작자, 발행지, 발행자, 발행년, 설치환경, 면수, 웹사이트주소, 초록표시

기술의 범위는 목록에 기술되는 자료의 기술사항을 대상으로 ① 출판물 전체기술사항을 대상으로 한 상위수준의 기술, ② 출판물의 한 부분인 각 권의 기술사항을 대상으로 한 중위수준의 기술, ③ 각 권에 포함된 장과 단행본의 내용부분의 기술사항을 대상으로 한 하위수준의 기술 등 세 가지로 생각할 수 있다.

목록의 기술방법은 가변방식과 고정방식으로 구분할 수 있다. 가변방식은 카드목록과 책자형목록의 기입 예와 같이 기술공간이 일정하게 제한되어 있지 않고 기술해야 할 사항을 필요에 따라 임의로 추가할 수 있는 방법이고, 고정방식은 기술공간을 자수나 길이로 정해 놓고 그 범위

내에서만 기술하게 하는 방법이다.

MARC은 목록에 기재되는 기술사항에 따라 고정장과 가변장을 Tag(표시기호)와 식별기호로 규정하여 입력하는 방법을 취하고 있다.

고정길이필드

리더(Leader)
디렉토리(Directory)

가변길이필드

제어필드		데이터필드	
001	제어번호	01X-09X	숫자적필드
005	최종처리일시	1XX	기본표목
006	링크필드	20X-24X	서명과 표제관련필드
007	형태기술필드	250-28X	판차, 발행 등 필드
008	부호화정보필드	3XX	형태사항 등
		4XX	총서사항
		5XX	주기사항
		6XX	주제명부출표목
		70X-75X	부출표목
		76X-78X	연관저록
		80X-840	총서명부출표목
		841-88X	소장, 변형문자 등 - 일반정보
		9XX	로컬에서 정의한 필드

2.4. 기술사항의 정보원

목록기술사항에 대한 정보원의 우선순위를 정하는 것은 일관성 있는 목록을 작성하기 위한 것이다. 한 자료(도서)에도 동일한 기술사항이 표지, 표제지, 책등, 판권지 등 정보원에 따라 일치하지 않은 경우가 있기 때문에 이들 정보원에 대한 우선순위를 규칙으로 정하여 으뜸정보원으로부터 순서에 따라 필요한 기술사항을 기재 하게 한다. 이렇게 각 자료기관의 목록이 작성됨으로써 자료기관 간의 협력을 위한 협동목록이나 분담목록, 그리고 종합목록 등으로 연계되어 공동이용의 도구로 활용되게 하기 위한 것이다.

다음은 ISBD(M),[24] KCR4,[25] NCR(1978),[26] 그리고 AACR2의 규정에 나타난 정보원을 나타낸 것이다.

우선순위별 정보원

순서	ISBD(M)	KCR4	NCR(1978)
1	표제지	표제면, 판권기, 이표제면, 표지	표제지(이표제지 포함), 판권지, 서배표지, 표지
2	약표제지, 이표제지, 판권지	약표제면, 권두	서문, 발문(後序), 본문
3	서문, 머리말, 본문, 부록, 표지, 서배표지	책등	
4	출판물 이외의 정보원	서문, 후기, 본문, 부록 등 그 도서의 나머지 부분	
5		그 도서 이외의 정보원	

기술사항별 정보원

기술영역	ISBD(M)	KCR4	AACR2
표제와 책임표시사항	표제지나 대용표제지	표제면, 판권기, 표지	표제지

24) *ISBD(M): International Standard Bibliographic Description for Monographic Publications*, International Federation of Library Associations and Institutions (London: IFLA International Office for UBC, 1978), p. 11.

25) **韓國目錄規則** (第4版), p. 96.

26) **日本目錄規則**, 日本圖書館協會目錄委員會 編 (1987年版. 東京: 日本圖書館協會, 1987), pp. 56-57.

기술영역	ISBD(M)	KCR4	AACR2
판사항	표제지나 대용표제지	표제면, 판권기, 표지, 약표제면, 권두, 책등	표제지, 이(裏)표제지, 표지, 판권지
발행사항	표제지나 대용표제지, 기타 서문과 판권지	표제면, 판권기, 표지, 약표제면, 권두, 책등	표제지, 이표제지, 표지, 판권지
형태사항	자료자체	그 도서 자체에서	해당 출판물 전체
총서사항	출판물의 어디에서나	그 도서 자체에서	해당 출판물 전체
주기	어디에서나	어디에서나	모든 정보원
표준번호 및 입수조건사항	어디에서나	어디에서나	모든 정보원

2.5. 기술의 문자

목록기술의 문자는 정보원에 표시되어 있는 문자를 그대로 기재하는 것을 원칙으로 하고 있다. 특히 서명의 경우는 표제지의 문자를 전사해야 한다. 기재되는 서명이 오기일 경우에도 그대로 기재하고, 정정은 오기된 사항의 바로 뒤에 [i.e.:] 또는 [실은:]으로 바른체를 입력하거나, [sic]으로 부기하고, 탈자인 경우는 [ ]로 보기하거나(AACR2R.1.0F1), 일반주기한다. 목록에 기재되는 문자에 대한 철자법은 해당 언어의 철자법을 준용한다.[27)]

그러나 도서관의 이용대상에 따라 이용자의 수준에 맞는 언어를 통일된 표기법으로 기재할 수도 있다. 예를 들면 초등학교도서관에서는 기술되는 문자를 한글로 통일해서 기재해야 하고, 영어권 국가에서는 영어로 통일해서 목록을 작성한다. 그리고 한국의 연구도서관이나 대학도서관에서는 목록을 몇 개의 언어로 한정하여 작성하기도 한다. 주로 한글과 영어로 목록을 작성하는 경우가 대부분이다.

서명 중에 표시되어 있는 숫자는 정보원의 문자를 그대로 기재하고, 서명 이외의 사항에 표시된 숫자는 아라비아숫자로 통일해서 기재한다.

27) 영어서명은 처음 시작하는 문자와 고유명사만 대문자로 하고, 독일어서명은 처음 시작하는 문자와 명사는 대문자로 기재한다.

그러나 아라비아숫자와 로마숫자 양자를 혼합하고 있는 경우는 정보원에 표시된 그대로 기재한다. 예를 들면 'part I, no. 2'나 'Vol. I, no. 2' 그리고 'XII, 2' 등이다

2.6. 기술의 순서

목록기술은 표제지(으뜸정보원)에 있는 순서 그대로 전사하는 것이 아니고 일정한 기재순서에 따라 조직되어야 하므로 반드시 규칙에 규정된 순서대로 기술해야 한다. 서지사항의 기술은 ISBD(M)과 AACR, KCR의 규정을 준용하였다. AACR1과 KCR2의 기술사항은 표목부(기본기입, 부표목지시)를 포함하여 5개영역, ISBD(M)은 기술사항만을 7개영역, KORMARC은 제어필드, 숫자적 필드, 표목부와 기술부를 포함하여 13개영역으로 나누어 기술 순서를 정하고 있다.

1) 규칙별 기술사항과 순서

KCR2와 AACR1	ISBD(M)	KORMARC
		리더
		디렉토리
		00X **제어필드** 001 제어번호 007 형태기술필드 005 최종처리일시 008 부호화정보필드 006 링크필드
		01X-09X **숫자적필드** 010 LC제어번호 011 LC제어번호 링크 012 국립중앙도서관제어번호 013 국립중앙도서관제어번호 링크 015 국가서지번호

KCR2와 AACR1	ISBD(M)	KORMARC
		017 저작권등록번호 020 국제표준도서번호 022 국제표준연속간행물번호 027 표준기술보고서번호 .... 090 자관 청구기호
1. **기본기입**(main entry) ① 저자명(author) 개인명 단체명 ② 서명(title) 본서명 통일서명 (무저자명고전, 종교경전 등)		1XX **기본표목** 100 기본표목—개인명 110 기본표목—단체명 111 기본표목—회의명 130 기본표목—통일서명
2. **기입의 본체**(body) ③ 서명(title) 본서명(title proper) 별서명(alternative title) 이서명(parallel title) 부서명(subtitle) 잡정보 (other title information) ④ 저자표시 (author statement) 저자명 역할을 달리한 저자명	1. **서명과 저자표시영역** ① 본서명 ② 대등서명 ③ 부서명 ④ 서명의 잡정보 ⑤ 저자명 ⑥ 역할을 달리한 저자명	20X—24X **서명 및 서명관련사항** 210 약표제 222 등록표제 240 통일서명 242 목록작성기관에서 번역한 표제 243 집서의 통일표제 245 표제와 책임표시사항 246 여러 형태의 표제 247 변경전 표제나 표제변동
⑤ **판사항** (edition statement) 개정표시 개정자	2. **판영역** ⑦ 판표시 ⑧ 개정자	250—28X **판차, 발행 등 사항** 250 판사항 254 악보의 표현형식 255 지도제작의 수치데이터 256 컴퓨터파일특성 257 기록필름의 제작국명
⑥ **발행사항**(imprint) 발행지, 배포지 발행자, 배포자 발행년, 배포년	3. **발행영역** ⑨ 발행지, 배포지 ⑩ 발행자, 배포자 ⑪ 발행년, 배포년	260 발행, 배포, 제작사항 263 발행예정일자 270 자료관련주소

<table>
<tr><th>KCR2와 AACR1</th><th>ISBD(M)</th><th>KORMARC</th></tr>
<tr><td>3. 형태사항(collation)
⑦ 면수(pagination)
⑧ 삽도(illustration)
⑨ 크기(size)
⑩ 딸린자료
(accompanying
material)</td><td>4. 형태기술영역
⑫ 면수
⑬ 삽도
⑭ 크기
⑮ 딸린자료</td><td>3XX 형태사항
300 형태기술사항
306 재생/연주시간
307 검색시간 등
310 현재 간행빈도
321 이전 간행빈도
340 물리적 매체
342 지리공간참조정보
343 평면좌표 정보
351 자료의 구조와 배열
352 디지털 그래픽표현
355 보안분류
357 원정보자원 제작자의 배포 제어
362 권・연차사항</td></tr>
<tr><td rowspan="2">4. 주기(notes)
⑪ 총서주기
(series statement)
⑫ 일반주기
(descriptive notes)
⑬ 내용주기
(contents notes)</td><td>5. 총서명영역
(16) 총서명
(17) 대등총서명
(18) 하위총서명
(19) 총서번호</td><td>4XX 총서사항
440 총서사항/부출표목
490 총서사항—부출되지 않거나 다르게 부출되는 총서명</td></tr>
<tr><td>6. 주기영역
(20) 일반주기
(21) 내용주기</td><td>5XX 주기사항
500 일반주기
501 합철주기
502 학위논문주기
504 서지등 주기
505 내용주기
506 이용제한주기
507 그래픽자료의 축적주기
508 제작진주기
509 로컬일반주기
510 인용주기
511 연주자와 배역진
....
520 요약 등 주기
521 이용대상자주기
....
530 이용가능한 다른 형태자료 주기
....
534 원본주기
....
580 연관저록설명주기
....
586 수상주기 주기</td></tr>
</table>

KCR2와 AACR1	ISBD(M)	KORMARC
	7. 표준번호영역 (22) 국제표준도서번호 (23) 구득조건	**01X-09X 숫자적필드** .... 020 국제표준도서번호 022 국제표준연속간행물번호 ....
5. 부표목지시(tracing) ⑭ 분류기호(classification number) ⑮ 주제명 (subject added entry) (16) 저자명 (author added entry) (17) 서명 (title added entry) (18) 총서명 (series added entry) (19) 내용분출 (content analysis)		**6XX 주제명부출표목** 600 주제명부출표목—개인명 610 주제명부출표목—단체명 611 주제명부출표목—회의명 630 주제명부출표목—통일서명 650 주제명부출표목—일반주제명 651 주제명부출표목—지명 653 비통제주제명 **70X—740 부출표목** 700 부출표목—개인명 710 부출표목—단체명 711 부출표목—회의명 730 부출표목—통일서명 740 부출표목—서명 **76X—79X 연관저록** 765 원저저록 767 번역저록 770 보유판 및 특별호 저록 772 모체레코드저록 773 기본자료저록 775 이판저록 776 기타형태저록 780 선행저록 785 후속저록 787 비특정적 관계 저록 **830 총서명부출표목** 830 총서명부출표목—통일총서명

이상과 같이 KCR2와 AACR1에서는 5개 부분 19개 사항으로 구분하고, ISBD(M)에서는 AACR1의 기입본체를 서명, 판차, 발행영역으로 분리하였으며, 기본기입과 부기입을 제외하고, 새롭게 표준도서번호영역을 포함시켜 기술부분만 7개 영역 23개 사항으로 순서를 정하고 있다.

ISBD(M)에 의한 목록기술의 변화는 서지기술 작업의 간략화와 표준화에 있으며, 특히 서지데이터를 기계가독으로 쉽게 전환시킬 수 있게 하는데 있다.

2) KORMARC의 기술사항과 순서

KORMARC에서는 태그(Tag)로 기술사항과 순서[28)]를 제시하였다. MARC에 대한 이해를 돕기 위해 KORMARC의 구조에 대해 간단히 약술하였다.

MARC의 구조

<table>
<tr><td rowspan="2">리더</td><td rowspan="2">디렉토리</td><td colspan="9">가변길이필드</td></tr>
<tr><td>제어필드1 FT</td><td>2</td><td>...</td><td>nFt</td><td>데이터필드1 FT</td><td>2</td><td>3</td><td>....</td><td>FT/RT</td></tr>
</table>

가변길이필드의 기본구조

<table>
<tr><td colspan="2">지시기호</td><td colspan="2">식별기호</td><td rowspan="3">데이터내용1</td><td rowspan="3">FT</td><td rowspan="4">...</td><td colspan="2" rowspan="2">지시 기호</td><td colspan="2" rowspan="2">식별 기호</td><td rowspan="3">데이터내용n</td><td rowspan="3">FT</td></tr>
<tr><td rowspan="2">제1 지시 기호</td><td rowspan="2">제2 지시 기호</td><td rowspan="2">구분 기호</td><td rowspan="2">데이터 식별 기호</td></tr>
<tr><td>제1</td><td>제2</td><td>구분</td><td>식별</td></tr>
<tr><td>1자리</td><td>1자리</td><td>1자리</td><td>1자리</td><td>가변길이</td><td>1자리</td><td>1</td><td>1</td><td>1</td><td>1</td><td>가변길이</td><td>1</td></tr>
</table>

28) **한국문헌자동화목록형식: 단행본용** (서울: 국립중앙도서관, 1993).

(1) 고정길이필드

필드의 길이가 고정되어 있는 리더와 디렉터리가 포함된다.

리더(leader)는 레코드의 제일 앞에 24자리의 고정길이 필드로 레코드 처리에 필요한 기초적인 정보만을 수록하여 필요한 예비정보를 식별하게 한다.

위치	00 01 02 03 04	05	06	07	08	09	10	11	12 13 14 15 16	17	18	19	20 21 22 23
자리수	5	1	1	1	1	1	1	1	5	1	1	1	4

00-04	레코드 길이	09	문자부호화체계	18	목록기술형식
05	레코드 상태	10	지시기호 자리수	19	연관레코드 조건
06	레코드 유형	11	식별기호 자리수	20-23	엔트리 맵
07	서지수준	12-16	데이터 기본번지		
08	제어유형	17	입력수준		

디렉토리(directory)는 책의 목차와 같은 것으로 각 태그에 한 개의 디렉터리 항목을 만들어 레코드 내의 각 태그의 시작위치와 길이를 지시해준다.

리더	디렉토리	디렉토리	디렉토리
	001001300000	005001100013	007001200024

필드시작위치(7-11: 5자리): 001필드 시작위치의 자리수

필드길이(3-6: 4자리): 001필드에 포함된 데이터의 길이

태그(0-2: 3자리)

(2) 가변길이필드

수록되는 데이터에 따라 필드길이가 정해지는 제어필드, 숫자적필드,

데이터필드로 구성된다.

제어필드(control field: 00X)는 레코드의 처리에 필요한 제어번호, 기계가독형의 서지레코드의 처리에 사용되는 제어용 정보와 부호화 정보가 기록되는 가변길이 필드이다. 필드는 '00'으로 시작된다.

001	제어번호	006	부호화정보필드-부가적 자료특성
003	제어번호 식별기호	007	형태기술필드
005	최종처리일시	008	부호화정보필드

부호화정보필드(008: 도서)의 구조와 내용

<table>
<tr><td rowspan="4">008</td><td colspan="6">입력일자</td><td>발행년유형</td><td colspan="4">발행년1</td><td colspan="4">발행년2</td><td colspan="3">발행국명</td></tr>
<tr><td>9</td><td>9</td><td>1</td><td>2</td><td>3</td><td>0</td><td>s</td><td>1</td><td>9</td><td>9</td><td>9</td><td>ƀ</td><td>ƀ</td><td>ƀ</td><td>ƀ</td><td>u</td><td>l</td><td>k</td></tr>
<tr><td colspan="6">수정레코드</td><td>회의간행물</td><td colspan="4">기념논문집</td><td colspan="4">색인</td><td colspan="3">목록전거</td></tr>
<tr><td colspan="6">ƀ</td><td>0</td><td colspan="4">0</td><td colspan="4">1</td><td colspan="3">a</td></tr>
</table>

<table>
<tr><td colspan="4">삽도표시</td><td>이용대상자수준</td><td colspan="3">자료식별표시</td><td colspan="2">내용형식</td><td colspan="2">한국대학부호</td></tr>
<tr><td>a</td><td>d</td><td>o</td><td>ƀ</td><td>ƀ</td><td colspan="3">ƀ</td><td>ƀ</td><td>ƀ</td><td>ƀ</td><td>ƀ</td></tr>
<tr><td colspan="4">문학형식</td><td>전기</td><td colspan="3">언어</td><td colspan="4">한국정부기관부호</td></tr>
<tr><td colspan="4">ƀ</td><td>ƀ</td><td>ƀ</td><td>ƀ</td><td>ƀ</td><td colspan="2">ƀ</td><td colspan="2">ƀ</td></tr>
</table>

008 991230s1999ƀƀƀƀulkadoƀƀƀƀƀƀƀƀ001aƀƀƀƀƀƀƀ

숫자적필드(01X-09X)는 국립중앙도서관의 제어번호, 저작권 등록번호, 국제표준도서번호, 중요 분류기호, 자관청구기호 등 각종 숫자와 부호로 구성되는 정보를 나타낸다.

010 LC 제어번호
012 국립중앙도서관 제어번호
013 특허제어정보
015 국가서지번호
016 국가서지기관 제어번호
017 저작권 등록번호
018 저작권료 부호
020 국제표준도서번호(ISBN)
022 국제표준연속간행물번호 (ISSN)
023 출판시 도서목록제어번호
024 기타 표준번호
027 표준기술보고서번호
028 녹음, 녹화, 음악관련 발행자번호
030 코덴부호
032 우편등록번호
033 사건의 일시와 장소
034 지도제작의 수치데이터 부호
035 협력기관 제어번호
036 컴퓨터 데이터 파일의 원 연구번호
037 입수처
040 목록작성기관
041 언어부호
042 검증부호
043 지역부호
044 발행/제작국명부호
045 연대부호
046 특별한 연도부호
047 작곡형식부호
048 악기나 성악부호
049 소장사항
050 미국국회도서관 청구기호
051 미국국회도서관 복사본, 발행호, 발췌 인쇄물
052 국립중앙도서관 청구기호
055 지리분류기호
056 한국십진분류기호
060 미국국립의학도서관 청구기호
066 사용문자셋트
070 미국국립농학도서관 청구기호
072 주제범주부호
074 정부간행물번호
080 국제십진분류기호
082 듀이십진분류기호
085 기타 분류기호
086 정부문서분류기호
088 보고서번호
090 자관청구기호

X00-X30　표목필드

구　분	개인명	단체명	회의명	통일서명
기본표목	100	110	111	130
주제명부출표목	600	610	611	630
부출표목	700	710	711	730
총서명부출표목	800	810	811	830
로컬표목	900	910	911	930

기본표목(Main Entry Fields: 1XX)은 기본기입으로 기재되는 개인명, 단체명, 회의명, 그리고 통일서명으로 구분된다.

100　기본표목－개인명
110　기본표목－단체명
111　기본표목－회의명
130　기본표목－통일서명

서명 및 표제관련필드(Title and Title-Related Fields: 20X-24X)는 통일서명, 표제와 책임표시사항을 기술한다.

210　축약표제
222　등록표제
240　통일표제
242　목록작성기관에서 번역한 표제
243　종합 통일표제
245　표제와 책임표시사항
246　여러 형태의 표제
247　변경전 표제나 표제변동

판차, 발행 등 필드(Edition, Imprint, etc. Fields: 250—29X)는 자료의 판사항, 수치데이터사항, 발행사항, 발행예정일, 기타발행정보, 주소 등 서지레코드에 기술되는 자료에 관한 정보를 기술한다.

250	판사항	260	발행, 배포, 제작(간사)사항
254	악보의 표현형식	263	발행예정일자
255	지도제작의 수치데이터	270	자료관련주소
256	컴퓨터파일특성		
257	기록필름의 제작국명		

형태사항 등(Physical Description, etc. Fields: 300)은 해당자료의 물리적인 특성, 영상재현, 발행빈도, 물리적배열, 보안정보 등을 기술한다. 도서자료는 면수나 권수, 삽도, 크기와 딸림자료 등을 기술하고, 전자자료는 참조와 좌표 정보 기술에 사용된다.

300	형태사항	343	평면 좌표 정보
306	재생/연주시간	351	자료의 구조와 배열
307	이용시간	352	디지털 그래픽 표현
310	현재 간행빈도	355	보안분류
321	이전 간행빈도	357	원작자의 배포 제어
340	물리적 매체 유형	362	권·연차, 연월차 사항
342	지리공간참조정보		

총서사항(Series Statement Fields: 4XX)은 자료에 나타나 있는 총서사항을 기술한다. 440필드는 그대로 부표목되는 총서명을 기재하고, 490필드는 부출되지 않거나 다르게 부출표목되는 총서명을 기술한다. 다르게 부출표목되는 총서사항은 800-830필드로 총서명부출표목한다.

440 총서사항/부출표목－표제
490 총서사항/부출되지 않거나 다르게 부출되는 총서표제

주기(Note Fields: 5XX)는 기입체에 기재된 사항의 보충적인 주기와 단행본 구성요소, 그리고 기본자료와의 관계가 있는 사항의 서지적 주기를 기술한다. 500필드는 일반주기를 기술하고, 특정한 주기는 해당되는 501-59X필드에 주기한다.

500 일반주기
501 합철주기
502 학위논문주기
504 서지 등 주기
505 내용주기
506 이용제한주기
507 그래픽자료의 축적주기
508 제작진주기
510 인용/참고주기
511 연주자와 배역진주기
513 보고서 유형과 해당기간 주기
514 지리공간데이터 품질주기
515 특수한 권차표시주기
516 컴퓨터파일과 데이터유형 주기
518 촬영/녹음 일시와 장소주기
520 요약 등 주기
521 이용대상자주기
522 지리적 범위주기
524 인용한 자료에 관한 주기
525 부록주기
526 학습프로그램주기
530 이용가능한 다른 형태 자료 주기
533 복제주기
534 원본주기
535 원본/복제본의 소재주기
536 기금정보주기
538 시스템사항에 관한 주기
540 이용과 복제 제한에 관한 주기
541 입수처주기
544 기록물의 기타 소재관계
545 전기적 또는 역사적 데이터
546 언어주기
547 변경전 표제 설명 주기
550 발행처주기
552 개체와 속성정보주기
555 누가색인/검색도구주기
556 도큐멘테이션에 관한 정보 주기
561 소유권 및 소장내력 주기
562 사본/판본식별 주기

565	사례조사파일특성 주기	563	제본정보 주기
567	방법론 주기	584	이용 누적 및 빈도주기
580	연관저록 설명주기	585	전시주기
581	참조정보원주기	586	수상주기
583	보존처리 주기	590	소장본주기

주제명부출표목(Subject Access Fields: 6XX)은 주제명으로 부출되는 개인명, 단체명, 회의명, 통일서명, 일반주제명, 지명, 비통제주제명 등의 표목과 접근어를 기술한다.

600	주제명부출표목－개인명	654	주제명부출표목－패싯 주제어
610	주제명부출표목－단체명	655	색인어－장르/형식
611	주제명부출표목－회의명	656	색인어－직업
630	주제명부출표목－통일서명	657	색인어－기능
650	주제명부출표목－일반주제명	658	색인어－교과과정 목표
651	주제명부출표목－지명	69X	로컬 주제명 접근 필드
653	비통제 색인어		

부표목(Added Entry Fields: 70X-754)은 부출이나 분출되는 개인명, 단체명, 회의명, 통일서명, 서명 등을 기술한다. 700-730필드는 저작과 다양한 관계에 있는 이름 또는 통일서명을 통해 서지레코드에 추가 접근점을 제공하기 위한 부출표목, 740은 전거통제하에 있는 표제가 아닌 해당자료의 일부분 또는 연관자료의 표제에 관한 사항의 접근점을 제공하기 위한 부출표목, 752-754는 해당자료의 내용이나 기술 이외의 다른 사항에 관한 접근점을 제공하기 위한 부출표목이다.

700	부출표목－개인명	740	부출표목－비통제 관련/분출표제
710	부출표목－단체명	752	부출표목－계층적 지명
711	부출표목－회의명	753	컴퓨터파일로 접근하는 시스템 세목
720	부출표목－통제되지 않은 이름	754	부출표목－분류학명
730	부출표목－통일서명		

연관저록(Linking Entry Fields: 76X-79X)은 관련자료에 대한 레코드를 기계적으로 연결시켜 주기 위한 원저저록, 번역저록, 보유판 및 특별호 저록, 모체레코드저록, 기본자료저록, 이판저록, 기타형태저록, 선행저록, 후속저록, 비특정적 관계저록 등을 기술한다.

760	상위총서저록	775	이판저록
762	하위총서저록	776	기타형태저록
765	원저저록	777	동시발간저록
767	번역저록	780	선행저록
770	보유판 및 특별호 저록	785	후속저록
772	모체레코드저록	786	데이터의 정보원저록
773	기본자료저록	787	비특정적 관계저록
774	구성단위저록		

총서명부출표목(Series Added Entry Fields: 80X-830)은 440필드로 기술된 총서명의 부출표목과 490으로 기술된 총서명을 다르게 부표목되는 개인명, 단체명, 회의명, 통일총서명을 기술한다.

440	총서표제/부출표목－표제		
800	총서명부출표목－개인명	811	총서명부출표목－회의명

810	총서명부출표목－단체명	830	총서명부출표목－통일표제

소장, 변형문자 등(Holdings, Location, Alternate Graphs, etc. Fields: 841-88X)은 통합서지용 KORMARC포맷의 필수부분인 데이터요소와 각 MARC소장레코드나 서지레코드에 나타난 데이터요소를 기술한다. 해당 자료를 소장하고 있는 소장기관부호(부록7 한국도서관부호표 참조)를 기술한다.

841	소장기관 부호화 데이터	863	권호 및 연대－기본서지자료
842	물리적 형태의 문장형 기술	864	권호 및 연대－부록
843	복제주기	865	권호 및 연대－색인
844	단위 자료명	866	문장형 소장표시－기본서지자료
845	이용 및 복제에 관한 주기	867	문장형 소장표시－부록
850	소장기관	868	문장형 소장표시－색인
852	소장위치	876	개별자료 식별정보－기본서지자료
853	권호명표시 및 형식－기본서지자료	877	개별자료 식별정보－부록
854	권호명표시 및 형식－부록	878	개별자료 식별정보－색인
855	권호명표시 및 형식－색인	886	외국 MARC 정보 필드
856	전자적 위치 및 접근	887	MARC이 아닌 필드 정보

미입력문자표시(890)는 입력대상 문자가 특수문자나, 해당 한자가 없어서 한글로 입력한 경우, 레코드 길이를 단축 입력한 경우 등 데이터를 변형하여 입력하였을 때 이에 관한 사항을 기술한다.

890 미입력문자표시

로컬에서 정의한 필드(9XX)는 레코드(0XX-8XX) 내에서 표목으로 채택한 것과 다르게 자관의 사정에 따라 변형하여 MARC의 구조에 맞추어 부표목되는 개인명, 단체명, 회의명, 통일서명, 서명, 총서명과 자료에 표시된 가격정보 등을 기술한다.

900 로컬표목－개인명
910 로컬표목－단체명
911 로컬표목－회의명
930 로컬표목－통일서명
940 로컬표목－서명
949 로컬표목－총서명
950 로컬정보－가격
980 로컬정보－소장표시

2.7. 구두법

ISBD의 특징 중 중요한 하나는 구두법이다. ISBD의 구두법은 지금까지 일반문장이나 도서관의 목록에서 사용된 것과는 달리 구두법을 통해서 해당사항을 인식하고 식별할 수 있게 하였다. 일반문장에서 사용되는 구두법은 문장의 말미에 표시하지만 ISBD구두법 중에는 전후 사항간의 중간부호로서 [빈칸 부호 빈칸]의 형식으로 표시한다. 이렇게 규칙으로 정한 구두점은 각 기술요소의 구분을 위한 것으로 서지기록의 기계적, 수동적인 조작을 위해 고안된 것이기 때문에 해당 기술요소와 구두법을 짝지어 기재해야 한다.

구두점과 사용에 대한 요약

— 대시(dash): 각 영역의 기술이 시작할 때 [종지부 빈칸 대시 빈칸]으로 사용한다. 그러나 기술영역이 새 단락으로 시작할 때에는 생략하기도 한다.

: 쌍점(colon): ① 부서명과 표제의 잡정보 등의 표제관련정보 앞에, ② 발행자, 인쇄자, 배포자, 제작자의 앞에, ③ 기타형태사항(삽도) 앞에 [빈칸 콜론 빈칸]으로 사용한다. 그리고 표출어 다음에 [콜론 빈칸]으로 사용한다.

; 쌍반점(semicolon): ① 종합서명이 없는 개인 저서의 서명과 서명 사이, ② 역할이 다른 저자명 앞에, ③ 제2출판지의 앞에, ④ 형태사항의 크기 앞에, ⑤ 총서번호 앞에 [빈칸 세미콜론 빈칸]으로 사용한다.

/ 사선(diagonal slash): ① 책임표시의 첫 번째 저자명 앞에, ② 판사항의 첫 번째 개정자명 앞에, ③ 합철주기와 내용주기의 저자명 앞에, ④ 원작주기의 원저자명 앞에 [빈칸 사선 빈칸]으로 사용한다.

= 등호(equal sign): ① 표제와 책임표시사항의 대등서명 앞에, ② 문자가 다른 동일한 사항의 표시 앞에, ③ 합철주기와 내용주기의 대등표제 앞에 [빈칸 등호 빈칸]으로 사용한다.

. 종지부(full stop): ① 각 영역의 마지막에, ② 약어의 표시로, ③ 부록이나 절의 제목 앞에 [종지부 빈칸]으로 사용한다.

, 반점(comma): ① 동일성격의 저자명 사이, ② 발행년, 인쇄년, 제작년 구분, ③ 형태사항에서 면수와 면수, 기타형태사항의 각 사항의 구분 등에 [반점 빈칸]으로 사용한다.

- 연자부호(hyphen): ① 영어단어의 이음표시에, ② 발행년의 계속표시와 창간년과 종간년의 사이에 사용한다.

… 생략부호(mark of omission): 기술사항의 일부를 생략할 때 사용한다.

( ) 괄호(parentheses): ① 인쇄 혹은 수기된 항목을 묶을 때, ② 발행사항에서 출판, 배포 등의 용어표시, 인쇄사항을 묶을 때, ③ 각종 서명에 관한 자료를 묶을 때, ④ 서적의 번호 뒤에 다양한 서적출판물의

일련번호를 묶을 때 등의 경우에 사용한다.

[ ] 각 괄호(square brackets): 규정된 기술사항을 해당 자료 이외의 정보원으로부터 기재한 사항일 때 사용한다.

\+ 플러스 부호(plus sign): ① 형태사항의 딸림자료 앞에, ② 형태사항의 면수가 상실된 자료의 부가표시, [빈칸 플러스부호 빈칸]으로 사용한다.

? 의문부호(question mark): 확인되지 않은 기술사항을 추측적인 삽입구로 나타낼 때 해당 사항의 뒤에 부기한다.

KORMARC에서 이들 부호의 사용은 프로그램에 따라 식별기호와 함께 사용되는 구두점은 빈칸 없이 붙여서 기재하고, 자동으로 [빈칸 구두점 빈칸]으로 출력되게 하였다.

2.8. 기술의 수준

ISBD는 구두법을 통하여 문단나누기를 간소화하였다. 카드목록에서 각 사항을 기선으로 구분하여 기재하던 것에 대한 단점을 보완하여 각 사항의 구분을 [빈칸 대쉬 빈칸]으로 서명사항에서부터 주기에 이르는 모든 기술사항을 연결해서 기재할 수 있게 하였다.

ISBD의 구두법과 문단나누기를 기술수준별로 AACR2R(1.0D1-3)에 표시된 것을 열거하면 다음과 같다.

제1수준의 서지기술: 가장 간단한 기술의 항목과 기입을 위한 단계이다.

본서명 / 첫 번째 저자명. — 판차사항. — 자료의 특성사항. — 발행자, 발행년. — 면수. — 주기(Note(s)). — 표준번호.

제2수준의 서지기술: 도서관에서 주로 사용되고 있는 기술항목의 표준적인 단계이다.

본서명 [GMD] = 대등표제 : 표제관련정보 / 첫 번째 저자명; 역할이 다른 저자명. — 판사항 / 첫 번째 개정자. — 자료의 특성사항. — 첫 번째 발행지 : 발행자, 발행년. — 면수 : 기타형태사항 ; 크기. — (총서명 / 총서저자명, 총서의 국제표준연속간행물번호 ; 총서의 권호. 하위총서명, 하위총서의 국제표준연속간행물번호 ; 하위총서의 권호). — 주기. — 표준번호.

Title proper [general material designation] = Parallel title : Other title information / First statement of responsibility ; Each subsequent statement of responsibility. — Edition statement / First statement of responsibility relating to the edition. — Material (or type of publication) specific details. — First place of publication, etc. : first publisher, etc., date of publications, etc. — Extent of item : other physical details ; dimensions. — Title proper of the series / statement of responsibility relating to series, ISSN of series ; numbering within the series. Title of subseries, ISSN of subseries ; numbering within subseries. — Standard number

제3수준의 서지기술: 완전기입을 위한 것으로 내용상 중요하다고 생각되는 사항들을 규정된 항목과 기술원칙에 따라 망라하여 기술한다.

이와 같이 기술수준은 3단계로 나누어 규칙화하고,[29] 도서관에서는 제시된 기술수준을 자료의 소장 량과 증가, 이용자의 수준 그리고 협력기

---

29) *Anglo-American Cataloguing Rules* / prepared under the direction of The Joint Steering Committee for Revision of AACR (Second Edition, 2002 Revision. Ottawa: Canadian Library Association, 2002), 1.0D.

관간의 호환성을 고려하여 선택해야 한다. 비록 하나의 기술단계를 선택하였다고 하여도 자체적으로 기술수준을 조정하여 융통성 있게 필요한 기술사항을 가감할 수도 있다.

2.9. 기재사항과 기술

목록에 기술되는 기재사항은 그 기능에 따라 소재지시원, 검색사항, 식별사항 등으로 구분하고 있다. 다음은 이들 사항을 카드목록과 MARC으로 상술한 것이다.

카드목록과 KORMARC

구 분	카드목록	KORMARC	
		태그	필드명
소재지시원	청구기호	0XX	제어필드
검색사항	기본표목	1XX	기본표목
식별기호	표제 및 책임표시사항 판차사항 발행사항 형태사항 총서주기 주기	245 250 260 300 4XX 5XX	표제와 책임표시사항 판사항 발행사항 형태사항 총서사항 주기
검색사항	부표목지시	6XX 7XX 830 9XX	주제명표목 부출표목 총서명부출표목 로컬표목

1) 청구기호(call number)[30]

청구기호는 "문자, 숫자, 기타 기호 등을 사용하여 자료의 서가상 위치를 표시해 주는 것"[31] 또는 "자료의 위치를 지시해 주는 기호"[32]라고 정의하고 있다. 청구기호는 관내에서 개개의 자료에 대한 배가위치를 제시하여 이용자와 자료를 연결시켜 주는 소재지시기능을 수행한다. 이렇게 청구기호는 목록상의 기입과 서가상의 자료를 연결하는 것으로 목록의 눈(目)과 같은 역할을 한다.

- 청구기호
  - 분류기호 — 류-강-목-세목
  - 도서기호
    - 저자기호
      - 저자표시
      - 저자번호
    - 저작표시
    - 판차기호
    - 특별분류를 위한 기호
      - 별치기호
      - 비평기호
      - 피전기자(전기서)
      - 국어표시(번역서)
      - 개인작품사전기호
      - 권호. 연도
      - 색인. 부록

3-3. 청구기호 체계

청구기호는 ① 이용자의 자료 청구를 위한 기호, ② 자료의 소장위치를

30) 청구기호는 일명 청구번호라고도 한다. 청구기호는 숫자뿐 아니라 문자, 기호 등으로 구성되었다는 의미에서이다.

31) ALA, *ALA Glossary of Library Terms* (Chicago: ALA, 1943), p. 22.

32) C. A. Cutter, *Rules for a Dictionary Catalog* (Washington: Govt. Printing Office, 1904), p. 14.

지시하는 재고번호, ③ 자료의 주제와 서지적인 사항을 표시하는 기호 등의 성격을 지닌다. 청구기호는 자료의 형태나 자료기관의 장서관리 방법에 따라 수입순별, 문자순별, 형태의 대소형별, 주제별, 서지별 등 다양한 방법으로 작성되고 있다. 본서에서는 현재 한국의 도서관에서 주로 사용되고 있는 서지별 청구기호를 중심으로 상술하였다.

서지를 중심으로 한 청구기호는 분류기호와 도서기호로 구성되어 있다. 분류기호는 자료의 내용에 관한 주제나 형식을 숫자나 기타기호로 표시하고, 도서기호는 자료의 구성과 제작 등의 서지로 작성한다.

MARC에서는 숫자적 필드(01X-09X)에 050(LC청구기호), 052(국립중앙도서관청구기호), 090(자관청구기호)에 식별기호 $a(분류기호), $b(도서기호), $c(권책기호)로 기술한다.

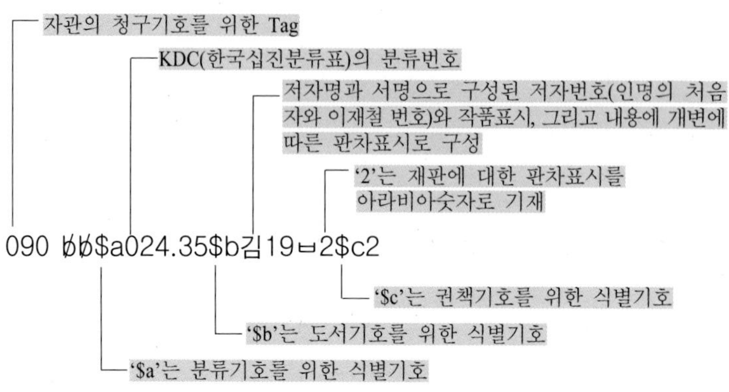

그리고 청구기호에 필요한 부가기호는 분류기호 앞에 붙이는 별치기호와 청구기호 뒤에 붙는 부가기호가 있는데, 이들은 분류기호와 다른 청구기호와 구분되게 표시한다.

090 ␢␢$aREF024.35$b김19ㅂ$c2 2004

└ 부가기호: 발행년도를 청구기호 말미에 부가한 경우

└ 부가기호: 별치기호로 자료가 소장된 부서의 두문자, 자료의 성격을 나타낸 명칭의 두문자로 구성

2) 기본표목(main entry)

기본표목은 규칙에 따라 '기본기입'(KCR2.1.1;NCR)이라는 용어로도 명명되고 있다.

한 자료의 내용에 대해서 책임 있는 저자명(개인명, 단체명), 회의의 결과물로 저작된 자료의 회의명, 무저자명 고전의 통일서명 등 자료검색에 가장 기본이 되는 사항으로서 목록작성의 근간이 되는 기입을 말한다. 카드목록의 기재형식은 저자명기본기입형식인 paragraph indention과 기본기입사항은 아니지만 무저자명도서나 4인 이상의 다수저자의 저작을 서명줄머리잡기로 기재하는 hanging indention으로 구분하여 기술하였다.

- Paragraph indention (저자명기본기입형식)
  - 개인명
  - 단체명
  - 회의명
  - 통일서명
- Hanging indention (서명줄머리잡기)
  - 서명
    - 본서명
    - 총서명

3-4. 기입형식 체계

저자명기본기입형식에 기재되는 문자는 정리기관에서 정한 표목어로 동서는 한글, 양서는 영어로 기재하거나 이 중 하나의 문자를 통일하여

기재한다. 그러나 도서관에 따라서는 자료에 표시된 언어로 기재한다. 저자가 개인일 때는 성을 먼저 기재하고 다음에 이름을 기재하되 서양인명은 성과 이름의 구분을 위해 성 다음에 반점(comma)을 찍거나 성을 대문자로 기재한다.

KORMARC은 기본표목(1XX)의 100필드(개인명표목), 110필드(단체명표목), 111필드(회의명표목), 130필드(통일서명표목)으로 구분하고 해당 지시기호와 사항별 식별기호로 기술한다.

0-이름, 1-성이 있는 이름, 3-가계명으로 구성된 개인명의 지시기호

100 ❶b̸$a개인명,$d생몰년

인명의 식별을 위해 기재되는 생몰년을 위한 식별기호

개인명기본표목(개인명인 이름, 성으로 된 이름, 가계명)을 위한 태그

110 b̸b̸$a단체명.$b하위단체명

111 b̸b̸$a회의명$n(회차 :$d회기 :$c개최지)

130 b̸❷$a통일표제

Hanging indention은 서명기본기입(AACR1)이나 서명줄머리잡기(KCR3)의 목록형식이다. KORMARC에서는 서명줄머리잡기로 기재된 본서명을 기술부의 245필드로 해당 지시기호와 식별기호로 표제와 책임표시사항을 기재한다.

245 00$a서명 =$x대등서명 /$d저작자명 ;$e역할을 달리한 저작자명

서명줄머리잡기일 때는 제1지시기호를 '0'으로 지시

서명 및 책임표시사항을 위한 태그

3) 표제와 책임표시사항[33)]

표제와 책임표시사항은 규칙에 따라 '서명저자사항'(KCR3.1.1.1), '서명과 저자에 관한 사항'(NCR.2.2), '표제와 책임표시사항'(KCR4.1.1), '서명저자표시사항', '서명 및 책임표시사항' 등의 용어로 명명되었다.

표제와 책임표시사항은 표제와 내용에 책임이 있는 저자표시로 되어 있다. 목록에서 표제[34)]는 본표제(서명),[35)] 대등서명(표제), 별서명(표제), 표제관련정보(부서명(부표제), 잡정보를 포함), 서명의 관제 등과 권차, 권차표제(서명) 등이 포함되고, 책임표시는 저자, 공저자, 역할을 달리한 저작자 등이 포함된다. 표제와 책임표시사항의 기술순서는 규칙으로 규정된 순서와 철자법에 따라 해당 사항의 ISBD의 부호와 연관시켜 기술한다.

> 본서명, [일명], 별서명 = 대등서명 : 표제관련정보. 권차 : 권차표제
>
> (관제/관사)본서명, [일명], 별서명 = 대등서명 : 표제관련정보. 권차 : 권차표제

KORMARC은 표제와 책임표시사항을 245필드에 각 사항별 식별기호로 구분하여 기술한다.

---

33) 표제는 서명사항이라고 해서 서명, 부서명, 저자표시, 판차사항을 포함하고 있다. (K. L. Ball, and others, comp., *Sample catalogue card* (3rd ed. University of Toronto Press, 1968), p. 3).

34) 표제란 "필사 또는 인쇄한 사료의 표제지에 나타닌 책의 이름(서명)으로서, 그 자료를 식별하는 데 필요한 부분"(**圖書館用語集**, p. 135).

35) 서명 중에서 다른 서명과의 구분을 위해 가장 기본이 되는 서명을 편의상 본서명이라 명하였다.

ISBD의 기재사항별 구분부호

245 ❶0$a서명 =$x대등서명 /$d저작자명 ;$e역할을 달리한 저작자명

기재사항별 식별기호

관제가 없는 본서명은 제2지시기호를 '0'으로 지시

0-서명줄머리잡기일 때, 1-기본표목이 있을 때 각각 지시

서명 및 책임표시사항을 위한 태그

이때 서명 앞에 표시된 관제나 관사는 ()에 묶어 기재하고, 제2지시기호 '1'(원괄호를 제외 인쇄)로 지시하여 () 내의 관제나 관사를 생략한 표제를 부표목 되게 한다. 그러나 ()로 기재된 관제나 관사가 본서명으로 함께 표목할 필요가 있을 때는 제1지시기호 '2'(관칭을 포함 서명부출)로 지시하여 관제나 관사를 포함한 표제와 생략한 표제를 각각 부표목으로 자동 생성되게 한다.

100 ❶ƀ$a기본기입
245 11$a(관칭) 본서명, [일명], 별서명 =$x대등서명 :$b표제관련정보.$n권차 :$p권차표제

245 20$a(관칭) 본서명, [일명], 별서명 =$x대등서명 :$b표제관련정보.$n권차 :$p권차표제

MARC21은 관제나 관사를 정보원에 나타난 대로 기재하고 제2지시기호 '1-9'로 지시하여 표목 시 삭제될 문자수(자리수)를 표시하여 삭제된 다음 단어로 표목되게 하였다.

245 15$a(관칭) 본서명, [일명], 별서명 =$x대등서명 :$b표제관련정보.$n권차 :$p권차표제

책임표시는 자료의 내용에 책임이 있는 저작자, 편집자, 분류자, 번안자, 번역자, 교정자, 도안자, 보고자, 구성자, 예술가, 사진작가, 지도제작자, 수집자, 각색자, 연주자, 프로듀서, 기획자, 조사자 등의 개인명, 단체명, 회의명을 나타낸다. 책임표시에는 이들 저작자 중 저작의 기여도에 따라 선택적으로 기입체에 기재하거나 주기하기도 하고, 생략하기도 한다. 책임표시의 기재는 저자와 역할을 달리한 저자로 나누어 서명 다음에 기재되는 저자명에는 [빈칸 사선(/) 빈칸], 역할을 달리한 저자명에는 [빈칸 쌍반점(;) 빈칸]으로 구분하여 기재하고, KORMARC에서는 식별기호 '$d'로 처음저자명, '$e'로 두 번째 이하의 공저자명은 [콤마 빈칸]으로, 역할을 달리한 저자명은 [빈칸 세미콜론 빈칸]으로 기재한다.

ISBD(M)

서명 / **저작자명, 공저작자명 ; 역할을 달리한 저작자명**

KORMARC

245 10$a서명/**$d저작자명,$e공저작자명 ;$e역할을 달리한 저작자명**
245 10$a서명, [일명], 별서명 =$x대등서명:$b부서명 :$c서명의 잡정보 /**$d저작자명, 공저작자명 ;$e역할을 달리한 저작자명**

책임표시에는 저자의 역할관계를 표시하는데 동서의 기재형식에는 저자명의 말미에 저, 편, 역, 작곡… 등의 역할어, 양서의 기재형식에서는 저자명 앞에 by, von, par, ed. by, trans. by, illus. by… 등의 역할어를 정보원의 문자로 기술한다. 저자명과 역할어 사이는 띄어쓰기로 구분한다. 책임표시의 기재순서는 내용의 기여도에 따라 비중이 큰 저자명부터 기재하되 3인 이하의 공저자는 모두 기재하고, 4인부터는 책임저자명이나 처음에 표시된 저자명만 기재한다. 책임저자명이나 처음저자명만 기재할 때는 동양인명은 생략부호 삼점(…)줄임 없이 '등저', '등편', '외저' 등을, 양서형식은 삼점(…) 줄임표로 'and others', 'et al' 등을 부기한다(KCR4.1.1.6.2.7)). 그러나 KCR4에서는 4인 이상이라도 책임표시는 그 전부를 기재하는 것을 원칙으로 정하고 있다(KCR4.1.1.7.2.7)).

ISBD(M)

/ 저작자명 **역할어** ; 역할을 달리한 저작자명 **역할어**
/ 책임 저작자명이나 처음 저작자명 … [**등저**]
/ by 저자명
/ by 책임 저작자명이나 처음 저작자명 … [and others]

KORMARC

/$d저작자명 **역할어** ; 역할을 달리한 저작자명 **역할어**
/$d책임저작자명이나 처음 저작자명 [**외**]**저**

KORMARC은 식별기호 '$d'로 처음저작자명, '$e'로 두 번째 이하의 저작자명을 기재하였으나 KORMARC의 통합에서는 MACR21에서와 같이 '$d'로만 책임표시를 하였다.

4) 판사항(edition)

판사항은 규칙에 따라 '판에 관한 사항'(NCR.2.3), '판차'(KCR2.4), '판사항'(KCR3.1.2; KCR4.1.2) 등의 용어로 명명되었다.

판(edition)은 저작을 저자 또는 이를 계승한 편자나 개정자가 발행할 때 사용되는 계속적인 형식표시[36]이다. 목록의 판사항은 도서의 내용에

---

36) **圖書館用語集**, p. 13.

대한 수정, 증보, 개정 등 한 자료의 내용에 대한 개정표시와 자료의 인쇄, 장정 등 서지적 특성에 대한 판표시로 생각할 수 있다. 목록의 기술에서는 내용의 개정을 표시한 판차에 관한 사항을 주로 기술한다. 그러나 서지적인 특성에 관한 판사항은 고서목록에서 동일한 내용의 자료이지만 활자의 특성과 같은 판종을 표시하기 위한 경우나 자료에 따라서 초판의 중요성을 나타내기 위해 기재하는 경우에 제한적으로 기술한다.

판사항은 판표시(개정의 회수)와 개정자를 기재한다. 자료의 개정이 원판의 저자에 의할 때는 판차만 표시하고, 증보나 개정에 참여한 개정자가 원판저자와 다를 때는 판사항에 개정자도 함께 기재한다. 그러나 자료가 개정자체에 비중이 커서 개정자가 기본기입으로 기재 될 때는 개정자 중심으로 목록해야 하기 때문에 개정자를 책임표시에 기재한다.

기재의 위치는 표제와 책임표시사항 다음에 계속해서 [빈칸 대시 빈칸]으로 기술하고, KORMARC에서는 250필드에 식별기호 '$a'로 판차, '$b'로 해당 판의 개정자를 기술한다. 판사항의 기재는 자료의 정보원에 나타낸 것을 이용자가 쉽게 확인할 수 있는 범위에서 간략히 기술한다.

ISBD(M)

— 판차 **— 판차 / 해당 판의 저작자 표시**

KORMARC

250 ƀƀ$a판차 **250 ƀƀ$a판차 /$b해당 판의 저작자 표시**

250필드는 판사항을 식별기호 $a로 판차, $b로 해당판의 저작자를 기술한다.

245 $a서명 /$d저자명 ; 역할을 달리한 저자명.
250 ƀƀ$a판차 /$b해당 판의 저작자 표시

5) 발행사항(imprint)

발행사항은 규칙에 따라 '출판에 관한 사항'(NCR.2.4), '출판사항'(KCR2.5), '발행사항'(KCR3.1.3;KCR4.1.4) 등의 용어로 명명되었다.

발행사항은 발행, 배포, 인쇄 등에 관한 사항을 기술한다. 기재의 순서는 발행에 관한 사항을 먼저 적고, 다음에 배포에 관한 사항, 그리고 ( )로 인쇄에 관한 사항을 마지막에 기술한다. 이들 사항은 식별이 가능한 범위에서 간략히 기재하고, 기재되는 문자는 특별한 규정이 없는 한 정보원에 나타난 문자를 그대로 기재 한다. 그러나 목록에 주로 기재되는 것은 발행에 관한 발행지, 발행처(사), 발행년이 되고, 배포와 인쇄에 관한 사항은 필요한 경우에만 기재한다.

ISBD는 판사항 다음에 계속해서 '빈칸 대쉬 빈칸'으로 발행지를 기재하고, 발행자, 배포자, 인쇄자는 '빈칸 쌍점 빈칸'으로 기재하며, 연도는 '반점(,) 빈칸'으로 기재한다.

KORMARC은 260필드에 식별기호 '$a'로 발행지, 배포지, '$b'로 발행처(자), 배포처(자), '$c'로 발행년, 배포년, '$e'로 인쇄지, '$f'로 인쇄처, '$g'로 인쇄년을 ISBD부호와 함께 기술한다.

ISBD(M)

– 발행지 : 발행처, 발행년
– 발행지 : 발행처 ; 배포지 : 배포처[배포], 발행년
– 발행지 : 발행처, 발행년 ; 배포지 : 배포처[배포], 배포년.
– 발행지 : 발행처, 발행년 ; 배포지 : 배포자[배포], 배포년 (인쇄지 : 인쇄처, 인쇄년)

KORMARC

> 260 ƀƀ$a발행지 :$b발행처,$c발행년
> 260 ƀƀ$a발행지 :$b발행처 ;$a배포지 :$b배포처[배포],$c발행년
> 260 ƀƀ$a발행지 :$b발행처,$c발행년 ;$a배포지 :$b배포처[배포],$c배포년$e(인쇄지 :$f인쇄처,$g인쇄년)

자료에 표시된 발행지나 발행처가 두 개 이상일 때는 그 자료가 발행된 실제적인 발행지나 발행처로 기재하고, 발행지는 발행처가 소재한 도시명의 관용명을 기재한다. 발행사항이 다양하여 정보원에서 식별이 곤란할 때는 표제지상에 처음 표시된 발행지, 발행처를 기재하고, 발행년은 정보원에 나타난 최종년도를 기재한다. 서기년도 이외의 발행년은 연기명과 함께 기재하고 해당되는 서기년도를 ( )나 [ ]로 묶어 부기한다. ISBD와 KORMARC에서는 정보원에 나타난 2개 이상의 발행사항을 모두 함께 기재할 수 있게 하고 있다. KORMARC은 260필드의 식별기호를 반복하여 기재할 수 있게 하였다.

> 260 ƀƀ$a발행지 :$b발행처 :$b발행처,$c발행년
> 260 ƀƀ$a발행지 :$b발행처,$c발행년 ;$a발행지 :$b발행처,$c발행년

6) 형태사항(collation)

형태사항은 규칙에 따라 '대조사항'(KCR2.6), '형태에 관한 사항'(NCR.2.5), '형태사항'(KCR3.1.4; KCR4.1.5) 등의 용어로 명명되었다.

이는 문헌 및 모든 자료의 형태적인 특징을 기술하는 것으로, 이용자가 자료의 특성을 통해 자료간의 식별을 쉽게 하고, 그 자료의 서지에 대한

정확한 정보를 제공해 주기 위한 사항이다.

형태사항(도서)의 규칙별 구성, 명칭 그리고 구분기호는

KCR2.6 = 면수. 도판, 표, 삽도류. 크기

KCR3.1.4 = 면장수 및(또는) 권책수 : 삽도류표시 ; 크기 + 딸림자료

JCR = 페이지 삽도, 초상, 지도 등 크기 부속자료

KCR4.1.5 = 특정자료의 종별과 자료의 수량 : 기타형태사항 ; 크기 + 딸림자료 (딸림자료의 형태사항)

형태사항은 ① 특정자료종별과 수량(자료의 구성에 따른 면수, 장수 및 책, 권수 등), ② 기타형태사항 (형태적 세목으로도 명명)(자료의 내용을 구성하고 있는 삽도, 그림, 도표, 사진, 악보, 지도 등), ③ 크기, ④ 딸림자료를 포함한다.[37)]

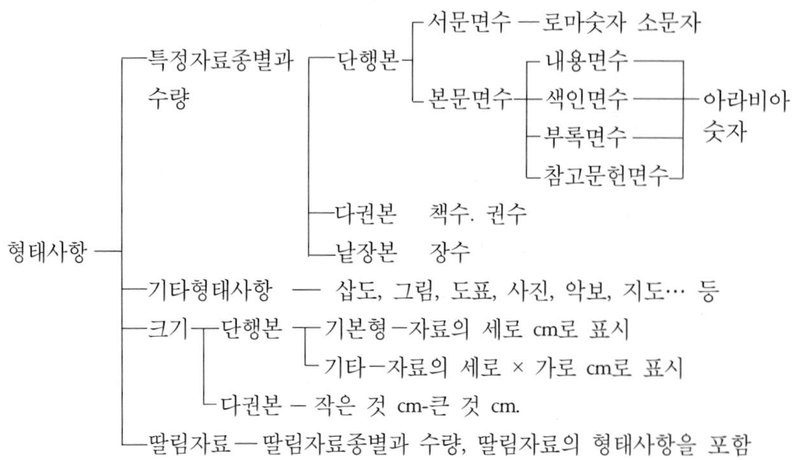

3-5. 형태사항(도서) 체계

37) Margaret, F. Maxwell, *Handbook for AACR2: explaining and illustrating Anglo-American Cataloging Rules* (2nd edition. Chicago: ALA., 1980), p. 77.

인쇄자료의 특정자료종별과 수량은 종별표시 없이 면장수를 표시하는 데 단행본은 서문과 본문의 면수가 분리되어 있는 경우 이를 각각 기재한다. 서문면수는 서문과 목차 등의 면수가 포함되고, 본문의 면수는 내용과 색인, 참고문헌, 부록 등을 포함한 자료의 마지막 면에 표시된 면수로 기재한다. 기재방법은 자료에 나타난 면수표시를 기재하되 대개 서문은 로마숫자 소문자, 본문과 기타 면수는 아라비아숫자로 기재하고 면수표시의 말미에 page의 약자인 'p'나 한국어 '면' 또는 '쪽'을 부기한다. 그리고 2책 이상의 다권본은 면수 대신 '권', '책' 또는 'O권O책'(고서), 'v'로 기재한다.

기타형태사항[38]은 자료의 내용 중에 포함된 도형(圖形)에 관한 표시로서 삽도(illustration), 견본(samples), 도표(plates), 복제(facsimiles), 문장(coats of arms), 설계도(plans), 악보(music), 양식(forms), 음반(phonodisc), 족보(geneological), 지도(maps), 차트(charts), 초상화(portraits) 등을 명칭의 문자순으로 기재한다. 도형의 명칭을 모두 기재할 때에도 '삽도', 'illus.'라는 표시를 맨 앞부분에 기재한다. 그러나 목록의 기재사항을 간단히 하기 위하여 내용 중에 포함된 도형의 대표적인 표시로 '삽도', 'illus.'라고만 기재하기도 한다. 삽도로 포함된 도형이 중요한 경우는 도형명에 매수를 ()에 함께 기재한다.

ISBD(M)

.... **p. : 삽도, 견본, 도표, 복제, 문장, 설계도, 악보, 양식, 음반, 족보, 지도, 차트, 초상화** ; 크기

38) KCR4.1.5.0.1에서는 형태적 세목을 '기타형태사항'으로, KORMARC:통합은 '기타 물리적 특성'으로 명명하였다.

.... p. : illus., charts, coats of arms, facsimiles, forms, geneological, maps, music, plans, phonodisc, plates, portraits, samples ; size

KORMARC

300 ɓɓ$a.... p. :$b삽도, 견본, 도표, 복제, 문장, 설계도, 악보, 양식, 음반, 족보, 지도, 차트, 초상화 ;$c크기

300 ɓɓ$a.... p. :$billus., charts, coats of arms, facsimiles, forms, geneological, maps, music, plans, phonodisc, plates, portraits, samples ;$csize

크기는 자료의 장정에 따라 정상적인 판형의 자료와 비정상적인 판형(도서의 폭이 세로의 절반이하나 높이보다 클 경우)자료[39]로 구분하여 정상적인 판형의 자료는 책표지의 「세로(높이)」길이를, 비정상적인 판형의 자료는 책표지의 「세로×가로」길이를 cm 단위로 기재하고, 10 cm 이하의 소형자료는 'mm'까지 표시한다. 크기의 기재위치는 기타형태사항 다음에 '빈칸 쌍반점(;) 빈칸'으로 기재한다. 크기의 단위는 cm로 하되 올림하여 표시한다.

딸림자료는 한 자료가 분리 발행된 자료로서 내용적으로 본 자료와 연관된 자료이다. 딸림자료의 기재는 크기 다음에 '빈칸 덧셈(+) 빈칸'으로 기재하고, 딸림자료의 형태사항은 ()에 묶어 부기한다. 딸림자료가 본자료명과 상이한 별도의 표제를 가진 것은 일반주기하고, 필요에 따라 부표목한다.

KORMARC은 300필드에 식별기호 $a로 특정자료종별과 수량(면장수, 권책수), $b로 기타형태사항(삽도), $c로 크기, $e로 딸림자료를 입력한다.

---

39) KCR2.1.4.3.2.

ISBD(M)

– 면수 : 기타형태사항 ; 크기 + **딸림자료**
– 서문, 본문 p. : 삽도, 그림, 도표 ; 크기 + **딸림자료(딸림자료 형태사항)**

KORMARC

300 ƀƀ$a면장수 :$b기타형태사항 ;$c크기 +**$e딸림자료**

300 ƀƀ$a서문, 본문면수 :$b삽도, 그림, 도표, 사진 ;$c크기 + **$e딸림자료(딸림자료 형태사항)**

7) 주기사항(note, notes, note area)

주기사항은 규칙에 따라 '주기에 관한 사항'(NCR.2.7), '주기사항'(KCR2.7; KCR3.1.6; 1.7) 등의 용어로 명명되었다.

주기사항은 목록 상에 기입된 각 사항을 보다 상세하게 설명하거나, 필요한 사항을 보충하는 것이다.[40] 여기에는 기입본체(body of entry)[41]에 기재되지 못한 사항이나 보충적인 사항, 이용가능한 다른 형태자료와의 관계, 이용, 복제, 수상 등을 기재해 줌으로써 해당 자료에 대한 보다 상세하고 정확한 정보와 관계되는 정보를 제공하기 위한 것이다.

중요한 주기사항을 상술하면 다음과 같다.

총서사항: 한 질의 공통된 서명을 총서명으로 주기한 것이다. 총서사항은 규칙에 따라 '총서주기'(KCR2.7a), '총서명에 관한 사항'(NCR.2.6), '총서사항'(KCR3.1.5; KCR4.1.6) 등의 용어로 명명되었다. 총서주기는 본총

---

40) KCR2, p. 108.

41) 기입체는 한 자료의 내용을 파악하는 데 있어서 가장 중요하고 또 기본적인 기술을 총칭한 것으로 기본기입사항, 서명과 책임표시사항, 판사항, 발행사항, 형태사항, 총서주기를 포함한다(K1.80조 참조)

서명, 하위총서명, 총서번호 등이 주로 기재된다.

KORMARC의 총서명주기는 총서명의 자동부출 여부에 따라 440필드(총서명/부출표목), 490필드(총서명/부출되지 않거나 다르게 부출표목)로 구분하여 기재한다. 490필드로 기술된 총서명을 주기로만 입력할 때와 다른 형식으로 부출할 때를 제1지시기호로 지시하여 다르게 표목되는 총서명은 830필드로 총서명부출한다.

ISBD(M)

– (총서명 ; 총서번호)
– (본총서명 ; 총서번호. 하위총서명 ; 총서번호)

KORMARC

┌ 자동부표목과 주기되는 총서표제일 때 기술하는 필드

440 ❶❷$a총서표제 =$x대등총서표제.$n총서의 편차,$p총서의 편제,$sISSN ;$v총서번호)

┌ 총서주기로만 출력되거나 830으로 다르게 부표목할 때 기술하는 필드

490 ❶❷$a총서사항,$sISSN ;$v총서번호

830 b❷ $a다르게 부표목되는 총서표제 ;$v총서번호

└ 490필드의 제1제시기호 '1'을 지시하고 다르게 부출표목되는 총서명을 입력

일반주기: 자료의 일반적인 특징이나 기입체에 기재된 사항의 보충을 위한 주기이다. 일반주기는 별도의 주기사항으로 규정되어 있지 않은 모든 주기를 포함하는 것으로 목록자가 필요에 따라 임의로 부기하기도 한다.

KORMARC에서 500필드로 기재되는 일반주기는 501필드에서 59X필

드까지의 주기에 규정되지 않은 다음 사항을 주기한다. 일반주기의 순서는 기입체에 기재된 순서에 의해 기본기입사항, 표제, 책임표시, 판사항, 발행사항, 형태사항, 총서명 등에 관한 사항을 보충주기한다.

ISBD(M)

일반주기

KORMARC

500 ɓɓ$a성질, 범위나 예술상의 형식
500 ɓɓ$a기술대상 언어 또는 번역 또는 번안
500 ɓɓ$a표제의 정보원 및 기타 표제에 관한 주기
500 ɓɓ$a책임표시에 관한 주기
500 ɓɓ$a판과 서지내력에 관한 주기
500 ɓɓ$a발행, 배포에 관한 주기
500 ɓɓ$a형태사항에 관한 주기
500 ɓɓ$a자료의 특성사항에 관한 주기
500 ɓɓ$a총서사항에 관한 주기

합철물에 관한 주기(KCR3.1.6.3.20;KCR4.1.7.3.20): 두 개 이상의 독립된 자료가 하나로 합본 또는 합철되었을 때는 합철된 자료의 표제와 책임표시사항, 판차사항, 발행사항, 형태사항 등을 '합철', '합본', 'With'라는 표출어로 기술한다. KORMARC은 501필드에 각 사항을 식별기호로 구분하여 기입체의 형식으로 기재한다. 합철된 서명과 저지명 등의 표목사항은 7XX로 각각 부표목한다. 이때 발행사항과 형태사항은 기입본체와 상이할 때에만 합철주기되는 자료명에 함께 기재한다.

ISBD(M)

합철: 서명 / 저자명 (발행사항)

KORMARC

501 ᑲᑲ$a합철:$c표제 =$x대등표제 :$g기타 정보 /$d첫번째 책임표시 ;$e두번째 이하 책임표시. =$n판사항. —$p발행사항. —$q형태사항. —$t(총서사항)

<출력>합철: 합철: 표제 = 대등표제 : 기타 정보 / 첫번째 책임표시 ; 두번째 이하 책임표시. —판사항. —발행사항. =형태사항. —(총서사항)

학위논문에 관한 주기(KCR2.7b; KCR3.1.6; KCR4.1.7): 학위를 취득하기 위한 학위논문은 학위명, 수여대학명, 전공명, 수여년 등을 '학위논문(석,박사)', 'Thesis(M.A., Ph.D.)'를 표출어로 주기한다. KORMARC은 502필드에 제1지시기호 '0'(석사학위논문), '1'(박사학위논문)로 구분하여, 해당 식별기호로 각 사항을 기재한다.

ISBD(M)

학위논문(박사)—수여기관명 : 전공명, 수여연도

KORMARC

502 ❶ᑲ$a학위논문의 종류—$b학위수여기관,$c학과 및 전공,$d학위수여년도

<출력>학위논문의 종류—학위수여기관, 학과 및 전공, 학위수여년도

서지 등 주기: 자료에 수록된 참고자료나 인용자료의 명칭과 수록면수, 수량 등을 504필드로 기술한다.

KORMARC

504 ␢␢$a서지 등 주기.$b참고문헌의 수

내용주기: 주기사항은 규칙에 따라 '내용주기'(KCR2.7c), '내용에 관한 주기'(NCR.2.7), '수록저작의 목차에 관한 주기'(KCR3.1.6.3.17), '내용주기'(KCR4.1.7.3.18) 등의 용어로 명명되었다.

자료의 내용에 포함되어 있는 표제와 저작자를 표시해 주는 주기로 자료의 내용을 전부 또는 일부분을 주기해 줌으로써 내용에 관한 정보를 제공하기 위한 것이다. 내용주기의 기재는 '내용(Contents)', '불완전내용(Incomplete contents)', '부분내용(Partial contents)' 등의 표출어로 기입체의 표제와 책임표시사항의 기재형식과 동일한 방법으로 기술한다. KORMARC은 505필드에 제1지시기호 '0'(완전한 내용주기), '1'(불완전한 내용주기), '2'(부분내용주기)로 구분하고, 제2지시기호 '␢'(기본형: 각 사항을 식별기호 없이 기재), '0'(확장형: 각 사항을 식별기호로 기재)으로 구분 입력하고, 주기된 표제와 저자의 필요한 표목은 지시기호로 검색어로 활용될 수 있게 하거나 7XX로 분출표목한다.

ISBD(M)

내용: 제O권. 서명 / 저자명 — 제O권. 서명 / 저자명

KORMARC(단행본용)

$a–완전한 내용주기 <출력>내용:
$b–불완전한 내용주기 <출력>불완전내용:
$c–부분내용주기 <출력>부분내용:

*한국어에 대한 표출어는 식별기호에 의해 자동출력된다.

KORMARC

0—완전한 내용주기　　　　　　<출력>내용:

1—불완전한 내용주기　　　　　<출력>불완전내용:

2—부분 내용주기　　　　　　　<출력>부분내용:

한국어에 대한 표출어는 제1지기호에 의해 자동출력된다.

ƀ--기본형: 각 사항을 식별기호 없이 기재

505 ❶ƀ$a내용: 제O권. 서명 / 저자명 — 제O권. 서명 / 저자명

0--확장형: 각 사항을 식별기호로 기재

505 ❶0$a내용:$n제O권.$t서명 /$d저자명 —$n제O권.$t서명 /$d저자명

이용제한주기(506필드)

....

인용/참고주기(510필드)

....

요약 등 주기(520필드)

이용대상자주기(521필드)

....

복제주기(533필드)

원본주기(534필드)

....

기금정보주기(536필드)

....

연관저록 설명주기(580필드)

....

수상주기(586필드)

8) 국제표준도서번호(ISBN), 구득조건

국제표준도서번호는 ISBN(international standard book number)으로 표시한다. ISBN은 전 세계에서 간행되는 각종의 도서에 고유번호를 부여하여 이를 개별화시킴으로써 문헌정보와 서지유통의 효율화를 기하기 위한 제도이다. 이는 1967년 영국의 J. Whitaker & Sons사와 1968년 미국의 R. R. Bowker사에 의해 ISBN(국제표준도서번호)이라는 명칭으로 소개되어 국제화되었다. 같은 시기 국제표준화기구(ISO[42]))에서 영국의 표준국을 지정하여 국제표준도서번호 부여에 대한 규정초안을 작성토록 하고, 이 초안을 ISO/TC 46[43]) 가입국에 회부, 검토하게 하여 1970년 ISO 2108: Documentation—International Standard Book Number라는 제목으로 공포하고, 운영을 위한 국제ISBN관리기구(Int'l ISBN Agency)가 Berlin에 있는 프러시아문화재도서관에 설치되어 1972년부터 업무를 시작하였다.

다음은 ISBN의 구성을 도식한 것이다.

국제표준도서번호(ISBN)의 구성

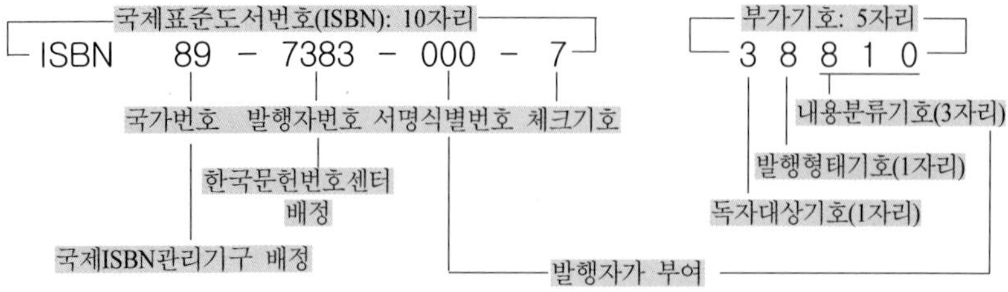

3-6. ISBN의 구성

42) ISO: International Standard Organization의 약자

43) ISO/TC 46: 국제표준화기구 제46기술분과위원회를 의미함

국제표준도서번호는 ISBN이라는 표출어와 4개의 숫자 군으로 구성된다. 제1군은 국별, 지역별, 그리고 언어별을 나타내는 번호로 국제ISBN관리기구에서 배정한다. 한국의 국별번호는 '89'이고, 국립중앙도서관에서 관장한다. 제2군은 발행자번호로 특정 발행자(발행처)를 나타낸 번호이고, 국가단위의 문헌번호센터에서 배정한다. 한국은 국립중앙도서관 한국문헌번호센터에서 배정한다. 제3군은 서명식별번호로 특정 서명(표제)이나 판을 나타낸 번호이다. 발행자가 발행한 서명이나 판의 일련번호순으로 부여하고, 발행자가 직접 부여한다. 제4군은 ISBN의 정확성 여부를 자동으로 점검하기 위한 체크기호[44]로 마지막 한자리로 표시한다. 한국표준도서번호는 상기한 4개 군에 부가기호로 독자대상기호 1자리, 발행형태기호 1자리, 내용분류기호 3자리를 덧붙여 구성하고 있다.[45] 제3군 이하의 번호배정은 자료를 발행하는 기관에서 배정한다.

목록에서 ISBN의 기술은 주기사항의 말미에 연속 또는 독립된 사항으로 'ISBN'이라는 관제로 기재한다. ISBN을 주기사항에 연속해서 기재할 때는 [빈칸 대쉬 빈칸]으로 기재하고, 행을 달리하여 독립된 형식으로 기재할 때는 부호 없이 바로 기재한다.

구득조건은 도서의 가격과 비매품 등에 관한 사항을 기재한다. 기재는 ISBN 다음에 [빈칸 쌍점(:) 빈칸]으로 기재하고, 가격은 자료에 나타난 정가로 하고, 고서(古書)인 경우는 구입가격으로 하며, 화폐단위에 대한 표준적인 약어와 숫자로 기재한다. 비매품의 경우는 '비매품'이라고만

44) 체크기호의 계산은 한국공업규격 KSC 5862 및 국제표준규격 ISO2108에 따라 주어진 ISBN의 9자리숫자에 가중치를 구하여 계산한다. 정확한 계산방법은 「**한국문헌번호편람**, 4판」 참조.

45) **한국문헌번호편람**: ISBN, ISSN, 국립중앙도서관 한국문헌번호센터 (제4판. 서울: 2000), p. 21.

기재한다.

KORMARC은 020필드에 해당 식별기호 '$a'(국제표준도서번호), '$b'(가격), '$g'(부가기호), '$z'(취소/사용치 않은 번호)로 기재한다.

ISBN

– ISBN : 가격

KORMARC

020 ␢␢$a국제표준도서번호$g부가기호 :$b가격

국제표준도서번호는 서지유통의 효율화를 도모하는 것에 목적이 있기 때문에 자료의 주문, 검색 등의 검색어(표목)로 많이 이용되고 있다. 그래서 국제표준도서번호는 반드시 목록에 기재하고 ISBN으로 정보유통이나 검색이 가능하게 해야 한다.

9) 부표목(secondary entry)

부표목은 기본표목 이외의 부차적으로 작성해야 할 검색어에 대한 표목사항이다. 카드목록에서는 부표목지시 또는 올림지시[46]로 부표목될 사항을 지시하고 있다. 부표목에 대한 정확한 정보는 목록의 정정, 제거 등 열람용목록관리를 위한 근거가 된다.

부표목은 부출표목과 분출표목으로 되어 있고, 부출표목은 주제명, 저자명, 서명(총서명 포함), 분류기호 등이 포함되고, 분출표목은 내용주기된 서명, 저자명, 주제명, 분류기호 등과 그 외 주기된 사항 중 저자명과

46) KCR3에서 새롭게 명명된 것임.

서명을 연계한 부표목사항이 포함된다.

- 부표목지시 사항
  - 부출
    - 주제명
      - 분류기호(090.$a; 056)
      - 주제명(6XX)
    - 저작자
      - 저자명(700; 710)
      - 역할을 달리한 저자명(700; 710; 711)
    - 서명
      - 별서명(246; 740)
      - 대등서명(246; 740)
      - 부서명(246; 740)
      - 총서명(440; 830)
      - 원서명(246; 740)
      - 번역서명(246; 740)
      - 본서명(245)
  - 분출
    - 내용주기된 서명(740)
    - 내용주기된 저자명(700; 710; 711)
    - 내용주기된 주제명(6XX))
    - 기타 주기된 사항의 일부 (700; 710; 711; 6XX)

3-7. 부표목 체계

KORMARC은 태그로 구분하여 주제명부표목은 6XX필드, 저자명과 서명의 부표목은 7XX필드, 총서명의 부표목은 830필드, 자료기관에서 특별히 채택한 로컬부표목은 9XX필드로 각각 표목한다. 이 외에도 245필드로 기재되는 본서명, 440필드로 기재되는 총서명, 505필드로 주기되는 내용서명 등은 지시기호에 의해 자동 검색어로 활용되게 하거나 7XX 필드로 부출이나 분출표목한다.

600 ❶❷$a주제명부출표목--개인명　　830 ❶❷$a총서명

610 ƀ❷$a주제명부출표목--단체명
611 ƀ❷$a주제명부출표목--회의명 9XX 로컬필드
630 ❶❷$a주제명부출표목--통일서명
650 ❶❷$a주제명부출표목--일반주제명
651 ƀ❷$a주제명부출표목--지명
653 ❶ƀ$a비통제색인어
654 ❶ƀ$a패싯 주제어
655 ❶❷$a색인어--장르/형식
656 ƀ❷$a색인어--직업
657 ƀ❷$a색인어--기능
658 ƀƀ$a색인어--교과과정 목표
69X ❶❷$a로컬 주제명 접근 필드

700 ❶❷$a부출표목--개인명
710 ƀ❷$a부출표목--단체명
711 ƀ❷$a부출표목--회의명
720 ❶ƀ$a부출표목--통제되지 않은 이름
730 ƀ❷$a부출표목--통일서명
740 ƀ❷$a부출표목--비통제 관련/분출 표제
....
765 ❶❷원저저록
767 ❶❷번역저록
770 ❶❷보유판 및 특별호 저록
772 ❶❷모체레코드저록
773 ❶❷기본자료저록
775 ❶❷이판저록
776 ❶❷기타형태저록
....

10) 사무사항

기본목록을 작성할 때 사무적인 필요를 위해 기재하는 사항으로서 한 자료에 대한 수입년월일, 등록번호, 복본표시, 수입선, 가격, 제적표시 등을 포함한다. 등록번호는 원부상의 일련번호로 하며, 복본의 등록번호에는 복본표시를 함께 기재한다. 수입일자는 가급적 간단한 형식으로 기재한다. 분실이나 훼손으로 제적된 자료는 해당 자료의 등록번호에 제적번호를 ( )에 묶어 적색으로 기재한다.

KORMARC은 049필드에 해당 식별기호 '$a'(소장기관부호), '$l'(등록번호), '$v'(권책기호), '$c'(복본기호), '$f'(별치기호)로 입력한다.

049 ƀƀ$a소장기관부호$l등록번호$v권책기호$c복본기호$f별치기호

2.10. 영역별 기재사항과 사용부호

영역별 기재순서와 구두법

ISBD(M)	KORMARC: 단행본용	KORMARC: 통합서지용
	1XX 기본표목 100 개인명 110 단체명 111 회의명 130 통일서명	1XX 기본기입 100 개인명 110 단체명 111 회의명 130 통일서명
서명저자표시사항 본서명 = 대등서명 : 부서명 : 서명의 잡정보 / 저자명 ; 역할이 다른 저자명	245 서명저자사항 $a본서명 =$x대등서명 :$b부서명 :$c잡제 /$d첫 번째 저자 ;$e두번째 이하 저자	245 표제와 책임표시사항 $a본표제 =$x대등표제 :$b표제관련정보 /$d첫 번째 책임표시 ;$e두번째 이하 책임표시
판사항 . - 판표시 / 개정자	250 판사항 $a판표시 /$b해당 판의 저작자 표시	250 판사항 $a판표시 /$b해당 판의 저작자 표시

ISBD(M)	KORMARC: 단행본용	KORMARC: 통합서지용
발행사항 . - 발행지, 배포지 : 발행자, 배포자 , 발행년, 발행년 (인쇄지 : 인쇄자 , 인쇄년)	260 **발행사항** $a발행지, $a배포지 :$b발행자, $b배포자 ,$c발행년, $c배포년 $e(인쇄지 :$f인쇄자 ,$g인쇄년)	260 **발행, 배포, 제작사항** $a발행지, $a배포지 :$b발행처, $b배포처 ,$c발행년, $c배포년 $e(제작지 또는 인쇄지 :$f제작처 또는 인쇄처 ,$g제작년 또는 인쇄년)
형태사항 . - 면수 : 형태적 세목 ; 크기 + 딸림자료	300 **형태사항** $a면장수, 권책수 :$b삽도 ;$c크기 $d장정 +$e딸림자료	300 **형태사항** $a특정자료종별과 수량 :$b기타 물리적 특성 ;$c크기 +$e딸림자료
총서사항 . - (총서명 . 하위총서명 ; 총서번호 , ISSN)	440/490 **총서사항** $a총서명 또는 하위총서명 .$n본총서의 편번호 ,$p본총서의 편서명 ;$v총서번호 또는 하위총서번호 = $x대등총서명 ,$sISSN	440/490 **총서사항** $a총서표제 .$n총서의 편차 ,$p총서의 편제 .$x대등총서표제 ;$v총서번호 ,$nISSN
주기사항 서명에 관한 주기 저작자에 관한 주기 판에 관한 주기 발행에 관한 주기 형태기술에 관한 주기 내용주기	5XX **주기사항** 500 일반주기 501 합철본주기 502 학위논문주기 504 서지주기 505 내용주기 507 원저자, 원서명에 관한 주기 520 초록 또는 해제주기 533 복제주기 534 원본주기	5XX **주기사항** 500 일반주기 501 합철주기 502 학위논문주기 504 서지주기 505 내용주기 520 요약 등 주기 533 복제주기 534 원본주기
ISBN, **장정, 가격** . - ISBN , 장정 : 가격	020 **국제표준도서번호**(ISBN)**가격** $aISBN :$c가격 $g부가기호	020 **국제표준도서번호**(ISBN) $aISBN :$c입수조건(가격) $g부가기호

KORMARC(통합서지용)

020 ƀƀ$aISBN$g부가기호 :$c가격

049 ❶ƀ$a소장기관부호$l등록번호$v권책기호$c복본기호$v별치기호

090 ƀƀ$a분류기호$b도서기호$c권책기호

1XX ❶❷$a기본표목

245 ❶❷$a서명, 일명, 별서명 =$x대등서명 :$b부서명 :$c서명의 잡정보 /$d저자명 ;$e역할을 달리한 저자명

250 ƀƀ$a판표시 /$b개정자

260 ƀƀ$a발행지 :$b발행자 ;$b배포자[배포],$c발행년

300 ƀƀ$a면수 :$b기타형태사항 ;$c크기 +$e딸림자료

440/490 ❶❷$a총서명.$a하위총서명,$sISSN ;$v총서번호

5XX ❶❷$a주기사항

....

505 ❶❷$ 내용주기

600 ❶❷$ 주제명(인명)

....

700 ❶❷$ 저자명(인명)

....

740 ❶❷$a서명부표목

....

830 ❶❷$a총서명부출표목

9XX ❶❷로컬필드

제4장 주제명표목

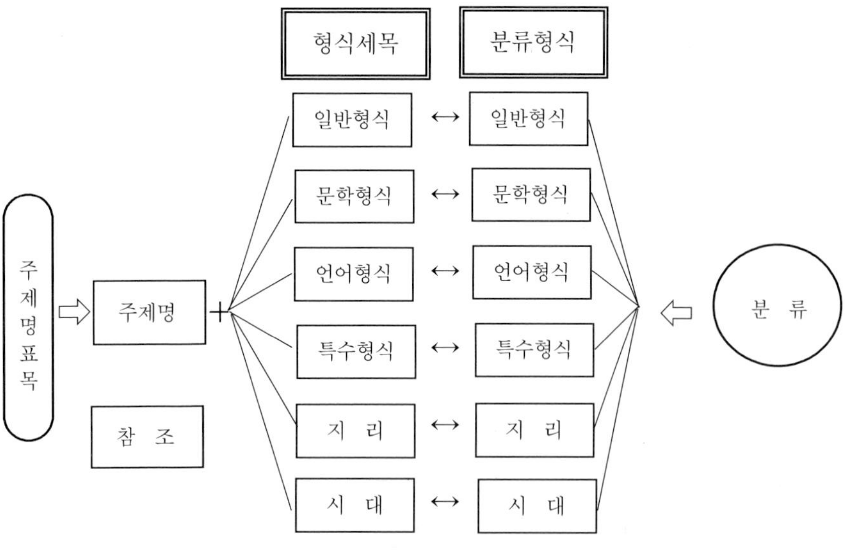
형식세목
분류형식
일반형식
일반형식
문학형식
문학형식
주제명표목
언어형식
언어형식
주제명
분 류
특수형식
특수형식
참 조
지 리
지 리
시 대
시 대

1. 주제명표목의 의의 및 선정

1.1. 주제명표목의 의의

Cutter는 주제를 간행물의 논제(論題)라고 정의하고, 따라서 주제명표목(Subject heading)은 논제를 기준으로 하여 기입되었을 경우에 표목으로 사용되는 주제의 명칭(name of subject)이라 하였다.[1] 주제명이란 용어는 원래 영어의 subject catalog를 주제명목록이라 번역한 데서 기인한 것으로, 일본에서는 명치(明治) 20년(AD 1887)경부터 건명(件名) 또는 건명목록이라 번역하여 사용하였으나,[2] 한국에서는 1959년 이재철의 「**주제명목록의 연구**」[3]에서 subject catalog를 주제명목록으로 번역하고, 1962년 주제명목록 또는 주제목록으로 사용되게 되었다. 이에 따라 subject heading은 주제명표목 또는 주제표목이라는 용어로 사용되었다.

주제명표목의 의의:

> 주제명표목은 목록상으로 같은 내용을 가진 자료가 같은 장소에 모일수 있도록 하기 위하여 내용을 가장 적절하게 표현한 간단한 어(語), 또는 어군(語群)이다.[4]

> 주제명표목은 목록 또는 서지에 기록되어 있거나 파일(file)에 배열되어 있는 동일한 주제를 취급하고 있는 모든 자료에 있어서 주제를 지시해 주는 단어 또는 단어들의 무리이다.[5]

---

1) Charles A. Cutter, *Rules for Dictionary Catalog*, p. 23.
2) 高在昶, **韓銀圖書館編目法** (서울: 韓國銀行調査部, 4257(1954): 이 책의 내용 중에서 件名, 件名目錄이라는 용어로 사용
3) 이재철, **주제명목록의 연구** (서울: 연대도서관학과, 1959), p. 2.
4) **圖書館用語集**, 한국도서관협회 편 (서울: 동 협회, 1966)

주제명목록은 도서의 주제를 나타내는 명사(名詞)를 주제로 잡을 수 없는 도서에는 문서적(文書的), 또는 문학적 형식을 나타내는 명사를 각각 표목으로 잡아 이를 가나다순(또는 알파벳순)으로 배열한 것이다.[6]

주제명표목은 ① 도서의 내용을 주제로 나타낸 어휘와 도서의 문서적, 또는 문학적 형식으로 표현한 어휘를 주제명으로 하여, ② 이를 목록의 표목(검색어)으로 기재(입력)하고, ③ 가나다순이나 알파벳순으로 배열되게 하여 주제명에 의해서 필요한 자료가 한 곳에서 검색되게 한 표목(검색어)이라고 정의할 수 있다.

주제명목록은 그 선정에서부터 배열에 이르기까지 도서관의 목록 중에서 사서에게 가장 많은 지식과 기술을 필요로 하기 때문에 정리자가 신중을 기해야 하는 전문영역이다. 이의 이해를 돕기 위해 주제명표목 작성에 도구로 사용되는 주제명표목표를 연관시켜 상술하였다.

도서관이용자들 중에는 어떤 특정자료를 검색하기 위함보다는 연구영역이나 관심 주제에 대한 개념만을 알고 자료를 이용하려는 경우가 많다. 이들은 각각의 자료가 가지고 있는 기본적인 서지사항인 서명이나 저자명에 대한 지식이 없이 목록에 접근하기 때문에 한 주제 영역의 소장관의 모든 자료가 검색되게 목록을 제공해야 한다. 예를 들면 도서관을 이용하는 방법에 관한 책을 열람하고자 하나 그러한 책이 있는지 없는지, 서명이 무엇이며, 누구에 의해서 저술되었는지조차도 알지 못하고 자료를 검색하는 경우이다. 이러한 경우의 이용자들을 위해 도서관에서는 각각의 저작에 대한 주제명을 표목으로 하는 목록을 작성하여 이용자가

5) *ALA Glossary of Library Terms* (Chicago: ALA., 1943), p. 110.

6) 이재철, **주제명목록의 연구**, p. 4.

필요로 하는 자료를 검색할 수 있도록 해야 한다.

주제명을 중심으로 작성된 목록은 주제명의 가나다순이나 알파벳순에 의해 배열되는데, 이렇게 주제명이 목록의 표목이 된다는 의미에서 주제명표목이라고도 한다.

주제명목록의 기능은

(1) 특정 주제(또는 형식)의 도서군, 또는 특정 도서를 그 주제로 나타낸 주제명의 문자순으로 검색되게 한다. ① 특정주제의 도서군을 검색되게 하고, ② 특정도서를 검색되게 하며, ③ 문자순에 의한 정보검색 등을 가능하게 한다.

(2) 특정주제에 밀접, 또는 종속적인 관련주제의 도서군을 검색되게 한다. ① 서가상에서 분류기호에 의해 나누어진 자료를 하나의 주제명으로 모으는 것이 가능하고, ② 주표목을 각종의 세목으로 구분하여 관련주제를 모을 수 있으며, ③ 배열에서 분산된 관련주제의 표목을 참조를 통해 연결함으로써 부가적 자료를 제공할 수 있다.

1.2. 주제명표목의 선정

1) 일반적인 원칙

주제명표목은 자료가 담고 있는 내용을 가장 정확하게 나타낼 수 있어야하고 누구나 쉽게 이해할 수 있는 보편적이고 타당성 있는 통일된 용어이어야 한다.

주제명표목 선정의 고려사항:

(1) 도서관의 규모에 따라 표목의 범위를 결정해야 한다. 도서관의 특

성에 맞는 주제명표목이 되기 위해서 규모가 작은 도서관의 경우는 주제명의 범위를 대전제(大前提)로 된 주제명 중심으로 선정하고, 규모가 큰 공공도서관이나 대학도서관에서는 주제명의 범위를 최대로 확장하고 세분하여 소전제로 된 주제명을 중심으로 선정해야 하며, 그리고 작은 도서관이라도 특정분야의 자료를 취급하고 있는 연구도서관이나 특수도서관의 경우는 특별히 취급되는 분야의 세분된 소전제의 주제명을 선정하여야 한다.

(2) 이용자의 수준에 알맞은 적합한 용어나 문자를 사용하여야 한다. 도서관을 이용하는 대상이 한글을 주로 사용하는 이용자(초등학생이나 공공도서관 등)인지, 외국어도 병용하는 이용자(대학생, 연구원)인지에 따라 주제명표목에 사용되는 문자를 한글로만 기재하느냐, 영어와 기타 외국어도 병용하는 표목어로 기재하느냐가 결정되어야 한다. 그리고 용어의 경우도 생활어를 주로 기재하느냐, 학술어를 사용한 주제명을 기재해야 하느냐를 결정해야 한다. 예를 들면 '새'(鳥類)에 관한 자료에서 이용대상별 주제명의 차이는 초등학교도서관에서는 '새'(동물)란 주제명, 대학도서관에서는 '조류'라는 주제명이 이용자들에게 보다 가깝게 접근될 수 있을 것이다.

(3) 열람방법이 개가제냐, 폐가제냐에 따라 주제명표목의 상세 여부를 결정해야 한다. 폐가제는 개가제보다 목록 의존도가 높기 때문에 보다 더 상세하고 세분된 주제명표목을 작성해야 한다.

이상에서 보는 바와 같이 표목의 선정은 비록 동일한 도서이고 같은 뜻을 가진 용어라 할지라도 이용 대상자나 상기한 조건에 따라 선정기준이 달라야 한다.

그리고 주제명표목을 선정하는 사서는 한 도서관의 성격에 따른 표목의 선정에 앞서 주제명 배당에 대한 일반규칙과, 주제명표목에 대한 충분한 지식을 가지고 주제명 선정에 대한 원칙을 정하여 일관되게 작성해야 한다.

주제명 배당을 위한 일반규칙:

(1) 도서의 주제를 제일 잘 표현할 수 있는 적합한 주제명을 선정해야 한다. 자료가 포함하고 있는 내용을 하나 또는 둘 이상의 주제로 표현할 수 있는 가장 적합한 용어를 선정한다. 예를 들면 「**도설도서편목**」이란 자료의 주제는 '목록법'이 가장 적합한 것이며, 이보다 상위의 주제인 '도서관학'이라든지 하위의 주제로서 목록의 한 종류에 속하는 '저자명목록'이나 '서명목록'과 같은 주제를 표목으로 선정하여서는 안 된다는 것이다.

(2) 이용자가 쉽게 이해할 수 있는 보편적인 용어의 주제명을 표목으로 선정해야 한다. 도서관의 목록은 누구나 접근할 수 있고 보다 쉽게 이용할 수 있는 목록이 되어야 한다는 의미에서 주제로 선정되는 용어 역시 쉽게 이해될 수 있고 보편성이 있는 것이어야 한다는 것이다. 그렇기 때문에 특별한 전문용어(학술용어)보다는 대중화된 보편적인 용어를 사용해야 한다. 특정용어나 전문용어는 제한된 부류에서 사용할 수 있는 경우도 있으나 이는 소속한 한정된 이용자들만을 위한 목록이 될 수밖에 없기 때문에 전문용어의 과다한 사용의 경우는 소수의 전문인들까지도 주제명을 이해하는 데 혼란을 느끼게 될 경우도 있다. 특히 과학이나 의학 용어는 이러한 경우가 많다. 예를 들면 '카나리아'를 학명인 '세라누수 카나리아'라고 주제명을 선정하는 경우가 바로 그러한 경우이다.

(3) 자료가 포함하고 있는 내용을 정확한 견해로 표현하는 용어를 주제

로 사용해야 한다. 예를 들면 경영학의 한 분야를 다룬 모든 자료를 '경영학'이라는 주제명으로 표목을 작성하므로 경영학에 관한 전체 자료가 함께 모을 수는 있으나 이것은 앞에서 말한 적합한 주제선정의 원칙에 부합된다고는 할 수 없다. 여기서 먼저 학문의 생성 및 그 파생을 정확히 파악할 필요가 있다. 경영학 분야만 하더라도 '교육경영' 이외에도 '병원경영', '학교경영', '회사경영'으로 나누어져 있을 뿐 아니라 '회사경영'으로서의 '은행경영', '백화점경영', '호텔경영' 등의 여러 부분으로 학문이 파생되어 있으므로 이들 파생된 학문의 정확한 이해를 통해서 정확한 견해의 주제명표목이 주어져야 한다.

(4) 새로운 표목의 선정은 충분한 검토가 필요하다. 자료에 주제명을 부여할 때는 먼저 예상되는 주제명을 선정하고 선정된 주제명이 그 도서관의 다른 자료에 채택되었는지를 확인하고, 이미 채택된 주제는 그대로 쓰고, 채택되지 않은 새로운 주제명일 때는 앞으로 해당 주제의 장서구성을 생각하여 선정해야한다. 주제명표목표를 사용하는 도서관에서는 새로 채택되는 주제명에 반드시 체크를 해야 하고, 표목표를 쓰지 않은 도서관에서는 선정된 주제명을 카드에 기재하여 주제명색인을 만들어야 한다.

(5) 한 자료에 대한 주제명 수는 하나 또는 둘 정도가 적합하다. 대개 한 자료에 하나의 주제명을 부여하는 것을 원칙으로 하고 있으나 둘 이상의 주제를 동시에 다루고 있거나 상관이 있을 때는 큰 주제를 둘까지 각각 독립된 표목으로 쓰거나 '와'나 '과'를 연결한 2개 주제의 복합형식을 표목으로 부여한다. 3개 이상일 때는 이를 포함하는 상위의 주제를 부여한다. 예를 들면 물리에 관한 도서는 주제명을 '물리학'으로, 물리·화학은 '물리'와 '화학'으로, 미술·신학은 '미술'과 '신학'으로, 물리·화

학 및 천문학의 3개 주제를 포함하는 것은 '자연과학'이라는 주제명을 부여한다. 이렇게 함으로서 불필요한 주제명 사용을 피하게 된다.

(6) 자료의 주제가 다음 사항을 포함한 것일 때는 이를 주제명으로 자유로이 채택할 수 있다.[7)]

· 개인명 (정약용; Kennedy, John F. 등)

· 단체명 (한국도서관협회; 교육인적자원부; 한국은행, 서울대학교 등)

· 각국인 또는 민족명 (한국인; 일본인; 몽고족; 게르만민족 등)

· 씨족명 (김해김씨; 안동김씨; 이왕가; Napolen Family)

· 종파명, 교파명 (이슬람교; 그리스도교; 천리교; 천태종; 창가학회 등)

· 지명 (행정구역명, 산, 하천명 등)

정치적 단위: 국가, 도(주), 시, 구, 구(舊)지역명 등

지리적 특징: 산맥과 개개 산명, 군도 및 섬이름, 하천, 지방, 해양, 호수 등

· 국가명 (중국; 영국; 불란서 등)

· 국적명 (각국인을 나타내는 총칭명, 각 민족명)

· 악기명 (현악기; 바이올린; 피아노; 클라리넷 등)

· 스포츠명 (유도; 농구; 축구; 수상스키; 등산; 경마; 호신술 등)

· 언어명, 문학명 (국어; 독일어, 일본문학; 영문학; 등)

· 전쟁이나 전투명 (백년전쟁; 백마고지전투; 청일전쟁; 만주사변; 태평양전쟁; 남북전쟁; 세계대전/제2차 등)

· 조약명, 국제회의명 및 협정명 (나토; 얄타비밀협정; 한미안보조약 등)

· 법률명, 판례, 조례명 (헌법; 물건법; 상속법; 형사소송법; 대법원판

7) 이재철 편, **주제명표목표**, p. 164; 張一世, **韓國目錄規則解說**, pp. 64-65를 참조.

례집; 회사법 등)

- 학회, 단체명 (한국철학회; 한국도서관협회; 진단학회 등)
- 국제단체 (유네스코; 국제연합; 유럽경제공동체; 국제통화기금 등)
- 공공기관명, 기관명 (국립중앙도서관; 계명대학교 등)
- 정부기관명 (교육인적자원부; 문화관광부 등)
- 건물, 공원, 선박명 (정부종합청사, 탑골공원, 페리호 등)
- 의회, 지방의회명 (대구광역시의회 등)
- 정당명 (한나라당; 민주당 등)
- 전람회, 박람회, 경기의 명 (유니버시아드; 올림픽; 경주엑스포박람회 등)
- 유적명 (가야유적; 성산고분; 경주고분 등)
- 사찰명 (불국사; 해인사; 보리암 등)
- 국가시험, 검정시험명 (부동산감정사시험; 조리사시험; 사법시험 등)
- 자격명 (요리사; 정원사; 간호사 등)
- 조세명 (소득세; 법인세; 특별교부세 등)
- 사건명, 재해명 (삼풍백화점붕괴; 관동대지진 등)
- 도로, 철도의 명칭 (중앙고속; 경부선; 달서로 등)
- 수목, 화분, 과수, 과실, 야채명 (소나무; 국화; 시금치; 감; 딸기 등)
- 기계, 기구명 (인쇄기; 사진기; 레다; 계측기; 증폭기; 녹음기 등)
- 물고기명, 조류명 (열대어; 보호새; 금붕어; 갈치; 두루미; 기러기 등)
- 동물명 (소; 말; 되지; 사자; 타조 등)
- 곤충명 (나비; 벌; 모기; 하늘소 등)
- 질병명 (위장염; 심근경색증 등)
- 약품, 의약품명 (화학약품; 시약; 농약; 한방약 등)

· 신체의 각 기관명 및 부위명 (척추; 팔; 다리; 코 등)

· 원소나 화학제품명

금속원소: 아연; 금; 은; 철; 동

비금속원소 및 화합물: ~산소; 중수소; 단백질; 탄소; 공기; 질소 등)

· 광물명, 암석명 (철광석; 화강암; 화성암; 석회석 등)

· 공업제품 (화약; 화장품; 도자기; 비료; 세제 등)

· 업종명 (음식점; 창고업; 석유산업; 출판사; 백화점; 약국; 여관; 호텔 등)

· 도구명 (가위; 망치; 톱; 호미 등)

2) 도치표목(倒置標目)

도치표목은 모든 주제명표목에 적용되는 것이 아니라 주제에 따라 특히 필요한 경우에만 사용된다. 여기서 도치법은 문자 그대로 "글의 순서를 뒤바꿈으로서 효과를 노리는 문장상의 한 법칙"[8]이다. 그러므로 도치표목은 두 개의 개념이 복합된 주제명을 학문의 성격에 따라 동일한 주제끼리 한 곳에 모일 수 있도록 두 주제개념을 서로 바꾸어 각각의 주제명으로 표목하는 경우를 말한다.

예를 들면, '임상심리학'이란 주제명표목은 그 배열에서 'ㅇ'에 '산업심리학'은 'ㅅ'에, '청년심리학'은 'ㅊ'에 각각 나누어서 배열해야 한다. 그러나 이들 주제명은 심리학분야이며 심리학에서 파생된 학문이다. 위와 같이 주제명에 의해 일반심리학에 대한 주제명표목인 '심리학'과는 별다른 관련이 없이 배열되므로 주제에 대한 상당한 지식이 없이는 필요로 하는 자료의 완전한 검색을 기대할 수 없게 된다. 이러한 문제를 해결할

---

8) 이희승 편.

수 있는 하나의 방법으로서 주제명의 순서를 바꾸어 중심되는 주제명과 연관을 갖게 하는 것이다. 그래서 '임상심리학'은 '심리학, 임상'으로, '산업심리학'은 '심리학, 산업'으로, '청년심리학'은 '심리학, 청년'으로 도치함으로서 '심리학'이라는 중심되는 주제명에 모이게 하고 다음에 응용되었거나 파생된 분야인 '–, 임상', '–, 산업', '–, 청년' 등이 오게 됨으로써 심리학분야의 전 자료를 한 곳에서 검색할 수 있게 된다. 이러한 표목형식을 도치표목이라 한다.

예: 산업심리학 → 심리학, 산업
아동심리학 → 심리학, 아동
임상심리학 → 심리학, 임상
청년심리학 → 심리학, 청년

이렇게 도치표목을 사용함으로써 ① 한 주제에 관련된 자료의 목록을 한 곳에 모을 수 있고, ② 서가상에서 분류로 인해 흩어져 있는 동일한 주제의 자료를 목록에서 모을 수 있게 하며, ③ 표목에 의해서 관련된 주제끼리 가까이 있게 하고 상호 연결시켜 줌으로써 주제명 간의 호환성에 의한 검색에 편리를 제공해 줄 수 있다.

그러나 이용자들은 도치목록에 대한 지식이 많지 않기 때문에 정확한 주제명으로서 주제목록에 접근하고자 하는 이용자들에게 혼란을 줄 가능성이 있다. 따라서 이를 보완하기 위해 '–보라'참조를 사용한다. 이는 도치표목을 사용한 수제명표목은 도치되지 않은 용어에서 '–보라', '–도 보라'참조를 해 줌으로써 한 주제와 관계되는 모든 유사 주제와도 연결시켜 준다.

예: 임상심리학 심리학, 임상
은 은
심리학, 임상을 보라 임상심리학도 보라

도치표목의 표시방법은 주제명표목표에 따라 다소 차이가 있으나 대개의 경우 도치된 주제와 주제 사이에 반점이나 사선을 쓴다.

예: 심리학, 임상 심리학/임상

3) 주제명표목의 제한

이는 복합된 표목의 순서와 그 범위의 제한이다. 한 자료에 대한 표목의 수는 가능한 한 적고 간단할 수 록 좋다는 것을 원칙으로 해야 한다. 가급적이면 한 자료에 한 개의 주제가 이상적이나 부득이 한 경우는 둘 내지 셋을 넘지 않도록 해야 한다. 그래서 불필요한 표목을 너무 세분함으로써 소요되는 시간과 노력 등의 경제성을 고려해야 하고, 전문성에만 의존한 지나친 주제명표목의 세분으로 오는 목록 자체의 복잡성을 배제해야 하며, 이용을 위한 가장 효과 있고 적절한 목록을 작성하여야 한다.

Mann은 "한 자료에 대하여 너무 불필요하게 세분된 표목을 주어서는 안 된다"고 말하고, 세분해서는 안 되는 몇 가지 사항을 다음과 같이 열거하였다.[9]

(1) 주제명과 형식의 양쪽에 넣어서는 안 된다. 천문학에 관한 수필은 '천문학' 아래 넣어야지 '수필' 아래에 넣어서는 안 된다.

---

9) Mann, pp. 152-153.

(2) 주제가 지방적으로 취급된 것은 지방(지리)과 주제의 양쪽에 넣어서는 안 된다. 일본에서 제작된 라디오분야에 관한 연구자료는 '라디오' 아래에 넣어야지 '일본'에 넣어서는 안 된다.

(3) 한 자료는 일반적인 것 아래에 넣어야지 동시에 특정주제 아래에 넣어서는 안 된다. 새의 생활을 통한 자연사의 연구는 '새' 아래에 넣어야지 '자연사'에 넣어서는 안 된다.

(4) 어떤 특수계층의 독자를 위해 쓰여진 자료라도 그 자료의 주제와 특수독자 계층의 양쪽에 넣어서는 안 된다. 비행술 여성 핸드북은 '항공술' 아래에 넣어야지 '여성'에 넣어서는 안 된다.

(5) 어떤 지방에서 일어난 사건은 그 사건과 지방의 양쪽에 넣어서는 안 된다. 한국에서 거행된 올림픽경기에 대한 기록은 '올림픽 경기' 아래에 넣어야지 '한국'에 넣어서는 안 된다.

이와 같은 주제명에 대한 제한은 가장 효과적인 주제명목록 작성을 위한 요건이므로 반드시 일관성이 유지될 수 있도록 엄밀히 적용되어야 한다.

2. 주제명표목표

2.1. 주제명표목표의 의의

주제명표목표는 주제명목록에서 표목으로 사용될 수 있는 주제명을 일정한 형식으로 통일하기 위하여 편찬한 표(table)이다. 이는 선정된 주제명표목을 중심으로 표목 상호간에 필요한 연결을 위한 참조어(참조주제명)를 혼합하여 소정의 방식(가나다순, 알파벳순)에 따라 배열한 주제명의 표준표이다.

자료의 분류에는 분류표가 필요하듯이 통일성 있는 주제명목록의 작성에는 주제명표목표가 필수 도구이다. 이런 의미에서 주제명표목표의 의의는 도서관의 목록작업과 그 이용의 일관성에 있다. 즉 동일한 내용을 가진 자료들이 그 내용을 표현하는데 있어 여러 가지 용어를 사용하게 된다면 계속되는 목록작업 및 그 이용에 혼란을 가져오게 되므로, 동일한 내용을 가진 개개의 자료가 흩어지지 않도록 같은 주제를 동일한 표목어로 일관성 있게 통일하기 위한 것이다.

이와 같이 주제명표목표는 기준으로 예상되는 주제명, 즉 주제명으로 사용될 수 있는 명사를 정리한 일종의 기준표로서 이 표에 의해서 주제명이 선정되어야 한다.

최초의 주제명표목표는 1892년 Cutter의 「**사전체목록규칙**」의 부록으로 만들어졌고, 이것을 참고로 1895년 ALA의 「**주제명표목표**」가 간행되어 1911년까지 3판이 발행되었다. 1923년 Sears의 소도서관용 「**주제명표목표**」[10)]가 발행되어 2003년까지 18판이 간행되었다. LC의 「**주제명표목표**」[11)]는 1943년 초판이 발행된 이후 계속 개정을 거듭하여 2005년까지 28판이 간행되었다. 이러한 주제명표목표의 영향을 받아 각국에서 자국에 맞는 주제명표목표를 발행하게 되었는데, 한국에서는 1961년에 이재철 편 「**주제명표목표**」[12)]가 처음으로 발간되었고, 1967년에는 한국도서관협회 편 「**주제표목표: 국민학교용**」과 「**주제표목표: 중학교용**」이

---

10) *Sears List of Subject Headings* (18th ed. New York: Wilson Co., 2003).

11) U.S. Library of Congress, *Subject Headings used in the Dictionary Catalogues for the Library of Congress*, ed. by Marguerite V. Quattlebaum (6th ed. Washington: G. V. Ptg. Off. 1957 (1st ed. 1943).

12) **주제명표목표**, 이재철 편 (서울: 연세대학교, 1961)

각각 발행되었다.

2.2. 주제명표목표의 종류

주제명표목표는 수록된 주제의 범위, 표목 그리고 참조의 배열방법에 따라 다음과 같이 구분할 수 있다.

1) 주제명의 범위에 의한 구분

(1) 주제명표목표

전체의 주제명을 수록하고 있는 표목표로 지금까지 가장 많이 알려져 있는 표목표의 대분이 여기에 속한다. 이 표목표는 어떤 특정한 주제에 국한한 표목표와는 달리 지식체계의 전 구분을 활용하여 문자순으로 주제명을 표로 작성한 것이다. 그래서 이 표목표는 종합적인 성격을 가진 공공도서관이나 대학도서관 등과 같은 곳에서 주로 사용될 수 있는 표목표이다.

종합적인 주제명표목표의 대표적인 것을 열거하면 다음과 같다.

基本件名標目表 / 日本圖書館協會 件名標目委員會. -- 東京 : 明治圖書, 昭和31(1956).

日本件名標目表, 付 字的 字, 直接索引 / 加藤宗厚 編. -- 大阪 : 間宮商店, 昭和5(1930).

日本件名標目表(N.S.H) / 靑年圖書館員聯盟 件名標目委員會. -- 大阪 : 間宮商店, 昭和19(1944).

日本件名標目表(N.S.H) / 日本圖書館硏究會 件名標目改訂委員會. 追加 1. -- 東京 : 日本圖書館硏究會, 昭和24(1949).

주제명표목표 / 이재철 편. -- 서울 : 연세대학교 도서관학과, 1961.

中文圖書標題法 / 程長源. -- 上海 : 常務印書館, 1950.

Canadian Subject Headings (CSH). -- 3rd edition. -- Ottawa : Canadian Subject Headings Standards and Support National Library of Canada, 2003.

Chinese Subject Headings (in Chinese) / Lü Shao-yü. -- Nanking : Library, Central Military Academy, 1935.

Library of Congress Subject Headings / U.S. Library of Congress. -- 28th ed. -- Washington : G. V. Ptg. Off. 2005. (1st ed. 1943), 5 vol. set.

List of Subject Headings for Small Libraries / Minnie Earl Sears ; compiled from list used in nine representative small libraries. -- 5th ed. -- New York : Wilson, 1944. (1st ed. 1926).

List of Subject Heading for use in Dictionary Catalogues / American Library Association. -- 3rd ed. -- Chicago : A.L.A., 1911. (1st ed. 1895. Boston Library Bureau).

Sears List of Subject Headings / ed. by Josep Miller & Barbara A. Briston. -- 19th ed. -- New York : Wilson, 2007.(1st ed. 1923), li, 804 p.

Sears List of Subject Headings Canadian Companion / Lynne Isberg Lighthall, Shana Bystrom, Minnie Earl Sears, and National Library of Canada. -- New York : Wilson, 2007.

아동도서, 학교도서관용

Subject Headings for use in Dictionary Catalogues of Juvenile Books / M. Mann.. -- Chicago : ALA., 1916.

Subject Headings for Children's Books, in Public Libraries and in Libraries and in Elementary and Junior High Schools; with an Introduction the Cataloging of Children's Books / E. S. Smith. -- Chicago : ALA., 1933.

Subject Headings for Children's Materials / Eloise Rue and Effie Laplante. -- Chicago : ALA., 1952.

Subject Headings for School and Public Libraries : An LCSH/Sears Companion / by Joanna F. Fountain. -- 3rd ed. -- Libraries Unlimited, 2001.

學校圖書館件名標目表: 小學校用 / 全國學校圖書館協議會. -- 昭和 28(1953).

學校圖書館件名標目表: 高等學校用 / 全國學校圖書館協議會. -- 昭和 29(1954).

學校圖書館件名標目表: 中學校用 / 全國學校圖書館協議會. -- 昭和 29(1954).

主題標目表: 國民學校用 / 韓國圖書館協會. -- 서울 : 한국도서관협회, 1967.

主題標目表: 中學校用 / 韓國圖書館協會. -- 서울 : 한국도서관협회, 1967.

소책자, 클리핑을 위한 표목표

List of Subject Headings for Information File / L. Wenman. -- 3rd ed. -- New York : 1932.

List of Subject Heading for Information File / M. E. Colegrove & M. A. McVety. -- Woodstock : VT. Elm Tree Press, 1917.

List of Subject Heading for Information File: with introduction and a list which supplement the information file of important reference books containing current information / H. F. Gould & E. A. Grady. -- 2nd ed. -- New York : Wilson, 1925.

Subject Headings for the Information File / M. Ogden Ball. -- 7th ed. -- New York : Wilson, 1951.

(2) 특수영역의 주제명표목표

전문도서관에서 주로 사용하는 표목표로 특정분야의 주제를 특별히 세분하여 그 분야의 많은 자료가 작은 주제로까지 조직될 수 있도록 표목표로 작성해 놓은 것이다. 이 특수영역의 주제명표목표는 앞에서 설명한 종합적인 주제명표목표보다는 한 분야의 주제를 보다 세분하여 이용하는 전공영역의 연구자들에게 최대로 세분된 주제에까지 그 접근이 가능하도록 한 것이다.

대표적인 것을 열거하면 다음과 같다.

Biomedical Subject Headings / Engene V. Muench. -- Conneticut : The Shoe String Press, 1971.

BISAC Subject Headings List. -- 2006 edition. -- Book Industry Study Group, Inc., 2006.

Die Schlagwörtmässige Katalogisierung der Mathematischen Literature / H. Schleimer. -- Lpz. : Harrassoowitz, 1926.

List of Educational Subject Headings / comp. by L. B. Uoegelein ; prepared for the Comm. on the Classification of Education Material of the National Education Association, Comm. on Coordination of Research Agencies. -- Ohio State Univ., 1928.

List of the Theological Subject Headings / comp. by J. Pettee. -- Tentative. ed. -- New York : Union Theological Seminary, 1924.

Medical Subject Headings, 2006. -- Bethesda : U. S. National Library of Medicine, 2003. 2243 p.

Subject Headings for Aeronautical Engineering Libraries / Special Library Association, Engineering Section. -- New York : S.L.A., 1949.

Subject Headings in Education / C. E. Pettus. -- New York : Wilson, 1938.

2) 배열방법에 의한 구분

(1) 음순에 따른 주제명표목표

표목표상의 주제명 배열이 문자의 음순인 가나다순, 알파벳순, 기타 국어의 문자순으로 편찬한 표목표이다. 현재 한국도서관에서 사용되고 있는 대부분의 주제명표목표는 이 유형을 따르고 있다.

(2) 분류순에 따른 주제명표목표

자료분류의 도구가 되는 분류표의 체계에 따라 표목표의 주제명을 배열, 편성한 것이다. 이 주제명표목표에 대한 예는 그리 많지는 않으나 다음과 같은 것들이 있다.

中學校, 高等學校竝用 件名標目表. 改訂版. 京都府私立學校圖書館協議會, 1965. (146 p.).

分類順 件名標目表, 日本圖書館協會. 日本件名標目表改訂委員會, 1953. (206 p.).

이 외에도 표목표의 내용, 편성방법, 사용 언어 등에 따라 보다 많은 종류로 나눌 수 있으나 가장 대표적으로 사용되는 방법들에 따라 구분하여 보았고, 제시된 주제명표목표들도 비교적 잘 알려진 것을 중심으로 열거해 보았다.

2.3. 주제명표목표의 구성

주제명표목표는 다음과 같이 크게 4가지의 성격을 가진 표목어와 여러 가지 부호로 구성되어 있다.

① 자료의 내용을 표시하는 좁은 의미의 주제명표목표(Subject Heading)

② 자료를 만들고 있는 형식을 표시한 형식표목(形式標目 : form heading)

③ ①, ②의 표목을 세분한 세목(細目: subject subdivision)

④ 주제명 상호간의 연결을 위한 주제명상호참조(主題名相互參照 : subject cross references)로 구성되어 있다.

1) 주제명표목

앞에서 설명한 바와 같이 주제명표목은 자료가 지니고 있는 내용을 주제명으로 검색될 수 있도록 사용한 명사적 어나 구를 말한다. 이는 자료가 어떤 개인의 전기서일 때 주제명은 '전기'가 될 것이고, 또한 한 자료의 내용이 방송에 관한 것일 때 주제명은 '방송'이 되어 표목으로 기재된다. 이때에 유의해야 할 것은 주제명의 도치이다. 주제명을 도치해야 될 경우는 먼저 학문분야에 대한 충분한 이해를 통해서 한 학문에서 또 다른 응용 여부를 알아 주제명을 표목으로 도치 선정해야 한다.

표목의 구성은 단일 주제와 복합주제로 나눌 수 있는데 복합주제명표목은 그 주제명의 혼합에 따라 주제명의 구성이 거의 무한하다.

주제명을 작성하는 데 표목표에 예시되는 주제명군은 대략 다음과 같이 열거할 수 있다.

① 각 분야의 단체명, ② 국제적인 단체명, ③ 공공기관의 총명칭, ④ 종교적 종파, 교파명, ⑤ 개개의 인명, ⑥ 국가간의 전쟁명, ⑦ 역사적, 또는 사회적인 사건명, ⑧ 원소 및 화학물질, ⑨ 별의 명칭, ⑩ 식물분류의 문(門), 강(綱), 목(目)의 명칭, ⑪ 동물분류의 문(門), 강(綱), 목(目)의 명칭, ⑫ 포유류와 곤충의 개개 종, ⑬ 인체의 기관, 부위명, ⑭ 인체의 총칭적

인 질환명, ⑮ 의약품명, ⑯ 각종 건축, ⑰ 각종 기계, 기구명, ⑱ 금속명, ⑲ 공업제품명, ⑳ 업종명, ㉑ 직업명, 학자의 표현명, ㉒ 공무원의 직종명, ㉓ 농작물, ㉔ 가축명, ㉕ 식품명, ㉖ 각국의 미술, ㉗ 악기명, ㉘ 악곡의 종류, ㉙ 스포츠명, ㉚ 언어명, ㉛ 문학, 예술상의 류파, 주의, ㉜ 법률명 등이 표목표상의 주제명에 개략적인 근간이라 할 수 있다.

주제명 조합에 관한 제 이론을 열거하면 다음과 같다.

(1) Cutter는 다음과 같이 5가지로 나누고 있다.

① 형용사 + 명사

예: 알칼리성 토지 Ancient history

② 형용사처럼 사용되는 명사 + 명사

예: 스페인 문학 Death penalty

③ 명사 + 전치사 + 명사

예: 학문의 자유 Penalty of death

④ 명사 + 과(and) + 명사

예: 도서와 독서 Ancient and moderns

⑤ 구 또는 문

예: 방사선/생리적 영향 인쇄/상업으로서의

Paterna pateins materna matern's

(2) Haykin은 이를 6가지로 나누고 있다.

① 형용사가 들어간 표목

예: 인조고무 Agricultural credit

② 구표목

예: 인쇄/상업용으로서의 사회사업/질병에 대한

Church work with youth

③ 복합표목

예: 교회와 노동 Literature and morals

④ 합성형식

예: 아동--보육·위생 Tobacco jars and boxes

⑤ 형용사를 도치한 표목

예: 예술/원시(원시예술) Art, Medieval (Medieval Art).

⑥ 도치한 구(句)표목

예: 성경/문학상의 Plants, Protection of.

이와 같이 주제명표목은 자료를 구성하고 있는 내용의 성격에 따라 간단한 한 단어로부터 구(句) 또는 문(文)에 이르기까지 다양하게 조직되고 있다.

2) 형식표목(form heading)

좁은 의미의 주제명표목은 자료의 내용을 중심으로 만들어진 표목인데 대해 형식표목은 자료의 내용과는 상관 없이 자료의 편집이나 그 표현의 특수한 형식을 표목으로 한 주제명을 말한다. 형식표목은 형식 자체가 주제명의 중심 표목이 되면서 한편으로는 내용으로 표시된 즉, 주제명표목에 붙어 주제명을 세분시키기도 하고, 주제명표목과 동일한 형식과 방법으로 양자가 함께 사용되기도 한다.

Cutter는 형식표목을 실용형식(實用形式: practical form)과 문학형식(文學形式 : literary form)으로 나누고,[13] 실용형식은 출판(文書)형식인 연감, 사전, 백과사전, 지명사전, 색인, 표 등을 내용으로 하고, 문학형식은 소설, 희곡, 희극, 비극, 시, 서한, 연설, 설교 등을 내용으로 하였다.

13) Cutter, p. 20.

(1) 문서형식표목

백과사전	서지
연감	명감
연속간행물	개요, 요목 등
사전	도감, 화집
총서	통계
편람	전기(傳記)
목록	색인

이는 문서 또는 출판물의 형식(형태)을 표목으로 하여 저작을 형식에 따라 집결될 수 있도록 한 것이다. 예를 들면 사전의 사용법이나 사전에 대하여 쓴 자료는 '사전'이라는 형식표목이 주제명이 되어 한 곳에 집결되도록 한 것이다.

(2) 문학형식표목

시	서간문
소설	이야기
희곡	일화
수필	속담

이는 문학의 형식을 주제명표목으로 한 것이다. 문학형식은 형식표목과 형식세목으로 사용되는데, 한 국가의 문학으로 다루어진 시, 소설, 희곡… 등의 문학형식은 해당 국가문학의 형식세목으로 사용되나 문학형식 자체인 시에 대한 자료나 소설에 관한 일반적인 자료, 많은 사람의

저작집은 '시', '소설' 등의 문학형식이 표목이 된 주제명에 모이게 한다.

(3) 주제명표목에 붙은 형식표목

이는 앞에서 논한 형식으로 사용된 어휘를 한 주제명의 세분을 위해 세목으로 사용하는 경우이다. 형식세목에 관해서는 세목(細目)에서 상세히 설명하였다.

3) 세목(細目)

일반적으로 작은 도서관이나 초, 중등학교 도서관에서는 대주제를 나타낸 한 단어로 된 주제명표목을 주로 사용해야 하나 대학이나 큰 도서관, 그리고 전문도서관 등은 주제명의 세목까지 활용하여야 한다. 그리고 자료의 성격에 따라서는 그 세목이 보다 더 중요시될 때도 있다.

세목은 주제의 범위를 제한하지 않고 그 내용을 다시 세분하기 위한 것으로 목록 중의 배열을 규정하는 것을 목적으로 한정어로부터 구별된다. 따라서 세목은 주제가 표현되고 있는 형식 및 주제를 한정하고 있는 시간과 장소에 한 한다. 또한 세목은 가나다순이나 알파벳순 분류목록의 특징이기도 하다. 간단히 표현하면 주제의 표목을 다시 명확히 세분 혹은 구분(subdivision)하는 것으로 하나의 주제명표목에 관한 다방면의 자료를 모아 표목의 분산을 방지하고 형식을 통일하는 기능을 가지게 한다. 그럼으로써 이용자가 보다 구체적으로 한 주제의 전문자료에 밀접히 접근할 수 있게 한 것이다.

도서관 자료의 양이 증가하면 할수록 그 속에 포함되어 있는 자료를 한 단어의 포괄적인 주제명표목만으로는 한 곳에 너무 많은 목록이 모이게 되므로 이용자의 검색이 어려워진다. 그러므로 보다 세분된 주제명표목을 통해서 한 주제명 아래에 모인 동일한 주제의 많은 자료를 구체적으로 세분하여 이용자의 목록검색에 대한 범위를 좁혀준다는데 세목의 필요성이 있다.

예를 들면 '도서관의 역사'란 자료에서 '도서관'이란 주제명 아래에 '역사'라는 세목을 부가시킴으로써 '도서관'이란 주제에 포함되어 있는 많은 자료 가운데서 도서관의 역사에 관한 주제만 한 곳에 모이게 하며, 도서관의 역사에 관해 알고자 하는 이용자들에게 '도서관'이란 주제에 포함된 전체의 목록을 검색하지 않고도 '도서관--역사'라는 주제명표목으로 직접 안내되어 검색을 보다 용이하게 할 수 있게 한 것이다.

	형식구분		세목	
주제명 +	일반형식구분	—	형식세목	= 주제명표목
	특수주제구분	—	특수세목	
	지방지리구분	—	지리세목	
	시대구분	—	시대세목	
	언어형식구분	—	언어형식세목	

4-1. 형식구분과 세목

형식세목은 주제명을 형식에 의하여 세분한 것으로 일반세목이라고도 하는데 여기에는 일반형식세목과 문학형식세목이 포함되고, 특수세목은 특수주제에 의하여 세분된 것으로 특수주제세목이라고도 한다. 지리세목은 지역명에 의하여 세분한 세목이고, 시대세목은 자료가 속한 시대에 의하여 세분한 세목이며, 언어세목은 각종 언어에 의하여 세분한 세목으로 구분된다.

KORMARC은 주제명의 주표목을 Tag로 규정하여 식별기호 '$a'로 기재하고, 형식세목은 식별기호 '$v', 지리세목은 '$z', 시대세목은 '$y'로 입력하고 주표목과 세목이 '--'로 구분 출력되게 하였다.

형식세목은 분류에 있어서 여러 가지 형식구분과 동일한 성질의 것으로 분류형식구분의 조기성 번호를 문자적인 용어로 바꾸어 세구분한 것과 같다. 주제명표목표에서 주표목(主標目)과 하위표목(下位標目 : 細目) 사이는 대개 '--'(長線)을 사용하나 '.'(終止符)를 사용하고 있는 표목표도 있다. 여기서 주표목은 세목과 구분하기 위하여 주제명표목표에서 주(主)가 되는 표목을 말하고 하위표목은 주표목 내에서 세분을 위해 주어지는 세목을 말한다.

(1) 형식세목

형식세목을 편의상 일반형식세목과 문학형식세목으로 나누어 서술하였다.

▪ 일반형식세목

형식세목은 자료의 내용 및 외형의 제작형식에 의해서 주제의 배열을 세분한 것으로 자료의 주제에 관한 서술형식이나 편집형식을 표현한 것이다. 일반형식세목은 한국십진분류표(KDC)의 일반형식구분(form division)에 해당하는 것으로 모든 주제명표목의 필요에 의하여 공통적으로 사용될 있는 '이론', '연감', '잡지', '전집', '역사' … 등을 형식세목으로 하여 주제에 대쉬(−)로 연결한 것이다.

일반형식세목은 자료의 물리적인 형식을 표시한 출판형식세목과 내적인 형식을 표시한 서술형식세목으로 나눌 수 있다.

① 출판형식세목(外形式細目[14])

　　서지, 연감, 잡지, 사전 …

② 서술형식세목(內形式細目)

　　연구법, 법령, 학습법, 이론, 평론 …

다음은 주제명인 '경제', '교육'자료에 일반형식세목을 부가한 경우이다.

경제--사전	650 ❶❷$a경제$x사전	
경제--연감	650 ❶❷$a경제$x연감	
경제--잡지	650 ❶❷$a경제$x잡지	
교육--사전	650 ❶❷$a경제$x사전	「教育學辭典」
교육--연감	650 ❶❷$a경제$x연감	「한국교육연감」
교육--잡지	650 ❶❷$a경제$x잡지	「교육평론(잡지)」

이와 같이 일반형식세목을 통하여 하나의 주제명표목인 '경제'나 '교육'에 집결된 목록은 다시 형식인 '사전', '연감', '잡지' … 등의 세목으로 필요한 주제의 자료검색을 용이하게 하였다.

주제명의 일반형식세목과 분류의 일반형식구분의 차이는 그 형식을 표시하는 데 있어서 분류의 일반형식구분은 숫자로 주제의 일반형식세목은 문자로 세분했다는 데 차이가 있음을 알 수 있다.

14) 山下榮, **件名目錄の實際** (東京: 日本圖協, 1974), p. 49.

일반형식세목과 분류(KDC)의 공통구분

일반형식세목(주제세목)	일반형식구분(KDC 공통구분)
이론	01 철학 및 이론
편람	02 잡(편람, 서지, 제표)
사전, 서지, 색인, 연표	03 사전(事典, 辭典)
논문집, 수필, 평론	04 논문집, 강연집, 잡수필, 논고
잡지, 통계, 연감	05 연속간행물
학습법, 연구법	07 연구법, 지도법, 교육자료
전집, 강좌, 총서	08 총서, 전집, 선집, 강좌, 문고류
역사, 사정, 사료, 전기, 명부	09 역사 및 지리 취급

▪ 문학형식세목

문학형식세목은 주제명에서 일반형식세목에 포함시켜 설명하고 있으나, 본서에서는 편의상 독립시켜 설명하였다. 문학형식세목은 문학의 주제에만 주어지는 세목으로 각국의 문학이라는 주제에 문학의 형식인 '시', '희곡', '소설', '수필', '일기' … 등을 세목으로 하여 한 국가의 문학을 문학형식에 따라 검색되게 한 것이다.

예를 들면 한국의 문학작품은 '한국문학'이라는 주제명 내에서 다시 '시', '소설', '수필' … 등의 형식세목으로 세분 검색되게 한 표목이다.

주표목	문학형식세목	주표목	문학형식세목
한국문학－시		영미문학－소설	
한국문학－소설		독일문학－소설	

한국문학－수필	일본문학－소설
한국문학－희곡	중국문학－소설

각국의 문학을 주제로 하고 다음에 그 문학의 내용형식인 세목으로 구분함으로써 각국 문학이 공통적으로 세분되게 하고, 이 형식세목에 따라 자료검색을 보다 용이하게 한 것이다. 문학형식세목은 분류의 문학공통구분에서 기인된 것으로 문학공통구분을 문자로 세목화한 것이다.

문학형식세목과 분류(KDC)의 문학공통구분

문학형식세목(주제세목)	문학공통구분(KDC)
시	1 시
희곡	2 희곡
소설	3 소설
수필	4 수필, 소품
연설, 웅변	5 연설, 웅변
일기, 서한	6 일기, 서한, 기행
풍자	7 풍자
	8 르포르타아즈 및 기타

(2) 특수세목(subdivision by topic; special subject subdivision)

특수세목은 특수한 주제에 한정되어 사용되는 세복이다. 이는 특정한 학문분에만 적용되는 세목으로 해당되는 주제의 세분을 위하여 관련 주제에 특수한 형식을 부여한 것이다. 즉 하나의 주제를 저자가 특수한 관점에서 취급한 자료는 저자가 취한 특수표시를 세목으로 하여 한 주제에서 특수세목에 따라 자료를 모이게 한 것이다.

예를 들면 '음악'이란 주제에 한해서 적용할 수 있는 특수세목은 '연주', '악식', '작곡'… 등이 되겠고, 하나의 주제를 철학적으로 또는 역사적으로 취급한 자료는 '철학', '역사'라는 관점을 표시한 세목이 되겠다.

주표목 특수세목	주표목 특수세목
연극－연기	음악－연주
연극－연출	음악－악식
동물－채집, 보호	음악－악전
동물－사육	음악－작곡
동물－습성	음악－지휘법
동물－도감	음악－대의법
동물－분포	음악－평론
동물－보호	음악－명곡해설

특수세목은 한 주제 내에서만 한정되어 사용될 수 있는 세목이 있는가 하면, '역사', '평론', '연구' 등과 같이 많은 학문분야의 주제에서 사용될 수 있는 세목도 있다. 특수세목도 다른 세목과 같이 관련 주제의 분류구분에서 기인된 것이다.

(3) 언어형식세목(language subdivision)

언어세목은 언어 즉, 국어에만 주어지는 공통구분을 세목으로 하여 각국의 국어를 공통적으로 구분되는 언어의 형식에 따라 세분될 있도록 한 세목이다.

예를 들면 한국어에 관한 자료는 '한국어'라는 하나의 주제에 모으고, 다시 '문법', '어원' … 등의 세목으로 세분되게 한 것이다.

주표목 특수세목	주표목 특수세목
한국어-문법	영 어-문법
한국어-사전	중국어-문법
한국어-어원	일본어-문법

언어형식세목은 분류의 언어공통구분에서 기인된 것으로 언어공통구분을 문자로 세목화한 것이다.

언어형식세목과 분류(KDC)의 언어공통구분

언어형식세목(주제세목)	언어공통구분(KDC)
문자, 음운	1 음운 및 문자
어원	2 어원
사전	3 사전
문법	5 문법
작문	6 작문
교과서, 해석, 회화	7 독본, 해설, 회화
고어, 방언	8 고어, 방언

(4) 지리(지방)세목(subdivision of place; geographic subdivision)

지리세목은 한 주제 내에서 국가별 또는 지역별로 세분하는 형식을 말한다. 한 주제가 특정 국가나 지역에 한정된 것일 때 관련된 국가명이나 지역명을 세목으로 기재함으로써 한 주제 내에서 동일한 지명의 자료가 한 곳에 모이게 한 것이다.

지리에 대한 주제명표목은 주제명을 주표목으로 하는 것과 지역명을 주표목으로 하는 것이 있다. 한 주제가 주표목이 될 때는 지역명을 세목으로 하고, 지역명이 주표목이 될 때는 주제명을 세목으로 한다.

지리세목은 직접지리세목(direct subdivision)과 간접지리세목(indirect subdivision)으로 나눌 수 있다.

직접지리세목은 하나의 자료에서 세목에 해당되는 지역명을 상위의 중간지명의 표시 없이 주제에 직접적인 세목으로 표시한 것이다.

예: 사회사정－인천 (사회사정－한국－인천이 아님)
Art－Paris (Art－France－Paris가 아님)

직접지리세목의 단점은 한 국가의 각 지역명이 명사에 따라 분산되므로 한 곳에서 한 국가의 전체적인 사항을 검색할 수 없다는 점이다.

간접지리세목은 주제에 관한 지역명을 국명으로부터 직접 관계되는 지명으로 그 세목의 범위를 좁혀가는 것이다. 그래서 동일 주제명에서 동일 국명으로 모으고 다시 지명별로 배열되게 한 것이다. 이때의 단점은 표목으로 구성되는 주제명이 너무 길고 복잡하다는 점이다.

예: 사회사정－한국－인천 (사회사정－인천이 아님)
Art－France－Paris (Art－Paris가 아님)

지리세목은 모든 행정구역명, 즉 지역명을 주제에 연결시켜 사용한다. 예를 들면 자연과학의 경우 한국의 동물이라는 자료는 '한국--동물'로 하지 않고 '동물--한국'으로 함으로써 자료자체의 주제를 '동물'로 하고 지역명인 한국을 형식세목으로 연결하여 '동물'에서 다시 지명으로 세분되게 하였다.

(5) 시대세목(period of time subdivision)

역사관계 자료의 주제명에 주로 사용되는 세목이다. 행정단위명(지명포함)이나 일반주제의 역사를 특정한 시대에 한해서 서술한 자료는 필요에 의해 시대를 세목으로 세구분한다. 국명이나 지방행정단위명, 그리고 특정주제명을 주표목으로 하고 다시 중요한 시대적인 분기점을 세목으로 한 주제를 적용함으로써 특정시대의 자료 검색을 용이하게 한 것이다.

주표목 세목 시대세목	주표목 시대세목
한국－역사－상고시대	동양사－원시시대
한국－역사－삼국시대	동양사－근세
한국－역사－고려시대	세계대전－제1차
한국－역사－조선시대	세계대전－제2차
한국－역사－1945년 이후	철학－중세

시대세목은 '고대', '중세', '근세', '현대'나 '왕조', '연도별' 그리고 그 시대를 대표하는 '회수' … 등 여러 가지 방법으로 표시한다. 이렇게 시대에 따라 세분된 주제명은 그 세목의 배열을 기재된 문자순인 가나다순이나 알파벳순에 의하지 않고 세목의 역사적인 시대순에 의해 배열한다.

3. 주제명의 참조(subject cross reference)

주제명의 참조는 주제명표목 상호간의 연결을 그 목적으로 한다. 주제명표목표는 논리적인 체계에 의하여 배열된 분류표와는 달리 주제명표목을 문자의 음순(音順)으로 배열 편성한 것이기 때문에 표목 상호간에 그 관련이 별로 없다. 이렇게 주제명표목표가 가지고 있는 단점은 참조라는 형식으로 해결해 줄 수 있다. 주제명참조는 주제명표목표에서 없어서는 안 될 필수불가결의 요소로 이 참조에 의해서 한 주제명표목에 관계되는 유사주제와 그 주제명의 파생을 이해할 수 있다.

주제명참조는 다음과 같이 5가지의 유형으로 나눌 수 있다.

- 주제명참조
  - 목록의 주제명참조
    - ①'보라'참조(see reference)
    - ②'도 보라'참조(see also reference)
    - ③ 일반참조(general reference)
  - 표목표의 주제명참조
    - ④'에서 보라'참조(refer from 'see reference')
    - ⑤'에서도 보라'참조(refer from 'see also reference')

4-2. 주제명참조 체계

5가지 참조 중에서 ①②③은 목록으로 작성되어 열람자에게 이용될 수 있는 참조이고, ④⑤는 주제명표목표상에서 목록작성자에게 표목표의 사용을 위해 주어진 참조이다. 다음은 이재철 편 「**주제명표목표**」에 나타낸 부호를 중심으로 설명한 것이다.

(1) '보라'참조 (→)

주제명표목표에서 '→'로 표시되는 '보라'참조는 주제명표목으로 채택되지 않은 주제명으로부터 채택된 주제명표목으로 안내한다.

예: 도서실→도서관 (도서실은 도서관을 보라)
도서목록법→목록법 (도서목록법은 목록법을 보라)
지프차→자동차 (지프차는 자동차를 보라)

'도서실', '도서목록법', '지프차'는 주제명표목으로 채택되지 않은 주제명이기 때문에 화살표(→)가 향해진 쪽의 '도서관', '목록법', '자동차' 등의 채택된 주제명표목으로 안내하고 있다.

주제명표목표는 목록자의 사무용 도구이기 때문에 '보라'참조라는 설명식으로 하지 않고 화살표만으로 표시하나, 열람자를 위한 열람용목록에서는 설명식으로 참조목록을 작성해야 한다.

'보라'참조가 필요한 사항은 다음과 같다.

① 동의어의 한 쪽에서 다른 한 쪽으로
세금→조세 성경→성서

② 외국어와 번역어
오페라→가극 장신구→악세사리
꽃→화초 수(水)→물

③ 결합표목의 후부에서 전부로
과학과 종교→종교와 과학 개인과 국가→국가와 개인

④ 도치표목의 후부에서 전부로
구약성서→성서--구약 실험화학→화학/실험

⑤ 약어와 완전어

수폭→수소폭탄　　　　　　　　　　국제연합교육과학문화기구→유네스코

⑥ 특수표목에서 일반표목으로

지프차→자동차

⑦ 복합표목과 개별표목

상공업→상업;공업　　　　　　　　도기·자기→도자기

⑧ 동류어(同類語)의 한쪽에서 다른 한쪽으로

삼림→산림　　　　　　　　　　　추럭→트럭

⑨ 형식을 바꿀 때

국사→한국--역사

⑩ 인명의 통일표목으로

조지훈→조동탁

⑪ 읽기의 통일을 위한

차도(茶道)→다도

(2) '도 보라'참조(⇒)

주제명표목으로 채택된 표목과 유사한 또는 관련이 있는 주제의 표목 자료를 연결시켜 주는 참조이다. 그래서 '도 보라'참조는 주제명표목표에서 한 주제명표목과 관계되는 모든 주제명표목으로 안내함으로써 관련된 자료의 폭넓은 검색에 기여하게 한다.

'도 보라'참조는 주제의 상호관계를 표시하는 것과 종속관계를 표시하는 것으로 되어 있다. '도 보라'참조는 주로 포괄적인 내용의 큰 주제명에서 작은 주제명으로, 그리고 관련 있는 주제명 사이에 참조가 된다. 그러

나 작은 주제명에서 큰 주제명으로 참조하지는 않는다.

① 주제명의 상호관계에 의한 참조

도서관/아동

⇒도서관/청소년 (도서관/아동은 도서관/청소년도 보라)

아동도서관; 학교도서관

② 주제명의 종속관계에 의한 참조

도서관학

⇒도서관조사

목록법; 서지학 (도서관학은 서지학도 보라)

(3) 일반참조(⇒)

일반참조는 전술한 참조와 같이 주제명표목 간의 대등관계나 종속관계의 참조와는 달리 순수 설명적인 참조이다. 일반참조는 다음 예와 같이 많은 특수표목에 해당되는 참조를 하나하나 기재하여 참조하지 않고 전체를 일괄하여 설명식으로 참조한 것이다.

연감(年鑑)

⇒일반주제명의 세목－연감

예: 문학－연감

전기(傳記)

⇒각국명, 지명 및 주제명 아래의 세목－전기

예: 한국－선기; 종교－전기; 여자－전기

(4) 「에서 '보라'」참조(x)

'에서 보라'참조는 앞에서 말한 '보라'참조를 역으로 참조한 것이다. 이 참조는 도서관의 목록자를 위한 것으로 채택되지 않은 주제명에서 '보라'참조되어 온 주제명을 재확인하기 위한 참조이다.

예: 도서관
x 공공도서관 x: 도서관은 공공도서관에서도 보라
(→ : 공공도서관은 도서관을 보라)
도서실, 문고 x: 도서관은 도서실에서도 보라
(→ : 도서실은 도서관을 보라)
여관
x 여인숙; 호텔

예에서 보는 바와 같이 x표 이하의 '공공도서관', '도서실', '문고', '여인숙', '호텔' 등은 채택되지 않은 주제명으로 채택된 동일한 의미의 주제명인 '도서관', '여관'에 포함되어 있음을 나타내고, '도서관'은 '공공도서관', '도서실', '문고'에서, '여관'은 '여인숙', '호텔'에서 참조되어 왔음을 말한다.

주제명인 '도서관', '여관'을 주제명목록의 표목으로 기재한 경우에는 x표 다음의 '공공도서관', '도서실', '문고', '여인숙', '호텔'에서 '보라'참조를 만들 것을 지시하고 있다.

(5) 「에서 '도 보라'」참조(xx)

'에서도 보라'참조는 한 주제명표목 아래에 그 표목에 대하여 관계된 다른 주제명표목 '에서도 보라'참조가 되어 있음을 표시하는 것이다. 이 '에서도 보라'참조는 앞에서 말한 '도 보라'참조를 역으로 참조한 것이다.

예:　도서관

xx 서지학　　xx : 도서관학은 서지학에서도 보라

(⇒ : 서지학은 도서관학도 보라)

도서관/아동

xx 도서관/청소년; 도서관과 학교

예에서 보는 바와 같이 '도서관학'은 이와 유사한 주제명표목인 '서지학'에서도 보라는 참조이다. '에서도 보라'참조 역시 목록자를 위한 참조로 하나의 주제명표목에서 이에 관계된 다른 주제명표목으로 상호참조하는 것이다.

4. 주제명표목표의 사용

주제명표목표는 표 자체의 구성, 내용, 사용된 용어, 편집형식, 사용부호 등 각 주제명표목표마다 다소의 차이는 있지만 그 사용방법은 대동소이하다. 그래서 한 가지 주제명표목표에 대한 사용방법을 이해함으로써 그 외의 다른 주제명표목표의 사용이 가능하다는 점에서 사용법에 대한 철저한 지식이 필요하다.

4.1. 주제명표목표에 사용된 부호

주제명표목표는 표 자체를 보다 간단명료하게 나타내기 위하여 여러 가지 부호를 사용하고 있다. 이러한 부호들은 주제명표목표에 따라 다소 차이가 있으나, 여기에서는 지금까지 한국과 일본 등에서 편찬된 주제명표목표와 한국에서 많이 사용되는 LC의 「**주제명표목표**」,[15] Sears의 「**주제명표목표**」[16]를 중심으로 생각해 보고자 한다. 그리고 실제 사용에 대한 상세한 설명은 표목표의 사용방법에서 논하기로 한다.

→ '보라'참조 　　　　　　　예: 가옥→주택

⇒ '도 보라'참조 　　　　　예: 가정⇒가정학

x '에서 보라'참조 　　　　 예: 도서관
　　　　　　　　　　　　　　x 도서실, 문고

xx '에서도 보라'참조 　　　예: 도서관
　　　　　　　　　　　　　　xx 교육; 도서

-- 세목(細目) 　　　　　　　예: 한국어－사전

/(,) 도치표목 　　　　　　　예: 도서관/아동. 도서관, 아동

. '및', '그리고'의 뜻 　예: 일식·월식
(복합표목 사이에 사용된다)

'sa'(see also) '도 보라'

'see' '보라'

---

15) *Subject Headings Used in the Dictionary Catalogs of the Congress* (6th ed. Washington, DC: LC., 1975).

16) M. E. Sears, ed., *List of Subject Headings for Small Libraries*, compiled from List used in Nine Representative Small Libraries (5th ed. New York: Wilson, 1944).

(1) 주제명표목표에 대한 해설 (1)

성경. 구약—(계속)

성경아래의 세목과 같이 세분한다.

x 구약

성경—그림, 사진집 220; 755; 704.948

xx 기독교미술·상징주의; 예수 그리스도—미술; 회화(繪畵)—화집

성경—기적 →기적(奇蹟)

성경—동물 →성경—박물학

성경—동물학 →성경—박물학

성경—문학 →성경문학

성경/문학상의 800대

성경이 일반 문학, 각국 문학 또는 어떤 작가에 끼친 영향에 관해서 논의한 도서를 넣는다. 각국 문학명 또는 피작가명으로 또하나의 표목을 내어주어야 한다.

⇒종교/문학상의

xx 문학; 종교/문학상의

성경—박물학 220.8

x 동물학/성경; 박물학/성경; 성경—동물; 성경—동물학; 성경—식물학; 성경—정원; 성경—조류(鳥類)

xx 동물/문학상의; 조류/문학상의

성경—번역 220.5

구약 및 신약성경의 번역사에 관한 것을 넣는다.

성경—부인 →여자/성경상의

성경—비유 →예수 그리스도—비유

성경—사전 220.3

⇒성경—요어색인

x 성경—색인

성경—색인 →성경—사전; 성경—요어색인

성경—식물학 →성경—박물학

"X"는 '보라'참조표시(에서 '보라'참조) 즉. '성경·구약'은 '구약'에서 보라. '성경·구약'은 '구약'에서 참조된 것임을 주제명 작성자가 참고하라는 표시

"·"는 '및'의 표시 관련 있는 두 주제를 함께 나타낼 때 주제명의 이음표시

"/"는 주제명도치의 표시 '문학상의 성경'을 '성경 / 문학상의'로 도치한 주제명의 구분표시

'성경 / 문학상의' 주제명 사용에 대한 설명어구

"X X"는 '도 보라'참조표시(에서 '도 보라'참조) 즉. '성경 / 문학상의'는 '문학'이나 '종교 / 문학상의'에서도 보라는 뜻으로 주제명 작성자가 상호참조하라는 표시

"⇒"는 '도 보라'참조 '성경—사전'은 '성경—요어색인'도 보라의 상호참조 부호

"→"는 '보라'참조표시 '성경—식물학'은 '성경—박물학'을 보라의 참조표시임

※ 이재철 편, **주제명표목표** (서울: 연세대학교 도서관학과, 1961), p. 217.

조각(彫刻)/한국 730.973
  x 한국조각
조각가 (도치형의 지리세목을 쓴다) 920
  xx **미술가**
조각가/한국 920
  x 한국조각가
조개류(貝類) →**패류(貝類)**
조관(朝官) →**왕실 · 조신(朝臣)**
조교(吊橋) →**교량(橋梁)**
조로애스타교 295
  ⇒**배화교(拜火敎); 아베스타(Avesta)**
  x 음양교(陰陽敎)
  xx **배화교(拜火敎); 아베스타(Avesta); 종교**
조롱새(籠鳥) 636.6
  ⇒개개의 조롱새의 이름, 예: **카나리아(새)**
  x 농조(籠鳥); 새/새장; 새/조롱
  xx **조류(鳥類)**
조류(鳥類) (지리세목을 쓴다) 598.2
  개개의 새이름은 이표에 수록되어 있지 않으나 필요에 따라 표목으로 잡아 사용할 수 있다.
  ⇒**물새(水鳥); 비상(飛翔); 엽조(獵鳥); 육식조(肉食鳥); 조롱새(籠鳥);** 및 개개의 새이름, 예: **비둘기**
  x 새; 새류(鳥類); 조류학(鳥類學)
  xx **동물; 동물학; 척추동물**
조류(鳥類)—도감(圖鑑) 598.2
조류(鳥類)/문학상의 800대
  ⇒**성경—박물학**
  xx **동물/문학상의**
조류(鳥類)—보호 333.7; 598.2
  ⇒**엽조수보호(獵鳥獸保護)**
  x 조류보호(鳥類保護)
  xx **야생생물—보호; 엽조수보호(獵鳥獸保護)**

"(도치형의 지리세목을 쓴다)"는 도치표목 사용을 지시

"—"는 주표목과 세목의 연결부호

"도감"은 주표목인 '조류'에 대한 형식세목

"333.7", "598.2"는 '조류—보호'의 주제에 대한 DDC의 분류기호

※ 이재철, p. 379.

(2) 주제명표목표에 대한 해설 (2)

한국－역사－
　이조시대　911.05

> "－"는 주제명과 세목과의 관계 표시

⇒갑오경쟁, 독립협회, 독학혁명, 병자수호조약, 병자호란, 사색당파, 을사조약, 임진왜란
←이조시대

> "역사"는 주제명 '한국'에 대한 세목

한국－역사－
　일제시대　911.06

> "일제시대"는 주제명 '한국－역사'에 대한 재세목(이중세목)

⇒광주학생사건, 독립선언, 만국평화회의, 삼일운동, 6.10만세운동
←일제시대, 한일합방

한국－역사－
　1945～　911.07

⇒미·소공동위원회(한국), 반탁운동, 4.19의거, 5.16혁명, 6.25사변, 8.15해방
←대한민국시대

한국－윤리　193.1

> "193.1"은 해당 주제명의 KDC 분류기호

⇐윤리

한국－지도　989.11

⇐지도

한국－철학　151

⇒한국－사상
⇐철학

> "⇒"은 '도 보라'참조표시 '한국－철학'은 '한국－사상'도 보라는 표시로 유사한 주제명의 상호참조목록 작성을 지시한 부호

한국무용
　(韓國舞踊)　685.11

→무용－한국

> "한국무용"은 '무용－한국'으로 주제명을 작성할 것을 지시

한국문학　810

⇒개행, 문학가, 민요, 소설, 수필, 시, 신화, 아동문학, 일기, 전설, 한시, 희곡
←국문학
⇐문학, 한국－문예

> "←"는 '보라'참조표시 '한국문학'은 '국문학'에서 참조되어 왔으므로 사무적으로 '국문학'을 참고하라는 부호

한국문학－기행　816

⇐기행

한국문학－서간　816

⇐서간

한국문학－서설　813

⇒고대소설, 근대소설, 설화－한국, 신소설, 이야기－한국
⇐소설

> "⇐"는 '도 보라'참조표시 '한국문학－소설'은 '소설'에서도 상호참조 되었으므로 사무적으로 참고하라는 부호

※ 한국도서관협회 편, **主題標目表(中學校用)**, p. 333.

학습원	522.8	⟶농원, 화단
학예회	372.35	
한강	911.5	
한국	911	⟶대한대국
한국 동란	911.0723	⟶육이오(6.25)
한국 문학	810	
		⟹각본, 문학가, 소설, 시, 편지
		⟸문학
한국어	710	⟶국어
한국 역사	911	
		⟹원시 시대
한국 지리	981.1	
		⟹각 지방의 이름
		⟸지리
한국 헌법	362.11	⟶헌법
한글	711.2	⟶국어
한글 학자	998.71	
한라산	911.99	
		⟸국어, 전기
한난계	426.51 530.223	⟶온도계
한류	454	⟶해류
한, 석봉(1543∼1605)	998.6	
한약	519.8	⟶약
한일 합병 조약	911.06	⟶일제 침략 시대
한일 회담(1966)	911.074	
한자	711.4	⟶문자
한지	586.221	⟶종이
한학자	998.81	
한해	523.5	
		⟸농업, 재해
함경남도	911.15	
		⟹합흥
함경북도	911.11	
		⟹청진
함수탄소	439.152 594.1	⟶녹말

"⟶"는 '보라'참조표시 '한국'은 '대한민국'을 보라는 참조표시

"⟹"은 '에서도 보라'참조표시 '한국역사'는 '원시시대'도 보라는 표시로 유사한 주제명의 상호참조목록 작성을 지시한 부호

"426.51", "530.223"은 해당 주제명의 KDC 분류기호

"⟸"는 '도 보라'참조표시 '한해'는 '농업', '재해'에서도 상호참조되었으므로 사무적으로 참고하라는 부호

※ 한국도서관협회 편, **主題標目表(國民學校用)** (서울: 한도협, 1967), p. 111.

(3) 주제명표목표에 대한 해설 (3)

"*see*"는 '보라'참조 'Vegetable kingdom'은 'Botany'를 보라는 참조목록을 작성할 것을 지시

"−"는 '세목'표시로 주제명과 해당 세목과의 관계를 표시하는 부호

"*See also*"는 '도 보라'참조 'Vegetables'는 'Cookery-Vegetables'도 보라는 뜻으로 상호참조목록을 작성할 것을 지시하는 표시

'Vegetables'라는 주제명 사용에 대한 설명

Vegetable kingdom. *See* **Botany; Plants**
Vegetable oils. *See* **Essences and essential oils; Oils and fats**
Vegetable pathology. *See* **Plants—Diseases**
Vegetables
  Names of vegetables are not included in this list but are to be added as needed, e.g. **Celery; Potatoes;** etc.
  See also **Cookery—Vegetables; Root crops; Vegetable gardening; Vegetarianism;** also names of vegetables, e.g. **Celery; Potatoes;** etc.
  xx **Botany; Food; Vegetable gardening**
Vegetables—Canning. *See* **Canning and preserving**
Vegetables—Marketing. *See* **Farm produce—Marketing**
Vegetarian cooking. *See* **Cookery—Vegetables**
Vegetarianism
  xx **Diet; Food; Vegetables**
Vehicles, Military
  x Army vehicles; Military vehicles
  xx **Transportation, Military**
Velocity. *See* **Speed**
Veneers and veneering
  xx **Cabinet work; Furniture**
Venereal diseases
  See also **Sexual hygiene;** also names of venereal diseases, e.g. **Syphilis;** etc.
  x Hygiene, Social; Social hygiene
  xx **Prostitution; Sexual hygiene**
Venom. *See* **Poisons**
Ventilation
  See also **Air conditioning; Chimneys; Heating**
  xx **Air; Air conditioning; Heating; Home economics; Hygiene; Sanitation; Sanitation, Household**
Ventriloquism
  xx **Amusements; Voice**

"*x*"는 'See' (Refer from) 'Vehicles, Military'는 'Army vehicles'에서 보라는 참조표시, 즉 'Vehicles, Military'는 'Army Vehicles'에서 참조되어 왔으므로 목록자가 참고할 것을 지시한 부호

"*xx*"는 'See also'(Refer from) 'Ventriloquism'은 'Amusements'나 'Voice'에서도 보라는 부호로 유사한 주제에 대한 사무적인 상호참조표시를 위한 부호

※ M. E. Sears, *Sears List of Subject Headings*, ed. by Bertha Margaret Frick (11th ed. New York: Wilson, 1954), p. 557

(4) 주제명표목표에 대한 해설 (4)

Penobscot Indians *(E99.P5)*
  xx Abnaki Indians
    Algonquian Indians
    Indians of North America
 — Government relations

> "xx"는 '도 보라'참조(에서 도 보라)표시
> 'Penobscot River satershed, Me.'는 'Watersheds—Maine'에서도 보라는 뜻으로 사무적인 상호참조의 지시

Penobscot language *(PM2147)*
  xx Abnaki language
    Algonquian languages

> "*PM2147*"은 해당 주제명에 대한 LC(의회도서관)의 분류기호

Penobscot River watershed, Me.
  xx Watersheds—Maine

Penology
  See Corrections
    Prisons
    Punishment

> "*See*"는 '보라'참조
> 'Penology'는 'Correction', 'Prisons', Punishment'를 보라는 참조목록의 작성을 지시

Pension trusts *(Indirect)*
  sa Individual retirement accounts
  x Employee pension trusts
  xx Charitable uses, trusts, and foundations
    Financial institutions
    Labor and laboring classes
    Old age pensions
    Trusts and trustees
 — Investments
    x Pension trust investments
    xx Investments
      Legal investments
 — Taxation *(Indirect)*
    x Charities—Taxation

> "*Direct*"나 "*Indirect*"는 지명에 대한 주제명의 직.간접표목의 표시
> *Direct* = 주제명—社—市나 국가(Taxation—Daggett Co., Utah)를 의미하고, *Indirect* = 주제명—시나 국가—사(Uranium Ores—Utah—Daggett)를 의미한다.

> "*sa*"는 'See also'참조로서 'Pensions'는 'Annuities', 'Civil list', 'Civil service pensions'....도 보라는 상호참조 지시

> "x"는 '보라'참조(에서 보라)표시
> 'Pension trusts'는 'Employee pension trusts'에서 보라는 뜻으로 사무적인 참고 지시

Pensioners, Civil service
  See Civil service pensioners

Pensions *(Indirect) (Civil service, JF1671; Public finance, HJ7491; Teachers, LB2842-4)*
  sa Annuities
    Civil list
    Civil service pensions
    Mothers' pensions
    Old age pensions
    Social security
    subdivision Pensions *and* Salaries, pensions, etc. *under subjects, e.g.* Lawyers—Pensions; United States. Congress—Salaries, pensions, etc.

> "*e.g*"는 Latin어 'exampli gratia'의 약자로 '例'의 표시

> "*subdivision*" 또는 "*also subdivisions*"는 세목 작성에 대한 지시

> "—"는 세목표시로 주제명과 세목을 연결하는 부호

※ *Library of Congress Subject Headings*, Library of Congress, Subject Cataloging Division, Processing Services (Ninth edition. Washington: LC., 1980), v. 2, p. 1728.

4.2. 주제명의 추가

주제명표목표는 분류표와 같이 도서관의 자료조직과 일치될 수 있는 완전한 것이 있을 수 없다. 시대의 발전에 따른 주제명의 변천과 학문의 파생으로 인한 표목표의 추가는 불가피한 것이다. 분류표에서 필요한 분류체계를 추가하여 사용하는 것 같이 주제명표목표에서도 주제명을 추가하는 것과 같다. 그러므로 표목표에 나와 있지 않는 새로운 용어의 주제명은 그 도서관에서 이미 주제명의 기준으로 쓰고 있는 표목표 중에 수시로 선정하여 추가해 나가야 한다. 이곳에서는 표목표에 새로운 주제명을 추가하는 방법을 제시하여 추가에 관한 통일성을 기하고자 한다.

가령 '종달새'에 관한 새로운 자료가 들어왔을 때 주제명표목표에 '종달새'란 주제명이 없고 '조류'란 상위의 주제명만 있을 때 부득이 '조류'라는 주제명에 포함시켜야 한다. 그러나 특별히 '종달새'라는 표목을 주제명으로 기재해야 할 경우에는 '종달새'를 표목표상에 삽입하고, '조류'라는 주제명에 '조류⇒종달새'를 추가 기재하고, 주제명으로 추가된 '종달새' 아래에 'xx조류'를 추가하여 '에서도 보라'참조를 삽입한다.

4.3. 주제명의 변경과 폐기

시대의 발전과 학문의 세분화에 따른 새로운 전공의 생성은 그 명칭을 가변적인 것으로 만들어 사용되지 않거나 이용에 기여하지 못하게 된 것이 많다. 그래서 시대에 맞게 적당하고 보편화된 명칭으로 주제명을 변경 대치하는 것이 불가피해진다. 이와 같은 주제명의 변경으로 이미 사용하고 있었던 주제명을 폐기하고, 보편화된 동의어로 대체해야 한다.

표목표상의 표목어 추가의 예

물질 117; 541; 530.1
xx 동력학(動力學); 물리학
물질주의 →유물론
물품판매'세 →판매'세

√물총새
xx 조류(鳥類)

새 →조류(鳥類)

새류(鳥類) →조류(鳥類)

앵글로색선어(語) 429
x 고대영어; 영어－고대영어
야간·보습학교 374.9

√앵무새
xx 조류(鳥類)

√조류(鳥類) (지리세목을 쓴다) 598.2
개개의 새이름은 이표에 수록되어 있지 않으나 필요에 따라 표목으로 잡아 사용할 수 있다.
⇒물새(水鳥); 비상(飛翔); 엽조(獵鳥); 육식조(肉食鳥), 조롱새(籠鳥); 및 개개의 새 이름, 예: 비둘기; √종달새; √물총새; √앵무새
x 새; 새류(鳥類); 조류학(鳥類學)
xx 동물; 동물학; 척추동물

조류보호(鳥類保護) →조류(鳥類)－보호
√조류학(鳥類學) √→조류(鳥類)

종기(腫氣) →종양(腫瘍)
종두(種痘) →왁친

√종달새
xx 조류(鳥類)

(1) 주제명의 대체

새로운 주제명으로 변경할 경우에는 우선 표목표의 가나다순이나 알파벳순에 따라 새로운 주제명을 삽입하고, 다음에 구(舊)주제명에서 새로운 주제명으로 '--를 보라'라는 참조를 함으로써 구주제명을 통해서도 새로운 주제명을 알 수 있게 해야 한다. 그러나 보다 더 철저히 표목표를 변경해야 될 경우에는 이미 사용된 구주제명을 표에서 찾아 모두 새로운 주제명으로 대체하고 구주제명과 관련이 있는 '보라', '도 보라'참조까지 완전히 정정하여야 한다.

(2) 상호참조에 의한 방법

이는 주제명을 변경하되 이미 목록 중에 들어있는 구주제명을 제거하지 않고 상호 참조를 통해 새로운 주제명과 구주제명이 나란히 사용되게 한 것이다. 그러므로 구주제명으로 정리된 목록은 그대로 사용할 수 있게 하고 새로운 주제명으로부터 '도 보라'참조를 한다.

(3) 주제명표목의 폐기

자료가 제적됨으로써 사용되던 목록기입을 전부 제거할 경우에는 표목표상에서 표목하지 않았던 원형으로 복귀시켜야 한다. 그러므로 주제명 및 관련된 참조에 표시한 '✓'(체크)를 전부 지워 기재된 사실이 없었던 것으로 해야 한다.

예를 들면 주제명을 '조선'으로 쓰고 있던 도서관에서는 새로운 주제명 '한국'으로 기재하고, 표목표에는 '조선→한국'으로 표시하고 열람용 목록에는 '조선은 한국을 보라', 또는 '조선은 한국도 보라'는 참조를 함으로써 구표목에서 새로운 표목으로 안내해 주거나 구표목이 새로운 표목과 나란히 사용되게 한다.

4.4. 주제명표목의 점검

(1) 주제명표목

한 자료에 대한 주제로서 사용된 주제명에는 반드시 사용된 사실을 표시해야한다. 주제명 중 '조류'라는 주제명이 처음으로 사용되어 주제명목록의 표목이 되었을 때는 다음과 같이 표목표의 '조류'라는 주제명 앞에 체크(✓)를 해야 한다. 한번 체크된 주제명에 대해서는 이후 다시 주제명이 표목으로 채택되어도 이중으로 체크하지 않는다. 이렇게 체크함으로써 이미 사용된 주제명에 대해서도 목록자가 안심하고 다른 도서에서 주제명표목으로 채택할 수 있게 해 주고, 새로운 것일 때는 앞으로 사용될 자료의 양을 고려한 신중한 검토를 거쳐 주제명으로 채택해야 준다.

(2) '보라'참조(→)와 '에서 보라'참조(x)

표목표에 지시된 '보라'참조된 주제명표목을 작성할 때에도 작성된 참조의 주제명에 체크한다. 표목표의 '주류'는 x표 이하의 '새', '새류'에 의해서 참조되어 있음을 나타내고 있으므로 직접 참조된 관련표목에 체크한다. 즉 x표 다음에 있는 용어는 주제명표목으로는 쓰이지 않으나 채택된 표목과 밀접한 관련이 있거나, 또는 동의어로서 이용자가 찾을 가능성이 있으므로, 그 하나하나의 용어로부터 표목으로 채택된 '조류'로 참조되어 왔으므로 x표 이하의 용어도 참고하라는 표시이다. 그러므로 x표 이하의 용어가 '보라'참조에 의하여 '조류'로 참조표목이 작성되었을 때는 x 이하의 해당 용어에 체크한다. 그리고 가나다순에 따라 '새→조류'의 하나하나를 찾아 체크해야 한다.

> 새는
> 조류(鳥類)를 보라

√새 →조류(鳥類)

> 새류는
> 조류(鳥類)를 보라

√새류(鳥類) →조류(鳥類)

앵글로쌕션어(語) 429
　x 고대영어; 영어－고대영어
야간·보습학교 374.9

> 조류(鳥類)는
> 종달새도 보라.

> 조류(鳥類)는
> 물총새도 보라.

> 조류(鳥類)는
> 앵무새도 보라.

조류(鳥類) (지리세목을 쓴다) 598.2
　개개의 새이름은 이표에 수록되어 있지 않으나 필요에 따라 표목으로 잡아 사용할 수 있다.
　⇒물새(水鳥); 비상(飛翔); 엽조(獵鳥); 육식조(肉食鳥), 조롱새(籠鳥); 및 개개의 새이름, 예: 비둘기; √종달새; √물총새; √앵무새
　x√새; √새류(鳥類); √조류학(鳥類學)
　xx 동물; 동물학; 척추동물

> 조류(鳥類)는 조류학에서 보라.
> ≠조류학은 조류(鳥類)를 보라.

> 조류(鳥類)는 척추동물에서도 보라.
> ≠척추동물은 조류(鳥類)도 보라.

> 조류(鳥類)는 새류에서 보라.
> ≠새류는 조류(鳥類)를 보라.

> 조류(鳥類)는 새에서 보라.
> ≠새는 조류(鳥類)를 보라.

(3) '도 보라'참조(⇒)와 '에서도 보라'참조(xx)

한 주제명에 관련된 표목을 "도 보라"참조를 하고, 이를 체크한나. '조류'와 관련된 '도 보라'참조 목록의 작성은 먼저 xx표 다음에 있는 표목 하나하나를 가나다순에 따라 찾아보고 그 표목이 이미 주제명표목으로서 사용된 여부를 확인한다. 다음 xx표 다음에 있는 '동물', '동물학', '척

추동물'을 찾아 그 용어에 체크가 되어 있는가를 확인한다. 예에서 '척추동물'은 조류로 상호참조가 되어 왔음을 표시하고 조류는 척추동물에서도 확인하라는 지시이다. 이것은 '척추동물'에 관한 자료가 도서관에 이미 있다는 것을 뜻하는 것이므로 '척추동물'과 밀접한 관계를 가진 '조류'에 대한 새로운 자료가 있다는 것을 이용자들에게 알려주므로 '척추동물'에 관련된 자료의 이용 폭을 넓혀 준다. 이 목록이 작성된 후에는 표목표의 '조류' 아래에 있는 XX표 이하의 '척추동물'에 체크한다. 그리고 '척추동물'의 '⇒조류'라는 표목에도 체크한다. 이것도 이미 '도 보라' 참조가 되어 있음을 뜻하고, 다시 중복해서 참조하지 않도록 한 것이다.

√조류(鳥類) (지리세목을 쓴다) 598.2
　√개개의 새이름은 이표에 수록되어 있지 않으나 필요에 따라 표목으로 잡아 사용할 수 있다.
　⇒물새(水鳥); 비상(飛翔); 엽조(獵鳥); 육식조(肉食鳥), 조롱새(籠鳥); 및 개개의 새 이름, 예: 비둘기; √종달새; 물총새; 앵무새
　x√새; √새류(鳥類); √조류학(鳥類學)
　xx 동물; 동물학; √척추동물

조류(鳥類)는 척추동물에서도 참조하라.

조류보호(鳥類保護) →조류(鳥類)－보호
√조류학(鳥類學) →조류(鳥類)

종기(腫氣) →종양(腫瘍)
종두(種痘) →왁친

√종달새
　xx√조류(鳥類)

척추동물은 조류(鳥類)도 보라.

√척추동물 596; 566
　⇒√양서류(兩棲類); 어류(魚類); √조류(鳥類) 파충류(爬蟲類); 포유동물
　xx√동물학
√척추마비 / 전부(前部) →소아마비(小兒痲痺)

척추동물
　xx 동물학

척추동물
　⇒
　　양서류; 어류; 조류; 파충류; 포유동물

찾아보기

(D)

(T)

(ㅂ)

(ㅇ)

(ㅊ)

김 남 석

경남 남해 태생

교육학박사

계명대학교 문헌정보학과 명예교수

전, 계명문화대학교 총장

저서로 도설도서편목 (계명대학교출판부, 1975), 목록학 (계명대학교출판부, 1978), 자료목록학 (경인문화사, 1982), 도서편목법 (계명대학교출판부, 1983), 비도서자료 (한국도서관협회, 1984), 도서기호(계명대학교출판부, 1988), 일제하 공공도서관의 사회교육활동 (계명대학교출판부, 1991), 연속간행물의 정리 (계명대학교출판부, 1993), 사회교육과 도서관 (간행위원회, 1996), 제3증보판 자료목록학 (계명대학교출판부, 1995), 연속간행물편목법 (계명대학교출판부, 1998), 연속간행물 (공저, 계명대학교출판부, 1999), 비도서자료의 조직이론 (공저, 계명대학교출판부, 2000), 비도서자료편목법 (계명대학교출판부, 2002), 학술논문의 이해(계명대학교출판부, 2008) 등이 있고,

편·역서로 도서관학개론 (공저, 한국도서관협회, 1978), 도서관정보관리편람 (공편, 한국도서관협회, 1994), 문헌정보학연구입문 : 의의와 방법 (공역편, 계명대학교출판부, 1995), 한국 호 대사전 (공편, 계명대학교출판부, 1997), 학술논문서지기술시리즈 Ⅰ~Ⅵ (계명대학교출판부, 2006) 등이 있다.

제5개정증보판

자료목록학

KORMARC: 통합서지용을 중심으로

1982년 1월 5일 초판발행
2009년 2월 28일 제5개정증보판 1쇄 발행
2010년 4월 1일 제5개정증보판 2쇄 발행
2013년 9월 1일 제5개정증보판 3쇄 발행
2018년 9월 7일 제5개정증보판 4쇄 발행

지은이 김남석
펴낸이 신일희
펴낸곳 계명대학교출판부
주소 대구광역시 달서구 달구벌대로 1095
전화 053-580-6233
팩스 053-580-6235
등록 1970. 9. 1. (신고번호 제347-1998-1호)

ISBN 978-89-7585-409-5 93020

값 15,000원